高等职业教育教材

旅游文化概论

主编　张嘉惠

中国金融出版社

责任编辑：张怡姮
责任校对：潘　洁
责任印制：丁淮宾

图书在版编目（CIP）数据

旅游文化概论（Lüyou Wenhua Gailun）/ 张嘉惠主编 .—北京：中国金融出版社，2018.6
高等职业教育教材
ISBN 978 - 7 - 5049 - 9585 - 8

Ⅰ.①旅…　Ⅱ.①张…　Ⅲ.①旅游文化—中国—高等职业教育—教材　Ⅳ.①F592

中国版本图书馆 CIP 数据核字（2018）第 104884 号

出版
发行　中国金融出版社

社址　　北京市丰台区益泽路 2 号
市场开发部　（010）63266347，63805472，63439533（传真）
网上书店　http://www.chinafph.com
　　　　　　（010）63286832，63365686（传真）
读者服务部　（010）66070833，62568380
邮编　100071
经销　新华书店
印刷　保利达印务有限公司
尺寸　185 毫米 × 260 毫米
印张　15.5
字数　346 千
版次　2018 年 6 月第 1 版
印次　2018 年 6 月第 1 次印刷
定价　42.00 元
ISBN 978 - 7 - 5049 - 9585 - 8
如出现印装错误本社负责调换　联系电话(010)63263947

前　言

习近平总书记在党的十九大报告中强调指出："文化是一个国家、一个民族的灵魂。""没有高度的文化自信，没有文化的繁荣兴盛，就没有中华民族伟大复兴。"党的十九大报告首次对思想文化建设成就进行单独表述，首次对文化工作进行单个章节部署，深刻阐述了文化和文化建设的地位作用。同时，党的十九大报告指出，中国特色社会主义进入新时代，我国社会主要矛盾已经转化为人民日益增长的美好生活需要和不平衡、不充分的发展之间的矛盾。这个重大判断，为新时代谋划旅游业发展指明了方向。

旅游文化是旅游专业重要的课程之一，随着中国旅游事业的发展和市场的成熟，我国将成为世界旅游的大舞台，这是我国久远的历史文化和丰富的自然资源紧密结合的结果。作为高等职业院校的学生，非常有必要对中国的历史文化以及组成旅游客体文化的建筑、民俗、饮食、服饰、园林，与旅游有关联的文学、艺术等知识有比较精深的了解和掌握。

本书的编写思路在综合各同类教材所长的基础上增加了新内容，更贴近旅游专业学生需要，适应高等职业院校学生层次，适合课堂教学。本书的主要特色如下：

第一，内容的全面性。以中国文化为核心，突出旅游专业特色，从旅游的"吃、住、行、游、购、娱"六要素入手进行编写。在教学项目的设置方面，综合了同类教材的优点，增加了一些内容，并努力体现旅游元素，力争内容更加全面，呈现形式更加新颖，信息容量更加丰富。

第二，形式的多元性。"旅游文化"本身是特别适合用多媒体教学的一门课程，加之我国幅员辽阔，历史悠久，旅游文化资源相当丰富，如果完全靠传统的课堂教学讲解，其效果将大打折扣。为适应该课程的需要，我们在纸质教材的基础上，通过配套数字化资源的形式，用形象、直观的画面、音像等多元的素材辅助教学，使学生能够更直接地体验中国旅游文化，更好地改进教学效果。

第三，效果的实用性。着重阐述旅游客体文化——历史、园林、建筑、服饰、饮食、民俗、文学、艺术等诸多方面，难度适中，强调适应课堂教学需要，符合学生学习兴趣，让学生在将来的实际工作中学有所用。

第四，学习的趣味性。在体例上，每一项目都明确学习目标，既保证了知识的全面性，又突出了重点知识。这种点面结合的方法，尽可能地保证教材内容的深度和广度。同时本书设有"补充阅读"栏目，以增强可读性。

本书由张嘉惠担任主编，负责全书的整体结构设计、拟定编写提纲、总纂并修改定稿。丁小伟和王红玉担任副主编，吴恩和、方茂扬和汤国明等参加编写。具体分工：张嘉惠编写项目一、项目二、项目三、项目四和项目五；王丽霞编写项目六；张嘉惠、王红玉编写项目七；丁小伟编写项目八和项目九。

本书在编写过程中借鉴和吸收了国内外专家学者的大量研究成果，在此一并表示感谢。编者虽然尽全力减少每一处谬误，但限于水平有限，不足之处在所难免，恳望读者不吝赐教指正。

索取教学课件邮箱 13381107988@189.cn

编　者

2018 年 4 月

目 录

项目一

旅游文化概述

学习目标

知识目标：
- 了解文化的概念，掌握旅游文化的概念
- 了解文化的结构，掌握旅游文化的结构
- 了解文化的特征，掌握旅游文化的特征
- 掌握旅游文化的基本功能
- 了解学习旅游文化的意义

能力目标：
- 能应用旅游文化的基本理论，理解和解释旅游文化的概念、结构、特征和功能
- 能应用旅游文化的基本知识，理解和解释学习旅游文化的意义

旅游业不仅是一种经济事业，也是一种文化事业。

——于光远

旅游文化是一门新兴的综合性的边缘型课程。它既是旅游管理学科的一门分支学科，又是文化学的一门分支学科。该课程牵涉的知识面较广，且有一定的深度和难度。因此，为了更好地学习这门课程，必须首先了解旅游文化的概念、结构、特征、功能和学习旅游文化的意义。

任务一 旅游文化的概念

一、文化的概念

在中国，"文化"一词由来已久。汉代刘向《说苑·指武篇》上说："圣人之治天下也，先文德而后武力。凡武之兴，为不服也；文化不改，然后加诛。"南齐王融《曲

水诗序》中写道："设神理以景仰，敷文化而柔远。"这里说的"文化"均指文德教化，有修养、教养、德行等含义，与现在人们所讲的"文化"大相径庭。我们现在所说的"文化"一词，相当于英语的 Culture 和德语的 Kultur，它们均源于拉丁语 Cultura。其原意为耕种、栽培、教育、教养、修养、祭拜等，后引申为物质生产和精神创造等义，与现在所说的"文化"基本接近。文化是人类在社会历史发展过程中所创造的物质财富和精神财富的总和。文化兴国运兴，文化强民族强。没有高度的文化自信，没有文化的繁荣昌盛，就没有中华民族伟大复兴。

二、旅游文化的概念

"旅游文化"一词，最早出现在美国学者罗伯特·麦金托和夏希肯特·格波特合著的《旅游学——要素·实践·基本原理》一书。而在我国"旅游文化"概念最早出现在1984年出版的《中国大百科全书·人文地理卷》中。1990年10月召开的首届中国旅游文化学术研讨会提出："旅游文化是以一般文化的内在价值因素为依据，以旅游诸要素为依托，作用于旅游生活过程中的一种特殊文化形态，是人类在旅游过程中（一般包括旅游、住宿、饮食、游览、娱乐、购物等要素）精神文明和物质文明的总和。"由于人们对文化的理解各有不同，因而，对旅游文化的理解也见仁见智。"旅游文化"和"文化"一样，既是一个过程，又是一种结果，既要强调其动态的相互作用，又不能忽视其静态的客观存在。文化是旅游的灵魂，旅游是文化的重要载体。旅游是传播中华传统文化的重要渠道。旅游文化是旅游主体、旅游客体和旅游介体内在的及其相互作用所产生的物质成果和精神成果的总和。

任务二　旅游文化的结构

要解读旅游文化的结构，必须首先解读文化的结构。

一、文化的结构

文化结构由物质文化、制度文化、行为文化和精神文化构成，其中物质文化处于文化结构的表层，制度文化和行为文化处于文化结构的中层，精神文化潜沉于文化结构的里层。

（一）物质文化

物质文化是人类物质生产活动方式和产品的总和，是可触知的具有物质实体的文化事物，是构成文化的基础，反映了人与自然的物质变换关系。

（二）制度文化

制度文化是人类在社会实践中组建的各种行为规范、准则及各种组成形式的总和，包括政治、经济、文化、教育、军事、法律、婚姻等制度和实施制度的各种具有物质载体的机构设施，以及个体对社会事物的参与形式和反映在各种制度中的人的主观心态等，是文化结构中最具权威的因素，规定了文化的性质，反映了人与人的关系，具有强制性特点。

（三）行为文化

行为文化是人类社会实践中以约定俗成的方式构成的行为规范的总和。与制度文化相比，行为文化是一种无形的、非物质的、自律的和不带任何强制性的内在良知的制约因素。

（四）精神文化

精神文化是人类在社会实践和意识活动中长期育化出来的价值观念、思维方式、道德情操、审美趣味、宗教情感、民族情结等文化因素的总和，是文化结构的核心部分，是人与自身关系的反映。

二、旅游文化的结构

旅游文化的结构如图 1-1 所示：

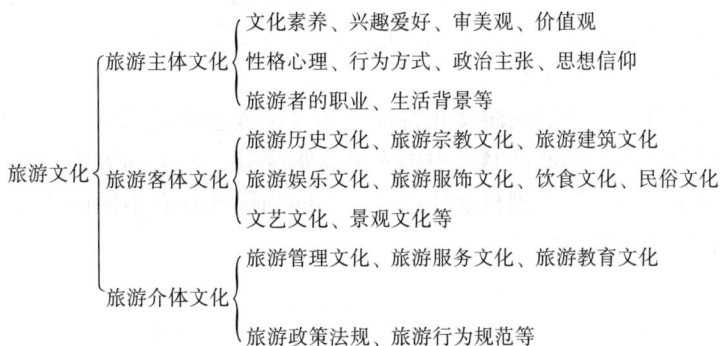

旅游文化
- 旅游主体文化
  - 文化素养、兴趣爱好、审美观、价值观
  - 性格心理、行为方式、政治主张、思想信仰
  - 旅游者的职业、生活背景等
- 旅游客体文化
  - 旅游历史文化、旅游宗教文化、旅游建筑文化
  - 旅游娱乐文化、旅游服饰文化、饮食文化、民俗文化
  - 文艺文化、景观文化等
- 旅游介体文化
  - 旅游管理文化、旅游服务文化、旅游教育文化
  - 旅游政策法规、旅游行为规范等

图 1-1　旅游文化结构

考虑到本书的使用对象是高职高专学生，针对性、实用性是本书的一大特色，因此，本书的内容主要以介绍旅游客体文化为主，而对理论性较强或在旅游美学、旅游职业道德、旅游政策与法规等课程中牵涉到的旅游主体文化、旅游介体文化的有关内容则略去不讲。

任务三　旅游文化的特征

一、文化的特征

要了解旅游文化的特征。必须首先了解文化的特征。文化具有超自然性、超个体性，贯通时空的普遍性、永恒性，具体形态的民族性、阶级性、时代性，以及传承性和变异性等特征。旅游文化作为文化的一个分支学科，无疑也具有文化的上述特征，但同时作为旅游分支学科，又具有自身的一些特征。

二、旅游文化的特征

（一）稳定性与变异性的统一

旅游文化和文化一样。一旦形成就会在特定的人群中代代相传、代代沿袭下来。为了生存繁衍，老一代总是把自己积累的生产、生活知识与技能传授给新一代。新一代则在接受学校教育、家庭教育和社会教育的过程中，不仅从前辈那里继承了有形的物质成就，还承袭了传统的价值观念、思维习惯、情感形态和行为规范，并且经过耳濡目染、潜移默化的内化过程将其积淀于潜意识底层。文化由此得以保存下来。文化的这种承袭性使其具有了一定的稳定性。

文化除了稳定性的特征外，同时还具有变异性的特征。这是因为人类是一个不断进行创造和发明的群体，他们在继承前辈物质成果和精神成果的基础上将进行新的创造和发明，通过不断地累积和沉淀形成新的文化。同时，文化与文化之间的相互碰撞交流，也会打破旧的文化传统，形成新的文化类型。正是文化的承袭性和变异性的统一，文化才得以不断发展、不断进步，旅游文化在这一点上与文化完全一致。

（二）民族性与地域性的统一

每个民族都有自己独特的旅游文化特征，如汉民族喜欢喝米酒、喝高度酒，而日耳曼民族则喜欢喝葡萄酒、喝低度酒；中国人喜欢喝绿茶，而英国人则喜欢喝红茶；土家族人喜欢住吊脚楼，而藏族人则喜欢住碉楼。不同的民族具有不同的旅游文化传统，旅游文化具有全方位的民族性特征。

补充阅读

土家人过"赶年"

土家族节日中，以"赶年"最为隆重。过赶年，就是提前一天过年的意思。月大腊月二十九过年，月小二十八过年，总比汉族提前一天过年。究其来历，有如下说法：明世宗嘉靖三十三年（公元1554年），倭寇经常侵犯我国沿海一带，明世宗曾多次派兵出征而失利，边疆危急。在这关键时刻，明世宗听说强悍的土家人英勇善战，便决定派土家将士前往征剿。皇上的旨令传到土家山寨，已近年关，而过了年再出征，则不能按时赶到指定地点，导致贻误战机。于是，土司王便带领土家将士提前一天过了年。将士们吃了丰盛的酒席，养精蓄锐后及时赶到战场，趁敌人除夕没有防备之时，打败了倭寇，收复了失地，立下"江南第一功"。后来，土家人为了纪念这个特别的日子，便提前一天过年，以纪念先人，激励后代。土家人过赶年时，有的手持扁担在房前屋后走一圈，有的用吹火筒"呜呜"地吹一番，表示在出征前吹牛角号集合的情景，有的拿起猎枪，在附近山上走一趟，象征摸敌人的营盘，以纪念先辈的胜利。

旅游文化除了具有民族性特征外，同时还具有地域性特征。这种地域性特征表现在两个方面：一是同一地域的不同民族具有某些相同的特征。如同属于武陵山区的土家族人、苗族人和侗族人都喜欢建吊脚楼、住吊脚楼，喜欢吃辣喝辣，喜欢烧腊肉、喝高度酒。二是不同地域的同一民族具有某些不同的特征。如东北汉人喜欢睡炕，陕北汉人喜欢住窑洞，南方汉人喜欢住"人"字坡木屋。旅游文化的这种民族性与地域性相统一的特征，铸造了旅游文化的异彩纷呈、多姿多彩。

（三）开放性与封闭性的统一

总体而言，旅游文化具有开放性的一面。它在交流发展过程中，不断吸收、融合新的文化，从而不断充实、完善自己。旅游文化的这种开放性特征还表现在它对其他文化的影响方面。如中国文化一方面吸收了印度文化和伊斯兰文化的某些精华；另一方面中国的儒家文化对日本、韩国的文化曾产生过深远的影响。旅游文化也具有封闭性的一面。某种文化一旦形成就会具其特定的质的东西。这种特质具有排他性和封闭性，很难受到外来文化的影响或被外来文化所融合。如中华民族的忠孝节义观念、大和民族的武士道精神、日耳曼民族的冒险精神就很难被同化、被融合。旅游文化的这种开放性与封闭性相统一的特征，使旅游文化既能相对稳定又能不断发展。

（四）显性与隐性的统一

旅游文化的显性是指其外在显现的客观性，旅游园林、建筑、服饰、饮食等物质文化是显性特征的具体体现。旅游文化的隐性特征是指其内在的隐蔽性特征，如宗教、艺术、民俗、价值观念、行为规范、思维习惯等精神文化就是旅游文化隐性特征的鲜明表现。

（五）多样性与单一性的统一

世界是丰富多彩的，旅游文化也是丰富多彩的。全世界有200多个国家，就有200多种旅游文化，有500多个民族就有500多种旅游文化，这是从宏观上说的。从微观上看，每一个国家还有旅游亚文化，每一个民族也有旅游亚文化，细分下去，每一种亚文化下面也许还有亚文化，如此看来，旅游文化的确是极其多样的。从另一个角度来看，旅游文化也具有单一性，如犹太文化则是一种单一的商业文化，吉卜赛文化则是一种单一的流浪文化。

（六）群体性与个体性的统一

旅游文化是某一群体的集体智慧的结晶，是某一群体在历史长河中形成的旅游主体文化、旅游客体文化和旅游介体文化的总和。同时，群体是由个体构成的，没有个体也就无所谓群体，因此，我们不能忽视个体在旅游文化创造中的地位。如果没有孔子和孟子，就没有中国文化的儒家文化特征，没有苏格拉底和亚里士多德，就没有古希腊文化的思辨特征。

任务四　旅游文化的功能

一、保存功能

旅游文化是旅游主体、旅游客体和旅游介体创造的物质文化和精神文化成果的总和，是对各种旅游文化事象的记录和储存，是各种旅游文化成果的凝聚和沉淀。其记录和保存的方式各种各样，主要以物化形式和符号形式为主，如长城、天安门、故宫、苏州园林、凤凰古城是物化形式保存的旅游文化；而思维方式、价值观念、情感模式和行为规范等则是以文字符号或音节符号的形式保存的旅游文化。

二、认知功能

人类的发展是一个承上启下的过程，人类的文明进步是一个渐进的过程。没有昨天的积累，就没有今天的发展。旅游文化作为人类物质文化和精神文化的一部分，无疑具有极其重要的了解和认知功能：通过土家族的茅谷斯舞，我们可以了解远古时期土家人的生产生活方式；通过苗族的盘瓠崇拜，我们可以看出人类与动物同宗同源的朴素观念；通过蒙古族的帐篷，我们可以了解到北方游牧文化的特点；通过兵马俑，我们可以感受到秦王朝的繁荣和帝王生活的奢侈。所有这些，都是旅游文化认知功能的具体体现。

三、教化功能

文化既有积极的一面，也有消极的一面，旅游文化则以积极的一面为主。这种积极性就包括教化的功能在内。就旅游主体而言，既可以从物化的旅游文化资源中得到教育，又可以从精神的旅游文化资源中受到启示：看到长城，人们为古代中国人民的伟大智慧和团结力量所折服，油然而生一种深沉的爱国主义精神和集体主义精神；听纳西古乐、念东巴经、看东巴文，人们为纳西族源远流长、博大精深的民族文化而深深感动，油然而生一种强烈的民族自豪感；看到宏村的村庄布局和排水系统，人们无不为古代劳动人民高超的规划水平而深深折服；从佛教的八戒教规中，我们感受到人类对和平的渴望和对动物的保护意识。由此可见，旅游文化的教化功能是无处不在、无时不在的。

四、启智功能

旅游文化不仅具有认知功能、教化功能，而且还具有启智功能，能够启发人的思维和智力，有助于人类的不断创新：孔子通过对商周文化的考察，收集整理了《诗经》；司马迁通过读万卷书，行万里路，写出了《史记》；李白、杜甫在吸收前人文化成果的基础上，创作了名扬千古的诗篇。王羲之、怀素、张旭、顾恺之、张择端、八大山人也是在吸收前辈书法、绘画精髓的基础上，成为名垂青史的书法大师和绘画大师。

五、愉悦功能

由于旅游文化具有民族性、地域性和多样性等特征，又由于人类具有社会属性，对文化的渴求是人类较高层次的需求，因而人类对异国他乡的文化具有一种特别的新奇感，对高层次的文化消费具有特别的满足感，对优秀的文化具有强烈的愉悦感。旅游文化的愉悦功能，是有别于其他文化的本质性功能。

六、凝聚功能

旅游文化同样具有凝聚功能。古人说："物以类聚，人以群分。"文化是人类联结与凝聚的纽带和黏合剂。价值观念、思维方式、宗教信仰是影响人类"聚""分"的深层次的东西，生产方式、生活方式、传统习惯是影响人类"聚""分"的浅层次的东西。旅游文化的这种凝聚功能是与其认知功能、启智功能、审美功能和教化功能密切联系、不可分割的。

七、交流功能

旅游文化的交流功能，又称融合功能，是指旅游文化之间的相互沟通，沟通的媒介就是旅游介体，即旅行社、旅游交通和导游等。就旅游主体而言，它可以将客源地的文化传播给目的地，也可以将目的地文化传播给客源地。就旅游客体而言，可以通过目的地文化影响旅游主体，也可以吸收旅游主体带来的客源地文化。就旅游介体而言，它既可以将企业文化带给旅游主体和旅游客体，又可以吸收旅游主体和旅游客体的文化。当然文化的这种交流功能具有两面性，既有积极的一面，又有消极的一面。我们要想方设法传播、吸收先进的旅游文化，克服、排除落后的旅游文化，从而促进旅游文化的健康持续发展。

八、经济功能

旅游既是一种社会现象、文化现象，又是一种经济现象。旅游文化作为一种高层次的旅游资源，如果通过合理的开发和利用，无疑将具有经济功能。这种经济功能表现在，不仅可以拉动内需，解决就业，脱贫致富，还可以获取外汇，平衡国际收支，购买国外的先进技术、先进设备，推动经济的不断发展。2000 年，国家旅游局曾对入境旅客做了一个抽样调查，调查显示，80% 的境外游客是奔着文化景观而来，只有 20% 的境外游客是奔着自然景观而来的。由此可见，5000 年的华夏文明对国际游客具有极大的吸引力。从另一个角度来看，旅游文化的经济功能是非常强大的。不过，我们在注意发挥旅游文化经济功能的同时，一定要切实保护好旅游文化景观资源，绝不能吃祖宗饭、断子孙粮，要确保文化和旅游的健康持续发展。

九、审美功能

从某种意义上说，旅游活动就是一种审美活动，旅游文化的功能之一就是审美功能：面对雄伟的泰山，面对秦始皇兵马俑，我们会产生壮丽的美感；面对碧波荡漾的桂林，面对江南的小桥流水，我们会产生秀丽的美感；面对茫茫戈壁，面对风蚀城堡，我们会产生苍凉的美感；面对丰都鬼城青面獠牙的恶鬼和青铜器上的饕餮铭文，我们会产生狞厉的美感；面对江南园林，面对椰风海韵，我们会产生诗意盎然的美感。旅游文化的这种审美功能极大地满足了人们对美的渴求，能陶冶人们的思想情操，提高人们的文化素养。

十、规范功能

旅游文化特别是一些传统习惯和民间禁忌具有规范人们行为的功能，比如土家族人禁食蛙肉、蛇肉就可以保护动物；苗族人禁砍村中风景林就可以保护古树；回族人禁止在井边洗手洗衣服，就可以保护水源。这些良好的风俗习惯和禁忌不仅对本地居民具有规范作用，而且对异国他乡的游客也会产生良好的规范功能。

任务五　学习旅游文化的意义

一、有助于人们认识旅游活动发展的机理

旅游文化学有助于解释人类的旅游行为，揭示旅游活动发展的机理。人类的旅游活动固然要受到经济因素的影响，但从根本上来说，它是人的一种自觉的活动，是文化使然的结果。旅游文化学从文化这个特殊的角度来审视旅游活动，研究旅游产生、发展乃至成为人类生活不可或缺的组成部分的内在规律，可以说为人们认识旅游提供了最有效的方法和途径。旅游文化学不仅注意对旅游现象的研究，而且通过这些现象的纵横比较，探讨旅游行为运动变化的机理、发展趋势，按照一定的理论方法对未来的情况进行预测，有助于旅游活动的全面发展。

二、有助于人们认识旅游活动的社会影响

旅游活动作为一种经济活动，能够带来经济收入，扩大就业，提高人们的生活水平，但同时也会污染空气、污染水源、污染土壤，造成环境污染。旅游活动作为一种文化活动，有助于加强文化交流，陶冶人们的情操，净化社会风气，但同时也会造成文化的入侵，文化的渗透，甚至文化的消亡。认识到了旅游活动的负面影响，有利于我们采取措施、因势利导，尽可能地扩大正面影响，排除消极影响，推进旅游业健康持续发展。

三、有助于提高人们的文化素养

本书通过对旅游主体文化、旅游客体文化、旅游介体文化及其规律的探讨，可以使广大读者增加旅游文化知识，加深对旅游文化现象的认识和理解。通过潜移默化的作用，不断提高旅游者、旅游从业人员乃至整个社会的文化素养和道德素养。

四、有助于加强学科建设

旅游文化学作为旅游学科的一个分支学科，它的创立和研究有助于丰富和完善旅游学的学科体系。旅游文化学作为文化学的一个分支学科，有利于拓展文化学的研究范围，有助于文化学不断向着新的广度和深度发展。

五、有利于弘扬民族传统文化，促进社会的和谐发展

中国的旅游文化源远流长，博大精深。旅游文化学的纵深研究，有助于人们更加深刻地认识和理解中国独特的历史文化、宗教文化、科技文化、建筑文化、园林文化、饮食文化、服饰文化、礼仪文化、歌舞文化和民俗文化，有助于弘扬民族传统文化，促进社会的和谐、健康、持续发展。

📖 本章小结

本章主要介绍了文化的概念与旅游文化的概念、文化的结构与旅游文化的结构、文化的特征与旅游文化的特征、旅游文化的功能及学习旅游文化的意义。

📝 综合实训

一、单项选择题

1. 在中国古代，文化一词是指：

    A. 物质文明　　　　B. 精神文明　　　　C. 文德教化　　　　D. 文学艺术

2. 文化结构由物质文化、制度文化、行为文化和精神文化构成，其中物质文化处于文化结构的：

    A. 高层　　　　　　B. 里层　　　　　　C. 中层　　　　　　D. 表层

3. 汉族喜欢喝米酒、喝高度酒，而日耳曼民族则喜欢喝葡萄酒、喝低度酒；陕北汉人喜欢住窑洞，南方汉人喜欢住人字坡木屋。这说明，旅游文化是：

    A. 稳定性与变异性的统一　　　　　　B. 民族性与地域性的统一

    C. 开放性与封闭性的统一　　　　　　D. 多样性与单一性的统一

4. 旅游文化特别是一些传统习惯和民间禁忌具有：

    A. 审美功能　　　　B. 经济功能　　　　C. 启智功能　　　　D. 规范功能

5. 旅游文化的保存方式各种各样，主要以：

    A. 口耳相传为主　　　　　　　　　　B. 物化形式和符号形式为主

    C. 图书典籍形式为主　　　　　　　　D. 录音录像形式为主

二、多项选择题

1. 旅游文化由下列要素构成：

    A. 旅游客体文化　　　　　　　　　　B. 旅游生态文化

    C. 旅游主体文化　　　　　　　　　　D. 旅游介体文化

2. 文化的结构要素有：

    A. 物质文化　　　　B. 制度文化　　　　C. 行为文化　　　　D. 精神文化

3. 影响人类"聚""分"深层次的东西主要有：

    A. 价值观念   B. 思维方式   C. 传统习惯   D. 宗教信仰

4. 文化具有下述特征：

    A. 超自然性和超个体性

    B. 贯通时空的普遍性、永恒性

    C. 具体形态的民族性、阶级性、时代性

    D. 传承性和变异性

5. 旅游客体文化主要包括：

    A. 旅游服饰文化   B. 饮食文化

    C. 民俗文化   D. 旅游服务文化

三、简述题

1. 联系实际，谈谈你对旅游文化功能的认识。

2. 联系实际，谈谈你对旅游文化学习意义的认识。

旅游历史文化

学习目标

知识目标：

- 了解中国历史发展的基本脉络
- 重点掌握中国文明史的基本特征
- 了解中国古代思想及其科技文化的概况
- 重点掌握中国优秀传统文化的精华及其现实意义
- 重点掌握中华民族的发明创造曾经对人类文明作出的巨大贡献及其意义
- 了解中国古代称谓和科举制度概况

能力目标：

- 能够在历史遗迹的旅游景点说出相应历史年代及其朝代的名称等基本概况
- 能够向游客宣传中国文明史的悠久性、持续性和兼容性
- 能够说出诸子百家中的儒家、道家、法家、墨家、兵家的代表人物及其基本主张
- 能够向游客讲解中国优秀传统文化精华——和谐的基本内涵
- 能够列举祖先伟大的发明创造，说明中华民族对人类文明作出的巨大贡献
- 能够解释"名、字、号"以及"谥号、庙号、年号"的含义及其区别

文化是一个国家、一个民族的灵魂。

——中共十九大报告

　　我国是世界上旅游资源极为丰富的国家。中国不仅有广袤的国土、壮丽的河山，更有悠久的历史、灿烂的文化，形成了举世无双的人文奇观。中华民族是世界上源远流长并唯一没有中断历史文化的伟大民族，曾长期领先于世界，为人类作出了巨大贡献。这不能不令中华儿女感到骄傲和自豪，也不能不引起世界游客的兴趣和关注。身为中华儿女，要知道自己是从哪里来的，才能明白自己该向何方去。作为旅游工作

者，必须掌握祖国基本的历史文化知识，尽量利用这一丰厚独特的资源吸引游客，做好服务工作。

任务一　中国历史文化大势及特征

一、中国历史发展的基本脉络

（一）原始社会概况

中国是人类起源地之一。我国境内可以找到人类进化各个阶段的遗迹。古人类活动遗址在神州大地星罗棋布、不胜枚举，其中许多地方成为旅游的热门景观。我们必须保护、开发、利用好这些珍贵遗产。

从猿到人的进化，大约经过了三百万年的历程，从三百万年前到二三十万年前是猿人（直立人）时期，我国境内已发现的有元谋人、蓝田人和北京人等；从二三十万年前到五万年前是古人（早期智人）时期，我国境内有马坝人、长阳人、丁村人等；从五万年前开始，进入了新人（晚期智人）时期，柳江人、河套人、山顶洞人等在神州大地层出不穷，河姆渡文化、仰韶文化、龙山文化、大汶口文化、良渚文化、齐家文化等展示了先人顽强生存、发展的一幅幅画卷。

北京猿人被公认在世界发现的古人类中首先使用天然火。北京周口店山顶洞人已会人工取火，尤其是河姆渡和半坡遗址展现的母系氏族时期先辈生活、生产中体现的创造力更令人叹为观止。近年来，甘肃秦安大地湾遗址考古发现说明旱作农业、彩陶和文字的起源都可以追溯到七八千年前；还发现总面积达 420 平方米的"原始人大会堂"的巨型建筑，其主室的地面由一种类似于现代水泥的混凝土铺成，可以断定，这是目前世界上最古老的混凝土。河姆渡人最先建造了中国南方特有的干栏式房屋，最先发明打井技术。在河姆渡遗址发现的稻种，经鉴定为栽培稻中的晚籼稻，这是世界上目前确认的已知年代最早的栽培稻，由此证实了中国是世界上最早种植水稻的国家。在西安半坡遗址发现了粟壳和白菜、芥菜籽，说明当时的农业已有所发展。半坡人最先制造了弓箭、倒刺鱼钩和鱼叉，最先发明纺织，建造了中国民族建筑式样的"人"字形两面坡房屋并形成一个原始村落。半坡遗址出土的陶埙，是中国迄今发现的最早的吹奏乐器。

人类社会的发展经历了漫长的原始群和氏族公社时期。在原始群前期的猿人，婚姻形态是无限制的群内杂婚，为最原始的人群。后期的早期智人，婚姻基本按辈数来划分，即实行群内兄弟姐妹互为婚姻的辈行婚，以此构成血缘家族。在氏族公社的母系氏族时期的新人，基本排除了氏族内兄弟姐妹之间的婚姻关系，实行一氏族的兄弟与另氏族姐妹之间的族外群婚，后又演变为在族外诸夫中有一主夫，在诸妻中有一主妻的族外对偶婚。此时，妇女在生产生活中占主导地位，但由于群婚制，子女只知其母，不知其父，因而构成母系氏族公社。随着生产力的发展，男子逐渐占主导地位，对偶婚也向一夫一妻制过渡，人类就进入了父系氏族公社阶段。随着私有制的出现，父系氏族公社也随之瓦解，人类进入了阶级社会，也就告别野蛮时代，迈进文明社会的门槛。

補充阅读

神秘的女儿国

在滇西北有一个美丽而神秘的地方叫泸沽湖。那里山清水秀，民风淳朴，美不胜收。那里的摩梭人至今还"男不婚，女不嫁，只兴走婚"，简直是神秘的"女儿国"。那里有世界上唯一留下的母系王国，并被称为"人类母系社会文化活化石"。

在我国古代传说中，有一些堪称时代代表的人物。如有巢氏，以"构木为巢"而著称，反映了先人构筑自己居住之所的状况。燧人氏，以"钻木取火"而得名，说明人类进入了人工取火的时代。女娲和伏羲的传说代表兄妹互为夫妻的情况，表明我们先辈也经历了辈行婚的血缘家庭阶段。伏羲又称"庖牺氏"，他的故事反映了原始畜牧业的产生，伏羲还画八卦、刻文字代替"结绳记事"，显示出中华文字、文明的萌芽。神农氏教人种植五谷、尝百草、发明医药等，成为远古中国农耕文明的代表和中医的滥觞。黄帝、炎帝战蚩尤的传说，反映了华夏远古部落征战、融合的过程。传说黄帝还做兵器，造舟车弓矢，同时嫘祖养蚕。仓颉造文字，大挠作干支，伶伦制乐器等，都说明中华远古文明达到全盛阶段。黄帝（轩辕）被誉为中华"文明之祖"，中华儿女也称为炎黄子孙，所谓"中国五千年文明史"通常是从黄帝时代开始的。

補充阅读

三皇五帝

三皇五帝出自《周礼·春官·外史》："掌三皇五帝之书。"

通常言古史者，必言"三皇五帝"。"五帝"尚在"三皇"之后，人们多公认"三皇"为中华民族的人文始祖。"三皇"之名不见于经，组成也有不同说法，但《尚书大传》以燧人、伏羲、神农为"三皇"，《风俗通引》《白虎通义》《古史考》等古籍也持此说。"三皇"按照流传最广的道教文化来说也是：燧人（燧皇）、伏羲（羲皇）、神农（农皇），但由最多人民接受并熟知的是伏羲（天皇）、神农（地皇）、黄帝（人皇）。

至于五位古帝，说法也各异。一般认为是：黄帝、颛顼、帝喾、尧、舜、少昊五帝，主要有三种说法，第一种说法指黄帝、颛顼、帝喾、尧、舜。第二种说法指大皞（伏羲）、炎帝、黄帝、少皞（少昊）、颛顼。第三种说法指少昊（皞）、颛顼、高辛

（帝喾）、尧、舜。秦国原有四帝（白帝、青帝、黄帝、炎帝）崇拜，加上黑帝为五帝。

三皇五帝是战国秦汉间人们对于古史系统的一种理解和排列，未必为某些具体的人物，有可能是一个历史时代或某一部落联盟的象征。这对于了解我国上古时期社会情况具有重要的参考价值。

（二）历代兴亡大势

中国历史上第一个王朝是夏。随后是商和周。周朝前期建都在今西安附近，史称西周，后期东迁到今洛阳为都，称为东周。东周又分为春秋与战国两个阶段。西周封邦建国，形成许许多多诸侯国，周天子是名义上的"天下共主"。春秋战国时期，诸侯国之间展开了兼并战争，最后由秦始皇统一了中国。

秦是秦始皇建立的中国历史上第一个封建王朝，皇帝称号从此出现，封建专制主义中央集权制在全国建立。秦朝是短命的王朝，仅存在15年就被刘邦建立的汉朝所取代。汉也分为定都在今西安的西汉和定都在洛阳的东汉。

东汉灭亡后，形成魏、蜀、吴三国鼎立局面，最后是三分归一于晋王朝。晋又分为西晋与东晋。西晋的国都在洛阳，维持着全国统一的短暂局面。东晋建都于建康（南京），实际是偏安江南，与北方对峙。此时的北方混乱不堪，由匈奴、鲜卑、羯、氐、羌等少数民族先后建立了十几个小王朝，史称"五胡十六国"。这十六国几经兴亡更替，后为北魏所统一。北魏统治北方一百多年后分裂成东魏和西魏。不久又分别被北齐与北周所取代，史称北朝。南方的东晋灭亡后，相继出现了宋、齐、梁、陈4个小王朝，称为南朝。这一令人眼花缭乱的历史阶段叫"三国两晋南北朝"，又称"魏晋南北朝"。

结束南北朝分裂割据局面的是杨坚建立的隋朝。隋的一统天下也没维持多久就被李渊创立的唐朝取代。唐朝在历史上强盛一时，可惜好景不长，当它灭亡后，中国又出现"五代十国"分裂割据的局面。五代是北方的后梁、后唐、后晋、后汉、后周，十国是南方的前蜀、吴、吴越、南平、楚、闽、南汉、后蜀、南唐和北方的北汉（详见表2-1）。

表2-1　　　　　　　　　　　　　　中国原始社会简表

社会发展阶段		人类进化阶段		考古学年代			考古发现		社会经济生活	社会组织	婚姻家庭	历史传说人物
							名称	地点				
原始社会	原始群（前期）	猿人时期	直立人	旧石器时代	初期	约170万年前 约100万年前 约60万年前	元谋人 蓝田人 北京人	云南元谋 陕西蓝田 北京周口店	狩猎和采集，用天然火	三五十人结成群体，共同劳动，共同消费。生产无剩余，群与群之间缺乏联系的经济条件	杂婚	有巢氏
	原始群（后期）	古人时期	早期智人		中期	约从30万年前开始	马坝人 长阳人 丁村人	广东韶关 湖北长阳 山西襄汾	狩猎、采集、捕鱼		血缘群婚（辈行婚）	
	氏族公社（母系氏族）	新人时期	晚期智人		晚期	约从5万年前开始	柳江人 河套人 山顶洞人	广西柳江 宁夏 内蒙古交界 北京房山	狩猎、采集、捕鱼；人工取火，发明了弓箭	母权制时代，以女性血缘为纽带，组成母系氏族公社	族外群婚	燧人氏、伏羲氏、女娲、神农氏
	母系氏族	新人时期	晚期智人	新石器时代	早期	约从1万年前开始	河姆渡文化 仰韶文化	浙江余姚 黄河中下游	有了原始农业、畜牧业，彩陶文化。房屋建筑和村落	出现母系氏族大家庭胞族部落，部落联盟	族外对偶婚	
					中期	约6千年前	半坡氏族	陕西西安				
	父系氏族	新人时期	晚期智人		晚期	约5千年前	龙山文化 大汶口文化 良渚文化 齐家文化	黄河中游 山东及苏北 浙江 甘肃 宁夏	农业畜牧业发展，冶铜业和黑陶出现。农业与畜牧业、农业与手工业分工	父权制时代，按父亲确立世系。进入军事民主制。私有制产生，父系氏族开始解体	一夫一妻制开始家庭形成	炎帝、黄帝、尧、舜、禹

　　再次统一南北方的是赵匡胤建立的宋朝。但赵宋没有完全统一中国，北方有辽，西北有西夏与之对峙，后来又有金的崛起。金灭辽后，又把国都在今开封的宋朝（史称北宋）征服。赵宋又被迫在江南偏安立国，建都杭州（史称南宋）与北方的金朝对峙。

　　随后，蒙古人崛起，忽必烈征服了金与南宋，建立了统一的元朝。元朝一统天下不到百年就被朱元璋建立的明朝所取代。明朝统治270多年后灭亡。满族人继明朝之后建立了统一的幅员广大的清王朝。清朝也曾强盛一时，但只是封建社会的回光返照而已，鸦片战争的失败将清王朝的腐朽、没落暴露无遗。

　　辛亥革命推翻了清王朝及其封建君主专制制度，建立了"中华民国"。

1949 年，中华人民共和国成立，中国历史开始了崭新阶段（详见表 2 - 2）。

表 2 - 2　　　　　　　　　　　　中国历代纪元表

朝代名称			建立者	建都		时间（年）
				古	今	
夏			禹	阳城	河南登封	前 2070—前 1600
商			汤	亳	河南商丘	前 1600—前 1046
				殷	河南安阳	
周	西周		姬发	镐	陕西西安	前 1046—前 771
	东周	春秋时期	姬宜臼	洛邑	河南洛阳	前 770—前 476
		战国时期				前 475—前 221
秦			嬴政	咸阳	陕西咸阳	前 221—前 206
西汉			刘邦	长安	陕西西安	前 206—公元 25
东汉			刘秀	洛阳	河南洛阳	25—220
三国	魏		曹丕	洛阳	河南洛阳	220—265
	蜀		刘备	成都	四川成都	221—263
	吴		孙权	建业	江苏南京	222—280
西晋			司马炎	洛阳	河南洛阳	265—316
东晋十六国	东晋		司马睿	建康	江苏南京	317—420
	十六国					316—439
南北朝	南朝	宋	刘裕	建康	江苏南京	420—479
		齐	萧道成	建康	江苏南京	479—502
		梁	萧衍	建康	江苏南京	502—557
		陈	陈霸先	建康	江苏南京	557—589
	北朝	北魏	拓跋珪	平城	山西大同	386—534
		东魏	元善见	邺	河北临漳县	534—550
		北齐	高洋			550—577
		西魏	元宝炬	长安	陕西西安	535—557
		北周	宇文觉			557—581
隋			杨坚	长安	陕西西安	581—618
唐			李渊	长安	陕西西安	618—907
五代十国	五代	后梁	朱温	开封	河南开封	907—923
		后唐	李存勖	洛阳	河南洛阳	923—936
		后晋	石敬瑭	开封	河南开封	936—946
		后汉	刘暠	开封	河南开封	947—950
		后周	郭威	开封	河南开封	951—960
	十国					902—979

续表

朝代名称		建立者	建都		时间（年）
			古	今	
宋	北宋	赵匡胤	东京	河南开封	960—1127
	南宋	赵构	临安	浙江杭州	1127—1279
辽		耶律阿保机	临潢府	内蒙古巴林左旗附近	907—1125
西夏		元昊	兴庆	宁夏银川	1038—1227
金		阿骨打	会宁	黑龙江阿城南	1115—1234
元		忽必烈	大都	北京	1271—1368
明		朱元璋	南京、北京	北京	1368—1644
清		努尔哈赤	盛京、北京	辽宁沈阳、北京	1644—1911
中华民国			南京	江苏南京	1912—1949
中华人民共和国			北京	北京	1949 至今

说明：清建国于 1616 年，初称后金，1636 年改国号为清，1644 年入关，迁都北京。

二、中华文明史基本特征

（一）悠久性

中华文明史源远流长，若从黄帝时代算起，已有将近5000 年；若从夏朝开始，也有4000 余年了。举世公认，中国是历史最悠久的文明古国之一。

（二）持续性

中华文明自从产生以来就持续不断、一脉相承地发展到现代，这是其最基本的特征。世界文化的支脉很多，在最古老的文明中，如古埃及、古印度、古巴比伦等两河流域文明以及古美洲玛雅文明、古希腊克里特文明等已经消失了；曾辉煌一时的古希腊、古罗马文明也经历了中断发展、长期湮没无闻的厄运。而在漫长的岁月中，我们中华民族屡经曲折磨难，甚至几临倾覆的厄运，却一次再一次地衰而复兴，蹶而复振，转危为安，巍然屹立。我们华夏文明五千年来绵延不绝，并且代代都有伟大成就，都是绝无仅有的世界奇迹，这是特别值得我们庆幸、骄傲和自豪的。同时我们也要深省，大家都有责任续传薪火，务必让优秀的传统文化继续辉煌灿烂地发扬光大。

（三）兼容性

海纳百川，有容乃大。中华文明正是在不断吸收、消化各种文化的过程中兴旺发达起来的。在相当长的历史阶段，中华民族充满自信，非常开放，气势恢宏。中国历史上从没有发生大规模排除异端的宗教战争，世界三大宗教都能在中国大地上传播。千百年来，西方的各种宗教始终未能征服我们这个民族的头脑，这是世界史上罕见的现象，也是中华文明兼容性很强的缘故。历史上任何外来文化传入中国，最终还是被中华文化所融合，成为颇具特色的中国文化的组成部分。如古代的佛教，现代的马克思主义，都是外来文明中国化的典型。所谓夏夷之辩，并不是按人种、血统来划分，而是按文化来区分，随着历史的发展，夏的范围逐步扩大，包括了陆续接受汉文化的其他民族。中华民族在长期的民族融合过程中发展壮大，中华文明也正是在不断兼收并蓄中辉煌灿烂。

任务二　中国古代思想文化

一、文字

中国的文字起源很早，在约 6000 年前的半坡遗址被发现的刻画符号是中国汉字的萌芽。

最早有系统地记录汉语的文字是殷商时代的甲骨文。这是 1899 年开始在河南安阳殷墟出土的刻在龟甲和兽骨上的文字，反映了商朝统治者占卜的情况。甲骨文是当时世界上最进步的文字，今天的汉字就从它演变而来。

由甲骨文发展而来的铸在铜器上的文字叫金文。春秋战国时期又有所谓六国古文：秦早期的籀文、陶器上的文字、货币上的文字等。到了秦始皇时代，秦的籀文简化成为小篆，再发展成隶书、草书、行书、直书（即楷书、正书）。

东汉许慎的《说文解字》是我国最早的编辑完善、内容丰富的字典，共收字 9353 个，对每个字都标出字形，注出读音，推究字义，还归纳出汉字构成的六种方式，即六书：指事、象形、形声、会意、转注、假借。

汉字是世界上历史沿用最久、使用人数最多的文字，弥足珍贵。每一个汉字的后面都是一个灵魂，也正是因为有这样的文字，我们的中华文明才能传承不断。

补充阅读

乾隆趣释"夫"字

喜欢旅游的乾隆皇帝一次在旅途中讲道：农夫是耕田之人，上写土字，下加人字；轿夫肩上扛竿，先写人字，再加两根竿子；孔夫子上懂天文，下晓地理，这个夫字写个天字出头便是；夫妻是两个人，先写二字，后加人字；匹夫是大丈夫，这个夫字写个大字加一便是。

二、文学

在文字产生之前就有口头文学存在了。中国文学历史悠久，蔚为大观。下面就历代具有代表性的作品做简要介绍。

《诗经》是我国现存第一部诗歌总集。它分为风、雅、颂三个部分，共 305 篇，反映了西周初年到春秋中叶 500 年间的社会风貌。

战国时期伟大的爱国诗人屈原创造了楚辞体诗歌，其代表作是《离骚》。这是屈原吸收南方民歌精华，融汇古代神话传说而撰成的我国古代第一篇长诗，抒发了深切的爱国之情，在中国文学史上占有重要地位。鲁迅在《汉文学史纲要》中指出：屈原"被谗放逐，乃作《离骚》。逸响伟辞，卓绝一世"。

汉代著名的文学体裁是赋和乐府，成就巨大。赋是汉代最盛行的一种文学形式，是咏物叙事抒情的长篇韵文。汉代乐府是由官府名称演变而来的一种带有音乐性的诗体名称。《乐府》又称《乐府诗》，是汉武帝时由乐府采集民间诗歌选编配乐而成的诗集，共有138首，真实而又深刻地反映了汉代社会生活和人民的思想感情。其中《孔雀东南飞》是我国古代长篇叙事诗的艺术典范。

唐代诗歌空前繁荣。清代编辑的《全唐诗》及其今人补编的唐诗共达5万首，反映了唐代生活的方方面面。李白被称为诗仙，杜甫被誉为诗圣。唐代著名的文学体裁是今体诗（格律诗）和传奇（小说），字句固定并讲究对偶、平仄、押韵、形式规范的格律诗在唐朝成熟。传奇小说也在唐朝产生，如陈鸿的《长恨歌传》、李朝威的《柳毅传》等，歌颂自由，反对人身束缚，具有新的生活气息。唐朝散文也很有成就，韩愈居唐宋八大家之首。

宋代文学成就最突出的是词。今人编的《全宋词》就有两万余首词。宋词反映了当时复杂的民族矛盾和爱国主义精神，其代表人物有苏轼、辛弃疾、陆游。元代文学成就突出的是散曲和杂剧。元曲反映了当时社会生活，对以后中国戏剧艺术的发展产生了深远的影响。关汉卿、马致远、郑光祖、白朴合称元曲四大家。

明清文学成就最大的是小说，明代罗贯中的《三国演义》是我国最早的一部长篇历史小说；施耐庵的《水浒传》是我国第一部以农民起义为题材的长篇小说；吴承恩的《西游记》是我国最杰出的浪漫主义长篇神话小说；清朝曹雪芹的《红楼梦》是我国古代长篇白话小说的高峰。以上四部小说通称为中国古典小说的四大名著。明朝兰陵笑笑生的《金瓶梅》是我国第一部文人独立创作的白话长篇小说。清代蒲松龄的《聊斋志异》是我国古代文言小说的高峰。

补充阅读

《璇玑图》

东晋前秦女诗人苏若兰（即苏蕙）21岁时为抒发对远方丈夫的情爱和怨愤，用了一年时间，经过巧思熟虑，织成一方纵横29行的五彩织锦回文《璇玑图》。其锦文五彩相染，精巧别致，纵横八寸许，每行29字，共841字。只要按一定之规，以诗句的字数（三言、四言、五言、六言、七言）和推读方向（单向：向上、向左、向右、S形、环式推读；双向：左右、斜向）以任何一个字作为起点，先决定单句的字数，如五言、六言，再选择一个推读方向，这样读下去，无论纵横反复，皆成章句诗文。据宋元间僧起宗和明人康万民的研究推读，《璇玑图》竟可得诗7958首，可谓妙手天成，举世罕见。汉字的神奇，中国文学的精彩，由此可见一斑。

苏氏蕙若兰织锦回文璇玑图

琴清流楚激弦商秦曲发声悲摧藏音和咏思惟空堂心忧增慕怀惨伤仁

芳廊东步阶西游王姿淑窈窕伯邵南周凤兴自后妃荒经离所怀叹嗟智

兰休桃林阴翳桑怀归思广河女卫郑楚樊厉节中闱淫暇旷路伤中情怀

凋翔飞燕巢双鸠土逶迤路遐志咏歌长叹不能奋飞妄清帏房君无家德
茂流泉情水激扬誉顾其人硕兴齐商双发歌我袤衣想华饰容朗镜明圣
熙长君思悲好仇旧蕤葳粲翠荣曜流华观冶容为谁感英曜珠光纷范虞
阳愁叹发容摧伤乡悲情我感伤情微宫羽同声相追所多思感谁为荣唐
春方殊离仁君荣身苦惟艰生患多殷忧缠情将如何钦苍誓穹终笃志贞
墙禽心滨均深身加怀忧是婴藻文繁虎龙宁自感思岑形荧城荣明庭妙
面伯改汉物日我愁思何漫漫荣曜华雕顾孜孜伤情幽未犹倾苟难闱显
殊在者之品润乎兼苦艰是丁丽状观饰容侧君在时岩在炎在不受乱华
意诚惑步育浸集悴我生何冤充颜曜绣衣梦想劳形峻慎盛戒义消作重
感故昵飘施愆砄少章时桑诗端无终始诗仁颜贞寒嵯深兴后姬源人荣
故遗亲飘生思愆精微盛翳风比始璇情贤丧物岁峨虑渐尊班祸谗章
新旧闻离天罪辜神恨昭感兴作苏心玑明别改知识深微至嬖女因奸臣
霜废远微地积何遐微业孟鹿丽氏诗图显行华终凋渊察大赵婕所佞贤
冰故离隔德怨因幽元倾宣鸣辞理兴义怨士容始松重远伐氏好恃凶惟
齐君殊乔贵其备旷悼思伤怀日往感年衰念是旧怨涯祸用飞辞姿害圣
洁子我木平根尝远叹永感悲思忧远劳情谁为独居经在昭燕辇极我配
志惟同谁均难苦离戚戚情哀慕岁殊叹时贱女怀叹网防青实汉骄忠英
清新衾阴匀寻辛凤知我者谁世异浮奇倾鄙贱何如罗萌青生成盈贞皇
纯贞志一专所当麟沙流颓逝异浮沉华英翳曜潜阳林西昭景薄榆桑伦
望微精感通明神龙驰若然倏逝惟时年殊白日西移光滋愚谗漫顽凶匹
谁云浮寄身轻飞昭亏盈无倏必盛有衰无日不陂流蒙谦退休孝慈离
思辉光饰粲殊文德离忠体一违心意志殊愤激何施电疑危远家和雍飘
想群离散妾孤遗怀仪容仰俯荣华丽饰身将与谁为逝容节敦贞淑思浮
怀悲哀声殊乖分圣贲何情忧感惟哀志节上通神祇推持所贞记自恭江
所春伤应翔雁归皇辞成者作体下遗莳菲采者无差生从是敬孝为基湘
亲刚柔有女为贱人房幽处己悯微身长路悲旷感生民梁山殊塞隔河津

三、史学

悠久的国运，早熟的文明，赋予中华民族极强的历史感。中国史学发达之早，持续之久，体裁之完备，史籍之丰富堪称举世无双。正如梁启超先生所言："中国于各种学问中，惟史学最发达；史学在世界各国中，惟中国最发达。"

早在夏商时期，随着文字的出现，史学就开始萌芽。商代甲骨文中就有"史""作册"等字眼，史学已有专人专职掌管了。周代的史官不仅有记言记事的职责，而且还掌管文书，执行政令，位高权重。因此，西周时期就出现了系统记载的历史文献，其中的《尚书》后经孔子整理，成为我国和世界上现存的最早的史书。就史书体裁而言，既有以时间为中心，按年、月、日顺序记述史事的编年体；又有以人物为中心并分门别类记载典章制度等史实的纪传体；还有以事件为中心，按类编撰，自始至终记载史实的纪事本末体等。

鲁国史书《春秋》是我国第一部编年体史书。它经孔子整理，简要记载了从公元前722 年至公元前 481 年，以鲁国历史为主，共 242 年的史事。左丘明对《春秋》进行加工改造之作，称为《左传》，它以《春秋》为纲，既记言，又记事，以丰富的史料充实了《春秋》内容，使编年体成为有年月时序，有事实原委的详备叙事体裁。

西汉司马迁的《史记》是我国第一部纪传体通史巨著。全书记载了上自远古的黄帝，下至汉武帝约 3000 年的史事，包括 12 本纪、10 表、8 书、30 世家、70 列传，共130 篇，526500 字。《史记》是我国《二十六史》之首，还是传记文学的鼻祖。它文笔简练，文采绝妙，叙述史事丝丝入扣，刻画人物栩栩如生。鲁迅先生誉之为"史家之绝唱，无韵之《离骚》"。

东汉班固的《汉书》是我国第一部断代体史书。全书有 12 纪、8 表、10 志、70 列传，共 100 篇，主要记载了西汉一代共 230 多年的史事。《汉书》资料丰富，组织缜密，叙事得当，沿袭《史记》体例，开创断代史修史之法，成为后世正史的楷模。

北宋司马光《资治通鉴》是中国第一部编年体通史巨著。全书上承《左传》，自公元前 403 年的三家分晋起，下至后周消亡，即公元 959 年，长达 1362 年间的历史大事一气衔接。司马光编撰目的为"专取关国家盛衰，系生民休戚，善可法，恶可为戒者"。因而其书偏重于政治上治乱兴衰的记载分析，而经济、文化方面的内容较少记载。此书也富有文采，写人叙事生动优美。

南宋袁枢的《通鉴纪事本末》是我国第一部纪事本末体的历史著作。全书 42 卷，对《资治通鉴》所载的 1362 年史迹，区分门目，按类编纂，从而创立了一种新的史学体裁，弥补了纪传体、编年体的不足。

四、图书

明朝《永乐大典》是我国最大的一部类书，成书于明朝永乐年间，解缙领衔纂修。全书共 22937 卷，辑入前代图书七八千种，装成 11095 册，计 3.7 亿字。"元以前佚文秘典，世所不传者，转赖其全部全篇收入，得以排纂校订，复见于世"，"包括宇宙之广大，统会古今之异同，巨细精粗，粲然明备，其余杂家之言，亦皆得以附见，盖网罗无遗，以备考索"，是极其珍贵的文化遗产，堪称最早最大的百科全书。书成后抄录正、副两本，正本藏于文渊阁，副本藏于皇史宬，原本藏于南京。明亡时，原本与副本皆损，文渊阁正本在八国联军侵入北京时大都被毁，至今在世 300 余册，在国内约有 200 余册。

清朝《古今图书集成》是我国现存最大的一部类书。康熙、雍正两朝，分别敕命陈梦雷、蒋廷锡编修。全书共 10000 卷，装 5000 册，另有目录 10 册 40 卷，约 1.6 亿字，是一部条理清楚，贯通古今，汇通经史、天文、地理的大型类书。

《四库全书》是我国，也是当时世界上最大的一部丛书，纂修于乾隆年间，总纂官为纪昀、陆锡熊。全书分经、史、子、集四大类，各类又分许多子目，检阅方便。《四库全书》收入书籍 3503 种，共 79337 卷，装成 36304 册，9.97 亿字，保存了丰富的文献资料。书成之后，共抄录 7 部，分藏于北京、热河、沈阳、扬州、镇江、杭州等地，目前完整保存下来的有 4 部。《四库全书》编成后，纪昀等人又写成《四库全书总目提要》200 卷，把收入的每一部书的渊源、版本、内容做了提纲性的说明，是一部重要的目录学著作。

补充阅读

《四库全书》

若将《四库全书》4000 万页摊开，逐页相结，可绕地球 1.33 圈。若与 18 世纪法国狄德罗主编的著名的《百科全书》比较，《四库全书》字数是《百科全书》的 44 倍。中国古代典籍之丰富，藏书之多，由此可见一斑。

五、哲学思想

哲学在文化系统中居于最高层次。马克思指出，哲学家是自己时代、自己人民的产物。人民最精致、最珍贵和看不见的精髓都集中在哲学思想里。因此，中国传统哲学作为民族精神的概括与升华，构成珍贵传统文化系统中内涵最丰富，最能代表中华民族智慧及其自我觉醒的心态历程的部分。

中国哲学比较早熟。商周时代，中国传统文化的基础就已奠定。特别是春秋战国时期，产生了儒家、道家、墨家、法家、阴阳家、纵横家、兵家、杂家等思想流派，出现百家争鸣的局面，形成丰富多彩的思想文化，成为中国后世学术之母。

春秋时的孔丘（孔子），是儒家学说的创始人，其言行思想集中反映在《论语》中。

春秋时的李耳（老子）是道家学说的创始人，著有《老子》。

春秋时的墨翟（墨子）是墨家学说的创始人，其言行思想集中反映在《墨子》中。

战国时的韩非（韩非子）是法家学说的集大成者，著有《韩非子》。

春秋时的孙武（孙子）是兵家的著名代表，著有《孙子兵法》。

道家以辩证思维，主张清静、无为、淡泊名利并寄情山水而著称，对中国人的人生哲学影响很大。其代表人物除老子外，还有庄子。墨子提出兼爱、尚同等很有价值的思想，并在自然科学方面也有精辟的见解。可惜墨家之书大都散佚，墨家思想对后世影响较小。法家思想主要是政治哲学，早已被历代当权者融进统治术中。兵家思想不仅在历代军事上，而且在当今经济领域也源源不断地释放其价值，《孙子兵法》在韩国、日本就成为许多企业家必读之书。对我国社会生活各方面产生最深远影响的当属儒家思想。儒家在先秦时期的代表人物除了孔子之外，还有孟子和荀子。

西汉时，董仲舒"废黜百家，独尊儒术"，实际是尊崇儒术，兼容百家，吸收了法家、道家、阴阳家等各家学说，对儒学进行了改造，奠定了封建统治的理论基础。所谓三纲五常的观念就形成于此时。三纲即君为臣纲，父为子纲，夫为妻纲，五常为仁、义、礼、智、信。本来"纲"蕴含榜样之意，要求君对臣，父对子，夫对妻应以身作则。孔子就认为"君使臣以礼，臣事君以忠"，忠君的前提是君必须以礼待臣。五常应是为人处世的基本规范。后来，统治者把三纲五常导向性地阐释为臣对君、子对父、妻对夫的服从，使之成为封建伦理道德的规范化教条，对维护封建统治秩序起了巨大的作用。

两宋时，一批理学家吸收了道家、佛学等思想，将儒学改造成博大精深的理论体系。朱熹就是理学的集大成者。当代著名学者蔡尚思先生赋诗评价朱熹"东周出孔丘，南宋有朱熹。中国古文化，泰山与武夷"。

如今，旅游胜地泰山、武夷山皆被列为世界文化与自然遗产。目前，我国能够荣膺双遗产的胜地仅有四五处。泰山曾是历代皇帝封禅之地，也是广义上的孔子故乡，留有孔子活动的遗迹。武夷山则是朱熹曾长期生活、讲学之地，也是以朱熹为代表的闽学的发源地。

补充阅读

《十三经》和"四书五经"

《十三经》：《诗经》《尚书》《周易》《周礼》《礼记》《仪礼》《春秋左氏传》《春秋公羊传》《春秋穀梁传》《孝经》《论语》《尔雅》《孟子》13 部集中代表儒家精神的典籍，是中国传统文化的重要结晶。

《四书》：《大学》《中庸》《论语》《孟子》的合称。宋代朱熹撰《四书章句集注》，始有四书之名，前两种来源于《礼记》。《五经》：《诗》《书》《礼》《易》《春秋》五部儒家经典的合称，定于汉武帝时。四书五经是封建社会知识分子科举考试的必读书。

儒家思想是中国传统文化的核心，至今仍有普世意义。

1988 年在巴黎召开的主题为面向 21 世纪的第一届诺贝尔奖获得者国际大会上，参会者经过四天的讨论所得出的结论之一：诺贝尔奖获得者建议，人类要生存下去，就必须回到 25 个世纪以前，去汲取孔子的智慧。

东方文化经过重新锻炼，必将焕发青春，建造今天与未来。它属于中国，也属于世界，它属于过去，也会照耀未来。

既然西方的圣贤重新发现了东方的圣人，那么我们作为炎黄子孙难道不应该倍加珍惜我们祖先宝贵的遗产吗？难道不应该大力弘扬我们民族优秀的文化传统吗？我们作为龙的传人更有责任去探讨为什么世界精英会如此重视孔子的思想。

关系到人类在 21 世纪生存的有两大方面：一是人与人之间关系的紧张。人类社会并不安宁，和平成为人们最关切的问题。二是人与自然的关系也欠协调。地球已不堪重负，环境保护已成为关系到人类发展的大问题。以孔子为代表的中国先哲恰恰在解决这两大问题上有独到之处。

中国传统文化的精华可以概括为和谐两个字，有两种含义：一是人际关系方面，可表述为和为贵，和而不同；二是人与自然的关系方面，表述为天人合一。如果用最精练的语言来概括上述意思，那就是一个字：仁。用朱熹的话解释是"仁者浑然与物同体"，"仁者以天地万物为一体"。我们不仅要善待共同生存于这个地球上的人类，也要善待我们赖以生存的地球。

补充阅读

阴阳、五行、八卦

阴阳：原指向日为阳、背日为阴的日照向背，后扩展引申到相互对立成消长的两种现象、事物、联系等。例如：日月、天地、君臣、男女、夫妻、父子、上下、刚柔、雄雌、强弱、动静、暖寒、前后等。

五行：古代认为构成万物的基本要素是金、木、水、火、土五种物质，称为五行。

五行相生：木生火，火生土，土生金，金生水，水生木。

五行相克（胜）：水克火，火克金，金克木，木克土，土克水。

古代把五行与五色、五方、五脏、五音等相配：

五行	五色	五方	五脏	五音
土	黄	中	脾	宫
金	白	西	肺	商
木	青	东	肝	角
火	红	南	心	徵
水	黑	北	肾	羽

八卦：《周易》中的八种符号，象征着八种基本自然现象：

乾卦象征天，坤卦象征地，震卦象征雷，艮卦象征山，

离卦象征火，坎卦象征水，兑卦象征泽，巽卦象征风。

我国古人还认为太极是天地万物的根源，并用圆形的图像（太极）表示阴阳对立面的统一体。圆形外附八卦方位，为八卦与太极图。

任务三　中国古代科技文化

中国的科学技术曾长期处在世界领先地位，尤其是在古埃及、古巴比伦、古印度、古希腊、古罗马文明相继衰落之后，东方的中华民族依然高举科技的火炬，在各个领域创造辉煌的成就，显得倍加夺目璀璨。正如李约瑟博士所言：中国人"在公元3世纪到13世纪之间保持一个西方所望尘莫及的科学知识水平"。

一、天文历法

（一）天文观测

中国古代天文学拥有对多种天象的最早观测记录，其连续性、完备性、准确性举世罕见。

殷墟甲骨文中有世界上关于日食的最早记录。《诗经·小雅》载：公元前776年9

月6日，"十月之交，朔月辛卯，日有食之"。这是中国历史上第一次有确切日期的日食记录。从公元前776年至公元前481年，有记载的日食记录达37次，其中30次被证明是可靠的。其数量之多，准确率之高，令人叹服。自殷商时代起到20世纪初的清末为止，我国记录了日食1600多次，月食1100多次，月掩行星200多次。其中关于公元前13世纪的日食记录，比古巴比伦最早的日食记录早了大约600年。

《春秋》保存了世界上关于哈雷彗星的最早记录。书中记载"鲁文公十四年（公元前613年）秋七月，有星孛入于北斗"。这个记录比西方早600多年。哈雷彗星每76年回到太阳附近一次，而中国又是唯一一个每一次都进行了记录的国家。

关于太阳黑子的观测，我国也开始很早。在《汉书·五行志》中就记录了公元前43年和公元前28年的黑子现象，"日黑居仄，大如弹丸"；"日出黄，有黑气，大如钱，若日中央。"这是世界公认的较早的黑子记录，比欧洲早了800多年。欧洲直到伽利略发明望远镜以后，才从科学意义上宣告了黑子的发现。我国从汉朝到明朝的600多年里，太阳黑子的记录超过100次，并且有日期、有位置、有变化，对当代天文学研究具有重大价值。李约瑟曾经评价中国的黑子观测说，"中国的黑子记录是我们所拥有的最完整的资料，记录从公元前28年即刘向时代开始，比西方最早的文献几乎早1000年。从那时起，至公元1368年，在中国的正史中，显著的黑子记载共达112次，而地方志、笔记以及其他书中大量材料，迄今尚未完全汇辑成书"。美国天文学者海尔曾经指出："中国古人测天的精勤，十分惊人。黑子的观测，远在西人之前大约2000年。历史记载不绝，而且相传颇确实，自然是可以征信的。"

战国时期的《甘石星经》是世界上最早的天文学著作。其中《石氏星表》记载了120颗恒星的位置。比公元前2世纪希腊的希帕克编制星表记载的恒星多三分之一，体现了我国观测恒星的水平。

唐代和尚一行在世界上第一次测量出地球子午线长度。他还在724年通过观察发现了恒星位置移动现象，比英国哈雷提出恒星自行的观点早了1000年。

我国丰富而准确的观测记录是同先进的观测仪器分不开的。东汉张衡发明了世界上第一台利用水力转动的浑天仪和世界上最早测定地震方位的仪器——地动仪。张衡于115年担任太史令，开始主持天文观测工作。为了准确地观测天象，他创造性地制造出浑天仪，也叫水转浑象。水转浑象的主要部分是一个铜制圆球，天空的星星都布置在球面上，用水力转动圆球，正好一天转一周，星星的出没升降和实际天象基本吻合。另外，他还成功地制造了能够测知地震的地动仪。张衡写有《浑天仪图注》和《漏水转运浑天仪》等著作，奠定了我国天文仪器制造的基础。元朝郭守敬把汉代张衡所首创的浑天仪进一步简化，创制了简仪。简仪不但取消了白道环和黄道环等许多圆环，并且把地平坐标和赤道坐标分别安装，全部天空几乎一览无余，不再有妨碍视线的圆环。简仪的出现比丹麦天文学家第谷发明的同类仪器要早300多年。

（二）历法

中国历史悠久的农业与四时交替的自然节律息息相关，观测物候、天象，制定历法，排定节气，对先民生产生活尤为重要。中国古代天文学家对天象的长期观察和记录使我国能够产生世界一流的历法。

夏代历法《夏小正》，又称《夏历》，是我国最早的历法。它按夏历十二个月的顺序，分别记述每个月的天象、物候和农时节令。

春秋末年，又出现了四分历，即以一回归年为365.25日，这比罗马人采用的儒略历早了近400年。四分历规定19年中置7个闰月以调整阴阳历，这是具有世界意义的贡献。

宋代沈括提出按节气来定历法的气历。一年为四季，每季分孟、仲、季3个月，按节气定月份，大月31天，小月30天，取消闰月。于是，月份与季节变化完全吻合，没有闰月的麻烦，堪称当时最进步的历法，可惜未能得以推行。

元代郭守敬集先代历法之大成，制定授时历，这是中国古代使用时间最长，也是最精确的历法。它以365.2425天为一年，比地球绕太阳公转一周的实际时间仅差26秒，经过3320年后才相差一天，与当今国际通行的公历（格里哥利历）完全相同。但格里哥利历到1582年才开始使用，比授时历晚了300年。

（三）四时节气

为了把握天象和自然季节变化，我国古人还区分了四季和二十四节气。

四时又称四季。早在距今3000年前的西周，就有了春夏秋冬四季名称。后来人们按夏历把十二个月分为：正月、二月、三月为春，分别为孟春、仲春、季春；四月、五月、六月为夏，分别为孟夏、仲夏、季夏；七月、八月、九月为秋，分别为孟秋、仲秋、季秋；十月、十一月、十二月为冬，分别为孟冬、仲冬、季冬。

战国末年，《吕氏春秋》中出现了立春、春分、立夏、夏至、立秋、秋分、立冬、冬至8个节气。至西汉初年，《淮南子·天文训》就出现了全部的二十四节气：立春、雨水、惊蛰、春分、清明、谷雨、立夏、小满、芒种、夏至、小暑、大暑、立秋、处暑、白露、秋分、寒露、霜降、立冬、小雪、大雪、冬至、小寒、大寒，其名称与顺序已与今天完全一致。二十四节气是中国历法的独特创造，是我国宝贵的文化遗产，对农业生产有着重要的指导作用。

补充阅读

节气歌

春雨惊春清谷天，
夏满芒夏暑相连。
秋处露秋寒霜降，
冬雪雪冬小大寒。
上半年逢六、廿一，
下半年在八、廿三。
每月两节日期定，
最多相差一两天。

（四）干支

干支纪年法是中国文化的一大特色，对我们中国人的生活产生广泛而深远的影响。中国数千年文明史的所有年代和日月皆可用干支法准确地记录或推算出来。各地旅游景点楹联、碑刻和古今书画据其干支，可推其年份。

干支是天干和地支的合称（见表2-3）。

表2-3 天干和地支分别为序数表达方式

序数	1	2	3	4	5	6	7	8	9	10	11	12
天干	甲	乙	丙	丁	戊	己	庚	辛	壬	癸		
地支	子	丑	寅	卯	辰	巳	午	未	申	酉	戌	亥
生肖	鼠	牛	虎	兔	龙	蛇	马	羊	猴	鸡	狗	猪

10干与12支的循环相配，最小公倍数是60，可分为60组干支（见表2-4）。

表2-4 60花甲子

甲子	乙丑	丙寅	丁卯	戊辰	己巳	庚午	辛未	壬申	癸酉
甲戌	乙亥	丙子	丁丑	戊寅	己卯	庚辰	辛巳	壬午	癸未
甲申	乙酉	丙戌	丁亥	戊子	己丑	庚寅	辛卯	壬辰	癸巳
甲午	乙未	丙申	丁酉	戊戌	己亥	庚子	辛丑	壬寅	癸卯
甲辰	乙巳	丙午	丁未	戊申	己酉	庚戌	辛亥	壬子	癸丑
甲寅	乙卯	丙辰	丁巳	戊午	己未	庚申	辛酉	壬戌	癸亥

表2-4所列称为甲子或60花甲子，周而复始，可用来记录日、月、年。

（五）年、月、日、时辰及其记录方法

1. 纪年法。

地球绕太阳一周为一年，古人测出365.25日为一太阳年。我国历史上使用的传统纪年法有王公即位年次和皇帝年号纪年，还有干支纪年。

用王公在位的年次纪年通行于西汉武帝之前，如周平王元年、鲁孝公二十七年等。从汉武帝（公元前140年）开始用年号纪年，皇帝更迭要换年号，同一个皇帝也可以有几个年号，如汉武帝就有建元、元光等11个年号，唐玄宗有开元、天宝等3个年号。明清时期，每一个皇帝都仅有一个年号，如永乐三年、道光二十年等。

以干支纪年萌芽于西汉，东汉元和二年（公元85年）以政府命令的形式在全国通行。如黄巾起义口号"岁在甲子，天下大吉"，说明当时民间已普遍流行这种纪年方式。近代史上甲午战争、戊戌变法、辛亥革命等重大事件都是用干支年来表示的。

2. 月。

古代计算月亮绕地球与太阳一个合朔周期的时间为29.53059日，叫一个月。有30日的大月，也有29日的小月，一年一般12个月，闰年13个月。

干支也曾用以纪月。由于12个月与12地支相等，所以每月的地支是固定的。我们现在所说的夏历，正月为寅月，二月则为卯，三月为辰，其余依次下推，十一月为子，十二月为丑，其前再配以天干。闰月不设独立的干支纪月。

古代把每月初一叫朔，最后一天叫晦。大月十五，小月十六叫望（太阳和月亮此升彼落，东西相望）。望的第二天叫既望。每月初三叫朏（月牙出现）。每月还有上弦和下弦，即月亮如弓弦。上弦指初七或初八，下弦指廿二或廿三日。一个月又分为三部分，十天为一旬，共三旬，即上旬、中旬、下旬。

3. 日。

古代以一昼夜为一日。

用干支纪日在殷商甲骨文时代就实行了。因为两个月加起来是 59 天，所以用干支纪日可依次下推，如正月初一是甲子，三月初一就是癸亥，五月初一则是壬戌，七月初一是辛酉。

4. 辰。

约从西汉开始，古人将一日分为 12 个辰，也叫时辰。用 12 地支记辰，每日 24 小时，一个时辰为两小时（见表 2 – 5）。

表 2 – 5 12 个辰

子	丑	寅	卯	辰	巳	午	未	申	酉	戌	亥
23 时至 1 时	1 时至 3 时	3 时至 5 时	5 时至 7 时	7 时至 9 时	9 时至 11 时	11 时至 13 时	13 时至 15 时	15 时至 17 时	17 时至 19 时	19 时至 21 时	21 时至 23 时

（六）生肖

生肖，也称 12 属相，是中国人又一创造性的习俗。生肖发端于战国，东汉时已有明确记载。以 12 地支配 12 种动物：子鼠、丑牛、寅虎、卯兔、辰龙、巳蛇、午马、未羊、申猴、酉鸡、戌狗、亥猪。

于是，我们中国以 12 年为一周期，每一年都有一只动物来"值班"，每一个炎黄子孙都拥有一个动物生灵为自己的属相。

二、数学

西汉《周髀算经》提出勾股定理，比西方早 500 年，其主要内容是原始的天文计算。它讨论了勾股定理应用的直角三角形性质，以便按高度和距离的比例来进行地上和天上的测量。书中还有比较复杂的分数运算和开平方方法。《周髀算经》是我国现存最早的数学著作。

东汉《九章算术》是我国古代最重要的数学著作，它系统地总结了我国从先秦到东汉初年的数学成就。全书分为九章，一共收集了 246 个数学问题，其中有分数四则运算和比例算法，负数概念和正负数加减运算法则，多元一次联立方程组的解法，各种面积、体积的几何计算方法，利用勾股定理测量的方法等。所有这些内容都充分显示了它的实用特点。在汉朝以后的一千多年中，它一直被当作数学教科书。书中一元二次方程的数值解法，联立一次方程组的解法，比欧洲出现同类算法早 1500 年左右。书中的盈不足算法，在国外被称作中国算法。《九章算术》的出现，标志我国古代数学体系的形成，它已作为一部世界科学名著被译成多国文字出版。

南朝祖冲之在世界上第一次把圆周率的数值精确到小数点后第 7 位，比欧洲早 1000 多年。

北宋数学家贾宪最先绘出开方作法本源图（贾宪三角），揭示了二项式高次幂（正整指数）展开式各项系数所遵循的规律，比欧洲的巴斯加提出同样成果早了 600 多年。贾宪还创立了任意高次幂的增乘开方法。

南宋秦九韶在《数书九章》中进一步推广了增乘开方法，阐述了高次方程（高达 10 次方程）的数值解法，并提出正负开方多达 9 次乘方。而欧洲到 18 世纪才提出三次方程的一般解求法，19 世纪才有高次解法。

南宋李治的名著《测圆海镜》是第一部系统论述天元术的著作。宋末元初的朱世杰在《四元玉鉴》中把天元术推广为四元术，并提出消元的办法，将我国古代方程式的解法推向高峰。

世界最早的简便易学的手动计算器——算盘，由我国人民于 13 世纪的元朝创造出来，很快得以普及应用并流传到日本、朝鲜。

三、中医学

人最宝贵的智慧是认识自己，中国医药学对人的生理与病理的认识，形成了独特的理论，鲜明地反映了中华民族的智慧和生存发展的能力。中医学是我们的国宝，也是世界珍贵的遗产。

（一）整体、综合观念和辨证施治

中医独特的理论体系核心是整体、综合观念和辨证施治的方法。

中医学认为人体是一个有机的整体。人体各部器官功能是息息相关、互相协调、互相影响的。局部疾病会影响到全身，全身病变呈现于某个局部，人体生病就是整体失调所致。人的精神状况与疾病也是休戚相关的，所谓惊伤心、怒伤肝就是此理。因此，中医强调治病须治人，心理治疗至关重要。

中医学十分重视人与自然的统一性，即天人合一，用构成万物的"气"，把人的生命活动与大自然联系在一起，认为"百病生于气"，"气治则安，气乱则病"。当人体生理活动与自然环境不协调时，就产生了疾病。

对疾病要辨证施治，就是要对症下药治疗。战国的扁鹊首创望、闻、问、切四诊法，成为中医诊断的基本方法。通过系统观察了解，进行阴、阳、表、里、寒、热、虚、实所谓八纲的综合、分析、归纳，辨清疾病的部位、原因、性质、邪正之间的关系以及个体的差异特点，再概括判断为某种"证"，然后有针对性地进行治疗。

（二）中华名医与名著

西汉编定的《黄帝内经》是我国现存最早的一部医书。《内经》包括《素问》和《灵枢》两部分，各为 81 篇，合计 162 篇。其内容极其丰富，包罗万象。它全面系统地论述了人与自然的关系，人的生理、病理、诊断、治疗、预防、养生等。《素问》所论包括有脏腑、经络、病因、病机、病证、诊法、治则以及针灸等。《灵枢》则除了上述内容外，还着重介绍了经络脑穴、针刺方法、针具知识等。《内经》为中医学奠定了理论基础，是一部医学总集。同时它还结合医学理论，论述了天文、气象、地理、哲学、医德、医风、医学伦理等各方面的知识。《内经》是一部以医学为主的百科全书，在我国的医学史上占有很高的指导地位，对后世的影响极大，历代医家无不重视此书，时至今日，其仍是从事中医工作的人所必读的指导性著作。《内经》对世界医学的发展也有很深的影响，国外已相继将其译成英文、日文、法文、德文等版本。不少国家，如日本、朝鲜、法国以及东南亚一些国家也将其作为医学生的必读书。

东汉的《神农本草经》是我国第一部完整的药物学著作。书中共记载药物 365 种，其中植物药 252 种、动物药 67 种、矿物药 46 种，还首创药物分类法。它对后世药物学的发展产生了深远的影响，至今仍是中医、中药工作者必读之书或重要参考资料。

东汉张仲景的《伤寒杂病论》奠定了中医医疗学基础，他被尊为医圣。张仲景"勤求古训，博采众方"，撰成《伤寒杂病论》，共收选近 300 个处方。这些方剂药物配伍精练，主治明确，被医家尊称为众方之祖。他主张精究方术，反对用巫术治病，从实际出发，提倡六经分证和辨证论治原则，把四诊（望、闻、问、切）和八纲（阴阳、表里、虚实、亲热）辨证有机地联系起来，形成一整套的诊断方法。该书将治疗概括为八法，即汗、吐、下、和、温、清、补、消原则，成为后世中医学的准绳，奠定了中医临床辨证施治的基础。张仲景的著作言简意赅，药方实用有效，是后世医家的重要经典。

东汉华佗是位精于外科手术、针灸及内、妇、儿各科的名医。他发明麻沸散，将病人全身麻醉施行腹腔手术，除去疾秽，既而缝合，一月平复。这是世界医学史上的创举。华佗不但医术高明，常是手到病除，而且医德高尚，医风廉洁，被人誉为神医。他还创造一套五禽之戏，即模仿虎、鹿、熊、猿、鸟的动作，活动身体各部位及其关节。这是古代健身操，在保健医学上有很高价值。

西晋王叔和著的《脉经》，把脉象归纳为 24 种，是我国现存最早的脉学专著。皇甫谧总结了前代针灸疗法的经验，著成《针灸甲乙经》，这是我国第一部针灸学专著，对后世有很大影响，至今仍是针灸工作者必读之书。

唐朝比较重视医务工作，唐太宗首办世界上第一座医校，比欧洲早 200 年。唐政府组织编写的《唐本草》，总结了 1000 多年的药物学知识，共分为九类，记载药物 844 种，是世界上第一部由国家编定颁布的药典，比欧洲早 800 多年。

唐朝孙思邈的《千金方》总结了前代医家的医学理论和治疗经验，收集了 5300 多个药方，收载了 800 余种药物，介绍了 200 多种药物的采集、炮制方法，被誉为东方医学圣典，其本人被尊为药王。

北宋医学家王惟一主持监制了两具刻有经脉俞穴的针灸铜人，作为针灸的教学考试之用。

南宋时期宋慈的《洗冤集录》，对验伤、验尸、血型鉴定、急救等有详细论述，是我国第一部系统的法医学著作，比西方早 300 年，对法医学的发展有很大贡献。明朝李时珍的《本草纲目》，52 卷，将近 200 万字，收载药物 1892 种，药图 1000 余幅，药方

10000 余个，对前代药物学进行了全面总结，是当时世界上内容最丰富、考订最详细的药物学著作。

四、发明创造

李约瑟博士为《少年科学》杂志撰文时谈道："在 17 世纪西方科学革命之前，中国已是一块有无数发明和创造的乐土。爱好科学、技术和医学的少年们，你们应该从中国历史上科学技术的各个领域曾经是伟大卓越的这一事实中得到巨大的鼓舞。中国有一个很伟大的过去，而且必然有一个伟大的未来。"

在无数发明创造中，最著名的是四大发明。

（一）造纸术

早在西汉时期。古人就用丝絮制成薄片，叫絮纸，这标志着我国造纸术的萌芽。随后，人们采用麻纤维制成薄片，是植物纤维纸。1957 年，在西安东郊灞桥出土了至少公元前 2 世纪以前的麻纸，这是世界上现存最早的植物纤维纸。此外，考古发现的古纸还有罗布淖尔古纸、居延金关纸、扶风中颜纸、敦煌马圈湾纸等。但是西汉时期的这些古纸多为质地粗糙的麻纸，尚不能作为正式的书写材料。

东汉时期，蔡伦在吸收前人经验的基础上，改进了造纸术，用树皮、麻头、破渔网等为原料，造出了质地较细、价格低廉、便于书写、用途广泛的纸，人称蔡侯纸。至晋朝时，纸张就已被普遍使用，成为我国主要书写工具。造纸术大约在 6 世纪就传到了朝鲜、日本、越南，8 世纪传入阿拉伯，后辗转沿非洲北部海岸向西流传。1150 年，西班牙建立了欧洲第一家造纸厂，开始造纸，此时离蔡伦时代已有 1000 多年。13 世纪，法国、意大利也开始造纸，至 16 世纪，纸张已流行于欧洲。在此之前。中世纪的欧洲通常用羊皮作为信息的载体，生产一本《圣经》要用 300 多张羊皮，因此文化信息的交流十分有限。而纸的发明与使用，增强了文化信息的储存与传递能力，大大推动了欧洲的教育、政治、商业的蓬勃发展。德克·卜德在《中国物品西传考》中说："纸对后来西方文明整个过程的影响无论怎样估计都不会过分。"

（二）印刷术

印刷术被称为人类文明之母，这是中华民族对世界文明的又一重大贡献。纸的发明和应用，促进了知识的普及，但是仅靠手抄流传，既费时费力，又不能保证质量。社会的发展，文化交流的扩大，迫切需要文字复制技术的产生。在这方面，中国古人又走到了世界前头，发明了印刷术。

古代印刷术的发明发展大致可分为雕版印刷术和活字印刷术两大阶段。雕版印刷术是在古代刻石和印章的基础上产生的。在吐鲁番吐浴沟发现的 594 年的高昌印刷揭帖说明，至少在隋代就有了印刷术。雕版印刷术在唐朝日臻成熟，开始大量印刷书籍。在敦煌发现的《金刚经》，刻印于 868 年，长约 1.6 丈，宽 1 尺，图文并茂，印刷清晰，非常精美。这是我国发现最早的标有确切年代的雕版印刷品。宋代是雕版印刷的全盛时期，印刷出版了经、史、子、集等多方面的书籍，其数量、质量达到了高峰，北宋仁宗庆历年间（1041—1048 年），刻字工人毕昇发明了活字印刷术。他用胶泥制成单字块，入火烧烤，使之坚硬，然后做成字模排列在铁板框里，最后涂墨印刷。这是排版印刷的开始。它既经济又快捷，堪称人类印刷史上的空前革命。到元代王恢又发明了木活字和转轮排字架，使拣字、排字、印刷都得以完善。随后又有了锡、铜活字，极大地促进了中国印刷事业的发展。

中国的印刷术早在8世纪时就传到了日本和朝鲜，12世纪时传入埃及，后又传到欧洲。1243年，欧洲出现了最早的雕版印刷品——德国的《圣克利斯托菲尔》画像，但这已晚于我国600多年。1450年在德国谷登堡开始出现的活字印刷也比毕昇晚了400多年。印刷术的应用使欧洲文明发生了划时代的变化。

（三）火药

火药源于我国古代为长生不老而制仙药的炼丹术。唐初名医孙思邈在《丹经内伏硫磺法》一书中提出将硫磺、硝石、木炭制成药粉用以发火炼丹，这说明最迟在唐初就已发明了火药。到唐末（10世纪），出现了飞火，即火炮、火箭，表明火药开始被运用在军事上。宋代出现了霹雳炮、震天炮等火器，宋代曾公亮等人所编著的《武经总要》中记载了最早的火药兵器，如毒药烟球、霹雳火球、火药鞭箭和火炮等，还列有三种火药配方。宋钦宗靖康年间（1125—1126年），金兵进攻宋都汴梁（今河南省开封市），李纲命令发射霹雳炮，击退来犯之敌。南宋时期，射击性的管形火器也被发明制造出来，如飞火枪、火筒、突火枪等。这些火器实际上是现代枪炮的前身。当然，火药的发明，除用于军事外，更多用来生产爆竹和烟花，为平民百姓在喜庆节日增添欢乐气氛。

约13世纪，火药经蒙古人传到阿拉伯，而欧洲人在与阿拉伯人的战争中学会火器的制造与使用，从而改变了欧洲历史进程。

（四）指南针

指南针是中华民族在认识自然、改造自然的过程中所取得的又一项重大发明。相传早在黄帝与蚩尤作战时，黄帝就首造指南车来辨认方向。战国时，我国人民已发现了磁石吸铁和指示南北的现象，从而造出了指南器具——司南。北宋时期，出现了以人工磁化金属法制造的指南鱼，即将薄铁片剪成鱼形，以磁石摩擦使之磁化，浮置水面，鱼头指南。后来沈括在《梦溪笔谈》中又记载了"方家以磁石磨针锋"制成指南针，这是我国古籍乃至世界上第一次记述用人工磁化法制造指南针。南宋时，人们又把磁针安在刻有方位的罗盘上，使用更为方便。指南针的最大用途是在航海中辨认方向。北宋宣和年间（公元12世纪初）朱彧在《萍州可谈》中提道："舟师识地理，夜则观星，昼则观日，阴晦观指南针。"这是人类使用指南针在航海时辨认方向的最早记载。

大约在12～13世纪，罗盘针由海路传入阿拉伯，后传入欧洲，有力地推动了世界航海事业的发展。

四大发明是中华民族对人类文明作出的巨大贡献。它们传播到世界其他地区，又变成积极推动人类社会发展的重要力量。培根指出，印刷术、火药和指南针这三样东西改变着整个世界事务的面貌和状态。第一种在文学方面，第二种在战争方面，第三种在航海上。由此又产生了无数的变化，这个变化是这样的大，以至于没有一个帝国，没有一个教派，没有一个赫赫有名的人物能比这三种机械发明在人类的事业中产生更大的力量和影响。马克思更精辟地论述："火药、罗盘、印刷术——这是预兆资产阶级社会到来的三项伟大发明。火药把骑士阶层炸得粉碎，罗盘打开了世界市场并建立了殖民地，而印刷术却变成新的工具，并且一般地说变成科学复兴的手段，变成创造精神发展的必要前提的最强大的推动力。"但令人万分遗憾的是，四大发明在自己的故乡竟没有发挥其应有的作用。19 世纪中叶，西方列强用中国发明的指南针导航，开来军舰侵略我们，用中国发明的火药制成枪弹来屠杀我们的同胞。这种历史现象令人扼腕，值得深省。

（五）其他发明创造及其成果

英国著名学者，研究中国科技史的专家李约瑟博士在《中国科学技术史》中列举了从中国向西方传播的 26 个机械和技术项目：（1）龙骨车；（2）石碾及用水力驱动的石碾；（3）水排；（4）风扇车和簸扬机；（5）活塞风箱；（6）提花机；（7）缫丝机（使丝平铺在纺车上的转轮，在 11 世纪时出现，14 世纪时应用于水纺车）；（8）独轮车；（9）加帆手推车；（10）磨车；（11）拖重牲口用的两种高效马具：胸带和套包子；（12）弓弩；（13）风筝；（14）竹蜻蜓（用线拉）、走马灯（由上升的热空气流驱动）；（15）深钻技术；（16）铸铁；（17）游动常平悬吊器；（18）弧形拱桥；（19）铁索吊桥；（20）河渠闸门；（21）造船和航运的许多原理；（22）船尾的方向舵；（23）火药、用于战争的火药；（24）罗盘（磁匙）、罗盘针、航海用罗盘针；（25）纸、雕版印刷、活字印刷、金属活字印刷；（26）瓷器。李约瑟博士还强调："我写到这里用了句点，因为 26 个字母都已用完了。可是还有许多例子可以列举。"

英国学者坦普尔在李约瑟指导下编了一本书《中国——发现和发明的国度》介绍了中国的 100 个世界第一。编者指出，除了指南针、印刷术、纸、火药众所周知的四大发明外，还有 90 几种创造发明，如水下鱼雷、枪炮、降落伞、多极火箭、载人飞行、白兰地，甚至蒸汽机的核心设计等，都来源于中国。

的确，中国人在认识自然、改造自然方面所体现的聪明才智及其成果数不胜数。再比如：

西汉人民首创井渠（坎儿井）法，在旱地可以采用这种节水技术。

东汉南阳太守杜诗发明水排，利用水力鼓风冶铁，比欧洲早 1000 多年。

北魏贾思勰的《齐民要术》，总结了农业生产技术和经验，记载了谷物、蔬菜瓜果和树木种植法，牲畜饲养法、养鱼法以及各种酿造法、食物贮藏法等，是我国现存最早、最完备的农书。

唐代李淳风是世界上第一个给风定级的人。

唐代陆羽的《茶经》是世界上第一部茶叶专著，陆羽被奉为茶圣。

北宋沈括的《梦溪笔谈》详细记载了当时数学、气象、地理、地质、物理以及毕昇发明活字印刷等科技方面的成就，被誉为中国科学史上的里程碑。

明朝宋应星的《天工开物》，详细记录总结了各地农业、手工业的生产技术，被誉为中国 17 世纪的工艺百科全书。

明朝徐光启的《农政全书》采用文献 229 种，是一部集古代农学之大成的著作。

明朝徐弘祖写的《徐霞客游记》，是我国最早的一部野外考察记录和优秀的地理著作，他还是世界上第一个研究岩溶地貌的人。

身为发明创造者的后辈，我们没有理由不为先辈感到骄傲和自豪，不能淡忘，更不能放弃我们祖先所拥有的发明权。我们还要认识到：一个依赖祖先的民族是没有希望的，一个忘记过去的民族也是没有前途的。我们祖先的成就，只能用来激励我们赶超世界先进水平的信心，而不能用来安慰我们现实的落后。

诚然，中国古代科技也有其缺陷，比如重经验实用而轻理论概括，重发明而轻推广等。

五、对外文化交流的使者

在中华文明史上有一批为中国走向世界铺路搭桥的人，他们身负重任，不畏困苦，披荆斩棘，冲破艰难险阻，成为中外文化交流的使者，在中国和世界文明史上写下灿烂的篇章。

西汉时期，张骞奉汉武帝之命，两度出使西域，开通了经甘肃河西走廊、新疆到中亚以外的交通线，后被称为丝绸之路，开辟了中西交通新纪元。从此，中国与西域各国开始了正式交往，经济文化关系日趋密切。西域的葡萄、核桃、蚕豆等农作物和音乐、舞蹈等艺术传入汉朝，而汉朝高质量的丝织品和许多先进的生产技术也传到西域各国。

东汉班超奉命出使西域，在那里活动 30 年，维护了东汉与西域各国的友好关系，重新开通了一度被阻断的丝绸之路。他还派甘英于公元 97 年出使大秦（东罗马帝国），一直到达安息条支的西海（今波斯湾）边。班超成为继张骞之后为促进中西文化交流作出杰出贡献的人物。

东汉时大秦（东罗马帝国）王安敦派使臣从海路来中国，这是中国和欧洲国家直接通使的最早记录。

东晋旅行僧法显于 399 年已 60 岁高龄，带彗景等 4 人到印度寻法。他们经"唯视日以准东西，人骨以标行路"的沙漠，翻"毒风雨雪，飞沙砾石"的葱岭，再攀绝壁，爬悬崖，历尽千辛万苦。经过 19 年，辗转在印度、尼泊尔、斯里兰卡等地，又横渡印度洋，到达今南洋群岛和印度尼西亚的一些地区。法显 79 岁时回国，共翻译了 5 部经卷，著《佛国记》，介绍了所经之处的佛经、历史及其风土人情。他是中国第一个到印度取经的人，也是第一个横渡印度洋，到达印度尼西亚的人。

唐玄奘从 627 年开始西游天竺（印度）取经，经过丝绸之路北道，途经西域 16 国，只身一人，历尽艰辛，到达印度的佛教中心那烂陀寺。他去印度游历、学习，历时 19 年，行程 5 万里，先后译成佛经 75 部，共 1335 卷。唐玄奘回国后著《大唐西域记》，为研究佛教和古印度、尼泊尔、巴基斯坦、孟加拉等国的历史、地理提供了丰富的资料，为取经者中成就最卓著的人。

唐朝鉴真和尚应邀前往日本，先后 5 次东渡失败，仍不气馁，66 岁高龄时在双目失明的情况下，于 753 年第 6 次东渡，成功到达日本，受到隆重欢迎，成为日本佛教律宗的开山祖师。他还把中国的建筑技术、雕塑艺术和医药学带到日本，为中日文化交流作出巨大贡献，受到日本人民的崇敬。至今鉴真的塑像还供奉在日本奈良的唐招提寺内，并被定为日本的国宝。

明朝郑和（小字三保又称三宝）是一位伟大的航海家。他于 1405 年至 1433 年间，率领庞大的船队七下西洋，先后到过 30 多个国家，最远航程两万余里，到达非洲东海岸和红海沿岸。郑和下西洋，先于哥伦布的地理大发现早半个多世纪，是中国对外交往的重大事件，也是世界航海史上的空前壮举，有力地促进了我国与东南亚及非洲人民的友谊和往来。为纪念郑和，泰国有三宝港、三宝庙和三宝塔，马来西亚有三宝城、三宝井，印度尼西亚有三宝垅、三宝洞等（见表 2 - 6）。

表 2 - 6　　　　　　　　　15 世纪以及稍后的中国与西方的主要航海活动

年代	隶属国	航海家	船队规模（第一次）	人数（人）
1405—1433	中国	郑和	200 多艘，其中大船 62 艘，最大的有 1250 吨左右	27800
1492—1498	西班牙	哥伦布	3 艘，最大的 120 吨左右	88
1497—1498	葡萄牙	达伽马	4 艘，最大的 110 吨左右	约 160
1519—1522	葡萄牙	麦哲伦	5 艘，最大的 130 吨左右	265

任务四　中国古代称谓和科举制度文化

一、姓氏概况

寻根问祖是中华民族根深蒂固的传统观念。每一个人都有自己的姓。我国具有世界上最悠久并持续不断的姓氏传统，重人伦的炎黄子孙都很看重自己的姓。据统计，我国现存姓氏有 3500 多个，而历史上出现过的有 22000 多个姓氏。方兴未艾的寻根热为旅游业带来许多商机，也为旅游工作者提出进一步了解姓氏学知识的要求。

（一）姓氏的含义

姓氏是一个人血统的标志。在先秦时期，姓和氏有不同的含义。

姓的起源可以追溯到母系氏族社会，其作用是别婚姻，即识别、区分氏族，实行族外婚。当时的先人已经认识到杂交婚姻与近亲交配的危害，于是在同姓氏族内部禁婚，若干异姓氏族互相通婚，以保证氏族的人种健康兴旺。姓原本表示妇女世代相传的血统关系，由女性方面决定。目前已知的古老姓氏，如：姬、姜、嬴、妊、姒、妫等姓中均带有"女"字偏旁，就是母系氏族社会的痕迹。

氏原为姓的分支，起源于父系氏族社会，其主要作用在于"明贵贱"。贵者有氏，贱者有名无氏。起初，姓原是比氏更大的概念，是整个大部落的标记；而氏从属于姓，是指较小的、派生的氏族。黄帝轩辕氏即属于姬姓部落。氏成为古代贵族标志，宗族系统的称号，用于区别子孙之所由出生。

在上古时期，女人有姓而男人有氏，如孟姜女，其实不姓孟，而姓姜，孟是她的排行，即姜家的大女儿。她是齐国人，出嫁后就叫齐姜。男的如少昊称金天氏，尧号陶唐氏等。

秦始皇一统天下后，西周旧的氏族及姓氏制度受到强烈冲击，姓和氏开始合二为一。西汉时期，姓氏完全融为一体。姓氏合称，仍取姓之义，表明个人出生家族的符号，并且自天子到庶民人人皆有姓氏。至此，姓氏的使用和发展才真正步入正轨。

关于姓与氏的性质、作用，郑樵在《通志·氏族略序》中做了很好的概括：三代（夏、商、周）以前，姓氏分而为二。男子称氏，妇人称姓。氏所以别贵贱，贵者有氏，贱者有名无氏。故姓可呼为氏，氏不可呼为姓。姓所以别婚姻，故有同姓、异姓、庶姓之别。氏同姓不同者，婚姻可通；姓同氏不同者，婚姻不可通。三代之后，姓氏合而为一，皆所以别婚姻，而以地望明贵贱。

（二）姓氏来源

姓氏来源比较复杂，但也不难归纳。东汉应邵《风俗通·姓氏篇》就勾勒出姓氏来源的9大类：

（1）以祖先的族号为姓氏，如唐、虞、夏、殷；

（2）以赏赐的爵位为姓氏，如壬、公、伯、侯；

（3）以分封的国名为姓氏，如齐、鲁、宋、卫；

（4）以担任的官衔为姓氏，如司马、司空、司寇；

（5）以贵族的谥号为姓氏，如武、宣、穆、庄；

（6）以居住的地方为姓氏，如城、郭、园、池；

（7）以亲属的排行为姓氏，如伯、仲、叔、季；

（8）以从事的工作为姓氏，如陶、匠、巫、卜；

（9）以职务的称号为姓氏，如三乌（大夫）、五鹿（大夫）。

上述说法基本符合古代姓氏的状况，但还有可补述之处，比如：

以氏为姓氏，如姬、姜、姒、风、己、子、任、伊、嬴、姚等；

以邑名为姓氏，如苏、邴、郦等；

以先人的字或名为姓氏，如时、卞等；

古代少数民族融合到汉族中带来的姓氏，如慕容、宇文、呼延、尉迟等；

因赐姓、避讳而改姓氏，如南明王朝隆武帝把国姓朱赐给了郑成功，闽台百姓称郑成功为国姓爷；又如汉文帝名刘恒，恒氏因而改为常氏。

（三）名、字、号

1. 名。

名字是一个人区别于其他人的称号。当代国人一般只有名而无字，名与名字的含义相同，古代中国人名与字有不同的含义和用途。古人幼时取名以供长辈呼唤。

2. 字。

字是古人成年后取的别名，与名相表里，又叫表字。孔颖达云："始生三月而加名，故云幼名也……人年20有为人父之道，朋友等类不可复呼其名，故冠而加字。"古代男子到20岁成人，要举行冠礼，标志其人可立身于社会了，要另取一个字。女子未许嫁时叫待字闺阁，到了15岁许嫁时，举行及笄礼，也要取字。名和字在意义上一般是有联系的，字往往是名的阐释和补充，如诸葛亮字孔明，亮与明是同义词；岳飞字鹏举，飞与鹏举意也相近。另外，还有在家族中依行辈规定的字辈名，一般是其第一个字是本行辈所固有的。

3. 号。

号，也称别号，是古人在名和字以外的别名，一般为尊称、美称，而呼人之号比呼其字更示尊重与客气。如陆游，号放翁；范蠡，号陶朱公；秋瑾，号鉴湖女侠。另有一类号叫浑号、混名，即通常说的绰号、外号，如梁山好汉108人当中的智多星、豹子头、母夜叉等，大都含亲昵、憎恶或开玩笑的意味。

古人在人际交往中，名具有名以正体的严肃性，一般用于谦称、卑称。上对下、长对少方可称名，下对上、平辈之间，称字不称名。在一般情况下直呼对方的名是不礼貌的。字具有字以表德之意，或以明志趣，或以表行第，因此，对人称呼常用字，字的使用率大大超过名。名人雅士的号则更是"号为尊其名更为美称焉"。号比字更加尊贵、响亮。如孙中山先生，文是其名，逸仙是字，而中山则是号。他的自称是名文，父兄长辈直呼其名孙文理所当然，一般直呼他孙文的通常是其政敌，带有咒骂、蔑视之意。称他逸仙的往往是其早期的同辈和挚友。辛亥革命以后，人们大都称之为中山先生或孙中山先生。

（四）避讳

中国古代，人们言谈和书写时遇到君父尊亲的名字要设法回避，用别的词语来代替，这就叫避讳。避讳习俗起于周，成于秦，盛于唐宋，严于两宋，苛于清代。对帝王及孔子之名，众所共讳，称公讳、君讳或圣讳。此外，人子也不能直言父辈尊亲之名，称家讳或私讳。避讳之法，一般采取同义或同音字以代本字，如节气惊蛰，原为启蛰，因避汉景帝刘启讳而改之。唐太宗名世民，而将民部尚书改为户部尚书，把观世音改为观音。避讳法也用原字而省缺笔画，如孔丘之名唐后各代均避讳，丘字要少写一笔。还有用改读的办法，如《红楼梦》中林黛玉的母亲名敏，因此林黛玉读书时，凡遇敏字皆念作密字，写字遇到敏字也减一二笔。

避讳给语言文字带来较大混乱，但也能加以利用以解释古文书之疑滞，辨别古文书之真伪及时代。

补充阅读

非常不敢说

五代时冯道的门客讲《道德经》首章，有"道可道，非常道"。门客见"道"字是冯名，乃曰："不敢说，可不敢说，非常不敢说。"

二、帝王官僚及皇亲的特殊称谓举要

（一）谥号、庙号、年号、尊号

1. 谥号。

谥号是古代帝王及官僚死后，据死者生前事迹而加给的称号。西周始有谥号，秦始皇废除，西汉又恢复，沿用至清朝。帝王的谥号，由礼官拟议经继位皇帝认可，臣下谥号由朝廷赐予。谥号原寓褒贬同情之意，属于表扬的有文、武、景、惠、烈、昭、穆、英、成、康等，如经纬天地曰文、道德博厚曰文，威强睿德曰武、克定祸乱曰武，布义行刚曰景，柔质慈民曰惠。属于贬义的有损、厉、灵、幽、炀等，如好内远礼曰炀、逆天虐民曰炀，杀戮无辜曰厉等。属于表同情的有哀、怀、愍、悼等，如恭仁短折曰哀等。谥号在宋以后就是有褒无贬了。

战国以前，周王谥号均为一个字，战国时出现两个字的谥号，如周贞定王、周威烈王的贞定、威烈等。直到隋朝时，帝王谥号皆为 1～2 个字，从唐开始，谥号逐渐拉长，清太祖的谥号长达 25 字，但关键的往往是最末一字。因此，后世皇帝绝大多数用一个字为谥号的简称，如清仁宗（嘉庆）谥号长达 23 字，简称就是清睿帝。

朝廷重臣的谥号叫官谥，一般为 1～2 个字。如诸葛亮谥忠武，林则徐谥文忠，曾国藩谥文正。官谥中也有恶谥和改谥的，如秦桧先谥忠献，后改谬丑。

非官方的民间谥号叫私谥。如陶渊明去世后被其友人私谥为靖节。

谥号按理应该是对死者生前事迹和品德的概括，但实际上，出于统治者的需要选用的谥号，往往与事实不符，甚至是完全虚伪的。

2. 庙号。

庙号是帝王死后，其继承者在太庙立室奉祀，并追尊以某祖、某宗的名号。庙号始于商代，明确称谓于汉代。一般是每个朝代的第一个皇帝称祖。如高祖、太祖、世祖，之后的嗣君称宗，如太宗、高宗、中宗、世宗等。但明、清时前几个皇帝有都称祖的现象，如明太祖（朱元璋）、明成祖（朱棣）、清太祖（努尔哈赤）、清世祖（福临）、清圣祖（玄烨）等。

3. 年号。

年号是皇帝用以纪年而设置的称号。年号始于西汉武帝即位之年的建元（公元前 140 年）。新君即位，于次年改用新年号，叫改元。一个皇帝在位期间，遇到重大事件如祥瑞灾异等，也常改元，如武则天在位期间，用了 17 个年号。年号一般用两个字，也有用三四个字的，如中大同、中大通（南朝萧衍）、建武中元（光武帝）、天册万岁、万岁通天（武则天）、太平兴国（宋太宗）等。

4. 尊号。

封建社会在帝、后生前或死后奉上的尊崇颂扬性称号即为尊号。有时也称为徽号，如太上皇、皇太后、高皇帝（刘邦）、慈禧（叶赫那拉氏）等。

皇帝的全称，即庙号、尊号、谥号的合称。如乾隆皇帝全称为高宗法天隆运至诚先觉体元立极敷文奋武钦明孝慈神圣纯皇帝，其中高宗为庙号，纯为谥号，其余均为尊号。

当代史书在提及皇帝名时，有时简化为庙号＋谥号＋皇帝的形式，如称乾隆为高宗纯皇帝。

此外，封建帝王陵寝的名号叫陵号，始于西汉，如长陵、阳陵、杜陵、霸陵、昭陵、乾陵、十三陵等。

习惯上，对隋以前的帝王一般称谥号，如汉武帝、隋文帝，因为此间的谥号大都为一个字，最多两个字，使用方便。唐至元的皇帝通常称庙号，如唐太宗、宋太祖，因为此间谥号较长，年号较乱，而用庙号最便利。明、清两代的皇帝除明英宗两次即位当皇帝用了两个年号外，其余的均用一个年号，所以人们常以其年号来称呼当时在位的皇帝，如永乐皇帝、康熙皇帝、乾隆皇帝。

（二）帝王称谓

1. 正式称号。

先秦时期，最高统治者可称后、王、天子。后、王的称谓源自原始社会。夏代最高统治者称后，如夏后启。商汤时开始称王，商王统治下的各方首领，臣服时称侯，独立时称伯。周王又称天子。各诸侯国的君主，王畿内的一般称公或伯，王畿外的一般称为侯，诸侯死后一般尊称为公。周王室衰微后，诸侯国的君主也有称王的，如楚庄王、齐威王。战国时各大诸侯国的君主均称王。汉代开始，分封的诸侯称王，也有封爵称王的。

秦王嬴政统一中国后，认为自己德兼三皇，功高五帝，把皇和帝连起来始称皇帝，为封建社会中历代君主所沿用。皇帝也有简称为皇或帝的，如唐明皇、汉武帝。

2. 帝王自称（谦称）和他称（尊称）。

帝王的自称往往带有谦称之意，主要有：朕、孤、寡人、予一人、予小子等。

臣下不可直呼皇帝，而是采用皇帝的别称，如上、皇上、陛下、国家、大家、天家、官家、圣人、人主、至尊、九五之尊、万岁、万岁爷、天子等。有的皇帝对其父亲（或退位皇帝）尊称为太上皇。

（三）皇族与皇亲称谓

古代皇亲国戚属特殊的高级权贵，其称谓很尊贵，也很复杂。主要有：太皇太后，即皇帝的祖母。皇太后，即皇帝的母亲。皇后，即皇帝的正妻。嫔妃，即皇帝诸妾通称，有美人、贵人、才人、昭仪、婕妤、贵妃、贵嫔等称号。

皇太子：皇帝诸子中皇位的法定继承人，也称为太子。皇太孙：由皇帝册立的有皇位继承权之嗣孙。

公主：汉代开始专指皇帝之女，汉代皇帝的姊妹称长公主，皇帝的姑母称大长公主。后代有所不同，有的长指排行。清代皇帝之女不称格格，只有亲王、郡王、贝勒、贝子、国公等人之女才依次称和硕格格、多罗格格、固山格格、格格等。

驸马：魏晋开始，皇帝的女婿大都封驸马都尉之职，魏晋以后帝婿皆加封驸马都尉，故驸马指皇帝的女婿。清代称额驸。

三、科举制度

科举制度是中国古代特有的选官制度，是由国家设立科目，定期举行统一考试，以选拔官吏。它萌生于南北朝，正式开始于隋朝，发展于唐宋，完备于明清，废除于20世纪初晚清时期，在中国存在1300多年，影响深远，在古典文学及其戏剧中多有涉及。下面就以明清科举考试为据，简要介绍其常识。

（一）院试

又称郡试、道试，是参加过县试、府试后的童生取得生员资格的考试。由朝廷所派的各省学政主考。考中者称为生员，即秀才，才有资格入泮，即进入省级学府读书。

（二）乡试

每三年一次在各省省城举行的考试。由皇帝任命的主考主持，考期在秋天，故又称秋闱。考取者称举人，已有做官资格。前5名叫五魁，其中第一名称解元。

（三）会试

每三年一次会集各省举人在京城举行的考试，由礼部主持。考期在乡试的次年三月，故又称春闱，也称礼闱。考中者称贡士（或中式进士），第一名称会元（或会魁）。

秀才、举人、贡士都不是官，只有经过殿试并被选中，由朝廷决定授予官职的人才算官。

（四）殿试

也称廷试，是皇帝在殿廷亲自对会试考中的贡士所进行的面试。按成绩分为三甲（即三等）：

一甲：取3名，叫赐进士及第。第一名称状元（也称殿元），第二名称榜眼，第三名称探花。三人同称三鼎甲。

二甲：若干名，均叫赐进士出身。

三甲：若干名，均叫赐同进士出身。

殿试结果揭晓时，在太和殿唱名，同时在京城张榜3天。榜用黄表纸制成，称为金榜。一甲三人在殿试后立即授官，状元授翰林院修撰，榜眼、探花授翰林院编修。二甲、三甲进士需再经一次朝考才授官，朝考最优秀的授翰林院庶吉士，其他人分别授予京官、州官、县官。

如果某人在乡试、会试、殿试中均考取第一名（即解元、会元、状元），就叫连中三元。

┌─────────┐
│ 补充阅读 │
└─────────┘

宰相

宰相是封建王朝辅佐君主掌管国事的最高级别官员的统称。宰是主持，相是辅助的意思。历代为宰相者都另有正式官名，其人数、职权广狭程度、行使权力的方式都不同。

　　秦代、西汉以相国或丞相为宰相，而御史大夫为副丞相。东汉时司徒等于丞相，与司空、太尉共掌政务，但实权全归尚书，尚书令总领纪纲，无所不统。魏、晋以后，以中书监、中书令、侍中、尚书令、仆射以及重要的将军等官为宰相，无定名也无定员。隋、唐两代定制，以三省长官（中书令、侍中、尚书令或仆射）为宰相。唐代中期以后，由君主主持选他官加以同中书门下平章事之职衔，方为宰相。从此，历代相沿。宋代以同平章事为宰相的官称，与其副职参知政事等合称宰执，司马光、王安石等曾被拜为宰相。元代以中书省为政务中枢，中书令往往由太子亲王兼领，其下仍设丞相、平章、参政等，令缺就由丞相总领省事。明代曾设丞相，后来为了防止权臣篡逆，废除丞相而以内阁的大学士协助皇帝处理政务。大学士又成为事实上的宰相。清代为了防止内阁泄露机密，另设军机处于内廷，军机大臣又成为事实上的宰相。但清代仍沿旧称，以授内阁大学士为拜相。一般地说，由于君主集权的加重，宰相的权力即随之而减轻。

本章小结

　　本章主要介绍了作为旅游工作者所应该了解的中国历史文化常识。其中包括中国历史发展的基本脉络、中国文明史的基本特征、中国古代思想及其科技文化的概况、中华民族的发明创造、中国古代称谓和科举制度等。

综合实训

一、单项选择题

1. 原始社会中最早的人类社会是：
　　A. 母系氏族公社　　B. 父系氏族公社　　C. 原始群　　　　　D. 血缘家族
2. 我国最早的编辑完善、内容丰富的字典是：
　　A. 字汇　　　　　　B. 说文解字　　　　C. 康熙字典　　　　D. 佩文韵府
3. 梁启超先生指出："中国于各种学问中，惟（　　）最发达"：
　　A. 文学　　　　　　B. 哲学　　　　　　C. 天文学　　　　　D. 史学
4. 我国现存最早的一部医书是：
　　A. 黄帝内经　　　　B. 千金方　　　　　C. 神农本草经　　　D. 伤寒杂病论
5. 古人在人际交往中，具有严肃性并且一般用于谦称、卑称的是：
　　A. 名　　　　　　　B. 字　　　　　　　C. 号　　　　　　　D. 绰号

二、多项选择题

1. 从三百万年前到二三十万年前是猿人时期，我国境内已发现的有：
　　A. 元谋人　　　　　B. 蓝田人　　　　　C. 河套人　　　　　D. 北京人
2. 属于明朝的科技成果的是：
　　A. 齐民要术　　　　B. 天工开物　　　　C. 梦溪笔谈　　　　D. 农政全书

3. 堪称对外文化交流的使者的是：

   A. 张骞　　　　　B. 法显　　　　　C. 鉴真　　　　　D. 郑和

4. 在封建社会，臣下对皇帝可称呼：

   A. 皇帝　　　　　B. 寡人　　　　　C. 陛下　　　　　D. 皇上

5. 隋唐时期，可出任宰相的是：

   A. 大学士　　　　B. 中书令　　　　C. 尚书令　　　　D. 侍中

三、简述题

1. 简述中华文明史的基本特征。

2. 简述姓与氏的原始含义及其作用。

项目三

旅游园林文化

学习目标

知识目标：

- 了解中国园林发展的基本脉络
- 了解中国园林的置景要素
- 了解西方园林的三种主要流派
- 掌握中国园林的三种分类方法
- 掌握中国园林的基本特征
- 掌握中国园林与西方园林的风格差异

能力目标：

- 能应用园林学知识，欣赏东西方代表性园林艺术精品
- 能应用园林学知识，分析中国园林与西方园林的风格差异

虽由人作，宛自天开。

—— ［明］计成 《园冶》

园林，凝聚着人类向往自然、美化自然、与自然交流的体验及智慧，蕴含着人对自然的丰富深厚的追求和向往，对山林野趣的理解和诠释，对美好环境美好生活的构筑和建造。这种空间造型艺术，不仅带给世人以美感和享受，它还将民族的文化、习俗、审美情趣等熔铸在其中，表达着某种文化理念。从这个意义上说，园林不仅是具有民族特色的空间造型艺术，也表达着深刻的民族历史文化。

世界上，由于各个民族的地理环境和人文背景的差异，园林建造手法和风格有所不同，派生出了中国园林、欧洲园林和西亚园林三大系统，形成了地域性、民族性很强的不同园林文化。我国人民自古就有知山乐水的文化渊源，我国的园林艺术具有悠久的历史，被公认为世界园林之母，许多古典名园是世界旅游的亮点与热点。

任务一　中国园林概述

一、中国园林的产生与发展

据史书记载，"黄帝时麒麟在园"（《尚书·中侯》）。这说明早在黄帝时代我国已有园林的雏形。商代末年，纣王"益广沙丘苑台，多取野兽飞鸟置其中"（《史记·殷本纪》），在苑中放养很多的野兽飞鸟以供狩猎，属于人工猎场的性质。台是人工筑成的高台，供观察天文气象和四时游乐眺望之用。除沙丘苑台以外，纣王还有一座以猎鹿为乐的王苑，称为鹿台。到了西周，苑称为囿。有专门官吏囿人来"掌囿游之兽禁，牧百兽"（《周礼·地官》），出现方圆七十里的文王之囿。建造这些苑、台、囿的目的是专为帝王狩猎游乐服务，为此还专门圈有麋鹿鱼鳖等。春秋战国时期，各诸侯国竞相建苑囿，如魏国的温囿，鲁国的朗囿，吴国的长州苑，越国的乐野苑等。有的还争筑高台作为临眺之所，如楚灵王的章华台，吴王阖闾的姑苏台，越王勾践的齐台、燕台等。这些台多选择居高临下以利眺望远处。在台上建造宫室者，则称台榭。台榭的观赏功能突出，具有景观建筑的性质，是后世风景名胜地楼、亭、阁、榭登临远眺建筑的发端。这时苑囿中出现了土山、池水和高台等组成的风景，并且继续圈养各种猎兽，开始有目的地种植很多树木花草。

秦汉时期，园林演变为专供帝王理朝和生活游乐之地。宫殿建筑和苑囿组合成一体，成为宫苑。这一时期所建宫苑多达300多处。最有名的如秦始皇建的上林苑，其"作长池，引渭水，东西二百里，南北二十里，筑土为蓬莱山"，并在园中建阿房宫。汉武帝在秦旧苑基础上又"北绕黄山，濒渭水而东，周围三百里"，扩建成多种功能的园林结构：苑中有苑，宫中有观，有池有沼，有山有石，专供帝王游憩、生活居住、文化娱乐等需要。在帝王大兴土木建筑园林的同时，王公贵族、富绅官僚等也兴起建造私家园林之风。据记载，茂陵富绅袁广汉的私家园林"徘徊连属，重阁修廊"，"东西四里，南北五里，激流水注其内，构石为山，高二十余丈，连延数里"。由此可见当时私家园林的宏大。

魏晋南北朝时期，由于战争频繁、社会动荡，人们产生了消极遁世思想。很多文人雅士为逃避现实，远离是非，纷纷寻山问水，礼佛养性，崇尚清淡，追求返璞归真，留恋自然山水。这一时期，山水诗、山水画等文学艺术盛极一时。受此影响，一些人居闹市恋自然山林野趣，于是构山凿水而居，极力营造仿自然的景观，山水园林逐渐形成。这种园林和以往包罗万象的帝王园林以及富豪乡绅的私园有很大差异，它以人工山水作为造园的主体，凿池构山，最大限度表现自然山水，这也成为后来我国造园家们营造园林的基本原则。

唐宋是造园艺术成熟时期。这时，园林建筑物样式逐渐定型并成定制，而且中国山水诗、画对造园艺术产生了深远的影响，出现了把诗情画意写进园林的写意山水园。当时政治中心在北方，史料记载的名园大都在京城附近。如唐长安的芙蓉苑、华清宫，宋汴梁的琼林苑、金明池、艮岳等。其中北宋的徽宗为建艮岳，搜罗天下奇木异石，所建的山石景观前所未见，非常遗憾的是这个名噪一时的园林景观仅存在四年。唐宋时期的写意山水园，既反映了当时社会统治阶层和地主阶层诗意化生活的要求，也展示了这类园林在叠山、理水等体现自然美的造园技巧上取得的成就。这时，宫苑中的所养禽兽不再作为狩猎之用，而成了园林中观赏之物。

元明清时期，造园技艺达到了历史的巅峰。由于写意山水画的创新，一大批文人画家参与造园，促进了诗、画、园的融合，使园林建筑充满雅趣和诗情画意。园林荟萃，盛极一时。皇家园林的三山五园（香山静宜园、玉泉山静明园、万寿山清漪园、畅春园、圆明园），是我国园林发展最好时期的标志。私家园林也处于鼎盛时期，尤以江南为甚，出现了无锡的寄畅园，苏州的留园、拙政园，上海的豫园等一大批私家园林上乘之作。

不同历史时期的社会政治、文化对园林艺术的影响十分显著，我国古代园林植根于中国这片土地上，与中国的传统文化紧密相连。中国园林的发展如同我国的传统文化一样，千百年来经过世世代代的摸索、探求、总结而逐渐积累经验，在一种与外部世界交流较少的环境里，在一种相对稳定、近乎保守的渐进式发展过程中逐渐成熟起来，创造出了与其他民族迥然不同的、具有浓重民族特征的园林风格。正是这种独特的中国园林文化，对世界产生了巨大的吸引力。

二、中国园林的分类

我国历史悠久，地域辽阔，园林数量众多，园林的形成与演变丰富多彩。对园林进行一些必要的分类，有助于我们把握中国园林发展与分布的特点。园林的类别很多，可以从不同的角度来区分，这里，我们按照园林的地域分布、环境条件、占有者身份划分。

（一）按地域分布划分为四类

1. 江南园林。

江南园林又称扬子江园林，主要集中在江苏，浙江一带，以南京、无锡、扬州、苏州、上海、杭州、嘉兴等地为多，苏州为最。该地园林一般是住宅延伸部分，占地范围较小，需要利用高超的造景艺术手法来以小见大、以一当十。因此古典园林之中的上乘之作集中于此，如苏州的留园、沧浪亭、网师园等。其特点是：典雅秀丽，曲折幽深，但有局促之感。

2. 岭南园林。

岭南园林又称珠江园林，主要分布在潮汕、东莞、番禺、广州等地。该地气候炎热，降水丰富，植物种类繁多，造园条件明显优于北方，加之与外国通商来往较多，使之在造园艺术上多受西方文化影响，表现出中西合璧的园林风格。代表园林有被人称作岭南四大名园的顺德清辉园、东莞可园、番禺余荫山房、佛山梁园等。其特点是：绚丽纤巧，中西交融，但自然之风有所削弱。

3. 蜀中园林。

蜀中园林以成都、江油、眉州等地为多。由于天府之国物产富庶，经济繁荣，园林艺术也源远流长，代表性的有成都杜甫草堂、武侯祠，江油太白故里等。其特点是：古朴淳厚，朴素淡雅，文化积淀深厚，但精雕细琢略感不足。

4. 北方园林。

北方园林又称黄河园林，地处黄河流域的西安、洛阳、登封、开封、曲阜、北京等古都古城，其中以北京园林为代表。北方园林多为皇家园林，集中了全国的人力、物力和财力，规模宏大，建造精良，是我国古典园林的宏伟之作。其特点是：宏大壮美，富丽堂皇，但秀媚稍显不足。

（二）按所处环境条件分为四类

1. 山水园林。

造园大师计成称此类园林为最胜，"有高有凹，有曲有深……自成天然之趣，不烦人事之工"。我国古代遗留至今的不少名园，均是山水园林。代表园林有扬州瘦西湖、杭州西湖、无锡惠山等。

2. 田园乡村园林。

该类园林多以田野农舍作为背景和辅景，充满了田园气息和乡土野趣。在我国历史上，庄园主的造园活动和他们自给自足的庄园经济生活结合一起。如石崇的金谷园，"有别庐在河南县界金谷涧中，去城十里，或高或下，有清泉成林，众果竹柏药草之属，金田十顷，羊二百口，鸡猪鹅鸭之类，莫不毕备。又有水碓，鱼池、土窟"。（石崇《金谷诗序》）

3. 城市园林。

该类园林是生活于城市中的人们，为了游赏的便利，在市井繁华之地闹中取静建造的园林。像苏州沧浪亭和藕园，都是避开喧嚣闹市，在小巷深处静僻地段建园。

4. 寺庙园林。

该类园林是分布较广泛、数量较多的类型。其狭者仅为方丈之地，大者可以泛指整个宗教圣地。其布局较为严谨，往往采用对称和自然结合的手法建园。如北京的碧云寺、杭州的灵隐寺等。

（三）按占有者身份划分为两类

1. 皇家园林。

中国从奴隶社会到封建社会几千年的历史时期，皇权是至高无上的。专为皇帝起居游乐而建皇家园林延续整个历史过程。皇家园林一般多建在京城里，与皇宫相连，有些则建在郊外风景优美、环境幽静之地，多与离宫或行宫相结合，表现出明显的皇权象征。如北宋徽宗时的艮岳，其"山周十余里"，清朝建北京颐和园占地4354亩，承德避暑山庄占地8500亩等。

2. 私家园林。

该类园林是由封建贵族、地主、富贾商家、文人雅士等私人投资兴建的园林。这类园林遍及全国各地，尤以江南私人园林最为集中，扬州、苏州的私人园林最具代表性，因此有江南园林甲天下，苏州园林甲江南之称。苏州园林大部分建于宋、元、明、清时代，它们散布在苏州的大街小巷，史书上记载的就有百处之多，著名的有沧浪亭、狮子林、拙政园、留园、网师园、怡园等。这种园林因为投资所限，规模较小，多建于城市，宅园住赏合一，完全凭借人力堆山凿池，无自然山水可借用，其效果却达到了"虽由人作，宛自天开"的境界。

三、中国园林的基本特征

中国文化源远流长、脉脉相承，不可避免会对园林的文化品位、审美情趣乃至造园的艺术手法，产生巨大的影响。这种细雨润无声的潜移默化作用，使中国文化对中国园林的影响无时不在、无处不有。中国园林数量众多，年代、类别不同，构思、设计各异，多姿斑斓，异彩纷呈，表现出了不同的艺术特征。如果认真分析，不难发现，中国园林在漫长的造园历史进程中，有着代代相传、南北相通、体现共同民族文化的特征，这正是中国园林文化的魅力所在。归纳我国园林在造园艺术中的特征，集中表现在以下几个方面：

第一，寓情于景。中国园林发展受山水画、山水诗的影响很大，造园者又常借此来表达个人的思想感情，有所谓的"无处不是画，无景不入诗"的意境。有人说中国园林是诗与画的物化，耐人寻味。如苏州沧浪亭壁画间石刻《沧浪亭记》阐明园主有感于《孟子》中的孺子歌："沧浪之水清兮可以濯吾缨，沧浪之水浊兮可以濯吾足。"游人仰读题刻，俯瞰绕园的清澈水流，会对园内景物产生感悟——如果政治清明就参与国家管理，如果君王昏聩就退隐山林。

┌─────────┐
│ 补充阅读 │
└─────────┘

"不系舟"的由来

中国古代造园很讲究寓意和象征。在南京煦园有个"不系舟"，苏州怡园有个画舫斋，拙政园也有个画舫斋，扬州瘦西湖有个画舫，寄啸山庄有个船厅。这里的舟、船都是用来寄托园主厌恶官场、逃避世俗、希望悠哉游哉地享受世外桃源生活的遁世理想的。这种象征化的造园理念来源于古诗的意境。如："实迷途其未远，觉今是而昨非。舟遥遥以轻飏，风飘飘而吹衣。"（陶渊明《归去来兮辞》）"人生在世不称意，明朝散发弄扁舟。"（李白《宣州谢朓楼饯别校书叔云》）"予闻古之人，有逃世远去江湖之上，终身而不肯反者，其必有所乐也。"（欧阳修《画舫斋记》）

第二，步移景换。中国园林整体设计疏密相间、主次分明，加之园林各要素互相搭配以及建筑的穿插有序，形成了一幅丰富多彩、变幻多样的立体画卷，使游人在游览过程中，通过动与静的结合，达到步移景换的视觉效果。

第三，因地制宜。中国园林由于所处环境是千差万别的，所以在建园之中，都是力求扬长避短，并因地制宜合理地利用现有的条件，形成曲折的水、错落的山以及盘绕迁回的径道。苏州私家园林的占地不大，但通过利用障景、隔景、透景、框景、倒景、夹景、借景等传统建园手法，增加景深和层次，并利用先藏后露、先抑后扬、山重水复、柳暗花明等抑景手法，达到豁然开朗的艺术效果。

第四，自然美与人工美的高度结合。建园艺术家往往凭借园中的各种山石、花草、水体等自然要素来塑造出园林的主要风景形象。同时为了更好地传达自己的艺术匠心与抒情意境，建园艺术家还通过各种建筑来画龙点睛，对园中主题景观进行人工的装点，并利用园林题景、门楣、对联、匾额等语言艺术将园林构景的内在美和艺术美点染出来，对景物特点和神韵进行高度概括，使人工美与自然美融为一体。

第五，身份和地位的象征。比如皇家园林规模宏大，建筑富丽堂皇，色彩以黄红为主，表现皇权的至高无上。置于园林中的各式建筑也有等级规格要求，不能擅自扩大建造规模。

任务二　中国园林的置景要素及文化鉴赏

中国园林主要由山、水、植物、建筑等基本要素组合而成。这些要素并不是简单地堆砌设置，而是各得其章法，使"片石有致，寸草生情，理水得道"。通过园林各个要素的有机组合，表现造园艺术家的情怀，传达上下几千年积淀而成的中华民族的文化和信息。

一、山、水、绿的主导作用

1. 山景。

园林中的山景是表现自然、传达山林野味气息的最主要因素之一。园林的山有真有假，所谓真是在园林建造之初，以真山实地的景色为依托围砌成园。如北京的香山公园、承德的避暑山庄、大连的老虎滩公园等，都是借助于真山建造园林。所谓假是指园林的山是靠人工堆砌而成，这种假山是我国古代园林独特创造，也是我国大多数园林的特色。它的出现，使中国园林从概念到形象都区别于任何外国园林体系。

假山创始于秦汉，可分为三种类型。秦汉的苑囿，有"筑土为蓬莱山"的记载，这是中国园林最早的土筑山。土山堆出的山形自然浑朴，有山野之趣。但由于占地范围大，在后世的一般园林中较少采用。土石相间的假山在南北朝时出现，其以石为山骨，用土覆盖于平缓处和石缝处，这类假山有平缓的土坡和陡峭的山壁，构景丰富，园林中应用较普遍。北魏时期出现全石叠筑假山，这类假山通体为石，可再现自然景中如悬岩、深涧、飞梁等奇特山形。明清时叠山砌石的技艺达到顶峰，创造了穹形洞壑的叠砌方法，即用大小不等的石钩带砌成拱形，顶壁一体，如同天然洞壑，甚至还可仿岩溶溶洞叠出倒垂的钟乳石等天然景观。建于清代的由大画家石涛设计建造的扬州个园中的四季假山堪称全石假山的精品。它是利用不同石材构筑四座假山，分别表现春、夏、秋、冬四季景色。春山是一座花台造景，台上翠竹挺立，竹间植几株松皮石笋，以石笋启发游人春来的联想。夏山是由灰白色透漏的湖石叠成，手法高超，望去像是夏云升起，山下有石洞，山前池中植荷，旁边有几杆古木，浓荫覆压，一派夏日景色。秋山为黄石构筑，叠法应用大斧劈和折带皴，山势高峻，主峰挺拔，山巅建一亭，在夕阳中登亭眺望，红叶压枝，满眼秋色。冬山为宣石壁山，宣石色白，如同积雪，再辅以蜡梅，是典型的冬景。这种山景的塑造带有深刻、生动的象征和想象的韵味，体现出中华民族含蓄、深沉的思维方式。苏州环秀山庄的山景也是一座全石假山，峥嵘峭拔气势雄伟，被誉为园林叠山范例，据记载是由清代造园名家戈裕良设计。该山从整体上看如同真山一样，山上主峰、次峰浑然天成，同时还集洞府、峭壁、深谷于一身，使小小山体包括了多种山水景象，巧妙地将屋槽水汇流成数股奔注于幽谷深涧中，曲折迂回，虚实相济，可谓是"山不在高，贵有层次；水不在深，妙于曲折"。

全石叠山不仅所要求的艺术境界和叠石技巧是最高的，而且山石材料也是不同的，品评标准也有差异。叠山砌石的山石材料可以分为青石、黄石、湖石、宣石等若干种，其中以黄石和湖石品质最为优秀。自古以来，好石者将石材石料的评价标准归纳为"透、瘦、皱、漏、清、丑、顽、拙"八个字，其中前四个字是从具体形象来判别石之标准，后四个字是从石的整体来品评。透就是玲珑多孔、光透迷离、外形多姿，瘦为棱角突兀、形体苗条纤细，皱是纹理清晰、明暗有致，漏是峰石内孔连接、关窍相通，清是指石状阴柔，丑是指石状奇突，顽是指石状阳刚，拙是指石状浑朴。这八字标准可以说是对石材的高度概括和总结，为后人品评石材提供了鉴赏的标准。

中国古典园林中之所以将叠山砌石作为造园主要要素之一，也和中国传统文化中的石占有较重要地位有关。从女娲炼五色石补苍天到曹雪芹用青埂峰下的奇石为引子，写出长篇巨著《石头记》即《红楼梦》，都是古人爱石品石的形象印迹。因此造园之时，不仅仅是在园中筑山置石平添野趣，使人品赏石峰形象美，其中还寄托了对石峰品格的赞美。历史上有不少关于园林筑山叠石的趣闻逸事。唐代白居易喜好石头，专门作《太湖石记》来赞美园林太湖石峰，他评论说"石有聚族，太湖为甲"。画家米芾一次看到花园中一块奇石，竟然穿上官服下拜，称石为兄，人称米癫。清代画家郑燮以丑石自喻，他在自题画中说"燮画此石，丑石也。丑而雄，丑而秀"。这些史实均增加了山石品赏的内涵，使叠山砌石成为中国园林最耐人寻味的风景之一。

2. 水景。

园林中的水景和山景是相辅相成的。通常有山必有水，有水必有山，山水相映，相得益彰。水是园林的命脉。水需理引，或利用原有园址之水，或引来园外之水，做成湖、池、塘、溪等。理水原则是：水源要活，水流要曲，水道宽窄相间，水位要恰到好处等。理水方法是：一要掩，以建筑和树木将曲折地带加以掩映。临水建筑除厅堂前的平台外，其余建筑如亭、廊、阁、榭等全部架空挑出水面，水似其下流出，以此来突出建筑物的地位，打破岸边的视线局限。或临水植种花草、芦苇、细竹等，形成池岸无边的视觉印象。二要隔，水面上或筑堤、或架石板小桥、或涉水点以步石等分隔水面，使之具有空间层次，增添幽深的感觉。三要破，对很小的水面，如曲溪径流、清泉小池等，可采用乱石为岸，怪石纵横，并植以菰蒲苇岸、绿藻细藤等，使一洼水池产生深邃的山野风情景致。

由理水而生成的水景是园林中最富表现力的一种景物。水有动静之别，平湖池塘的水是静态的，而溪、泉、瀑的水则是动态的。通常园林水景以静态为主，一平如镜，倒映着周围山石、花木、建筑物等，呈现虚实相济的迷幻水光。自古以来人们对似镜静水都特别偏爱，形容为"清池函月，洗出于家烟雨""池塘倒影，拟入鲛宫"等。甚至在园名上也表现出偏爱：清代杭州许周生的私园取名鉴止水斋，止者为静，含义不言而明。造园家对静水处理方法是多变的，小水则聚，大水则散；平矶曲岸，小岛水洞；还有水口、水院、水花墙等多种塑造方式，使一样的静水展现不同风貌。

颐和园昆明湖的水面设计，是大面积静水设计的范例。当我们在万寿山高处俯瞰园景，湖面寥廓，水清如镜，不远处的南湖岛清晰可见。湖北岸的涵虚堂与佛香阁隔水相望，而造型精美的十七孔桥飞架湖面，与东堤上廊如亭相连接，像似可以让人顺廊走入水中。湖的西边，蜿蜒翠绿的西堤平卧湖上，岛、桥、亭遥相呼应。远远望去，水依着岛，廊连着桥，岛上的树、廊中的亭与白云一起辉映在水面上，再加上远处的藻鉴堂和治镜阁等小岛烘托，使单一的水面变得曲折有味。

江南私家园林中的止水景致虽然比皇家园林小得多，但造园家借势造景，成功作品也很多。苏州拙政园是因水成景的园林，池水占全园的五分之三，建筑大都临水而造。水中两座堆积而成的岛山与荷风亭前的五曲小桥虚透地分隔水面，使水景出现弥漫之势。令人叹为观止的是小沧浪水院构思：以拱形廊桥小飞虹为门户，让池水没过廊桥脚，人们通过廊桥时好似踏水履浪。设计家又将三间小阁空架于水面之上，给人一种水环阁绕、阁浮水面之感。阁南窗北槛，两面临水，南边是幽净的小水庭。倚北槛看去，两边贴水游廊和对面小飞虹构成既独立又开敞的水院。静水中散放步石几块，曲岸上植下灌木数丛，构成一幅典型的江南水乡风景画。

园林的水景还有以动水为长并闻名天下的。如泉城济南的趵突泉、黑虎泉均以动态水为园林胜景。趵突泉是三股泉水自池底喷涌向上，在池面形成白雪似的三堆水花，昼夜不断。古诗曰"云雾润蒸华不注，波涛声震大明湖。"趵突泉是我国园林动水景致的一大奇观。

3. 绿树花草。

这是园林造景中的又一重要因素。园林的骨架是山石，血液是水流，毛发则是绿树花草。有了这些绿树花草，才使得山更青、水更秀。首先，绿树花草在造景中可以给园林涂上丰富色彩。就绿而言，有奇松古柏的浓绿，老竹新笋的翠绿，柳丝新芽的嫩绿。自然多变的绿使人赏心悦目，往往构成园林的主色。同时，红色枫叶，白色玉兰，紫色紫薇，粉色芍药，梅、兰、竹、菊等各种花卉草木绚丽多姿的色彩也为园林增色不少。其次，绿树花草各具姿态和特点。造园者往往利用不同植物的叶、枝、杆、色配置在不同方位，以增强园景变化，如水边植柳，间种桃花，篱畔缀菊，辅以芳草，斋前立松，墙根插竹等。再次，绿树花草自身散发芳香，给人嗅觉上美的享受。如兰花的清香，桂花的幽香，茉莉的浓香等。即使有些林木没有花香，但植物特有的清新也能沁人肺腑，让人心醉。最后，绿树花草具有象征寓意的特点。如蜡梅象征凌风傲雪，兰花象征幽居隐士，竹象征刚直不阿、志行高洁，莲象征洁净自好，玉兰、牡丹象征荣华高贵，石榴象征多子多孙，松柏象征坚强不屈和永葆青春。

竹在园林中的妙用

竹子是中国古典园林中重要的构景材料。如网师园"竹外一支轩"、沧浪亭"翠玲珑"、个园"春山"等都与竹子密切相关。移竹当窗、粉墙竹影、竹径通幽，即是以竹为主的造园手法。竹子在中国古典园林中可谓独领风骚，在现代园林中仍然妙用无穷，主要体现在八个方面：竹中辟景，创造竹径通幽景观；以竹为主，创造竹林景观；与建筑搭配，生诗情画意；与山石、水体组景，呈现自然之态；与其他植物配置，相得益彰；似画胜于画，创作竹影；阻隔庭院空间，创造幽静环境；以竹为胜的专类竹园。

二、建筑的点缀、衬托作用

园林中的山、水、植物对园林造景所起的主导作用是不容置疑的。我们还发现，园林景色配置中，最具中国园林特色的是在山、水、绿中还点缀着形态多样、大小不一的各式建筑——亭、台、楼、阁、桥、廊等。它们完全是由人工创造的景物，这和西方园林中极少有建筑差异很大。

中国园林建筑根据布局状况可归纳为两个特点：一是布局灵活自由。中国传统建筑讲究中轴对称，而园林中的建筑却别开生面，建筑布局灵活多变，不仅讲究可行、可居、可游和在园中起点景、隔景作用，而且和园林中的山水花草树木能融为一体。利用建筑可以扩大空间感，进行对景借景，同时可以延长游览路线和引导游赏。在这里，园林建筑已成为园林山水风景的组成部分，而不是仅仅体现本身的价值。二是布局显隐结合。所谓显是指园林建筑的亭、塔、阁、轩等，由于体量挺拔，飞角翘檐，空灵轻盈，往往成为园林风景的主题或点景之作，属于显的建筑。如颐和园万寿山顶的佛香阁，西湖葛岭的保俶塔，网师园的月到风来亭等。与此相对，隐景则是掩映于浓荫翠绿之中，或藏于假山岩壁之后的和环境融为一体的幽室、小屋、曲径、危桥。如上海豫园萃秀堂深藏于峭壁岩石间，完全被假山所遮挡，游人需登上山，才可发现这一厅堂。隐可增加园林的风景层次，给游人营造意料不到的观赏效果。园林建筑的显隐结合可使园林风景画面变幻多端，丰富多彩。

园林建筑类型可分为十四五种之多。然而，真正在园林中起重要作用的是亭、廊、桥。亭是我国园林中最主要的建筑，其形式多变，轻巧空灵。常见的有圆亭、方亭、八角亭、梅花亭等，还有双亭联立，倚墙只筑一半的半亭等。亭子顶有攒尖式、歇山式、卷棚式以及各种组合变化形式。我国名亭很多，如西湖的湖心亭、北海五龙亭、景山的万春亭等。更有的园亭和历史上的名人轶事联系起来，使园景富有诗情画意。如取诗人白居易诗句"更待菊黄家酿熟，与君一醉一陶然"的北京陶然亭，取杜牧句"停车坐爱枫林晚，霜叶红于二月花"的长沙岳麓山爱晚亭，以及留下杜甫名句"海右此亭古，济南名士多"的济南大明湖历下亭等，均是文学意味很浓的名亭。

廊是我国园林中特有的带形建筑。它可以分隔空间，联系交通，引导游览。廊可分为回廊、长廊、游廊、直廊、曲廊、花廊、桥廊、复廊等。如上海豫园、苏州怡园的复廊，用墙分成两部分，两边均可通行，中间墙上开了各式窗洞，人行廊中，不仅可看外边水景，还可透过窗洞领略隔壁景区的风光。

园林的桥按材料可分为木、石、砖桥，按结构可分为平、拱、曲桥。著名桥梁专家茅以升评价最美的桥是扬州瘦西湖中的五亭桥。该桥平面为 H 形，在桥面上四角和中央各修一亭，五亭名称由此而来。桥墩分为四翼，共有大小拱形桥洞 15 个。每当中秋游湖赏月，"每洞各衔一月，金色荡漾"，其景色可与西湖三潭印月媲美。

三、中国园林的文化鉴赏

（一）循自然之理，得自然之趣

中国明代造园大师计成在其著述《园冶》中提出：园林"虽由人作，宛自天开"，"自成天然之趣，不烦人事之功"。这种观点表现出中国园林追求的原则是循自然之理，得自然之趣。早期园林只对真山真水直接模仿。北齐的华林园是五岳四渎的仿造，唐代安乐公主定昆池叠石是华山的仿造，唐代李德裕平泉山庄叠石是巫山十二峰和洞庭九派的仿造，白居易履道里造园是严陵七滩的仿造。直接仿造大自然园林，奠定了我国园林发展的基本格调。千百年来，中国园林建造一直在遵循这样的规律：顺应自然，因地制宜，有山靠山，有水靠水，充分借取自然景色的美。具体地说，园林山水的设置构思是"山贵有脉，水贵有源，脉里贯通，全园生动"。山之掇叠不能没有脉络，否则山不成形；水之理引不能没有源头，否则水成死水；只有使山水自然地融在一起，才能"山因水活，水随山转"，照映出全园的景色。

园林植物的栽植也同山水造景一样，要循自然之理，得自然之趣。让树木花草自由自在地生长，不进行修剪和约束，甚至品种不进行分类和选择。许多植物杂生在一起，常见的树种如榆、槐、杨、柳等举目皆是，就像在山野郊外一样，营造出浑然天成的氛围。

中国园林的这种顺应自然、依附于自然的构成方式，究其实质是受中国传统文化，尤其是老庄天人合一、顺应自然的文化哲学的影响。

（二）源于自然而高于自然

中国园林虽取材于自然山水，但并没有机械地照搬，而是集天下名山胜水，加以高度地概括和提炼，使之来源于自然而高于自然，力求达到"一峰则太华千寻，一勺则江湖万里"的神韵。这正如清代文人沈复在《浮生六记》中所说"若夫园亭楼阁，套室回廊，叠石成山，栽花取势，又在大中见小，小中见大，虚中有实，实中有虚，或藏或露，或浅或深，不仅在'周回曲折'四字，又在地广石多，徒烦工整"。这种把大自然景色经过取舍、提炼、加工、概括以后形成的园林风格，体现了园林布局的规律及方法。

中国园林布局早在魏晋时期就按照中国山水画的布局理论来造景，并遵循虚实相生、置阵布势的章法。园林结构就虚实而言，山为实，水为虚；景处为实，空处为虚；

近景为实，远景为虚；现于显要景观为实，藏于假山屋后隐景为虚；以及明实暗虚、物实景虚等，通过虚实的划分，合理地设置和布局。如颐和园中昆明湖这个虚景，通过在湖中设置龙皇庙岛、凤凰墩、治镜阁等作为实景，达到了虚实相生、美妙和谐的景观效果。就曲直而言，曲为主，直为辅，曲水、曲径、曲廊、曲桥等从距离、视线等方面增大了游览路线，延长了赏景时间，扩大了园林空间，增加了园林的层次，为游园平添了许多情调。如厦门鼓浪屿的菽庄花园有横跨海上的四十四曲桥，正体现了这种曲与直相得益彰的自然美。就大小而言，是大中见小，小中见大。通过各种艺术手段，将小的空间变大，以有限空间面积创造出无限空间，使小山小水展现出天然山水林泉的格调。苏州园林便借鉴了这种做法。就开合而言，是指风景形象在面积、体重、颜色等方面的聚散、均衡和对照。我国园林的山和水都重视开合处理，园林中的诸多山峰合开得体、顾盼相宜。小园林的水是以集聚为主，让人有宽阔连续之感。大中园林的水以分散为主，有连绵不尽之意。苏州怡园、网师园较小，水面聚而曲折适宜。拙政园较大，水面聚散有度，不留人工痕迹。

中国园林构景源于自然而高于自然的手法，实质是认识自然、改造自然的伟大创举，也成为中国造园的基本信条和方法。中国园林仿佛是一首描写自然美景的诗歌，也仿佛是一幅身临其境的立体山水画，是绘画与文学结合而成的美景，凝聚着中国人的美学观。

（三）构景手法丰富独特

1. 抑景。

中国园林造景的大忌是一览无余、一望到边。中国古代园林常采用先抑后扬的构景方法，即通过某种途径将园中景致隐藏起来，使之好似犹抱琵琶半遮面，然后再突然展现出来，使人心情为之一振，以此来大大提高园林艺术的渲染力，这种方法称为抑景。抑景可用山、高大建筑或树林等来遮掩。如苏州园林的留园、怡园、拙政园的门口风景，都有此手笔。

2. 借景。

借景是将园外的风光胜景，巧妙地收进园内游人眼中，以丰富园内景色，使园内外景物融为一体，形成园外有园、景外有景的效果。如无锡寄畅园借惠山、锡山等景，颐和园借西山和玉泉宝塔之景。借景可分为远借、邻借、仰借、俯借、应时而借等。

3. 点景。

点景是通过景物的名称、题额、对联等高度概括景物特色和意境，增加风景的魅力，使游人产生深刻的审美感受。如平湖秋月、三潭印月，景随名而生，显出景观特色。

4. 藏景。

藏景是指被高大山石、建筑、树木等遮掩起来的景致，多在园林的僻静角落，不易被人直接发现。如颐和园中的谐趣园和北海公园的静心斋，都在园中的一隅，让人不易找到。

5. 框景。

利用花墙、漏窗等将远景框起来，形成一幅画面，可让人产生错觉，误认为是画在纸上的图画。

任务三　中国园林欣赏

　　追求天然之趣是中国园林的基本特征，它把自然之美和人工之美高度结合起来，把艺术的境界与现实的生活融合一体，形成了一种将社会生活、自然环境、人的情趣与美的理想水乳交融在一起的，既可望可行又可游可居的现实的物质空间。

一、承德避暑山庄

　　避暑山庄又叫热河行宫，占地面积为 8400 余亩，比颐和园大一倍，是我国现存的最大的皇家园林，始建于清康熙四十二年，乾隆五十七年完工，用时近 90 年。它选址于狮子岭、武烈岭、广仁岭之间，茂密的古树参天蔽日，清澈的泉水四处奔淌，远借僧冠峰、罗汉山、磬锤峰、蛤蟆石、天桥山、月牙山等优美的自然山景，四周筑以气势雄伟的虎皮石墙。山庄外有殊像寺、普陀宗乘之庙、须弥福寿之庙、普宁寺、安远庙、普乐寺、溥仁寺等外八庙环绕。山庄内充分利用山水自然条件，引泉水、疏河道、挖湖泊、依山岭、通沟谷、造平原，营造自然的山水空间。

　　山庄建有康熙三十六景和乾隆三十六景。造园立意有三点：一是扇"被"恩风，表达皇帝俯察庶类、关心民众心态。如山庄内静含太古山房就包含了"山仍太古留，心在曦皇上"的蕴意。卷阿胜境则追求群臣唱和与忠君爱民的思想。二是以素绝艳。山庄的风格朴实自然，色彩淡雅，从而与其他自然景色融为一体。三是集锦创作。在山庄内的山顶建有象征泰山的广元宫，有模仿江南水乡的湖泊区。而万树园中的蒙古包，则象征蒙古大草原的辽阔风光。

　　山庄根据地形划分四大景区：宫殿区、湖泊区、平原区、山岳区。

　　宫殿区分正宫、东宫两部分。澹泊敬诚殿、四知书屋、烟波致爽、云山胜地等建筑格式对称，布局严谨，九层院落，体现皇帝深居九重，是皇帝理政要地。以十九间殿为界，分成前朝和后寝两部分，似故宫布局的翻版和缩小。丽正门是正门，取《易经》的"日月丽于天"之意。午门面阔五间，两侧有掖门，门前建有东西厢房，是王公大臣候旨之地。内午门又称阅射门，康熙、乾隆常在此接见官吏，阅射观武，选拔武职官员。门额上悬一铜匾，上镌康熙题写的鎏金铜字：避暑山庄。进门后的淡泊敬诚殿为正宫的主体建筑，全部是乾隆从四川、贵州征调来的楠木所建，又名楠木殿，每当雨雾时节，散发屡屡楠香。四知书屋为一座外形简朴的五间大殿，有走廊与前殿相连，是清帝举行大典时休息、更衣或接见蒙古王公大臣、处理军政事务的地方。后边游廊与十九间殿相连，属后寝。烟波致爽殿是清帝寝宫。云山胜地楼五间两层，用假山做蹬道，二楼西暖阁是佛堂。楼两侧各有照房七间，楼前设山石。

　　东宫位于正宫区的东面，故名。其布局由南往北有门殿、东井亭、前殿、清音阁、福寿园、勤政殿、卷阿胜境殿等。

　　湖泊区共有三堤七岛，将水面分隔成六个湖面。水中的州、岛、堤、桥形成了丰富的水景层次。以堤连接月色江声、环碧、如意洲三岛，其造型如同水上漂着三叶灵芝草和云朵。月色江声岛为欣赏高空明月和滔滔水声而建，乾隆誉之为最宜读《周易》的地方。清莲岛仿浙江嘉兴烟雨楼，用来欣赏湖面烟雨之景，与对岸环绕的莺啭乔木等景点形成众星拱月之势。小金山仿江苏镇江金山而建，同时又成为澄湖与上湖交汇的对景。水心榭因跨堤为榭而得名，其实它是调节两侧湖水水位的水闸，经点饰山亭，成为水中一景。

平原区东为万树园，西为试马埭大草原。万树园林木繁茂，绿草如茵，设有蒙古包。乾隆帝常常在此与少数民族首领野宴、看烟火、欣赏歌舞杂技。

山岳区在山庄的西北部，面积约占全园的五分之四，山重岭叠，沟壑纵横，丛林满坡，遍山苍翠。这里充分利用山区的山峰、台地、山崖、山坡、山脊、谷脊等不同的地形和空间，因势构筑了楼阁、亭台、轩斋、寺庙、庵观。这些建筑、山泉、瀑布等风景都是山庄的精粹所在，体现了以山为骨、以水为血、以真山真水取胜的特点。在如此复杂的地形中巧妙地摆布园林，建筑手法之高超令人惊叹、折服。

避暑山庄的设计营造，在我国皇家园林建筑艺术中别具一格，它充分利用了自然地势，在山岳、平原、湖泊皆备的地形上，顺势造势，分别营建宫殿和苑景，使人工建筑与自然风光和谐地融为一体。建筑风格既有北方四合院式的整齐对称，也有江南园林的灵活错落、小巧玲珑。宫殿虽不像故宫那样高大堂皇，但在庄严肃穆之中显得简素淡雅，别开生面。景观既有雄浑粗犷阳刚之气，也不乏明媚秀丽阴柔之美。因此说，它集中了我国南北造园艺术的大成。

二、苏州拙政园

拙政园始建于 1513 年，占地 60 余亩，为明代私家园林的代表作。它从特定的意境出发，调动了各种造园艺术方法，于平中见奇，处处散发着朴实自然与独特的明净风格。

拙政园的特点是多水。原址是一片积水的洼地，初建园时，利用洼地积水，浚沼成池，建成一个以水景为主的风景园。现水面占全园面积的五分之三，总体布局以水池为中心，主要建筑物均临水而筑，简朴素雅。在纵长的水面和苍翠满目的林木中，各式楼、阁、亭以桥梁或走廊相连，交相辉映。池水的交汇与转折处，人的视线随着它的起伏望去，境界甚为深远。

拙政园分东、中、西三部分，中部基本保留着明代的风貌，是全园精华所在。远香堂是中园的主景建筑，中园的一切景点均围绕远香堂而设。其特点是庭柱为抹角梁，并巧妙地分设在四周廊下，因而室内没有一根阻碍视线和行动的柱子。四周都嵌有玲珑剔透的长玻璃窗，可环观周围不同景色，犹如观赏长幅画卷，所以又称四面厅。此处面临荷池，每到夏季，荷风扑面，清香满堂，故取宋代周敦颐《爱莲说》中"爱莲之出淤泥而不染，濯清涟而不妖"、"香远溢清，亭亭净植"的语意作为堂名。堂南部隔有亭台池水，屏立黄石假山，重峦叠翠；山上林木配置错落有致，以主建筑前的广玉兰扶疏相接。原旧园门入口处，假山当门，起了屏障作用，不致使人入园即一览无余，绕过假山有豁然开朗之感。远香堂之东的土山上有秀绮亭，四周遍植牡丹、芍药。土山南为枇杷园，园中遍植枇杷，夏初成熟，果实累累。园东有海棠春坞，因多植海棠花而得名。再南行，有玲珑馆，有曲廊可通。此处种竹，取苏舜钦诗句"日光穿竹翠玲珑"意为名。馆旁有嘉实亭，与之并立的还有听雨轩。至此，远香堂北部，境界大开，一片水面山岛展现在眼前。这是采用了欲扬先抑的手法。堂北的水池清澈旷朗，水中垒土叠石，构成东西两山岛，山间隔一小溪，幽深曲折，溪上架桥相连。桥下流水潺潺。二岛与远香堂隔水相望，起了分割和点缀水面的作用，形成了山因水活、水随山转的意境。岛上西建雪香云蔚亭，以雪香喻梅花，点出其周边梅花盛开的景观。岛东建待霜亭，取意唐代韦应物诗句"洞庭须待满林霜"。洞庭产橘，霜降始红，待霜点出了此处有橘树。岛东侧下山过折桥，与悟竹幽居景点相连。西侧下山，可往荷风四面亭。亭在三条线路的交叉点上，三面环水，一面临山。亭的位置恰在池水的中央。其西南两头，联系着三曲和五曲的低栏石桥。两桥将水一分为三，但桥身空透，桥栏低矮，似分非分，保持了水面的广阔浩渺之势。远香堂西部，有短廊接倚玉轩。出轩向南，有桥一座，名小飞虹，桥上复有走廊，是苏州唯一的一座廊桥。桥影随波浮动，宛如水上彩虹。桥南有水阁三间，名小沧浪，与亭廊组合，构成独立的水院，环境幽静。折北至得真亭，周围遍植松柏，其名取自《荀子》评价松柏的话："经隆冬而不凋，蒙霜雪而不变，可谓得其真矣。"向前，明代所建的玉兰堂质朴幽静，自成一院。再向前，是石舫香洲，上楼下轩，造型轻巧。隔水与倚玉轩相对，互相映衬。舱中有大镜一面，可映对岸倚玉轩一带景色，是极好的借景手段。拙政园的东西两园，也各具自己的个性特征。

任务四　西方园林

一、西方园林的产生及主要流派

西方园林的产生受古代亚述帝国和古巴比伦时期的园林影响很大，那时建造园林的目的主要是供权势者观赏用。至古希腊时代，公共设施之一的神殿周围，有当作圣林的树木园林。古罗马时代，私家园林出现，特权阶层兴起建筑别墅、园林的风气。中世纪时，修道院园林以意大利为中心，城郭园林以英法为中心，已十分发达。在文艺复兴时期的意大利，最初以佛罗伦萨为中心有了田园风格园林。其后，由布拉曼特和拉斐尔所设计的罗马台坛式园林成为欧洲园林的一种典型样式。17世纪末，法国勒诺特尔设计了气势雄伟的平面法式园林、凡尔赛宫殿园林等。进入18世纪后，以赞美自然为基本观念的风景式园林一反创意性、人工性，在英国日渐发达。重视风景写实再现的布朗凡，偏爱点缀异国式建筑物以求绘画性美的却帕斯等设计人才也相继出现。经过历史的筛选，最终在西方园林中形成最有影响的三种园林建造形式。

1. 意大利式传统园林。

意大利式园林又称台地建筑式园林，这是由于早期意大利的园林选址一般都建于山坡上，必须要设计台地，根据斜坡的长度，堆成几个台地，故名由此而来。一般它是由三层台地和一个花园组成，从细部看，花坛、池泉、台阶、园亭、雕塑等的布局强调对称。台地是设置建筑物、喷泉、池泉、树林的场所，也是欣赏下面花坛和园外景色的瞭望台。台地水池上的喷泉是意大利象征，以石为材料，多配以雕像用作装饰。庭园主轴建筑物严整对称，植物以柏树和伞松为多。这是由于两者在当地生长普遍而且形状特异。

2. 法国传统园林。

法国园林深受意大利园林影响，都是一种整形对称形式，均有台地设计。只不过法国台地几乎在同一平面上，同时主轴都是由建筑物直线延伸，以此轴为中心，对称配合，整体统一。17 世纪下半叶，法国由于君主集权发展到最高峰，因而改造了从意大利传来的造园艺术。法国造园家勒诺特尔为增加园林典雅庄重的特性，在局部处理上进行改造。如花坛都做得非常精美，有刺绣花坛、间隔花坛、英国花坛、区划花坛、柑橘花坛、水花坛 6 种。喷泉和飞瀑比以往更多，凝集和利用各种技巧，表现出活水的美。河渠是具有勒诺特尔式特征的最重要设施。它的设置可以使庭园显得广阔，并且在水上划船演奏可以大大提高音乐的音响效果。

3. 英国传统园林。

英国文化由于有着爱好大自然的传统，所以更容易理解和接受中国园林的构思和创造，因此园林出现了假山、回廊或步廊、园亭等。假山多建于鱼池近旁，坐在园亭的背阴处，能垂钓鳟与鳗。回廊或步廊，是一种围绕庭院的主要建筑，是通向其他建筑的有顶通道，曲折回转，富有情趣。园亭外形华丽而坚固，不仅是装饰物，还可使人避雨。其分布多在明显之处，建在园路的终点，以阻挡庭院视线，或建在高出台地二三层处的草坪球场或中庭院一角。英国园林中的树木都经修剪整形，紫杉最耐修剪，生长缓慢，一旦成形不易改变，且以浓重的绿色和柔和的手感而见长。

二、西方园林的风格

西方园林发展深受地域文化影响，奉行的是天人对立，改造自然的哲学观。因此在园林建造中表现出完全排斥自然，力求体现严谨的理性。在线条中崇尚直线，认为直线代表人的意志，以直线为美。因而园林建造中的基本原则是"强迫自然接受匀称的法则"。在此原则之下，西方园林表现出以下风格：

（1）以矗立于园林中轴起点之上的巨大建筑物作为园林的主轴，整个园林以此建筑为基准而散布开去。

（2）在园林的主轴线上，伸出几条副轴，布置宽阔的林荫道、花坛、河渠、水池、喷泉、雕塑等。

（3）在园林中开辟笔直道路，在纵横交叉点上形成小广场，呈点状分布水池、喷泉、雕像或小建筑，整个布局呈现几何图案。

（4）园林花木严格剪裁成锥体、球体、圆柱体，草坪、花圃则规划成菱形、矩形、圆形，完全按几何图形剪裁，杜绝自然生态。

（5）水面被限制在整齐的池子里，池子被砌成圆、方、矩形或椭圆形，池中布有人物雕塑和喷泉。

（6）追求整体对称和一览无余。

（7）追求形似和写实。

补充阅读

浓荫掩映下的费城老街

费城是美国的一座不平凡的城市，独立战争时期是美国的首府，也是美国《独立宣言》和宪法的诞生地。可以说，费城是美国的根基和源头。费城是一座古老的城市，大部分房屋都很老旧，街道也很狭窄。然而，城东部2街、5街、8街和10街的老城区，仍然保存完好，建于19世纪的红砖白墙建筑精致古雅。穿行于这些窄旧的老街，到处可见人们的尚古之意和爱绿之心：古旧的外墙上，贴植着青青的藤蔓；窄窄的窗台边，花槽内的鲜花笑靥怡人；狭窄的道路旁，大树青翠的枝丫伸向蓝天。即使是门口小小的方寸之地，也是栽花种草，各显其能。整洁的道路映衬着宽阔的草坪、浓荫的大树、缤纷的鲜花，好像处处都是美丽的公园，令人赏心悦目。这种整旧如旧的理念很值得我们思索、学习。

由于中西方不同文化的影响，西方园林与中国园林是沿着两条不同轨迹发展的。上述西方园林的风格可与中国园林的风格进行对比（见表3-1）。

表3-1　　　　　　　　　　西方园林与中国园林的对比

西方园林	中国园林
几何形规则式布局	生态型自由式布局
轴线笔直式林荫大道	迂回曲折、曲径通幽
整形对植、列植	自然形孤植、散植
图案花坛、重色彩	盆栽花台、重姿态
动态水景、喷泉瀑布	静态水景、溪池滴泉
大草坪铺展	假山起伏
石雕各种物像	大型整体太湖巨石
视线限定、开敞袒露	步移景换、幽闭深藏
骑士的罗曼蒂克	文人的诗情画意

西方园林的风格和特点与中国园林大相径庭，但中国园林始终处于主导地位。早在1000多年前的盛唐时期，波斯人通过丝绸之路了解了中国的园林建筑，此后经马可·波罗的宣传，很多欧洲人开始仰慕中国园林之美。17世纪末到19世纪初，随着海外贸易发展，欧洲商人和传教士来到中国，他们带回的书面报告在欧洲人面前展现了一个前所未知的高水平的中国文化。英国植物学家威尔逊称"中国是世界园林之母"。英国建筑师钱伯斯赞扬中国园林是"从大自然中收集最赏心悦目的东西"，"组成一个最赏心悦目的、最动人的整体"。德国温泽把中国园林称为一切造园艺术的模范，说"除非我们仿

效这民族（指中国）的行径，否则在这方面（指造园）一定不能达到完美的境地"。英国率先借鉴中国造园艺术，把花园布置得像田野牧场一样，表现出了自然野趣之美，并利用叠石假山和山洞构筑艺术，引进中国园林特有的手法和风格。法国也不甘落后，1670 年在距凡尔赛宫主楼 1.5 公里处，建成最早的仿中国式建筑蓝白瓷宫。受英法的中国园林之风的影响，欧洲各国纷纷仿效：在德国，卡塞尔附近的威廉阜花园，是德国最大的中国式花园。在瑞典，斯德哥尔摩郊区的园林中建造中式亭子，园内河渠交织，水景众多，纯粹是中国风味。在波兰，国王奥古斯都在华沙的拉真克御园中，也建起中国式亭和桥；在意大利，布尔基斯庄园的一个景区完全改造成中国园林的自然式布局。

本章小结

本章主要介绍了中国园林的产生与发展，中国园林的分类，中国园林的基本特征，中国园林的置景要素，西方园林的产生及主要流派，中国园林与西方园林的风格差异。通过学习，使学生初步掌握欣赏东西方代表性园林艺术精品的方法。

综合实训

一、单项选择题

1. 哪个时期，山水园林逐渐形成：
   A. 唐宋　　　　　　B. 秦汉　　　　　　C. 魏晋南北朝　　　D. 明清
2. 岭南园林的特点是：
   A. 绚丽纤巧，中西交融　　　　　　B. 典雅秀丽，曲折幽深
   C. 宏达壮美，富丽堂皇　　　　　　D. 古朴淳厚，朴素淡雅
3. 拙政园分东、中、西三部分，中部基本保留着明代的风貌，是全园精华所在。中园的主景建筑是：
   A. 沧浪亭　　　　　　B. 远香堂　　　　　C. 水云阁　　　　　D. 佛香阁
4. 哪个时期，西方出现了私家园林：
   A. 文艺复兴时期　　B. 中世纪　　　　　C. 古罗马时代　　　D. 工业革命时期
5. 我国现存的最大的皇家园林是：
   A. 颐和园　　　　　　B. 承德避暑山庄　　C. 圆明园　　　　　D. 北海公园

二、多项选择题

1. 元明清时期，皇家园林的"三山五园"是指：
   A. 香山静宜园　　　B. 玉泉山静明园　　C. 万寿山清漪园　　D. 畅春园
   E. 圆明园
2. 西方园林追求：
   A. 整齐对称　　　　B. 写实　　　　　　C. 写意　　　　　　D. 一览无余

3. 台地建筑式园林主要表现在：

   A. 英国   B. 意大利   C. 法国   D. 希腊

4. 中国园林建筑根据布局状况可归纳为两个特点：

   A. 布局灵活自由 B. 布局显隐结合 C. 布局整齐   D. 布局匀称

三、简述题

1. 简述中国园林的分类和基本特征。

2. 简述中国园林与西方园林的风格差异。

旅游建筑文化

学习目标

知识目标：

- 了解中国古建筑的发展历程及不同时期的特点
- 掌握中国古建筑的特色
- 掌握长城、宫殿、坛庙、陵墓、宗教等建筑的文化内涵
- 掌握我国民居建筑的类型、分布区域及其主要特点
- 了解西方建筑的主要形式、特点及其代表性建筑

能力目标：

- 能应用建筑文化知识，理解和解释各主要建筑形式的特点、功能及其存在价值
- 能应用建筑文化知识，欣赏现存的国内外建筑精品

人类没有一种重要的思想不被建筑艺术写在石头上。

——［法］雨果 《巴黎圣母院》

建筑被誉为人类历史文化的纪念碑。数千年人类发展历史证明，不朽的建筑传承历史，铭刻着人类文明和文化的发展轨迹，是人类文明各个源头空间的标志。可以这样说，经历史沧桑而遗留下的建筑，是诸多旅游资源中品位最高、价值最大和最具旅游吸引力的特色旅游资源。世界历史上遗留下的各种建筑物，都以其独特的艺术魅力和民族文化内涵，吸引着无数寻古探奇的旅游者。如中国的长城和故宫，法国的巴黎圣母院和埃菲尔铁塔，埃及的金字塔，意大利的罗马大斗兽场和圣彼得大教堂，澳大利亚的悉尼歌剧院等，都是广大旅游者的理想游览地。它们的魅力不仅体现在建筑艺术的异彩纷呈、美轮美奂，还在于它们蕴含着厚重的民族精神和文化内涵。基于这点，世界上很多国家无不利用古建筑来吸引国内外广大旅游者，以展示本民族历史文化的渊源和传统，并利用富有特色的、历史悠久的古建筑作为国家或地区的象征物，来树立国家的形象。

任务一 中国古建筑文化

一、中国古建筑的发展历程

中国古建筑历史发展要比古书记录的年代久远得多。几千年来，中国的建筑如同中华民族和中国文化的其他方面一样，一脉相承，一直在不断地发展和完善着。

全国各地发现的旧石器时代遗址已有300处以上，而新石器时代遗址则在3000处以上，其中包括西安半坡村的仰韶文化聚落遗址，浙江余姚的河姆渡聚落遗址。几千年光辉灿烂的中国文化，包括中国建筑文化在内，就是从这些原始、质朴的古文化中萌芽、成长壮大起来的。

夏朝是我国历史上由原始社会进入到阶级社会的朝代。当时华夏大地屡遭水患，大禹"卑宫室，至费于沟减"，这说明当时人们已知道用一定的建筑方法防治水患，水利工程也已达到一定的水平。

商、周是我国的奴隶社会阶段。这时中国典型的木柱梁框架结构已开始形成，在河南安阳发掘的殷墟遗址上有大量的夯土房屋台基，上面排列着整齐的卵石柱基和木柱的遗迹就可以充分证明这一点。

从公元前5世纪末的战国时期到清代后期，这2400多年是我国的封建社会时期，也是我国古代建筑逐渐成熟、不断发展的时朝。秦始皇统一中国，为建筑的发展创造了有利条件。首都咸阳不仅建造了规模空前、辉煌华丽的宫殿，而且在咸阳100公里之内，还修造了270处离宫别馆。到了汉代，建筑艺术突出表现在木建筑的渐趋成熟和砖石建筑拱券结构有了一定的发展等方面。如西汉首都长安和东汉首都洛阳，其皇宫建筑规模宏大，庄严华丽。

魏晋南北朝时期，是中国大分裂时期，阶级矛盾、民族矛盾尖锐，生产力受到严重破坏，但此时也是华夏民族文化与外来民族文化交融沟通的时期。东汉末，古印度佛教传入中国并得到广泛传播，对中国建筑产生巨大影响。当时的能工巧匠为弘扬佛教，运用传统的结构和布局，创建了许多宏伟庄严的佛寺和高耸入云的佛塔。佛教建筑还带动了雕塑和绘画的发展，许多西方的装饰花纹，也被运用到中国传统建筑上来。

唐朝是中国封建社会最兴盛时期，农业、手工业和科学文化都达到了前所未有的高度，建筑业也在此时走向成熟，风格趋于严整开朗。这时期的木结构殿堂、石桥、砖塔、陵墓等建筑物精品迭出，为后世留下了不少宝贵的实物。

宋代在唐朝建筑日臻完善的基础上，出现了李诚的《营造法式》一书，使我国的建筑理论有了进一步完善和发展。宋代的统治阶级所建造的宫殿、府第、庙宇等更精美、更华丽。宋代的建筑风格追求柔和秀美。

元明清时期，伴随着社会生产力的不断进步，建筑艺术又达到了新的高峰。这时的建筑特点较为严谨、稳重，建筑群布置更为成熟，能够科学地利用地形和环境来形成建筑群气氛。建筑物的装修、彩画、装饰也日趋定型化。砖、琉璃、玻璃等烧制工艺的发展，给建筑艺术提供了更多的建筑材料。建筑色彩因运用琉璃瓦、红墙、汉白玉台基、青绿点金彩画等鲜明色调，产生了强烈对比和富丽堂皇的效果。明、清北京城及故宫的建设是典型的范例。

我国古代建筑在技术和艺术上都达到很高水平，这体现了中华民族的创造性和智慧才能，其独特的建筑风格在世界古代建筑史中独树一帜、独具魅力。

二、中国古代建筑的特色

中国古建筑数千年的发展演变，已形成一种统一风格和特点。初看好似千篇一律，非常相似，但如果细细品味，则是千变万化，这是中国传统建筑最基本的特色。在特有的人文、自然地理环境下，中国古代建筑形成了以大屋顶、木构结构和台基为主要特色的建筑风格体系，同时，也体现了中国传统的地域文化和民族特色。

（一）地域性

中国幅员辽阔，自然环境千差万别。为了适应各种环境，各地区的人们都在因地制宜观念的支配下，基于本地区的地形、气候、建筑材料等条件，创造出多姿多彩的建筑形式。如南方地区气候温暖，墙体薄、屋面轻、木材用料细，建筑外形相应轻巧玲珑。北方地区气候寒冷，墙体厚、屋面重、木材用料粗，建筑外形显得敦厚沉稳。

（二）民族性

我国是一个由56个民族构成的大家庭。由于各民族聚居区的自然环境不同，宗教信仰、文化传统以及生活习惯也不同，在建筑上表现了不同的民族风格。如蒙古族的蒙古包，藏族的碉房，满族的口袋房，侗族的鼓楼，傣族的干栏式竹楼等。

（三）木构结构特色

中国古建筑主要采用木构结构，由木柱、木梁搭架来承托屋面屋顶，而内外墙不承重，只担负分割空间和遮风避雨的功能。这种框架结构的优势是可使房屋的功能、性能有很大灵活性，可做成四面通风、有顶无墙的亭，也可做成四面有墙的居室、宫殿；或将墙壁砌成不同厚度，满足我国生活在不同地方的人们的不同需要；还可盖成高层建筑，将同样的框架层层叠垒上去或将框架立于台基上。

在这种木结构的建筑中，斗拱成为结构的关键，并成为度量单位。

斗拱，是我国古代木结构建筑中连接柱、枋、梁的特有部件，由方形的斗、升以及短形的拱、斜出的昂组合而成。在木构架的横梁与立柱间的过渡处，将横材方木相互垒叠，前后伸出作斗拱。它在结构上起承重作用，并将屋顶的大面积荷载传递到柱上，因而大建筑物必用到斗拱。同时，斗拱可起到屋顶与屋身立面的过渡装饰作用。此外，作为封建等级礼制的象征和建筑物重要性的衡量尺度，斗拱一般使用在高级的官式建筑中。后来，斗拱日趋标准化，全部建筑物的权衡比例以横拱的"材"为度量单位，就如同罗马建筑的柱式（Order）以柱径为度量单位一样。斗拱的组织与比例大小，历代都有不同，因而，建筑物的年代可以根据其结构演变来鉴定。

斗拱的形式相当丰富多彩，依其所在的部位，分为外檐斗拱、内檐斗拱、柱头斗拱、柱间斗拱、转角斗拱等，成为中国古建筑杰作中最富于艺术性的构架形式，并作为中华建筑的一大特色而耀目于世界建筑之林。

（四）群体布局特色

中国古建筑由于大多是木构结构，不适于纵向延展，便多借助建筑群体布局，即以院落为单元，通过明确的轴线关系来营造出宏伟壮丽的艺术效果。在这当中，院子是中心，每个建筑物正面面向院子，并在这一面设门窗。规模较大的建筑群由若干个院子组成，并沿中轴线排列殿、堂一类主要建筑，次要建筑多在中轴线两侧并作对称分布，群体四周用围墙环绕，个体建筑一般用廊相连。这种布局方式，虽然是由木构结构所决定，但反映出中国传统的文化观念，即封闭性和内向性，只有在高墙围护的深深庭院之中，才具有安全感和归属感。

（五）大屋顶的建筑特色

大屋顶是极具中国建筑特色的标志物。它以屋顶出檐并向上仰翻的弧形造型，展示出独特的形态之美。除此之外，更重要的是它可以防止雨水急剧下流，还能通过斗拱挑起出檐以便更好地采光通风。这种大屋顶造型，贯穿于我国古建筑发展的始终，并且派生出形态多样的大屋顶：有四面坡的庑殿顶，两面坡但两山墙与屋面齐的硬山顶，两面坡而屋面挑出到山墙之外的悬山顶，上半是悬山而下半是四面坡的歇山顶，以及四面、六面、八面坡或圆形的攒尖顶等。

（六）重装饰重彩绘的特色

中国古建筑非常重视装饰和雕梁画栋。装饰主要是用在大门、门窗、天花板、藻井和梁柱之间，如宫殿、庙宇等大型建筑的天花是由龙骨做成方格，上置木板，然后在木板之上绘制色彩缤纷的彩画。这些彩画分为和玺彩画、旋子彩画和苏式彩画三种。和玺彩画一般限于宫殿建筑，以勾龙画凤和大量使用沥粉贴金为特点。旋子彩画一般为豪宅、庙宇使用，以蓝绿基调上绘旋子花为特色，色彩端庄素朴、清冷静谧。苏式彩画在园林和民居中应用普遍，色彩鲜艳明亮，内容丰富多彩，形式活泼灵活，从神话、小说到花鸟鱼虫无所不有，民间情趣十分浓厚。彩画构图可以说为古建筑增添了无限光彩，具有很强的装饰性，同时所用涂料、油漆等对木构材料起到很好的防虫防腐的作用，具有很强的保护功能。

三、中国古建筑文化欣赏

（一）长城文化

长城是中华民族的骄傲，也是中华民族的标志性建筑。它伴随着中华民族繁衍生息已达 3000 年之久，积淀下了坚韧不拔、威武不屈的民族气概，也凝聚了团结一心、众志成城的民族精神，充分体现了中华民族的聪明才智和富有创造性的劳动能力。

长城的历史，是中华民族历史的一部分，它是可歌可泣的，也是值得赞赏的。在长城的历史中，出现过三次修筑长城的高潮，分别是在秦、汉、明朝。其中秦朝建长城，是在秦始皇统一中国后，为了巩固边防，于公元前 221 年开始修建，并把战国时期的燕、赵、秦等国修筑的长城连接起来，又扩充了许多部分。这次修筑长城是有史以来规模最大的一次，徭役极为繁重。历史故事孟姜女哭长城反映了这一时期的徭役状况。汉代在秦长城基础上，又进行修筑和扩筑，使得秦汉长城西起临洮，东至辽东，全长一万余里，至今在甘肃还留有一些残垣断壁。明代修筑长城基本贯穿明代整个历史时期，长达100多年，修筑坚固，耗工巨大。其西起甘肃嘉峪关，东至山海关，总长12700里，大部分保留完好，成为当今观光考古的主要对象。长城始建之初，主要是为了军事防御的需要，为了更好地抵御外族藩邦的进攻。然而在建造之后，派生出了另一个主要功能，即具有通讯和促进商旅往来等对外开放功用。秦朝时沿长城各州郡有大道相通，可传递文书，商旅活动来往络绎不绝。汉代又打通了通往西域的交通大道，成为著名的丝绸之路，使节往来，商旅活动都在此路进行，因而长城的烽燧和关隘正是这个交通大道的守护卫士。

长城历尽数千年沧桑，英姿犹在，雄风依然。它的形象深深地植根于广大民众心中，犹如巨龙一般蜿蜒逶迤于崇山峻岭之中。

山海关是万里长城的起点，汇聚着长城的精华。600年的世事沧桑，为山海关留下了自然和人文景观。其中仅一座关城就有卫城、敌台、烽墩等124处古代军事设施。驰名中外的天下第一关，是山海关关城的东门城楼，又名镇东楼，素有"京师屏翰、辽左咽喉"之称。城楼檐下有明代书法家萧显所书"天下第一关"匾额，笔力遒劲雄浑，饮誉古今。关城以楼为主体，旁辅以靖边楼、临闾楼、牧营楼、瓮城等长城建筑，充分展示了中国古代城建风貌和山海关军事要隘的威武气势。明代长城的起点老龙头是古代军事要塞，它自山海关城南4000米的海中跃出，穿过关城，爬上角山，逶迤西去。首端为入海石城，上建靖房敌台，后面高地上建有澄海楼，从两侧远远望去，宛如巨龙之首。"长城万里跨龙头，纵目凭高更上楼"是老龙头险要地势的形象写照。登上澄海楼远眺，但见云水苍茫，海天一色，令人豪气顿生，胸襟大开。

八达岭长城是明长城中保持最好的一段，其核心是关城。关城呈东窄西宽的梯形，有东西二门，东门额题居庸外镇，西门额题北门锁钥，十分雄伟。关城两边是长城，墙基宽约6.5米，顶宽约5.8米，墙为砖石包土，即外表底层为条石，墙身为大砖，石灰焊接勾缝，内部填充胶泥、石灰、黄沙，如同现今三合土。墙顶铺砌三四层城砖，墙顶外侧砖砌近2米高的垛口，垛口上部有瞭望口，下有射洞，墙面上有排水沟和吐水嘴。城上建有许多坚实雄伟的敌台，打破了城墙的单调感。主体城墙建在山岭最高处，随着山势蜿蜒，勾画出崇山峻岭清晰的轮廓。长城随山就势，高低起伏，既衬托出山体的高峻，又突出城墙的自然绵延，可谓雄奇险峻，浩大壮观。

（二）宫殿文化

宫殿在秦代以前是建筑的通用名，殿指高大房屋。秦汉以后，宫殿因为成为帝王行使政权和生活的专门场所，因此，宫殿规模越建越大，越建越豪华。同时，因为宫殿建筑往往集中了全国最高的技术和最大财力，因而它基本能代表某一个朝代最高的建筑水平。

秦朝的阿房宫，汉朝的未央宫，唐朝的大明宫，明朝的故宫，清朝的沈阳故宫，都充分体现了天子以四海为家，非壮丽无以重威的传统文化观念。宫殿建筑基本结构是完全按封建传统的礼制来设置的，即外朝内廷，这是宫殿的自身布局。外朝即皇帝处理朝政的地方，内廷即皇帝与后妃们生活的寓所。左祖右社，指在宫殿左边（或东侧）设祖庙，供皇帝祭祀本朝先皇用，在宫殿右边（或西侧）设社稷坛，供皇帝祭祀土谷之神。中轴对称，采用严格中轴对称的布局方式，使中轴线上豪华、高大建筑凸显，并和轴线两侧辅助建筑形成鲜明的对比，从而体现帝王至高无上的权力和尊严。同时在宫殿建筑中非常重视安全性与防御性设置，利用高墙、深沟、重门层层护卫，体现宫禁要地森严气氛。此外，宫殿建筑最重要特点是具有硕大的斗拱、金黄色的琉璃瓦盖顶、绚丽彩画、高大的盘龙金柱、雕镂细腻的天花藻井、汉白玉台基、栏板、梁柱以及周围的建筑小品等，以充分显示皇家显贵的身份。

宫殿建筑可以说是中国古代各个历史时期建筑技艺成就的集中体现。它不仅包含着中国古代建筑的共性，而且包含着所独有的个性。它那宏大的规模、严谨的规划、均衡的布局、庄重的体型、富丽的装饰色彩，不仅集中体现了该时代的技术和科学成就，同时也集中体现了当时流行思想和流行文化的内涵。

我国宫殿的典型范例有：

1. 北京故宫。

它是我国现存最完整的古建筑群，占地72万平方米，屋宇9999间，建筑面积15万平方米。其外朝部分以太和殿、中和殿、保和殿三大殿为中心，文华殿、武英殿为两翼，是皇帝举行大典和召见群臣、行使权力的重要场所。内廷有乾清宫、交泰宫、坤宁宫及东西六宫，是皇帝处理政务和后妃、皇子居住、游玩、奉神之地。该宫殿群处于南北中轴线上，两旁的廊房一一相对，院院相套，大小相连，宛若迷宫。

补充阅读

梁思成心中的北京古城

梁思成是中国近代著名思想家、教育家、学者梁启超的儿子，早年留学美国的宾夕法尼亚大学和哈佛大学，主攻建筑学，回国后任清华大学教授，是中国现代建筑学的奠基人，国际知名的建筑学者。解放初，梁思成曾提出保留北京旧城、另建北京新城的设想，遗憾的是这一设想遭到否定。然而在梁思成的心中，保存完好、修葺一新的北京古城是多么美好：城墙上面，平均宽度约十米以上，可以砌花池，栽植丁香、蔷薇一类的灌木，或铺些草地，种植草花，再安放些圆椅。夏季黄昏，可供数十万人纳凉游息。秋高气爽的时节，登高远眺，俯视全城，西北苍苍的西山，东南无际的平原，居住于城市的人民可以这样接近大自然，胸襟壮阔。还有城楼角楼等可以辟为文化馆或小型图书馆、博物馆、茶点铺；护城河可引进永定河水，夏天放舟，冬天溜冰。这样的环城立体公园，是世界独一无二的。古老的城墙正在等候着负起新的任务，它很方便地在城的四面，等候着为人民服务，休息他们的疲劳筋骨，培养他们的优美情绪，以民族文物及自然景色来丰富他们的生活。

可叹的是，除故宫等少数建筑外，北京古城已在大跃进时代被拆毁殆尽，梁思成心中的北京古城已成永恒的梦想。

2. 沈阳故宫。

沈阳故宫是仅次于北京故宫的第二大宫殿群，占地 6 万多平方米，屋宇 300 余间，由十个院落组成，四周为高大宫墙，南面为大清门。全部建筑分成东、中、西三部分，中路是沈阳故宫的主要建筑群，以崇政殿为主体，南起大清门，北迄清宁宫，属大内宫殿，院落三进，均在一个中轴线上。东路的大政殿和十王亭，是最富特色的建筑，大政殿是东路主体建筑。东西两地共有十座方亭，呈八字雁翅排开，东为左翼王亭、镶黄旗亭、正白旗亭、镶白旗亭、正蓝旗亭；西为右翼王亭、正黄旗亭、正红旗亭、镶红旗亭、镶蓝旗亭，是左右翼王和八旗大臣办公的地方。这种出自八旗制度的建筑布局，是沈阳故宫的特色，受游牧民族的毡包式（帐幕式）建筑及其议事礼俗的影响。西路以文溯阁为中心，前有戏台、嘉荫堂，后有仰熙斋。文溯阁的建筑形式仿自宁波天一阁。仰熙斋为皇帝读书之所，嘉荫堂为乾隆东巡时看戏的地方。整个皇宫楼阁耸立，殿宇巍峨，反映了汉满两族文化交流在建筑方面上取得的辉煌成就。

（三）坛庙文化

坛庙建筑有深刻的文化及思想内涵，因为在中国漫长的封建社会中，除以礼来制约各类建筑的形制外，还有按礼的要求产生的建筑类型。坛庙建筑主要功能是祭祀天地、社稷，表达对祖先的崇敬、感恩、追思、怀念对社会进步与发展作出突出贡献的人，也可用于会盟、誓师、封禅、拜师等重大仪式。

在中国历史上，每个王朝都非常重视对天地祭祀，尤其在帝王登基之时，更要祭祀天地，以表受命于天，承天之志来治理国家，而且每年定时定点祭祀成为惯例。祭典的象征物——祭坛的建造设计十分重要而且非常严格，要求在艺术表现手法上体现出天、地、日、月的神圣、崇高和帝王与自然的亲密和谐关系。受礼教及皇室影响，中国民间也非常重视对祖宗和对历史有重大贡献人物的崇敬和供奉，不仅在都城，且在广大的城市乡村都建有规模形制不等的庙祠。

坛庙建筑通常分为四种类型：一是按《周礼·考工记》的左祖右社之制，在皇城东西而建，是皇帝祭祀先祖和天地的场所，如现仅存于北京的皇城太庙（今劳动人民文化宫）。二是在都城近郊按郊祭的古制而建，包括由皇帝主持祭祀的天、地、日、月坛以及分布各地的由皇室派出官吏主持祭祀的岳庙、镇庙和渎庙等，如北京的天坛、泰山岱庙等。三是纪念在中国历史上做出丰功伟绩的人物，如孔庙、关帝庙、妈祖庙、武侯祠等。四是民间为祭祀先祖而建的家庙和祠堂。上述不同的坛庙建筑，反映出中国的传统思想文化的价值取向，是尊重传统、崇尚自然和信而好古思想的充分体现。

（四）丧葬及陵墓文化

在中国传统的视死如生、入土为安的观念影响下，数千年来中国无论帝王将相还是平民百姓，都非常看重修葺坟茔。尤其是历代封建帝王，将身后的寝陵建造得如同宫殿一般，希望将人间的富贵尊荣、日常起居带到地下。中国帝王的身后事处置方式可以说是中国民间丧葬文化发展到极点的产物。

反映独具华夏民族特色的丧葬及陵墓文化十分丰富。人去世后一般都先置于棺木中停放三天，供人凭吊、瞻仰、哭丧，有的还要做道场，请和尚念经布道。出殡之时要有孝子打幡、摔罐，下葬之时要赶在午前。当死者是 70 岁以上的老者时，被视为喜葬，不必过于悲伤。坟地重在选址，认为好风水可以庇荫子孙，造福后代。此外，坟茔的建筑对帝王和百姓都十分重要并有很多讲究，根据坟茔的建筑形制及发展历史进行归纳，可以分为三个部分：

第一部分：封土为坟。其历史最为悠久，且在民间广为流传。从坟头封土的大小，可以反映出官吏的等级，坟越大，官级越高。帝王是没人可以超越的，故其坟是最大的。秦代封土是在墓穴之上用黄土层层夯筑，使之成为上小下大的锥体。因为它的上部是方形平顶，好像被截去顶部，故名方上。现存的秦始皇陵及汉代大多数帝陵都是方上封土。汉代开始至唐代封土形式变成以山为陵，即将山地掏空，山洞中凿墓室，置棺木。这样的陵墓一则可防盗墓，二则可防水土流失，如现存的唐乾陵等。明清时期的封土采用宝城宝顶的形式，其建筑方法是在地宫上砌筑高大砖城，在砖城内填土，使之成为高出城墙的圆顶。城墙上设垛口和女儿墙，如同一座小城。这城墙称为宝城，高出的圆顶称为宝顶。

第二部分：地表其他建筑。寻常百姓墓仅以封丘为主体，但帝王陵墓地表建筑除封丘外，还有两部分。一是祭祀区，主要为祭奠之用。主要建筑有祭殿，明朝称陵恩殿，清朝称隆恩殿，主殿周围还有配殿、廊庑、大门等。二是神道，是通向祭殿和墓前的导向大道，又称作御道、甬道等，大道两侧有文武官吏、禽、兽等石雕像。

第三部分：地下墓室。主要用来停放过世之人及棺木。当社会开始出现贫富差别之后，地下墓室也开始发生变化。原始社会早期，墓葬仅是在地下挖一土坑，到了后期，埋葬方式有了发展，部落首领或一些有势力的人在丧葬时，开始使用木板围成的椁室。奴隶社会时期，奴隶主不惜花费人力物力建造起宏大坚固的具有大型木椁的墓室。春秋战国时期的木椁墓室，是用大方木头或厚板以及榫卯构成大套箱，下有底盘，上有大盖，在套箱内分成数格，正中置放棺材，两旁和上下围绕着几个称为厢的方格放置殉葬品。由于木椁易盗易烧，故明清后，帝王墓室采用砖石发券砌筑地宫，且越建越大，并将地表宫殿形制带到地下，所建造的地宫豪华壮观，前朝后寝的形制设置体现虽死犹生的追求。

（五）宗教建筑文化

宗教文化是人类文化的重要组成部分，伴随宗教发展而产生的宗教建筑充满了人类智慧之光。它经过千百年的积累，无论是建筑手法、建筑艺术还是结构形式，都达到了比较完美的程度。我国的宗教发展，始终以佛、道两家为主，因此，佛、道建筑成为宗教建筑的代表。

1. 佛教建筑。

佛教是外来的宗教，大约于公元前 1 世纪由古印度传入我国，并相伴而产生了佛寺、佛塔、石窟三大佛教建筑。

（1）佛寺建筑文化。

我国历史上魏晋南北朝时期佛教广为盛行，兴建佛寺成风。据《洛阳伽蓝记》记载，北魏首都洛阳内外有一千多座寺院，唐代诗人杜牧有诗为证：南朝四百八十寺，多少楼台烟雨中。众多的佛寺,多选址于自然胜景之地:或山间盆地,或密林深处,或依水傍山,充满着静谧、幽深的氛围。寺院的布局大都采用中轴对称的方法,正中路为山门,山门多是三门并峙,象征着三解脱门,即空门、无相门、无作门,山门是僧俗的分界。山门内左右分别为钟、鼓楼,迎面是天王殿,主尊弥勒佛,与之背靠背供奉的是韦驮,殿两侧是四大天王。天王殿后面是佛寺的主殿——大雄宝殿。一般它的建筑在佛寺中体积最庞大,工艺最精湛,用来供奉释迦牟尼,可有坐、卧、立三种造型。同时在殿的四周供奉十八罗汉。在大雄宝殿后面设有大悲阁、藏经楼等。寺院正中路两侧有配殿、僧房、斋堂等建筑。大的寺院还有鸟语花香的寺庙园林,悠悠然将人带入超凡脱俗之地。

有道是天下名山僧占多,我国的山西五台山、四川峨眉山、安徽九华山、浙江普陀山四大佛教胜地,都在名山之中。五台山的佛教建筑达58处之多,最著名的有建于唐朝的南禅寺和佛光寺。南禅寺是我国现存最早的木结构寺院建筑。佛光寺选址于半山腰,分为上中下三个院落。各个院落有殿、堂、舍,荟萃了我国历史上各个时期建筑形式。寺内塑像、壁画、墨宝十分珍贵。我国佛寺建筑中数悬空寺名气最大,它是悬挂于半空中的建筑,具有奇险的特点。只有抱着虔诚信仰,不怕千难万险的宗教徒才敢于去朝拜。悬空寺在我国南北方各分布一座,北方悬空寺在山西浑源县的北岳恒山,始建于北魏晚期,凿石为基,就岩起屋,上载危岩,下临深谷,远远望去犹如挂在空中的层楼飞阁。北方悬空寺共有殿宇楼阁40座,陡崖上凿洞穴,插悬梁为基,楼阁之间有栈道相通。南方悬空寺坐落在浙江建德县大慈岩风景区。其建筑群体布置在壁立千仞的断崖和成串成行形似蜂窝的洞穴内,以洞为宇,依崖而筑。主要殿宇起挑较大,有凌云欲飞之势。寺殿僧房傍岩而筑,一半嵌入岩中,一半凌驾悬壁,有长廊相接,石栏相连,因势布局,与山峰浑然一体。

(2)佛塔的建筑文化。

在佛教文化上有塔即佛,佛即塔之说,这表明塔是佛教的象征。追根溯源,塔原是安置佛祖高僧遗骨的一种坟墓建筑,又称浮图、浮屠、窣堵坡。佛经记载,建造塔有三层意思:一表人胜,二为起信,三为报恩,并为后世佛教徒沿用。他们建造各种各样的塔,以珍藏高僧舍利或经卷,逐渐沿袭下来,塔就变成了佛教的典型象征。

佛塔在我国的建筑历史已达2000年之久,其最初尽管从古印度传入,但结构和形式与古印度的佛塔有很大区别。它高度融入了民族的建筑艺术特点,把中国楼、台、亭、阁建筑中的一些特点用于塔的建筑中,从而创造了中国特色的塔。

中国佛塔平面以方形和八角形为主,塔层为奇数。七层佛塔最常见,救人一命、胜造七级浮屠便由此而来。佛塔整体分为塔刹、塔身、塔基和地宫四部分。塔刹是塔的顶部,塔身是主体,基座是地表的基础部分,地宫位于塔基正中之下,里面存放舍利。塔的类型有楼阁式塔、密檐式塔、花塔、覆钵式塔、金刚宝座式塔等。

楼阁式塔是我国古塔中保存数量最多的。它采用中国传统的楼阁式建筑造型,有门窗、柱子等结构,西安大雁塔,苏州的虎丘塔,定州的瞭敌塔是典型代表。密檐式塔,檐多层少,各层檐之间的塔身没有门窗柱子。有些塔为了采光通风,在檐与檐之间建了小孔洞，但与内层楼不相符。这种塔多实心，如西安的小雁塔，登封的嵩岳寺塔等。花塔实质为楼阁塔，其塔身上半部饰有各种繁杂的花饰，看上去像一个巨大的花束，装饰形式有莲花瓣、佛龛、佛像以及各种动物形象。有的花塔还涂有各种色彩，富丽堂皇，如河北正定的华塔。覆钵式塔，又称喇嘛塔，这种塔近似于古印度的窣堵坡，但掺杂了我国古代西藏的建筑形式。其塔身是钵盂形，有的塔肩略宽，有的塔肩略窄，塔身顶部为层层向上收缩的塔刹，塔身下有一个高大的塔基，称为须弥坐子或金刚座，覆钵塔的典型代表是北京北海的白塔。金刚宝座式塔，按教义解释，是供奉金刚界五主佛舍利的塔，如北京的真觉寺金刚宝座塔。

（3）石窟的建筑文化。

石窟实质是一种洞窟形的佛寺，随古印度佛教一起传入我国，约于公元3世纪开始凿建，其建造方式是在幽深僻静的山岩陡崖上开凿出洞窟，有礼拜窟和禅窟之分。前者雕塑佛像，供人瞻仰礼拜，后者供僧侣修禅和居住。其传入我国之后逐渐本土化，与古印度石窟的内涵有明显差异，成为我国将外来文化与本民族形式相结合的典范。石窟一般是建筑、壁画、彩塑组成的综合体。我国著名的三大石窟分别是莫高窟、云冈石窟、龙门石窟。莫高窟是世界现存规模最大的石窟，其南北长1600多米，保存完好的洞窟多达492处，洞里壁画的总面积4.5万平方米，彩塑2400多尊，唐宋木结构建筑五座。全部壁画分为佛像和佛经故事两类，兼有当时人们生活的场面。莫高窟是当代人了解古代人生活方式和文化的一个很好去处。

2. 道教建筑。

道教是中国土生土长的宗教，源于道家，正式出现于东汉时期，以五斗米道、太平道出现为标志，以崇尚自然、追求长生为目标，于是名山胜水便成了道士们崇尚和向往的去处。他们踏遍中国大地山山水水，选择洁净优美的地方修身养性，采药炼丹，寻求得道成仙，并把他们居住的地方称为神仙居所、福地洞天，有三十六洞天七十二福地之称。道教建筑有观、宫、庙、院等多种形式，与佛寺、宫殿等建筑院落大体相同，但有仙人好楼居之特点，如望海楼、聚仙楼、万仙楼、梳妆楼，以及三官阁，三茅阁、文昌阁、真武阁等。此外酬神演戏是道教习俗，常建有戏台。有的戏台建在殿前，与山门相结合，下为门洞，上为戏台，不仅使用合理，而且空间变化丰富。

道教建筑中铸造金殿、金碑较普遍。所谓金殿、金碑实际上是铜或铜铸鎏金的殿堂和碑刻。金殿大多供奉真武帝君。我国著名的铜铸金殿有湖北武当山金殿，湖北江陵太晖观金殿等。前者是我国最早建造的金殿，至今已有580多年的历史，为铜铸鎏金、仿木结构建筑，高5.54米，宽4.4米，深3.15米，重檐叠脊，翼角飞举。脊饰仙人禽兽，造型生动逼真。殿体为分件铸造，结构严谨，连接精密，是古代建筑和铸造工艺的典范。

（六）民居建筑文化

民居是相对于帝王的宫廷建筑而言，它和人们的生活密切相关。由于我国地域辽阔，地理条件复杂，南北气候差异大，民族众多，因此形成了丰富多彩的民居建筑文化。民居建筑的特点集中体现为因地制宜、就地取材。如南方地区民居以竹材为主，中部地区民居以竹木混合材料为主，北方民居以木砖泥沙建材为主，由此反映出人类对环境的适应和利用。

1. 北京四合院。

北京四合院在全国民居中独具一格，早在商周遗址中已有雏形，至今已有2000多年的历史。它是由北房（正房）、南房（倒座）、东西厢房四面围合的封闭院落。它具有完备的设施和很强的防御功能（防御盗贼和防御风沙），并按封建礼教要求配置。正房一般高大明亮舒适，为家长居住，两侧厢房供子孙居住。倒座为书房或客厅，既幽静、方便、舒适，又可种花养鱼鸟，便于人们接触交流。

2. 井干式民居。

这种民居是我国古代人民用木材作材料建筑的一种民居形式。其结构是以去皮圆木或砍成的方木做井干式交叉围成墙壁，在其上安置屋架，铺设屋顶。这种房屋建造历史悠久，据考古发现早在汉代就有这种房屋结构。西汉的建章宫、长乐宫都有井干式结构的房屋。它不仅在我国流传至今，还流传到日本、西伯利亚和中亚地区，在我国目前主要分布于东北三省、云南、新疆阿勒泰地区等。

3. 干栏式民居。

该民居是一种架在桩柱上的房屋，主要以木和竹为材料。建筑物与地面形成一个空间，因为明显分成为两层，也称楼。上层住人，下层堆放杂物和养畜。傣楼是干栏式建筑的代表。这种民居在我国具有极其悠久的历史，远在人类历史早期，人类居室除了天然洞穴之外就是巢居，而干栏式建筑就是巢居的发展。在距今六七千年前的浙江余姚河姆渡古人类遗址中，就发现干栏式建筑的遗存。目前这种民居仍是我国西南少数民族地区傣、佤、拉祜、哈尼、景颇等十多个民族的居住方式。

4. 西藏碉房。

该民居是分布在青海、西藏、甘肃、四川等地的一种民居。因这些地区石材丰富，又因雨水稀少，所以用石材砌墙，房屋顶部为平顶。其墙面下大上小，略做倾斜，远看很像碉堡，因此称为碉房。布达拉宫、大昭寺即是碉房样式。

5. 黄土窑洞。

该民居分布在黄土高原地区，在黄土崖畔开掘拱形洞窑为住房。一般有3米宽、7~8米深。窑洞民居是人类利用自然资源的一个创造。窑洞有利于长寿和健康，其温度在10~20摄氏度，相对湿度30%~75%，适宜人类生存。长期生活在窑洞中，外界气候及大气中放射性物质对人体影响较小。

6. 福建土楼。

福建地区有数以千计造型独特、气势非凡的古堡式建筑，即土楼。它是以竹片、木条为筋骨，以生土、细砂、石灰为主要原料，再拌以糯米饭、红糖，经过反复揉、压而夯筑成土木结构楼房，有2~5层高，楼顶用火烧瓦盖顶，三四代人甚至数十户人共楼而居。其外观式样主要有圆形、方形、交椅形、三角形、曲尺形、扇形等。这类民居发展已有1000多年历史，楼内凿有水井，备有粮仓，具有防野兽、防盗匪的功能，并且冬暖夏凉，防震抗风，主要分布在闽西闽南的永定、南靖两县。

任务二　西方建筑文化

一、西方建筑的几种形式

西方建筑以古希腊时期创造的石制梁柱基本构件的建筑形式为基础，经过很长时间的发展演变，在不同民族文化的强烈冲击和影响下，相继出现了罗马式建筑、哥特式建筑、巴洛克式建筑等。经过文艺复兴及古典主义时期的进一步发展，在世界上成为独具一格的建筑体系及建筑文化。这些建筑形式丰富多彩，变化多端，但万变不离其宗，柱式结构成为主基调，几何线条是其传统。

（一）希腊式建筑

恩格斯认为，没有希腊文化就不可能有欧洲的文化。因此，作为希腊文化的重要组成部分的希腊建筑，很早以前就取得了重大成就，并成为欧洲建筑文化的源头。希腊建筑材料主要取自于当地丰富的天然巨石，故其建筑特点是，用石制的梁柱围绕长方形的建筑主体，形成一圈连续的围廊，柱子、梁坊和两坡顶的山墙共同构成建筑的主要方面。经过几百年的不断发展，这种建筑形式达到了非常完美的境地。基座、柱子、屋檐各部分之间的组合都具有一定的格式，叫作柱式，对欧洲后来的建筑产生很大的影响。柱式结构中，柱子既是主要承重构件，也是建筑造型中主要的部分。柱式类型有三种：多立克式、爱奥尼式和科林斯式等。不同的柱型上都雕有不同动物、植物、人物、器物形象，是建筑与雕刻的完美结合。代表建筑有神庙、露天剧场、雅典卫城广场等。

（二）罗马式建筑

罗马在公元前6世纪建立了共和国，其势力范围涉及整个地中海。在建筑文化上，罗马几乎全盘承袭了希腊文化，着力发展柱式建筑。但由于罗马疆域辽阔，其建筑形式也追求阔大，以体现政治上的大国风范，出现了以拱券圆穹为特征的建筑物，并以此作为罗马式建筑的风格承袭下来。同时，罗马人发明了由火山灰、砂石和石灰构成的混凝土。由这种混凝土建造出的建筑物的特点是：用拱券结构构筑半圆形拱顶，并以拱顶和交叉拱顶作为内部支撑。柱子不承重，仅作为装饰性造型贴在墙和墩上。这样，柱式结构虽然存在，却已由支撑体变成装饰品，使得建筑形式更加灵活和自由。罗马式建筑拱券圆穹结构形式广泛用于桥梁、高架渠、竞技场、凯旋门以及庙宇建筑中。代表建筑有意大利的比萨教堂、法国昂古来姆教堂、德国的美因兹主教堂等。

（三）哥特式建筑

哥特式建筑又称尖顶式建筑，首先在法国北部天主教堂出现，后扩展至整个欧洲，在12～15世纪最为盛行。哥特式一词，出自文艺复兴时期美术史家瓦萨利。他把所有非希腊、非罗马艺术贬之为哥特式，以居住在巴尔干半岛的日耳曼民族的哥特人命名。后变成专指这种建筑形式的名称，并泛指同一时期的艺术风格，不再含有贬义。哥特式建筑的特点是：用高直和斜脊的尖拱代替了罗马的圆拱，在墙壁外用大石柱加固墙体，以承受高直的尖拱的横推力。教堂内以细圆柱支撑并为框架，嵌满染色玻璃的窗子占满了支柱间的整个面积。这样，高耸的尖顶、石结构与冷色调的交织，殿堂内暗淡的光线与彩色玻璃透出的光怪陆离的色彩，共同渲染出神秘的宗教氛围。代表建筑有法国的亚眠大教堂、巴黎圣母院，德国的科隆教堂、英国的夏特尔教堂等。

（四）文艺复兴式建筑

伴随着 15 世纪初文艺复兴运动的开始，欧洲建筑发展进入到一个新的时期，希腊柱式建筑和罗马的穹隆圆拱式建筑重新受到重视。然而这个时期的建筑并没有简单地模仿照搬古典建筑的风格式样，而是在建筑的规模、类型、技术和手法上都有新的突破。各种拱顶、碹廊、柱式成为这一时期建筑构图的主要手段。著名的圣彼得大教堂是这一时期建筑的典型代表。

（五）巴洛克式建筑

巴洛克原意是畸形的珍珠。巴洛克式建筑于 17 世纪在欧洲流行。其主要特点是：突破了欧洲古典建筑习惯与文艺复兴式建筑的常规，采取双柱式或三柱为一组的结构，空间变化大；大量使用贵重材料和壁画雕刻，并打破建筑、绘画、雕刻的界限，将人体雕刻渗透到建筑中去，以显示富丽堂皇和标新立异，开创了一代建筑艺术新风。代表建筑有罗马耶稣会教堂、圣彼得保罗大教堂等。

（六）洛可可式建筑

这是起始并流行于 18 世纪法国的一种建筑式样，集中在私宅府邸的建造中。建造特点是：建筑形状细巧，房间空间小，装饰精美别致，充满着温馨舒适的氛围。代表建筑有尚蒂依小城堡的亲王沙龙。

（七）现代主义建筑

19 世纪末 20 世纪初，由于大工业生产和科学技术的发展以及新的建筑材料的出现，西方建筑又出现新的动向。现代建筑趋向于科学和理性，并提出了建筑居住功能至上、经济实用为主的观念。因此在这种观念的指导下，实用式建筑成为一种主流，钢筋、玻璃、混凝土成为国际化的建筑语言。其建筑特点是：建筑布局乃至空间处理完全从实用角度出发，使布局不拘泥于形式和传统；舍弃古典的柱廊、雕刻及装饰，保留材料本身的质感，显示出了朴素大方、简洁明快的特点。这种建筑形式的典型代表是德国的包豪斯校舍、美国宾夕法尼亚州流水别墅、华盛顿国家美术馆和澳大利亚悉尼歌剧院。

（八）后现代主义建筑

后现代主义建筑是近四十年来一切修正或背离现代主义建筑的倾向和流派的总称。它是对现代主义建筑的扬弃，而不是对以往历史的全盘否定。它的出发点是要摆脱现代主义建筑给人们形成的某些固定的概念，克服和弥补人们以往过于钟情科技文明而给人类社会带来的某些缺憾，为现代主义建筑重新注入时代赋予的鲜活力量。

后现代主义的建筑设计，对于美的认同变得十分宽泛，任何一种生活中的物品或历史文脉的形式都可以拿来使用。它可以包容人们能够想象到的任何形式，利用传统又彻底改造传统，体现了一种对人性本身的关怀，在一定程度上弥补了人与人之间情感的淡漠。注意建筑环境文脉，讲究隐喻，这是后现代主义建筑的表层特征。注重建筑中的历史性、复杂性和丰富性，注重人与自然、建筑与环境的和谐，则是后现代主义建筑的深层特征。这种建筑形式的典型代表是美国新奥尔良意大利广场、日本筑波中心、法国巴黎拉维莱特公园和中国国家体育场（鸟巢）。

补充阅读

悉尼歌剧院——当代建筑史上的稀世之作

在澳大利亚港湾，有一座构思独特、设计超群的建筑物，从远处望去，它宛如从蔚蓝海面上缓缓漂来的一簇白帆，而在近处看，它又像被海浪涌上岸的一只只贝壳斜竖在海边，白色的帆状屋顶由10块大"海贝"组成，最高的那一块高达67米。它就是世界著名的悉尼歌剧院。

悉尼歌剧院是世界公认的20世纪最美丽的建筑物之一，是当代建筑史上的一件稀世之作。它每年都吸引着200万名世界各地的旅游者前来观光游览。凡是到澳大利亚旅游观光的人很少有不去悉尼的，而到了悉尼的游客没有不去悉尼歌剧院的，悉尼因此而成为旅游业十分兴旺发达的城市。

悉尼歌剧院于1973年10月20日建成，由英国女王伊丽莎白二世揭幕剪彩。虽然它只有40多年的历史，但知名度远在许多欧洲歌剧院之上，它与港湾大桥一起成为澳大利亚最早和最大的城市的象征。然而，很少有人知道，悉尼歌剧院的建造过程充满了曲折坎坷，这个梦幻般的建筑物的设计蓝图当初差一点被埋没在废纸篓里。1957年，由4人组成的评委会讨论审议歌剧院的各种设计方案。其中一位名叫伊尔罗·萨里南的评委注意到了已经被扔进废纸篓里的设计图。这位老资格的芬兰裔美国建筑师独具慧眼，发现丹麦设计师耶尔恩·乌特松的构思别具一格，富有诗意，颇具吸引力。萨里南据理力争，终于说服了另外3个评委，使他们改变了主意。最后乌特松设计的图案击败了其他231个竞争对手而被选中，乌特松也赢得了5000英镑奖金。

歌剧院的独特设计，表现了巨大的反传统的勇气，自然也对传统的建筑施工提出了挑战。工程的预算十分惊人，当建筑费用不断追加时，悉尼市民们怀疑这座用于艺术表演的宫殿是否能够最后完工。歌剧院落成时共投资1.02亿美元。工程技术人员光研究怎样建造10个大"海贝"才能确保其不会崩塌就用了整整5年时间。工期的耽误和成本的昂贵，导致了新南威尔士州一届政府的下台。在野的自由党攻击执政的工党把相当一部分财力用于悉尼歌剧院的建设，而忽略了在医院和其他福利方面的投资，置人们的生死于不顾。新一届政府继任后，对修建歌剧院的态度没有前任坚决。于是建设者和政府之间展开了激烈的争论，最后迫使乌特松与悉尼挥泪告别。当时，歌剧院工程连1/4都没有完成。从那时起，乌特松，这个悉尼歌剧院的设计者再也没有回来过，即使在他设计的杰作从蓝图变成实物，乃至后来5周年、10周年、20周年隆重庆典时，他也不曾回来看上一眼。

二、西方建筑文化欣赏

(一) 巴特农神庙

巴特农神庙是古希腊献祭诸神之庙，希腊重要名胜及旅游点之一。该神庙以祭祀雅典护城神雅典娜为主，故又称雅典娜巴特农神庙。它位于雅典老城区卫城山中心，坐落在山上最高点。它是公元前5世纪大政治家伯利克里当政时代重建卫城山工程中的重点项目，建于公元前447年至438年，由著名建筑师与雕刻师菲迪亚斯承担神庙设计并雕刻了雅典娜神像。巴特农神庙被认为是多立克式建筑艺术的登峰造极之作，有希腊国宝之称。神庙外部呈长方形，长228英尺，宽101英尺，有46根多立克式环列圆柱（东、西共8根，南、北各17根，4根角柱）构成的柱廊。圆柱基座直径6.25英尺、高34.25英尺，每根圆柱由10～12段上面刻有20道直纹浅槽的大理石接合而成，通体呈棱柱状。其额枋、檐口、屋檐多处饰有镀金青铜盾牌、各种纹饰以及珍禽异卉等装饰性雕塑。由92块白色大理石饰板装饰而成的中楣饰带上有描述希腊神话内容的连环浮雕。东西庙顶的人字墙上，有乘4马金车在天空奔驰的太阳神赫利俄斯、侧身躺卧的酒神狄俄尼索斯和驾银车巡游太空的月神塞勒涅的浮雕，以及描写万神之王宙斯请火神赫淮斯托斯劈开他的脑袋、雅典娜全身披戴铠甲从中跃出的一组浮雕。神庙的主体建筑为两个大厅，两旁各倚一座有6根多立克圆柱的门厅。东边门厅通向内殿，殿内原来供奉着巨大的雅典娜女神，高39英尺，是由总重40～50塔伦特（古代重量单位，每一雅典塔伦特合26公斤）的金片镶着木制框架制成。其脸、手、脚部分用象牙雕刻，眼睛的瞳仁由宝石镶嵌，胸前是象牙雕成的美杜莎头像（美杜莎原为美女，因触犯雅典娜，头发变成毒蛇，人一看她的眼睛，即变成石头，后被英雄珀耳修斯杀死，砍其头献给雅典娜为饰物），右手握着一尊头戴卫冕、高达4腕尺（古代量度。自肘至中指指端之长）的胜利女神像，左手执一长矛，头盔顶端饰有狮身人面像，两侧有半狮半鹫怪兽的浮雕。基座上有潘多拉（希腊神话中大地上第一个女人，潘多拉宝盒的典故即源出于它）的浮雕。神像设计灵巧，可供搬动或转移隐蔽。但这一艺术杰作，于公元5世纪被东罗马帝国皇帝搬走之后失踪，成为世界艺术史上的一大憾事。巴特农神庙几经天灾人祸，历尽人间沧桑，公元6世纪被改作基督教堂，在土耳其统治期间，又成了伊斯兰教寺院。1687年威尼斯军队炮轰城堡，把庙内的内殿、殿墙等建筑夷为瓦砾。18世纪下半叶，欧洲强国来此盗运和抢夺文物，神庙损失惨重，有不少原属神庙的古物，现都散落在大英博物馆、罗浮宫博物院和梵蒂冈博物馆等地。

(二) 巴黎圣母院

巴黎圣母院是世界驰名的法国天主教堂，坐落在塞纳河中的城岛上。现已成为与卢浮宫、埃菲尔铁塔齐名的巴黎著名的三大旅游点。1163年，教皇亚历山大和法王路易七世共同主持奠基，随后动工兴建，1345年基本落成，历时近200年。几个世纪内，该建筑屡经战火，破败不堪。后由建筑大师维奥来·勒·杜克在保持原来风格的基础上重加设计修建，工程历时20年，于1864年重新开放。巴黎圣母院是一座典型的哥特式教堂，开欧洲建筑史上一代新风。整个建筑用石头砌成，所有屋顶、塔楼、扶壁等的顶端都用尖塔作装饰，拱顶轻、空间大，一反教堂建筑那种拱壁厚重、空间狭小的风格。法国作家雨果形容巴黎圣母院是巨大石头的交响乐。圣母院正面是立方形，棱角分明，仪态庄严，从上而下可分三层。最底层是并排三个桃形门洞，绕门洞的弧形由几长串浮雕组成，浮雕或表现圣经故事，或表现地狱景象。左门为圣母门，中柱雕有圣母圣婴像，拱肩画面表现圣母的经历；右门为圣安娜门，中柱雕有 5 世纪巴黎主教圣马赛尔像，拱肩是圣母和两位天使，两旁是莫里斯·德·苏里主教和路易七世国王；中门表现最后的审判，中柱是天主耶稣在世界末日宣判每个人的命运，一边是灵魂得救者升入天堂，一边是被推入地狱的罪人。三个门洞之上是一长条壁龛，也称国王长廊，排列着据说是耶稣基督的先祖 28 任帝王的雕像。往上是中间一层，在两个门洞之间，是一圆形巨大花窗，直径约 10 米，称玫瑰窗，是 700 年前的原物。窗下有圣母怀抱圣婴像。再上是一排雕花石柱，支撑着一层阳台，把两侧塔楼连成一体，其中悬挂着一口巨型大钟。圣母院正门入内是长方形大教堂。堂内正殿高于两旁的附属结构，一座尖塔兀立屋脊，巍峨入云，塔高 90 米，塔上还有一个菱形尖顶，顶端是一个细长型十字架，远望似与天际相连。堂内大厅长 130 米，宽 50 米，可放千张木制座椅。堂前祭坛中央供着天使与圣女围绕着殉难后的耶稣大理石雕塑。回廊、墙壁、门窗布满雕塑、绘画，内容均取材于《圣经》。整个厅堂给人以庄严华丽、幽深肃穆之感。

巴黎圣母院记录了很多历史重大事件。1302 年，菲利普四世为对抗教皇，在这里召开有市民参加的总议会，标志着资产阶级市民进入政治生活。1430 年，巴黎在百年战争中沦陷在英国人手里，刚满 10 个月的英王亨利六世被宣布为法王，在圣母院加冕，它第一次使法兰西民族蒙受屈辱。1455 年，民族女英雄贞德的昭雪仪式在此举行，从而洗刷了法兰西的民族耻辱。1654 年，路易十四在此举行加冕大典，从此开始太阳王朝，成为封建专制王权发展的顶峰。1774 年，路易十六又在此加冕，15 年后爆发了资产阶级革命，后来他被送上断头台。1789 年 7 月 15 日，国民议会和市政府在此欢庆前一天攻陷巴士底狱的胜利，标志着一个新的资产阶级统治时期的到来。1804 年 12 月 2 日，拿破仑在此加冕称帝。1918 年，巴黎市民为第一次世界大战的胜利而在此向圣母感恩。1945 年，巴黎市民在这里欢庆粉碎德国法西斯的胜利。1970 年和 1974 年，在圣母院为戴高乐将军和蓬皮杜总统举行了追思弥撒。法兰西 9 个世纪历史的画面，几乎都留存在巴黎圣母院里。

（三）华盛顿国家美术馆东馆

华盛顿国家美术馆东馆完成于 1978 年，由华裔美籍建筑大师贝聿铭设计，是一座个性鲜明、成功驾驭几何形体的建筑艺术的典范。

东馆周围是重要的纪念性建筑，政府提出许多特殊要求。贝聿铭综合考虑了这些因素，妥善地解决了复杂而困难的设计问题，因而蜚声世界建筑界，并获得美国建筑师协会金质奖章。

东馆位于一块 3.64 公顷的梯形地段上，东望国会大厦，南临林荫广场，北面斜靠宾夕法尼亚大道，西隔 100 余米正对西馆东翼，附近多是古典风格的重要公共建筑。贝聿铭用一条对角线把梯形分成两个三角形。西北部面积较大，是等腰三角形，底边朝西馆，以这部分作展览馆。三个角上突起断面为平行四边形的四棱柱体。东南部是直角三角形，为研究中心和行政管理机构用房。对角线上筑实墙，两部分只在第四层相通。这种划分使两大部分在体形上有明显的区别，但整个建筑又不失为一个整体。

展览馆和研究中心的入口都安排在西面一个长方形凹框中。展览馆入口宽阔醒目，它的中轴线在西馆的东西轴线的延长线上，加强了两者的联系。研究中心的入口偏处一隅，不引人注目。划分这两个入口的是一个棱边朝外的三棱柱体，浅浅的棱线，清晰的阴影，使两个入口既分又合，整个立面既对称又不完全对称。展览馆入口北侧有大型铜雕，无论就其位置、立意还是形象来说，都与建筑紧密结合，相得益彰。

东西馆之间的小广场铺砌着花岗石地面，与南北两边的交通干道区分开来。广场中央布置喷泉、水幕，还有五个大小不一的三棱锥体，是建筑小品，也是广场地下餐厅借以采光的天窗。广场上的水幕、喷泉跌落而下，形成瀑布景色，日光倾泻，水声汩汩。观众沿地下通道自西馆来，可在此小憩，再乘自动步道到东馆大厅的底层。

东馆的设计在许多地方若明若暗地隐喻西馆，而手法风格各异，旨趣妙在似与不似之间。东馆内外所用的大理石的色彩、产地以至墙面分格和分缝宽度都与西馆相同。但东馆的天桥、平台等钢筋混凝土水平构件用枞木作模板，表面精细，不贴大理石。混凝土的颜色同墙面上贴的大理石颜色接近，而纹理质感不同。

东馆的展览室可以根据展品和管理者的意图调整平面形状和尺寸，有些房间还可以调整天花板高度，这样就避免了大而无当，取得了真正的灵活性，使观众觉得艺术品的安放各得其所。按照美术馆馆长布朗的要求，视觉艺术中心带有中世纪修道院和图书馆的色彩。七层阅览室都面向较为封闭的、光线稍暗的大厅，力图创造一种使人陷入沉思的神秘、宁静的气氛。

📖 本章小结

本章主要介绍中国古建筑的发展历程及不同时期的特点，中国古建筑的特色，长城、宫殿、坛庙、陵墓、宗教等代表性建筑的文化内涵，我国民居建筑的类型、分布区域及其主要特点，西方建筑的主要形式、特点及其代表性建筑。通过学习使学生初步形成理解和解释各主要建筑形式的特点、功能及其存在价值的能力和欣赏现存国内外建筑精品的能力。

📝 综合实训

一、单项选择题

1. 中国典型的木柱梁框架结构建筑开始形成的时代为：

    A. 夏朝   B. 商、周时代   C. 战国时代   D. 春秋时代

2. 宋代在唐朝建筑日臻完善的基础上，出现了李诫的建筑学专著：

A. 园冶   B. 梦溪笔谈   C. 营造法式   D. 天工开物

3. 中国古代木结构建筑中的结构关键和度量单位是：

     A. 台基   B. 屋顶   C. 屋梁   D. 斗拱

4. 我国现存最完整的古建筑群是：

     A. 故宫   B. 布达拉宫   C. 万里长城   D. 丽江古城

5. 多立克式建筑艺术的登峰造极之作，有"希腊国宝"之称的古建筑是：

     A. 巴比伦空中花园   B. 雅典卫城

     C. 米洛岛上的维纳斯   D. 巴特农神庙

二、多项选择题

1. 斗拱的形式相当丰富多彩，依其所在的部位，分为：

     A. 外檐斗拱   B. 内檐斗拱   C. 柱头斗拱   D. 柱下斗拱

2. 中国古建筑的彩画分为：

     A. 和玺彩画   B. 唐卡彩画   C. 旋子彩画   D. 苏式彩画

3. 佛塔的类型有：

     A. 楼阁式塔   B. 密檐式塔   C. 花塔   D. 金刚宝座式塔

4. 悉尼歌剧院于 1973 年 10 月 20 日落成，它是：

     A. 澳大利亚最早和最大的城市的象征

     B. 由英国女王伊丽莎白二世揭幕剪彩

     C. 由丹麦设计师乌特松设计

     D. 由美籍华裔建筑大师贝聿铭设计

5. 道教建筑形式有：

     A. 寺   B. 观   C. 宫   D. 窟

三、简述题

1. 简述中国古建筑的特色。

2. 简述西方建筑的主要形式、特点。

项目五

旅游服饰文化

学习目标

知识目标：

● 掌握中国汉民族的冠、衣裳、履的主要种类及其形制特点

● 掌握蒙古、藏、维吾尔、壮、回、苗、彝、朝鲜、满、土家、白、瑶、傣等民族衣、帽、鞋等中国少数民族服饰主要部分的特点

● 掌握西方服饰的特征及罗马式、哥特式、意大利、德意志、西班牙、巴洛克、洛可可、新古典主义、浪漫主义、新洛可可风格以及进入时装时代的西方现当代服饰的特点

能力目标：

● 能够辨认中国汉民族各朝代的服饰、十三个少数民族主要服饰、西方十一种不同风格服饰的特征

● 能够运用服饰文化知识为旅游业服务，增加旅游文化的内涵和活力

佛是金装，人是衣装。

——明·冯梦龙 《醒世恒言》

服饰是人类衣、食、住、行不可缺少的一部分，是构成人类生活的重要因素，又是人类文化的重要组成部分。服饰的产生与发展同人类的政治、经济、文化、思想、道德、审美观念的演变发展，习俗的传承、各国各民族的文化交流、生产技术的发展以及材料的更新密切相关。服饰是一个流动着的，有着分明时代性、民族地域性、风俗性以及艺术性的综合文化现象。而旅游服饰文化是一个历史悠久、积淀丰富、绚烂多彩的宝库。本章介绍中国汉民族服饰、少数民族服饰和西方服饰，着重介绍服饰的主体部分，适当介绍服饰的其他部分。

任务一　中国汉民族服饰

中国服饰如同中国文化，是各民族互相渗透及影响而生成的。汉唐以来，尤其是近代以后，大量吸纳与融合了世界各民族外来文化的优秀结晶，演化成整体以汉族为主的服饰文化。

一、中国汉民族的冠

（一）冕冠

冕冠是古代帝王公卿用于祭祀和参加重大典礼时所戴的礼帽，传说源于黄帝。冕冠是在冠的基础上加一块冕板，叫延。冕冠的两旁各有一孔，用以穿插玉笄，以把冠与发髻固定在一起，又在笄的一端系上一根丝带，从颔下绕过，系于笄的另一端，把冕冠固定在头上。另外，在两耳之处各垂一颗玉珠，叫充耳，意在提醒戴冠者勿信谗言。冕冠有多种，凡戴冕冠者都需穿冕服，在不同场合穿不同冕服。宋代以后，臣下都不用冕冠。冕冠一直沿用到明代，到清代被废弃。

（二）凤冠

凤冠是古代贵族妇女所戴礼冠。明代凤冠有两种形式：一种是后妃所戴，冠上除缀有凤凰外，还有龙、翚等装饰，如皇后凤冠，缀九龙四凤；皇妃凤冠，缀九翚四凤等。另一种为命妇（有封号妇女）所戴彩冠，冠上仅缀珠翠、花钗。明清时一般女子在婚礼时戴的彩冠也叫凤冠。

（三）朝冠

朝冠是与朝服配合使用的冠戴，一般在朝廷举行大典时使用。清代规定，皇帝、皇后、皇子、王公、文武品官及命妇才能戴朝冠。朝冠分冬、夏两种，冬冠用皮毛制成，帽顶隆起，帽檐上折，帽上饰朱缨，帽顶饰珠。夏冠用藤、竹丝、玉草编成，形如斗签，帽上所饰如冬冠。朝冠檐下两边有带系于颔下。品官的朝冠式样大致相同。主要区别看镂花金座上的顶子，也叫顶戴。按规定。从皇帝到各级官员，无论穿礼服、吉服或常服，都要在所戴朝冠或吉服冠的冠顶之上，以各色宝石和素金表示叫本人等级。

（四）进贤冠

进贤冠又叫梁冠。前高后低，冠前有缝，内用铁丝作梁，缝外加绅式饰物。梁冠始于汉代，以梁多少及所佩的绶分官衔等级。一品为冠七梁，革带用玉，绶用云凤四色花锦。二品为冠六梁，革带用犀，绶同一品。三品为冠五梁，革带用金，绶用云鹤花锦。四品为冠四梁，绶同三品。五品为冠三梁，革带用银，绶用盘雕花锦。六品、七品为冠二梁，革带用银，绶用练鹊三色花锦。八品、九品为冠一梁，革带用乌角，绶用鸂鶒二色花锦。唐宋之后梁冠在旧制基础上增加了梁数。

（五）乌纱帽

乌纱帽源于隋朝，是一种圆顶官帽，用乌纱做成，也是当官的代名词。宋代乌纱帽由唐代幞头（一种包头用的巾帛，又称"折上巾"）发展而成，即由软翅幞头改为长方形硬胎展翅乌纱帽。明代品级官员，凡上朝时，头戴乌纱帽，其形状是帽顶前低后高，帽两侧插上帽翅，两翅平直，均为圆角，系以铁丝，帽后有两根飘带，帽内有网巾束发，两翅向两侧平伸，长近尺，后逐渐加长。

（六）帷帽

帷帽原属胡装，最开始的样式叫幂䍦，一般用皂纱（黑纱）制成，四周有一宽檐，檐下制有下垂的丝网或薄绢，其长到颈部，以作掩面。唐代永徽年间妇女戴起了帷帽。式样为一种高顶宽檐笠帽，把四周的垂网改短，在帽檐一周带上薄而透的面纱，也称浅露。

（七）凉帽

清代男子的官帽，有礼帽、便帽之别。礼帽俗称"大帽子"，其制有二式：一为冬天所戴，名为暖帽；一为夏天所戴，名为凉帽。凉帽的形制，无檐，形如圆锥，俗称喇叭式。材料多为藤、竹制成。外裹绫罗，多用白色，也有用湖色、黄色等。上缀红缨顶珠。顶珠是区别官职的重要标志。按照清朝礼仪：一品官员顶珠用红宝石，二品用珊瑚，三品用蓝宝石，四品用青金石，五品用水晶，六品用砗磲，七品用素金，八品用阴文镂花金，九品阳文镂花金。顶无珠者，即无品级。

（八）便帽

便帽又称瓜皮帽，用六叶罗帛拼制成，故叫六合一统帽，又名小帽。多用于市民百姓，相传来源明太祖所创，他倡导统一山河，故取六合一统，天下归一之意。它的材料夏秋用纱。春冬用缎，颜色以黑色为主，里用红色。多用于市民百姓，从明清一直流行到民国。朝鲜也效仿。

二、中国汉民族的衣裳

衣，广义上指着于身上的全部装束，狭义上仅指上衣。我国古代，衣指上身穿着的服装，下身所着的服装称为裳。

（一）上衣

上衣形制分有深衣、袍、袄、背子、中山装等。

1. 深衣。

深衣是一种上衣下裳分裁连制的长衣。在先秦之时穿着十分普遍，应用范围极广，对后世的服装影响也很大。深衣长度适中。腰线在腰的正中间。古人将传统的思想、做人的规范寓意在深衣的款式之中：袖口圆如圆规，领口方如尺矩，表示方正；背缝经线从上至下如垂绳一样直而不偏，表示正直；衣下摆平齐如权衡，表示公道。深衣具有的寓意和象征性，为我国服饰在表现手法和符号使用方面打下了良好基础，并逐步积淀为一种衣的传统文化。

2. 袍。

袍是上衣下裳连裁连制的形制，是古代一种有夹里、衬絮棉的长衣。单层的长衣古代称其为衫。明清时期的服装以袍衫为基本款式，如明代蟒袍和清代女子的旗袍等服式。旗袍流行于20世纪20年代至40年代末，款式多种，领头有高低之分，袖子也有短长之别，前后下摆开衩，由于其剪裁秀瘦合身，能充分显现女性的曲线美，被近代妇女所青睐，是风靡一时的时尚服装。其色彩与装饰也十分丰富，有雍华富贵艳丽的，也有简洁朴素的，能体现一代女性的气质与性格。男装盛行长袍短褂的样式，一直流行到民国初年。

3. 袄。

袄属袍类。其质料、花纹、式样和袍相同，但长度比袍短。袄在南北朝时已流行。袄在各朝代有所不同，明清时妇女穿袄极为普遍。袄有单、夹、棉、皮毛等种类，面料为锦、缎。清代的袄颜色以天青、湖蓝、粉白、红居多。富者在袄上绣有花鸟、蝙蝠、寿桃及寿字纹样。清代的袄多为圆领，有大襟、对襟、琵琶襟、扣襻系结等。顺治后袄袖比明代窄，镶绣只在襟及袖口处，所谓白旗边、牡丹边、盘绦绣等。到嘉庆年间，衣饰镶边越来越多，袖口也宽起来。咸丰、同治年间，尤其是北方京都妇女以镶边多为时尚，当时有十八镶说法。至光绪、宣统年间，袄袖变得短而细小，能露出里面的衬衣。袖口镶边的形式是第一道较宽，第二、第三道渐窄的双重镶边。衣领高度为二寸以上，袄领掩在衣领下。

4. 背子。

背子又名绰子。宋代背子，是承前朝的半臂形式以及前朝的中单形式发展而成的，有斜领、盘领、直领，另有不垂带式、系勒帛式、不系勒帛式多种形态。从其形象看，背子引长直垂至足，且袖子加长，两裾（衣服前档）离异不加缝合。在两腋及背后都垂有带子，左右腋下开以长衩，因而要用勒帛系束。

背子是宋代最具时代特色的服饰。男女都可穿背子，但其式样、使用都有不同。男用背子属非正式礼服，仅作为衬服或作为会客时简便礼服。女用背子，不同阶层适用的场合有别，或作为常服，或作为仅次于正式礼服的常礼服。女用背子比男用背子形制复杂，且质地和色泽更为多样化。女用背子多以直领为主，其具体形态也不尽相同。

明代背子使用比较广，上用于皇后常服，下用于民女衣着，一般分为两式：一是合领、对襟、大袖，为贵族妇女礼服；二是直领、对襟、小袖，为普通妇女穿着。

5. 中山装。

中山装产生于1912年。孙中山先生主张吸收西服的轻便、得体之优点，参照日本学生服的特点，创制成一种具有中国特色的款式，作为他从事革命活动的服装。他授意兴中会成员、西服商人黄隆生设计制作这一新款式，并很快流行全国，后代为了纪念孙中山先生故取名为中山装。在民国十八年制定国民党宪法时，曾规定特、简、荐、委四级文官宣誓就职时一律穿中山装。其式样原为九纽、胖裥袋，后根据《易经》、周代礼仪等内容寓以含义，如依据国之四维（礼、义、廉、耻）而确定前襟四个口袋；依据国民党区别于西方国家三权分立的五权分立（行政、立法、司法、考试、监察）而确定前襟五个扣子；依据三民主义（民族、民权、民生）而确定袖口必须为三个扣子，由此在西装基本式样上渗入中国的传统意识。

中山装代表着20世纪中国告别封建服饰、转向现代服饰，并且几十年占据特殊位置，影响着中国人民的穿着。1949年后，毛泽东等党和国家领导人带头穿中山装，树立了中国现代服饰形象，使中山装成为中国现代民族服饰的典范。中山装经过了它的辉煌时期而逐渐衰落，然而作为中国的一种服装形式，它在不同的时期里还会出现。

6. 列宁装、人民装。

20 世纪 50 年代，列宁装、人民装、中山装成为最时尚的三种服装。灰棉布列宁装始于延安时期，为西式翻领，右衽双排钮，腰间束腰带。三只挖袋，胸前一只，腰旁两只斜插袋。当时解放区的男干部穿的灰色中山装，又称干部服、人民装。人民装是中山装的一种变体。

上衣按照用途分有祭服、朝服、公服、时服、补子等。

1. 祭服。

祭服是祭祀时所穿的服饰。上古祭祀用冕服，冕服是皇室臣子祭祀天地、祖先、神灵时所穿的祭服。宋朝起用了古时的六种祭服。其中衮冕除祭天地、宗庙时穿着外，加上尊号、元日受朝贺、册封及大朝会等各种大典礼时也穿。明洪武二十六年规定了一品至九品的祭服为：青罗衣、白纱中单，都用黑色缘；赤罗裳用皂缘、赤罗蔽膝、方心曲领。若在家用祭服时，三品以上去方心曲领，四品以下去佩绶。嘉靖八年更定，大体与朝服相同，唯一不同的是锦衣卫堂上官穿大红蟒衣，戴乌纱帽，束鸾带；祭太庙、社稷时则穿大红便服。

2. 朝服。

朝服即朝觐之服，为天子视朝、臣属入朝时所穿礼服。清代随着礼仪制度完备，朝服成为一种非常重要的礼服。在隆重典礼上，皇帝、皇子、品级文武官员、举人、贡生等都要穿。朝服包括冠、袍服及附饰品等，根据不同季节和贵贱，颜色及纹饰都有区别。

3. 公服。

宋时公服又称常服，也是沿袭唐代的服色来区分等级高低的。三品以上服紫色，四品、五品服朱色，六品、七品服绿色，八品、九品服青色。公服的形制是圆领、大袖，下摆加一横襕。与之相配的是腰间系革带，头上戴幞头，脚上穿靴或革履。到元丰年间，服色有所改动，四品以上服紫色，五品、六品服绯色，八品、九品服绿色。

4. 补子。

补子是明清的官服，指前后带有补子的衣服，也叫背胸，有圆形、梯形、方形。在补子上或织或绣或缂丝以固定的几种鸟兽纹样，作为官员品级的识别，始于明初。服色与面料在明代有严格规定，1～4 品用绯色，5～7 品用青色，8～9 品及未入流杂职官均用绿色。补服的面料是冬季用本色云缎，上面的花纹和花径的大小以品级高低而有所不同。一品用大朵花、直径五寸，以下依次递减，品级低的仅用小朵花，八品以下没有花纹。夏季面料用纻丝、纱、罗、绢等。洪武二十四年规定常服用补子来区别品级和文武职别，如公、侯、驸马、伯用麒麟、白泽。

明代补子大者达 40 厘米，一般缀在大襟袍上，素色为多，底子大都为玄色，上有金线绣成各种规定图案，五彩绣补较少见。补子四周一般不用边饰，文官四品至八品补子常织绣一只禽鸟。

清代沿用明代补服制度，但补子纹样与明代有所不同，贝子以上的皇室宗亲用圆形补，其余各品位百官大臣均用方形补。补服为圆领对襟式，袖口平直，比一般褂子略长，但比长袍短，面料为石青色。穿于蟒袍外面，所以又叫补褂或外褂，一直沿袭到清朝亡。

（二）下裳

由于古时的上衣较长，所以下裳在款式上相对简单，它们的区别更多地反映在面料、色彩、纹式及长短上。这里主要介绍裙和裤。

1. 裙。

裙原为下裳。古代男女都穿裙，裙长至脚踝或拖地。汉代以后，下裳形制逐渐变化，由原来前后两片连成一体，称为裙。东汉以后，穿裙的妇女日益增多，裙子款式日新月异，裙子和襦袄等服结合起来，成为我国服装形制中最为基本的一种，与袍衫等服装在我国一直流行了十几个世纪。古代女裙形制一般成一片，穿着时由后向前再绕后，在后背部交叠。隋、唐时期妇女之裙多为此种形制。民国以后，套裙逐渐取代了这种裙式。

原来的下裳，是前后两片组成，改制成一片后因蹲坐行走时会感到不便，为此以增加裙子宽度来解决，也就出现了一种折裥裙。东汉以后，已有施裥裙子，并以细裥为美。隋唐以后，裙幅增加，折裥增多，于是出现了百褶裙样式，这一特点在五代以后反映得尤为突出。

明清时期，由于服装发展的社会基础成熟，妇女服装种类繁多，形式丰富。明末清初的妇女裙式中，有一种以缎裁剪成条，每条绣花两畔，镶以金线，称为凤尾裙。到同治时期，又出现一种表面打满了细裥的裙式，粗看与普通百褶裙并没有什么区别，如果将折裥打开，就会发现在每一道折裥的中间，都有丝线交叉串联，形成鲤鱼鳞甲，故称鱼鳞百褶裙。中国妇女历来喜爱穿红色裙子，尤其是青年妇女，有一种红裙裙色是用石榴花碾碎的汁作为染料染成，故名石榴裙。石榴裙从唐代开始一直流传到明清。此外，还有弹墨裙、月华裙、花间裙、晕裙等多种裙式。

到了 20 世纪 80 年代，连衣裙成为年轻女子夏天常备而时尚的服饰，通常配穿长筒袜和高跟鞋。此时流行的连衣裙大多是无领式，造型简单明快，有直身裙、衬衫裙、春秋裙、背心裙等。

2. 裤。

古时写作绔，但其形制与今日之裤大有不同，古时之绔无裆，汉代后开始有合裆的绔。但在历史的各阶段一直有无裆的裤，主要是上流社会穿着，往往与裙子一起配穿。到清朝男子已不着裙，而普遍穿裤。中原一带男子穿宽裤腰长裤，系腿带，西北地区因天气寒冷而外加套裤，江浙地区则有宽大的长裤和柔软的于膝下收上的灯笼裤。

明清时期还有一种膝裤。妇女由于缠脚，踝骨突出畸形，小腿肌肉萎缩，为了遮盖踝骨，增加脚部美观，裤管上面有带，用时带束在膝盖以下，膝裤上绣有花卉及虫鸟之类装饰。

补充阅读

唐装说法的由来

唐装说法的由来有些"出口转内销"的味道，外国人称华人街为唐人街，自然把中式服装称为唐装了。

唐装的称谓，其实源于海外。唐代盛期，声誉远及海外，以后海外各国称中国人为唐人。《明史·外国真腊传》言：唐人者，诸番（外国人）呼华人之称也。凡海外诸国尽然。在美国、东南亚乃至欧洲的华人居住区，也被称为唐人街，而华侨自称唐人，也是由于自古以来唐朝是让中国人为之骄傲的朝代。把住在唐人街的唐人穿着中国传统风格的服装称为唐装，不仅顺理成章，而且早就在海外成为惯称。20世纪初，在当时中西服装并行不悖的社会大背景下，粤、港、澳一带同胞就是以唐装、西装来区别中西打扮的。在2001年的上海APEC会议上，中国作为东道主请前来参会的各国领导人穿唐装，并由之而掀起祥和喜庆的唐装热潮。这不仅是清代以来的传统与现代的融合，而且是流行规律的必然，更是中国在国际大家庭中地位与风度的体现。现在中国所称的唐装，基本上是清末的中式着装。据APEC会议各国元首所穿唐装的主要设计者余莺女士说，唐装应当是中式服装的通称。当初他们设计好服装后大家一起讨论给这套服装起名，最后决定把这种服装命名为唐装。这主要是因为国外都称华人居住的地方为唐人街，那唐人穿的衣服自然就应该叫唐装了。唐装并不是唐代的服装，而是源自清代的传统和现代的结合品。它既吸取了清代以来传统服装富有文化韵味的款式和面料，同时又吸取了西式服装立体剪裁的优势，使源自清代的马褂又重新登上了时尚舞台。

（三）中国汉民族的履

履是汉代以后鞋的总称，汉代前称屦，都是脚上外穿之物的总称。古代的履种类繁多，以质料来分，有布帛、草葛和皮革三种。布帛履是以丝、麻、绫、绸、锦等织物制成的。草葛履是以蒲草、葛藤为原料，经碾搓编织而成的。皮革履有生皮和熟皮之分，以生皮制成的称革鞜，以熟皮制成的称革鞮。这里主要介绍以下几种。

1. 屐。

屐是一种鞋底装有双齿的鞋子，它主要是以木料为主，称作木屐。木屐是由楄、系、齿三个部分组成。楄即为鞋底，鞋底上系有鞋带，即系、齿在履的底部的前后，呈直竖式。

汉代末年，女子出嫁多穿木屐。屐上有彩画，并用五彩带系上，十分美观。晋朝有一种木屐，楄、帮、齿全部用整块木头制成，帮代替了原来的系。还有一种，它的双齿可以任意拆卸。据说，这种木屐为南朝诗人谢灵运所创，称谢公屐，为登山旅游时穿用，可以在上山去前齿，下山去后齿，以便保持人体平衡。

2. 舄。

舄是古代一种加有木底的鞋子。在古代的诸鞋中，以舄为贵，只限于朝觐、祭祀时穿。舄是双底，木制或注蜡，以防潮湿。周代皇帝之舄为白、黑、赤三种颜色，其中赤为上服，其次是白舄与黑舄。王后为赤、青、元三色，以元色为上服，其次是青舄和赤舄。在隆重的庆典，皇帝穿赤舄，王后穿元舄，舄的材料是绸缎。

3. 靴。

靴是一种高度在踝骨以上的长筒鞋，原为北方游牧民族穿用，多为皮革制成。我国在 3800 多年前已有皮靴出现。战国时期，赵武灵王提倡"胡服骑射"，靴才开始流入中原。南北朝时期，有六合靴（用六块皮革拼合缝制而成）出现。唐代官庶普遍着靴，靴有圆头、平头、尖头等多种款式。宋代初期仍沿用唐、五代遗制。宋代后期，用黑革为其面加以靴筒，里面衬毡子，靴高 8 寸，文武官员按其品级服色来饰其靴边缝滚条。辽、金、元时期，靴的式样较多，造型简单，靴的颜色随衣搭配。明代开始禁止庶民百姓穿靴，穿靴已有等级制度。到了清代，男子着便服以鞋为主，穿公服需着靴子，靴子面料多为黑缎，式样初期为方头，后改行尖头。

> 补充阅读

赵武灵王变服

战国时期，赵武灵王为了军队的强盛，想引进胡服（一般泛指北方少数民族装束），但又顾虑因改变先王传下来的衣冠礼仪之俗而受到非议，于是同先王遗臣肥义商议："今吾将胡骑身射以教百姓，而世必议寡人，奈何？"肥义曰："王既定负遗俗之虑，殆无顾天下之议矣。"武灵王坚定了决心，曰："世有顺我者，胡服之功未可民。虽驱世以笑我，胡地中山吾必有之。"之后，他亲自说服了叔父公子成。可此后还有一大批大臣反对，要求沿用故法故礼，王斥之曰："先王不同俗，何古之法？帝王不相袭，何礼之循？"他坚持"法度制令各顺其宜，衣服器械各便其用"的主张，毅然实行胡服骑射，果然促使赵国很快成为一个强大的国家。

4. 三寸金莲。

缠足风俗，大多数人认为始于南唐。李后主喜欢美色及音乐，他用黄金制成莲花台，高 6 尺，令宫女娘窅用帛缠足，使脚纤小弯曲为新月状成弓形，并在上面跳舞，似回旋有凌云之状，金莲由此得名。此后，三寸金莲一直沿袭到辛亥革命，各地区形成了自己的款式。大体讲三寸金莲分南北两大类，南方以浙江的舟山、宁波、绍兴及安徽的黟县为代表。北方以北京、天津、青岛为代表。南方的三寸金莲较别致、细腻，绣工考究。北方的三寸金莲较粗犷有力，较大方。

三寸金莲上的图案是中国民族传统图案，有牡丹等花草，有鱼、虫、鸟、人物、福禄等，还有铜钱、龙、凤、暗八仙、石榴、寿桃、荷花、藕、莲蓬等。一双金莲上的五彩图案本身代表了对鞋主人的祝愿和她所期望的事物，一双金莲同时也代表着其主人的身份等级。一般年轻女子着红色等鲜艳色彩的金莲，老年妇女着黑色及深色金莲。

整个古代时期，我国的鞋有两大特点：一是长期不分左右脚，左右脚形制一样，直至民国才吸收了西方的鞋形，有了左右之分。二是古时的鞋，鞋头多高高隆起，其隆起的高低，隆起部位的形状，各个时期有所不同，同时也使许多鞋依此而得名。

任务二　中国少数民族服饰

我国少数民族服饰是从古代民族服饰发展演变而来的，大多数民族承袭、保持着其本民族服饰的传统特色。丰富多彩的少数民族服饰是中华民族服饰文化的重要组成部分，是人类服饰文化不可多得的瑰宝。

我国民族众多，分布广阔。根据地域分，有北方民族、南方民族、东北民族、西北民族、西南民族和东南民族。根据行业分有农业民族、畜牧民族、渔猎民族。不同的民族，服饰的差异性十分鲜明。这里我们从服饰的几大主要部分，对分布在全国不同区域的各主要少数民族的服饰进行介绍。

一、蒙古族服饰

蒙古族长期过着游牧生活，羊皮是最普遍，也是历史最悠久的服装原料之一。羊皮袍是其冬季御寒的必备衣物。羊皮袍一般都比较肥大，袖子也比较长，系皮或布腰带。蒙古袍的特点是领子比较高，一般不开衩。襟边、袖口、领口多绣饰或贴补各种花纹图案。罩面的皮袍多为青、灰、蓝三色。冬装以皮袍为主，春、夏、秋装则多为布，绸缎制作夹袍、单袍，冬天有不少人也喜欢穿棉袍。男袍一般都比较肥大，女袍则比较紧身，以显示出女子身材的苗条和健美。

坎肩也是蒙古族十分流行的服装款式。蒙古族的坎肩较为复杂，式样以对襟为主，但都有长短之分和开不开衩及开衩多少之别。成年男子和姑娘的坎肩（鄂尔多斯等地姑娘不穿坎肩）多为不开衩或前后开衩的短坎肩，已婚妇女礼服中长坎肩居多，常服中也有部分短坎肩。坎肩的质料以红、蓝、黄等色团花缎及其他各种绸缎为主，领边、襟边、袖窿、下摆和开衩之缘多镶各种花边，开衩上角处镶绣方形、云形等花纹图案。

蒙古族牧民冬季戴皮帽，多用羊羔皮制作，式样各地不一，比较通行的有两种：一种是圆顶卷檐帽，一种是圆锥形卷檐帽。羔皮为黑，绸、布做面，顶部多缀有缨穗，有的地区帽后还缀有两条长长的飘带。

北方草原的蒙古族妇女喜欢戴头巾。其包法一般是将一两米甚至更长些的布或绸缎等在头上由后至前缠绕几圈，然后将头巾的两头垂下，左右各一，因此称垂巾袱头。传说成吉思汗统一蒙古各部以后，下令每个人都要戴头巾，以表示头顶上飘有旌旗之角，象征民族精神常在。这一习俗一直传袭至今。不过，头巾的花色品种已更加丰富，包法也稍有不同。姑娘们喜欢在头上缠绕数圈后，在右侧挽一个结，将穗头垂下，头巾不封顶。已婚妇女则多先用头巾包住头顶后再缠一圈，不留穗头。

蒙古族一年四季离不开靴子。蒙古靴分皮靴、毡靴、布靴。靴底分皮、布两种，布底多为手工纳成的厚厚的千层底。蒙古靴的靴面部分为黑色、古铜色或棕黄色。靴帮通梁和嵌条为牙绿色。靴帮、靴靿多剪贴有精美的云卷、盘肠等图案。

二、藏族服饰

藏族牧民过去一般一年四季均穿羊皮袍。男袍多为无布面的素面袍，但袍襟、袖口和底边都镶有10～15厘米宽的黑色平绒、灯芯绒或毛呢、裘皮边。一种被称为察的提花皮面袍，多在望果节、赛马会等节日或重大喜庆日子里穿。女袍的式样，特别是皮面的装饰各地不一。藏袍的特点是肥大、袍袖宽长，臂膀可以在袖筒中自由伸缩。白天劳动时多脱掉一袖或双袖，交叉盘扎于腰间，只有冬天才两袖都穿上。袍子里面还穿一件长袖衬衣。男子束腰带时，一般将下摆提至膝盖，女子束腰时一般将袍子上提少许，使下摆遮住踝关节。这样一来，怀里和腰间成了一个大行囊，可以盛装不少生活用品或兜带婴幼儿。

农区和半农半牧区的藏族还流行氆氇袍。氆氇袍为大襟，右衽、长袖，男式以黑、白氆氇为料，领子、袖口、襟和底边镶有色布。女式氆氇袍一般夏秋不带袖子，里面着红、绿、粉等色彩鲜艳的衬衣，既美观、漂亮又实用。不论有袖无袖，腰间都束绸缎或布制腰带，前面还要围一块红绿条格相间、五彩斑斓的毛织帮典——围裙，更加突出了藏装浓郁的民族风格，也使藏族妇女显得更加潇洒、妩媚。

藏族除了穿长袖的藏袍外，里面还穿衬衫。男式衬衫多高领，用白色绸布制作，女式衬衫多翻领，用红、绿、粉或印花绸布制作，其特点是袖子非常长，一般长出手40厘米左右，长出部分平时卷起，跳舞时放下，挥动起来就像两条长长的彩带，凌空飞舞，洒脱自然。

由于青藏高原气候寒冷，藏族的帽子种类很多，拉萨、日喀则等地以金花帽为最多。这种帽子用毡坯为帽顶，用毛皮做帽檐，帽顶及檐外均覆以金丝缎，边沿缀以金丝带、银丝带为饰。帽檐有前、后、左、右四扇，前后两扇大，左右两扇小。因其质地优良，保暖性能好，所以男女老幼都喜欢戴。藏族毡帽、呢帽式样很多，有圆形的，喇叭形的，高筒大沿形的等。夏季多戴礼帽形的宽边毡帽、呢帽，比较有特点的是白马藏人的白毡帽。他们的毡帽是用山羊毛绒擀制的，帽檐呈荷叶形，帽顶低矮，上缠红蓝两色细线为饰，男女式样基本一致，远远望去，宛若一只白色的荷叶边盘子倒扣在头顶。每顶帽子的右上方还必插修长的羽毛，男帽一支，女帽二三支不等，女帽上还缠有一匝小铜铃。

除了皮靴外，藏族还喜欢制作和穿着氆氇靴。藏族的氆氇靴种类繁多，式样不一，一般多用牛皮做底，厚约三四厘米不等。靴帮、靴筒用各色氆氇制成，上面多绣有各种花纹。其中以松巴靴和嘎洛靴最为著名。

三、维吾尔族服饰

维吾尔等民族有一种袍式服装，叫袷袢。袷袢分棉、夹、单三种，冬天穿棉的，春天穿夹的，夏天穿单的，过去多用蓝、黑、灰等色的棉布制作，也有用羊毛呢或驼绒毛呢制作的。袷袢与其他北方民族的袍式服装有明显的差别，一是交领，二是对襟无纽扣，三是多喜用方形腰巾系结。新疆维吾尔族男子的衬衣多为贯头式。维吾尔族的套头衬衣为高领、长袖，多用白色的绸布制作。领口等处多绣有各种花边，极富民族特色。

宽袖连衣裙是维吾尔族妇女的传统服饰，过去她们一般内着长及膝的各色衬衣，外穿连衣裙，连衣裙上套穿黑色金丝绒对襟坎肩。少女的连衣裙特点最明显，多用色彩艳丽的艾德莱丝绸制作，式样比较多，主要表现在领部的变化，并喜欢用与连衣裙颜色花纹相同的绸带束腰。

维吾尔族的男帽为无舌卷边圆顶形，帽面多用黑色绒或金丝绒，帽里及卷边多用羊羔皮，两侧有耳扇。南疆男子的圆顶羊皮帽与众不同，无卷边，无耳扇，下沿大，上沿小，有毛的一面向内，光皮面向外。南疆维吾尔族老年妇女在参加古尔邦节、肉孜节等喜庆节日或探亲访友等礼仪活动时，喜欢戴一种小皮帽，人们称袖珍帽，形似一只大酒盅，倒扣在她们白色盖头顶上靠前端处。

维吾尔人还喜欢戴绣花小帽，绣花小帽种类繁多，一般统称朵帕。有圆形的，四棱形的，花纹图案多种多样。这种小帽制作精细，一般用金丝绒做面，上面镶缀各色细小的串珠或亮片，构成众多的花纹图案，远远望去犹如五彩浮雕一般，精美别致，引人注目。

维吾尔族与蒙古、藏、哈萨克、柯尔克孜、乌兹别克、塔吉克等民族都穿皮靴。皮靴多用牛皮、马皮、羊皮或驴皮制成，精巧、美观、舒适。皮面均揉染上色，靴筒比较高，上面多绣饰有各种花纹图案。冬季穿毡靴，毡靴是用羊毛和特制的木模子擀制而成的，肥大、厚实、坚硬，穿上后行走相对笨拙，但防寒效果好。

四、壮族服饰

壮族姑娘的服装一般为一身蓝黑，裤脚稍宽，头上包着彩色印花或提花毛巾，腰间系着精致的围裙。上衣分对襟和偏襟两种，有无领和有领之别。裤子是黑色的，裤脚镶两道花边，一道宽达五寸，另一道宽仅半寸，为菱形连续纹样。有的姑娘用桃红色的布料做上衣，用蓝色的纹样镶衣边，衣领的镶边为黄色和红色链形边缘纹样，十分精巧。她们系头巾的方法很讲究，总是设法把穗络垂在左右耳边。一二百年前，她们穿的是短衫，与现在傣族姑娘的紧身短衫相似，下面是百褶长裙。衣裙都用五色绒线绣上花鸟图案。鞋是绣花鞋，鞋面花式美观，技艺精巧。

小伙子们的服装是唐装，至多在腰间绕一条腰带。一二百年前，他们的上衣又短又窄，腰佩短刀，用青色或蓝色长条布包头。若是中年以上男子，上身是右衽大襟衣，老年的长及膝。下身是青黑色宽脚裤。平常打赤脚，只有节日或走亲戚才穿云头布底鞋或双钩头鸭嘴鞋。这种服装在个别地方一直延续到解放初期。

由于壮族人口较多，地区分布广，又有不同的支系，因此各地服装又各有特色。

五、回族服饰

回族等少数民族喜欢穿坎肩——一种无袖上衣。男式坎肩为对襟、短小，女式为斜襟、较长。过去多用棉布制作，现在绸缎、金丝绒面料逐渐增多。色彩以绿色、青黑色为主。

回族、东乡族、保安族、撒拉族男子普遍戴白色或黑色无檐小圆帽，称回族帽、号帽，也叫礼拜帽，是做礼拜时戴的。现在平时也戴，而且成了他们服饰上最显著的特征。号帽分两种，一种是比较普遍的白、黑色平顶式，一种是黑色六角（有的地区、教派还有五角、八角）帽。白色号帽多用棉布制作，春夏季戴；黑色的多用呢绒制作，秋冬季戴。有的还在帽下再衬一小白帽，用于吸汗。在泉州等地区，号帽前面正中还用金黄色丝线刺绣着经文（阿拉伯文）真主至大或清真言，周围刺绣花纹。

回族等民族妇女使用遮头护面的头巾，叫盖头。盖头形似披风帽，多用柔软的纱绸制作。但领以下部分是连在一起的，戴时需从头上套下，戴在头上以后能遮住头发、耳朵、脖子，只露出面部。戴盖头的习俗主要受阿拉伯国家妇女习俗和伊斯兰教的影响。

回族等少数民族的鞋以布鞋为主。男鞋多为黑色素面，妇女喜欢穿绣花鞋。回族的绣花鞋工艺极为精致，多在大红、粉红、蓝、绿等色的鞋面前端绣上整朵大花和鲜绿的叶子，象征喜庆。

六、苗族服饰

苗族妇女有穿贯头衣的习俗。这种衣服是用一幅布双折，中剜一洞，左右臂附近略剜掉一些，两裉连接便成。

苗族妇女上衣多为交领衣。大襟交领，将衣领与衣襟伸展即成直线。前襟略长于后襟，全身一般以红色、绿色、蓝色为基调，上面绣满各种图案花纹，缀饰闪闪发光的银片。有的女装为长衣短裙，衣为夹衣，袖子窄小，无领无扣，两襟交搭于胸前，前襟及腹，后襟长至膝弯部，喜用绣花腰带系于腰间。

百褶裙也是苗族服饰的一大特色。百褶裙是指裙身由许多细密、垂直的皱褶构成的裙子，少则数百褶，多则上千褶，多为西南地区部分老百姓穿用，其中以苗、侗、布依、普米等族最为典型。除湘西等部分地区外，其他地区的苗族妇女大都喜欢穿各式各样的百褶裙。百褶裙制作工艺精湛，裙身纵向挺直，横向富有弹性，上面还绣有五彩缤纷的图案花纹。苗族的百褶裙可分为长、中、短三种，长裙及脚面，中裙过膝。短裙不及膝。

贵州雷山苗族女子盛装时内着百褶裙，外穿彩带裙。带裙是指裙腰以下呈条带状的裙子。这种彩带裙由20条左右的彩带排列组成，彩带多以黑色为底，上绣果绿、墨绿等色纹样。彩带的沿边用红、黄、白等色丝线绣上图案，也有的上段用黑色为底，下段用红色为底，上绣彩色纹样。彩带的下端还要钉缀缨须，有的缀鸡毛，因而又称鸡毛裙。

湘西等不少地区的苗族妇女均用头巾包头或缠头。黔东南地区各支系的苗族妇女的服装普遍以银饰为主，银饰的种类多达五六十种。这些银饰多为苗族银匠手工制作，结构上有对称式、均衡式、连接式和放射式等。工艺方法有铸炼、捶打、编结、刻花、雕纹等。图案多是龙凤花鸟等动植物纹样，造型生动，玲珑精美。头饰主要有银冠、银角、银梳、银耳环、耳柱、耳坠等。银冠是苗族女子盛装时的主要头饰，一般由银牌、头圈、银片、银花、银雀、银凤等组成，耀眼夺目，华丽异常。冠上的喜鹊登梅之式，锦鸡高鸣之形，孔雀开屏之状，凤凰同栖之景，有声有色，栩栩如生。

七、彝族服饰

彝族分布广泛，各支系社会经济文化发展不平衡。据史籍记载，元、明、清时期，彝族妇女上穿贯头衣，下着裙。在云南寻甸、禄劝、嵩明、师宗、罗平等县交界地区，彝族妇女的贯头衣是用一幅宽约 1 米，长 2 米的白布，在上端约三分之一处开一方形领口即成，不须剪裁、缝合，只是在领口周围用红毛线绣织图案加以装饰而已。在广西那坡和云南文山、西畴、麻栗坡、富宁等地的彝族中，贯头衣多用蜡染布制作，两根已缝合在一起，而且还带有两只袖子，有的周身还饰有日月星辰等花纹图案。

贵州西部、云南北部的彝族地区，人们喜欢披羊皮披肩。披肩用一张完整的羊皮做成，保留了羊的外形，少有加工痕迹，无领无袖无纽扣，用四只腿皮系结。夏天毛朝外，冬天毛朝里，一年四季不离身。

彝族也穿百褶裙，多由两三截色彩不同的裙幅拼接而成，色彩对比强烈，艳丽生辉。

彝族特别是凉山地区的彝族的裤子最有特色。人们一般都根据裤脚的大、中、小来划分其服饰类型。大裤脚比一般女裙腰部还宽大，中裤脚看上去仍然像裙子一样，小裤脚虽然窄小了许多，但裤腰、裤裆仍然比较宽大，穿上后形如马裤。

云南红河等地区的彝族姑娘，从三岁起开始戴鸡冠帽，直到出嫁后改换头帕为止。

大凉山彝族男子多蓄发锥髻于头顶，头上盘缠黑色或深蓝色长巾，裹扎成一个拇指粗的尖锥状黑角，竖立额前，彝语称子贴，俗称英雄结，象征男子的尊严神圣不可侵犯。大小凉山彝族青年妇女多戴头帕。大裤脚彝区，未婚女子的头帕为长方形，用数层蓝布折叠而成，上面刺绘各种花草图案，戴在头上后用发辫压束，结婚生子以后便弃帕而改戴荷叶形软夹帽。中裤脚彝区，头帕的刺绣工艺以挑花为主，青年女子的头帕后端还缀有一条飘带。小裤脚彝区，青年女子的头帕用青布折成，帕边用花线锁边。

云南等地的彝族姑娘，爱穿勾尖绣花鞋，常将其作为嫁妆鞋，出嫁时穿。这种鞋大致呈船形，鞋底前方上翘呈尖状，鞋帮上绣满五彩的花草、鸟兽，十分精美。

补充阅读

鸡冠帽的由来

传说在很久以前，有一对人人羡慕的彝族情侣，姑娘美丽善良，小伙勤劳勇敢，他们整天形影不离，白天一起上山牧羊，晚上一起和伙伴们对歌跳舞。不但人人羡慕这对人间鸳鸯，森林中的魔王也在妒忌他们的爱情，发誓要将他们拆散。在一个月夜里，当他们在森林里约会时，魔王找到了下手的机会。小伙为了保护姑娘，而勇敢地与魔王搏斗，不幸惨遭杀害。姑娘机智地逃走，在明亮的星星和月亮的指引下，姑娘逃到了一个山寨，魔王一直紧追不放，这时山寨中的雄鸡突然鸣叫，叫声吓跑了魔王，姑娘得以幸免。聪明的姑娘悟出魔王惧怕雄鸡的鸣叫，于是她抱起一只雄鸡跑回森林，在雄鸡的叫声中，她的情人居然复活了。从此，魔王不敢再来招惹他们。不久姑娘与小伙结为了夫妻，过着幸福的生活。

于是雄鸡驱魔的传说广泛流传，姑娘把象征吉祥幸福的鸡冠帽戴在头上，希望雄鸡永远保护自己，镶在帽上的银泡代表的是星星和月亮，表示前途光明。鸡冠帽寄托着彝族姑娘对幸福的向往，同时它也把彝族姑娘装扮得更加娇艳动人。

八、朝鲜族服饰

朝鲜族历来喜穿白衣素服，有白衣民族之称。除了颜色外，朝鲜族服饰的其他显著特点就是短衣、肥裤、长裙。男子的上衣为斜襟、宽袖、无纽扣，前襟两侧各钉有一根飘带，穿衣时系结在右襟中上方，还喜欢外套黑色或其他颜色的带纽扣的背褂，下穿肥大的裤子。妇女的上衣与男子的相似，多用红、粉、黄、绿、白等颜色的绸缎制成，只是更加短小，袖筒长而窄。青年妇女的袖口及衣襟处多镶以彩色绸缎边。衣服虽短，飘带却很长，系结以后自然垂于胸前。

朝鲜族的裙子分缠裙和筒裙两种，多用绸缎制成。中老年妇女多穿缠裙，即一边未缝合的裙幅，它由裙腰、裙摆、裙带组成，上窄下宽。裙长及脚面，裙摆宽大，上端有许多细褶，穿这种裙子时，里面必须加穿素白色的衬裙。姑娘和少妇多穿背心式的带褶筒裙。筒裙是缝合的筒式裙，裙长过膝盖，便于劳动。

朝鲜族和水族都有戴马鬃帽、马尾帽的习惯。过去朝鲜族男子平时戴网巾或宕巾，外出时普遍戴笠。笠圆而宽大，一般的为草笠或油纸笠，上等好笠则用马鬃编成。

朝鲜族除了一般的草鞋外，还有用线麻、椴树皮绳、玉米棒皮等拧制而成的草鞋、麻鞋，鞋面上还可以编织出各种美丽的图案。朝鲜族还是我国北方民族中唯一穿木屐的民族。其木屐是用整块木料镂刻而成的，屐底前后还各镶钉有一个高约4厘米的木脚，使整个木屐看上去就像一只小木船搁置在小凳上，工艺十分精巧。造型也采用了朝鲜族勾背鞋的设计风格，口很浅，便于穿脱，尤其适宜夏季和雨天穿着。

九、满族服饰

满族人多穿马蹄袖袍褂。努尔哈赤建立八旗制度以后，它成为旗人特有的装束，后来人们就叫它旗袍。冬季穿棉袍或皮袍，夏季穿单袍。清初，旗袍的式样一般是无领、大襟、束腰、左衽、四面开衩。穿着既合体，又有利于骑马奔射。这种旗袍有两个比较突出的特点，一是无领；二是在窄小的袖口处还接有一截上宽下窄的半月形袖头，形似马蹄，俗称马蹄袖。平时绾起来，冬季行猎或作战时放下，使之罩住手背，既起到了类似手套的保暖作用，又不影响拉弓射箭，所以又叫箭袖（满语称之为哇哈）。满族入主中原以后，放哇哈成为清朝礼节中的一个规定动作。官员入朝谒见皇上或其他王公大臣，都得先将马蹄袖弹下，然后再用两手伏地跪拜行礼。旗袍的外面还习惯套一件长至脐的对襟短褂，叫马褂儿。清初，马褂儿是八旗士兵的军装，后来民间也渐渐流行，具有了礼服的性质，式样、面料也更加繁多。妇女的旗袍与男子的式样大体相同，只是布、绸缎等面料的花色品种更多，比较注重装饰而已。特别是袍襟、领口、袖边等处多镶补各种花边，并以多为美。如清末北京地区时兴十八镶，即镶上十八道边。

满族穿套裤，分夹、棉、皮三种，裤筒上下两端均有带子，穿时上端结腰，下端裹腿，不仅轻便暖和，有的还加绣各种花草图案，雅致美观。

满族人过去曾戴过一种名叫瓜皮帽的小帽。其形态上尖下宽为六瓣缝合而成。帽顶缀有一个丝绒结成的疙瘩，黑红不一，俗称算盘结。

满族妇女的绣花鞋独具特色。这种绣花的旗鞋史称高底鞋或花盆底鞋、马蹄底鞋。其木底一般用白布包裹，然后镶在鞋底中间脚心的部位。木底的形状通常有两种：一种是上宽下窄，似花盆状；一种是上宽下圆，似马蹄状。

十、土家族服饰

据史载，有关土家的服饰宋代称溪布、峒布、土锦等。后受汉族先进技术的影响，土家人用自织自染的土布做成围裙，清代后有较大变化。旧志载："土民男女短衣跣足，以布裹头，服斑斓之衣……俗重耳圈，两耳累累然……及头裹刺花巾帕，衣裙尽刺花边。"到了民国时期，土家服饰有头裹青布或白布头巾，大袖短衣，裙绣花边。到现代，土家服饰发生了较大变化，但仍保留许多传统样式。土家族人始终着以琵琶襟为特征的满襟衣。托肩矮领大袖口，滚花边，男捆腰带，女套绣花围裙。头上均包青布帕或丝帕，男帕左方垂一节过耳，妇巾全包头。未婚闺女留长发辫，用红头绳扎上下两端，额前留刘海。已婚妇女挽发管，别簪，插银首饰。裤子多为青、蓝色，上结白布裤腰，裤脚短且大。青壮年男子打绑腿，女裤以对称色布加边，上缀三条均等的梅花条，脚上穿青布瓦鞋，包白色裹脚布。若遇喜庆节日或走亲访友，则另有一番梳妆打扮，如加佩牙签，银牌等。

十一、白族服饰

白族崇尚白色，以白为贵，包括头帕在内的服饰均喜用白色。男子普遍戴5尺、7尺或9尺长的白布头帕，内穿白布汗衣，外套青布满肩马褂，腰系挑花兜袋。青年佩流苏荷包，下着青色或蓝色裤子，脚穿白布袜和云头鞋。女子头戴绣花撒须白帕，插各种首饰，戴金银耳环，内穿白色上衣，外着红丝绒坎肩（也称背心）或内穿白色、浅蓝色上衣，外套黑丝绒坎肩，腰系白、红等色围裙，下配白色、蓝色长裤，脚穿绣花鞋。整个装束简洁清爽，活泼明丽，民族特色十分鲜明。

十二、瑶族服饰

瑶族服饰的区域性特征十分明显，不同地区、不同支系的衣、裤、裙、首饰等均有自己的特点。瑶族妇女一般穿圆领花边对襟或右衽长衣。如广西田林盘瑶妇女上衣多用自织自染的蓝色土布制成，对襟、无扣、长过膝盖，几乎与裤脚相平。衣服的正胸用红布作底，边缘镶上红、黄、蓝、白等色布条，非常醒目，腰部以上的两襟边还绣有多种花纹图案，用五六米长的腰带束腰。广西南丹白裤瑶妇女有一种贯头衣，她们称之为挂衣。它是前后两块布，两肩处用10厘米宽的黑布连接而成，无领、无袖，两裙也不缝合，穿上后两块布自然披落在前胸和后背。有趣的是，后背的布上大都用彩色丝线绣有一方印形图案。

瑶族大多数男子和部分妇女多着长裤，而有些支系则喜欢穿短小的裤子。最具特色的要数广西南丹县八圩、里湖两个瑶族乡白裤瑶男子的白色短裤。这种裤子用家织的白色厚棉布制成，裤裆宽大，裤管窄瘦，长仅过膝，裤管下口用蓝布锁边。裤腿正面蓝布边以上绣有五条垂直的红色线条，中间线条长，两边逐渐缩短，形似五指，这是白裤瑶的标志。

瑶族妇女的头饰十分复杂，有戴帽的、缠头的，有包帕的、椎髻的，有顶板的、戴银钗的等。广西龙胜县盘瑶妇女多戴三角形的帽子，不同年龄的妇女戴不同颜色的帽子。帽上可以随心所欲地绣织各种花纹图案，诸如花鸟虫鱼，山川树木，狮龙麒象，锦鸡凤凰等。唯独不能绣虎豹，因为传说三角帽就是用来驱逐虎豹的。广西全秀县的部分瑶族妇女喜欢戴一种小巧的梯形帽，也是先用竹篾扎成型，然后外包白布制成的。它比维吾尔族的花帽还要小，只能顶在头顶，在瑶族头饰中独树一帜，颇具魅力。

瑶族不少支系的男女都缠包头，而且头巾长而讲究，多织绣有彩色花纹。瑶族的鞋式样很多。在湖南、广西交界的南岭山区，瑶族姑娘个个会做绣花鞋。她们的花鞋有两种：一种是姑娘节日喜欢穿的镶边鞋；一种是姑娘出嫁时穿的乘海鞋。乘海鞋鞋尖上翻二三厘米，形如龙头彩船。

十三、傣族服饰

傣族分布广泛，各地区傣族服饰的一个共同特点是上衣都比较短小。特别是玉溪地区新平、元江两地花腰傣妇女的上衣，短小、紧身、精致、美观。她们的上衣一般为两件：一件为贴身的内衣，一件为无扣外衣。内衣圆领、左衽、无袖，多用青蓝色土布或粉红色、草绿色绸子做成，仅长及腹部。领边及下摆边沿都缀有宽窄不一的一排晶莹闪亮的细银泡，银泡中间还间缀着银穗。外衣无领无扣，比内衣还要短，仅可遮胸部。襟边和下摆边镶一条彩色布条或刺绣花纹为饰，有的襟部也镶细银泡、银穗，细长及腕。袖的下半截间镶红、黄、绿、白等色的彩布条，或用各种彩色丝线绣饰。因为这种上衣比较短，腰部常外露，所以她们都用一条比较宽的自织的彩带缠腰数周，既可系裙，又可束腰，花腰之名即由此而来。

旱傣妇女上衣为圆领，左衽的半长衣，宽松硕大，下摆长及膝部。袖子稍短，仅过肘部，但相当肥大，手臂可在袖中自由屈伸。下穿青色或蓝色长裤。

傣族妇女除个别支系外普遍上着紧身短衣。下着筒裙。筒裙的颜色、长短各地略有不同。西双版纳地区傣族妇女的筒裙多为褐色裙幅，穿时紧裹身上。裙摆长及脚面，喜用银质腰带束腰。瑞丽、耿马等地筒裙的颜色较为艳丽。盈江等地妇女婚前穿裤，婚后多改穿黑色的筒裙。新平、元江一带花腰傣妇女，一般穿1~3条青土布筒裙。

任务三　西方服饰

西方服饰的发展伴随着文明的进步，跨越亚、非、欧三大洲的疆界。最后落脚在西欧诸国。西方服饰的历史背景比中国服饰更加错综复杂，文化形态也极为丰富多彩。西方服饰演变具有两个显著特征：其一是一定时期的服饰造型否定前一时期的风格，整体发展，呈否定的螺旋上升式前行；其二是西方服饰的演变受西方艺术风格（其中主要是建筑、雕塑和绘画）的影响较大，整体演变趋势与艺术的联系更加紧密。在这里，我们选取西方服饰中若干主要的服饰，重点介绍西方服饰的艺术效果、款式、面料与色彩。

一、罗马式服饰

罗马式原仅指建筑样式，后来用来指当时艺术的全部样式。罗马式大约从 950—1200 年形成于意大利北部和德国，随后传播到西欧各地。此时的欧洲服饰是南方型的罗马文化与北方型的日耳曼文化和由十字军带回的东方拜占庭文化的融合。这个时期，既是日耳曼人吸收基督教和罗马文化后，逐步形成独自的服饰文化的过程，又是西方服饰从古代宽衣向近代的窄衣过渡的一个历史阶段。表现在服装上，即不显露体型，从头上垂下的面纱把全身都掩盖起来。这种僵硬封闭的外形，与当时的建筑一脉相承。

罗马式后期，女服中出现了收紧腰身，显露体型曲线的款式，这是在衣服上显示性别差异的前兆。

罗马式时代的服装其基本品种有内衣——鲜兹、外衣——布里奥、斗篷——曼特尔。布里奥是颇具特色的大喇叭袖筒形衣裙，领口呈倒三角形，有缘边装饰。其特点是具有细密绵长的褶皱外观，面料轻薄，属于棉、丝织品，臀胯处有带状饰物，整体外观和谐，使人联想到希腊、罗马的风格。鲜兹和布里奥造型相近，都是筒形的丘尼克式衣服，其不同点主要在于鲜兹衣身更长，袖子为紧口式，用料比穿在外面的布里奥在色泽上素雅。曼特尔是此时的外用斗篷，有半圆形和长方形之分，其形状与穿法类似小型的托加。

罗马式时代，乃至日后的哥特式时代，欧洲服装都十分盛行使用纹章作为图案。开始时它在衣服上占的面积并不大，渐渐地越变越大，后来干脆全身衣服的制作都按照纹章的色彩组合，于是出现了一种独特的衣服即分色服。中世纪前期，衣料上的纹样往往只用在衣服的饰边上，到中世纪后期已发展到整件衣服全用有图案的衣料。图案包括几何纹样、花鸟、植物和器物等，在织法上也有复杂的明花、暗花等不同的纹样。

二、哥特式服饰

哥特式是 12 世纪末在法国兴起，13 ~ 14 世纪流行于全欧洲的一种建筑形式。其建筑样式一反罗马式建筑厚重阴暗的半圆形拱顶，广泛采用线条轻快的尖形拱券。造型挺秀的尖塔、轻盈通透的飞扶壁、修长的立柱或簇柱以及彩色玻璃镶嵌的花窗，造成一种向上升华、神秘天国的幻觉。此时的服饰与欧洲的其他艺术一样，受到哥特式建筑风格强有力的影响，在整体服饰上多强调纵向的垂直线，并有意地延长帽式，拉长足饰，加大人体的视觉高度，造成一种轻盈向上的感觉。男子多戴尖形帽，留尖胡须并穿长而尖的鞋，其服装紧身瘦长。女子多穿紧身长裙，拖地的裙摆与到达地面的长袖口装饰形成了许多纵向线条。同时，男女服饰的材料与配色正如教堂中的彩色花窗，华丽多彩。

哥特式初期，男性服装袖大而多褶，贵族穿的短裤是用绸缎做成并用金线刺绣。男式鞋是西班牙式的，类似今天露出脚趾的鞋，用纽扣系牢。14 世纪中叶，鞋的变化很特殊，最初是很长很尖的猪爪形，以后成了弯曲而尖的普雷纳式。这种很长的尖头鞋很难走路，必须用一条链子将它束在鞋的下部。当时男子也穿柔软而高的长靴。男人头戴白布便帽或无束带的船舵形帽和垂边帽，称为无边帽。

三、意大利风格的服饰

在中世纪后期，意大利服饰没有完全受哥特式风格的影响，没有流行高筒女帽和尖鞋，而穿方形宽肩短袍，平头鞋。也就是说，当时意大利的服饰仍更多地按自身的传统文化发展着，至文艺复兴时期，更是蓬勃发展并影响着整个欧洲。意大利人喜爱扁平或规则排列的折裥。男子通常全身穿天鹅绒布做的衣服，衣服不再注重长度的效果，而是尽可能地变宽。

男子中除老年人穿长袍外，一般时兴短服。衣服是由三件组成：衬衣，道伯利特紧身上衣和杰金外衣。衬衣逐渐演变成现代的西服衬衣，道伯利特演变成当今的西服背心，杰金演变成西服外套。衬衣的衣袖肥大，在袖子腕部打褶，多用白色亚麻布制成，也用别的颜色的丝绸制作。道伯利特贴着衬衣穿，可以不加外套而单独穿，常常有袖子，但袖子不是很肥大，而且可以自由拆装。装袖时系在袖孔上，露出衬衣，形成一种装饰。杰金外衣通常无袖并在前身开襟露出道伯利特。意大利风格的男子短裤肥瘦比较适中，通常结合长筒袜穿。1500 年前意大利风行无边帽和兜帽，1500 年后，男子多戴有边的帽子。意大利男人最乐于穿的鞋子是长宽适中的样式。

文艺复兴初期，妇女长袍缩小了拖曳部分，用一个贵重夹子将拖曳部分夹牢。与肩部齐高的袖口取消之后露出用彩带连在一起的上衣袖口、短袖和袖臂。样式华美的长袍有宽大下垂的袖，上衣饰两三排珍珠大项链。女性服装还包括内衣袍，前面是新月形，从腰部起开始肥大，衣领饰以长边或洋纱细布，让胸显露出来。此时衣或袍的领口多为 V 形、U 形或方形，开领较大且深，充分体现了女性的解放。裙子在意大利文艺复兴的早期还保留着袍的痕迹，到中后期上衣和下裙有了明显的界限，虽然仍连在一起，但在剪裁上已经上下分离。意大利妇女爱用丝帽和发网，从发网下可看见头发，头发也可以披散着，只用缎带束住，缎带上悬有宝石，然后用发网盖住。在意大利贵族女子中一度流行高底鞋。鞋底是木制的，鞋面是皮革或漆皮的，一般做成无后踵部分的拖鞋状，鞋底的高度一般为 20～25 厘米，最高可达 30 厘米。

四、德意志风格的服饰

到 16 世纪上半叶，男子上衣仍以紧身上衣道伯利特为主，总体风格在男子的大部分上衣上都能有所显露。这一时期人们的装束更加注重衣服彼此之间的内外对比和上下对比效果。这种对比最有代表性的是产于德国的斯拉修装饰，这种装饰一经出现就很快影响了整个欧洲。斯拉修是裂口、剪口的意思，是指衣服上的裂口装饰。开始是德国士兵模仿瑞士士兵的服装，有意把衣服剪开口子，让异色的里子或白色内衣露出来。随着这种装饰风格在全欧洲的流行，很快就构成了文艺复兴时期服装特征的又一道风景线。这种服饰风靡欧洲200多年，并成为一种含机能与装饰为一体的传统，影响着日后的服饰。男子在三件套外面常穿一件战士长外套，作为外出时的主要外衣，其长度大多至膝部，也有长至踝部的。这种外衣大多较宽松肥大，有毛皮里子，或用毛皮边作装饰，存在有领无领之分，有袖无袖之别。16世纪末，德国出现了带豆荚肚的道伯利特，这是一种在紧身上衣腹部以填充物垫鼓的上衣，成为德国男装在文艺复兴后期的特色。男子的斗篷由于强调上重下轻的两段式而变得十分短，仅至臀部，甚至短到腰线处。虽习惯上仍称其斗篷，但实际上它已接近披肩了。在德国，男子穿的短裤是真正的马裤，有很多开衩，通常用布条拼成，开口处镶边，里面衬里，并加衬垫使之隆起，长达大腿中部，同时可穿紧身的短到膝部的卡隆，在它外面穿长筒袜。德国男子多戴大檐帽，并常在帽檐上开口，帽上有时还饰以羽毛。男子的鞋呈扁头状，上面多饰以裂口。

德意志女装在15世纪末和16世纪初形成自己的风格，主要特点是提高了腰身，在上衣和下裙的连接处形成一道横线，没有腰带束腰，上身多裂口装饰，尤其是在袖子上布满了开口。上衣领口多为方形，露出里面的内衣。贵族妇人脖子上饰有多层项链，具有与众不同的装饰效果。外衣的领子多开式高立领，而内衣的领子常为收紧的封闭式小立领。妇女热衷于多层泡泡袖。裙子的样式更是新颖，整个裙子由从上到下的竖褶组成，这些竖褶好像由不同的彩带连在一起。妇女们宽边的帽子上装饰着羽毛。

五、西班牙风格的服饰

16世纪下半叶到17世纪初，欧洲大陆的服饰可称为西班牙风格的天下，这不仅是由于国势强大的西班牙从文化上影响了欧洲，同时也是由于西班牙海上无敌舰队的军事力量在欧洲强行推广西班牙式服饰，使这一时期的欧洲服饰相对具有统一化风格。男装的明显特征是有轮状皱领和衬垫填充物，女装则突出地表现为紧身胸衣和裙撑的使用。这种上紧身胸衣、下裙撑的组合方式影响了欧洲日后近400年的女装样式。

轮状皱领是文艺复兴时期的代表性衣领。到西班牙时代，它完全脱离了内衣，成为一种独立制作、可以摘卸的部件。文艺复兴前期流行窄领，后期时尚宽领。轮状皱领或用宽花边的上等亚麻布制作，或用只绣边的白色、花色、金色、黑色亚麻布制作。轮状皱领产生后很快传遍欧洲各国，成为正式场合贵族男女脖子上不可缺少的装饰物。

西班牙男子服装另一个明显的特征是周身上下大量使用填充物。最明显的部位是短裤，叫瓜形裤。这种短裤尽可能地短，常用裁成百条的布条拼成，镶上边，里面衬里，或先把裤子加衬垫，然后用布条装饰。除裤子外，上衣的许多部位也使用填充物，道伯利特的肩部用填充物垫起，胸部和腹部也塞进填充物使之鼓起，形成像鹅一样的大肚子。袖子也塞进填充物，出现三种基本造型：一种是泡泡袖；另一种是羊腿袖；还有一种是分段分阶鼓起的袖子。

西班牙15世纪的卡塔罗纳服，也曾使欧洲各国为之陶醉，它的特点是裙衣部分连有6只圆形撑箍，这些圆箍由上而下逐渐增大，牢牢地附在锦缎长衣的裙子部分。

西班牙女子的装束在文艺复兴后期已不仅是西班牙的风格，也影响了整个欧洲，并形成了最有代表性的样式。女子上身着胸衣，形成了明显的 V 字形，到后来上衣插入裙腰中，三角 V 字更加呈现出锐角的特点。而下身的裙撑越来越大，成为明显的 A 形或 n 形。上衣和下裙结合起来形成明显的 X 形。

六、巴洛克风格的服饰

在文化史上，一般把欧洲的 17 世纪称之为巴洛克时代。这一名词源于葡萄牙语，意为外形有瑕疵的珍珠，16 世纪末被移植到意大利新兴的建筑风格上，17 世纪中叶又推移到了法国并达到顶点，进而把它推广到整个欧洲的艺术风格上。巴洛克艺术的风格为致力于破除古典式的和谐，追求起伏动势和富丽堂皇的效果，在艺术上轻视传统的庄严、含蓄与平衡，倾向于豪华、气势磅礴与绚丽多彩。这一时期的服饰同样具有这一特点，具体表现为配色艳丽，造型强调曲线优美，装饰弯曲回旋，使人感到活泼奔放，富丽华美，但有矫揉造作之感。服饰上最具特色的是华丽的纽扣装饰、丝带缠绕和蝴蝶结，以及花纹围绕的边饰。巴洛克时期的服装大体上分为两个历史阶段，即荷兰风格时代和法国风格时代。

（一）荷兰风格时代服饰

此时期的上衣肩都是溜肩，软领翻披在肩部，多呈八字和一字形，领子较薄，多饰以荷兰式针织花边。这种大翻领称作拉巴，也称路易十三领，其造型是通过在领口收省来完成的。男子的道伯利特腰线上移并更多地出现收腰，腰带多以饰带的形式出现。在胸和后背有 4～6 个斯拉修装饰，袖子一般为紧身式样，袖口饰有花边或直接露出衬衣的装饰袖口。在道伯利特的外面，男子仍时常穿杰金，杰金腰线有所上移，下摆加大。另外排扣也较前有所增多，形成既具有实用功能又明显具有装饰效果的表现手法。男子穿的裤子此时明显增长，下至膝部或膝盖以下，收口处紧箍腿部，用吊袜带或丝带收口，有时垂以缎带，有时系扎蝴蝶结。到 1640 年后裤腿更加长，甚至长达到小腿肚，再加上饰带或花边几乎可达踝部，这是西方第一次出现长裤，也是日后礼服中西裤的雏形。

同男装一样，荷兰风格的女装也摆脱了过于人为夸张的特点，首先是丢弃了宽大的裙撑，腰线上移，收腰不十分明显，使女子外形变得纤缓、柔和与圆浑。当时裙子经常以套裙的形式穿，一般都为三层裙装同时穿着，至少也要两层，并有开口，显示出层层丰富的面料质感和不同的花色。17 世纪 30 年代，外表坚硬的女式紧身胸衣变软了，同时也变短变小，这给高腰裙和低开领外衣提供了可能。上衣往往是大翻领或大袒胸两种领型，两种领型的边缘都饰有花边。上衣袖子大多为上大下小，或宽袖或半袖。袖的上半截常有裂口装饰，而下半截多为节式的层层装饰并带有层层花装饰，袖口处露出里面的白色衬衣。许多妇女在外面加一件上衣，这种上衣舒适、宽松、长短不等，袖子有四分之三臂长，仅盖住肘部。上衣有暖和的衬里和宽皮毛镶边，为各阶层妇女所喜爱，黑丝绒镶白兔皮是当时这种衣服的最常用材料。

（二）法国风格时代服饰

1650 年以后男子上身常穿坎肩，即一种直接穿在白衬衫外面的宽松皮上衣，与现代背心长短差不多，但有时垂片长一些。此时在宫廷中流行一种短坎肩，这是巴洛克风格达到顶峰的时期。坎肩很小，袖子很短，敞着，露出很大面积的衬衣。衬衣是上衣的主体，坎肩只是衬衣的装饰，衬衣的袖子、领子、下摆露出很多。衬衣多处用缎带系住，用缎带装饰。另外，男子外出时常披一件圆斗篷。周身修饰使男子有过于奢华和娇媚的感觉。坎肩流行的时候，又出现了新式挂裙，挂裙上饰以大量彩色缎环，腰带上也挂满尖头缎带或金属条饰。一般挂裙短于衬裤，使白色衬裤露出来。衬裤长至膝，下有缎带或花边装饰。白色衬衣与白色衬裤不仅多褶多饰，而且上下呼应。1690 年后，时尚的人都穿灯笼裤。

帽子一般有宽边，帽檐在一边或两边微微上卷。贵族花重金在帽檐上镶上珍珠，更多的人帽上插鸵毛或插满五颜六色的羽毛，从中间向下垂，而非直立。后期帽饰由羽毛转为彩色缎带。到了 17 世纪 90 年代，时尚的人将帽檐从三面向上翘起，成为三角帽。17 世纪后期，又出现了各种不同式样的便帽。

女子一般穿三层裙子，外裙常在前面开口敞开，或将裙前摆卷起至后臀处打褶垂放，使后臀更加突起。女子穿的紧身胸衣是长而尖的，可以直接外穿，下面与裙子直接相连。有的在胸衣的前面或侧面扎上一个柔软的缎带花结，有的在胸衣的衣襟上面装饰一条条长度不等的垂片。这个时期，妇女在正式服装中第一次裸露一部分手臂，这种现象出现于 1625 年以后，半截袖逐渐成了普遍接受的式样。另外，妇女中还有穿长裙的。衣服仍旧时兴大袖子，浆得比较硬，看起来像个气球，经常在袖子中间用一条缎带把它扎起来，成两个球形。袖子上开了很多小衩，露出里面的白色或有色的衬袖。袖子长短不等，并有各种花边装饰。肥大的袖身用饰带系结分割成几段，形成多层的灯笼袖状，显得花哨、堆砌。这些构成了法国风格时期的女装特色。

七、洛可可风格服饰

洛可可一词原意为小石头、小沙砾，后指具有贝壳纹样曲线的装饰形式。18 世纪欧洲的服装款式经历了从巴洛克时代那种富丽豪华的式样，逐渐演变成为洛可可轻便、纤巧的样式。其面料质地轻柔，图案小巧精细，布料的色彩淡雅明快。男装具有较多装饰且带女性色彩，款式有明显的机能性，三件套雏形已基本确定。女装趋于纤细、淡雅，造型同样反映了洛可可艺术风格的特点。当时不论老少与尊卑，在服装上普遍使用精美的花边和缎带作为装饰，紧身胸衣和裙撑再度回到女子身上。衣装上多装饰和点缀物，并结合化妆、喷涂香水成为一时的风尚。

18 世纪以后，男子穿着多为套装，基本上由衬衣、背心、外衣、短裤和长筒袜组成。

衬衣一般用本色的细薄布制作，也可用厚布。衬衣仍然很肥大，饰有小翻领。袖子很肥，袖口有褶皱护袖饰，但其装饰变得短而简洁。背心通常比外衣短，但仍在腰线以下，并配有腰带，腰带在前底襟裁成倒 V 形。外衣一般没有领子，从领口到底边有一排密密的扣子，有明显的收腰，下摆多为散开形，但不太肥，长度一般在膝部上下。后来逐步把外衣的前襟去掉，产生了燕尾服。

男子一般都穿短裤，裤腿至膝盖处。这种短裤立裆较浅，而裤腰较宽，裤腰合口处有两三粒扣用以开合，后腰中间有可调的系带。裤腿较瘦，两腿外侧下部有一排系扣，裤口处有扣带。到洛可可时代的后期，裤腿逐渐变长，直到膝盖以下。

1715 年以后，女子服饰出现了一种叫孔杜施的长裙。裙子因为衬裙上窄下宽而形成漏斗形，衬裙用金属条或鲸骨框架撑起。孔杜施开前襟，带有亚洲长袍的味道。裙子逐步由圆锥形发展成半圆形，上衣做成紧身胸衣的形状，上身明显地形成 V 形，细腰曲线再次体现出来。

头饰是洛可可时期女子服饰的主要特色之一。17 世纪与 18 世纪之交时有高耸的芳坦鸠头饰。18 世纪上半叶，头饰降低，变得自然，有的烫成很自然的发卷，演变成很小的头巾装饰，优美、文静。卷曲的头饰上装饰一些珠子和花朵。女子的帽子式样很多，有头巾帽、带檐帽和三角帽等。

八、新古典主义风格的服饰

在服饰艺术方面，新古典主义追求简洁与朴素的风格。法国大革命影响了服装式样，法国和欧洲开始流行古典服装。妇女采用窈窕的线条代替如气球一样的外观。男子也不再穿马裤。漂亮的女装制作简单，大多是白色，而且不要绣花和装饰，完全依靠体型和线条的魅力来表现自己。

18 世纪 80 年代，男子上衣最值得注意的特点就是外衣尺寸大为缩小。年轻人的外衣前襟下角明显地缩至膝盖的后面，扣子只是一种装饰。衣袖很紧，衣身上的装饰大为减少，背心缩小到仅仅长至腰围以下，裤子已经完全露在外面，并且十分紧瘦。当时很重要的服装之一就是长外衣，衣领有三层，所用衣料是厚呢。随着男装的逐步趋于简洁，领巾、领带成为男子必不可少的饰物。头饰方面，男子假发开始变短，更多地体现出自然的形态。帽子也出现了较大的变化：帽檐变窄、帽筒增高。18 世纪末，最值得提及的服装是长而肥大的裤。18 世纪 90 年代末，一些男子流行戴小檐边、帽筒更加高的礼帽，并且特别注重颈部装饰，一些男子将领巾系得很高，有时缠到下巴，而衬衣的立领也常常高过下颚。

18 世纪最后 20 年，英国女装首先出现了新古典主义的苗头，法国也乘着大革命的强劲东风，使女装向古希腊、古罗马那种自然样式倾斜。女子穿着白色细棉布制成的宽松的衬裙式连衣裙，卸掉了紧身胸衣和笨重的裙撑和臀垫，出现了能透过衣料看到整个腿部的薄型服装样式，服装史上称这一时期为薄衣时代。这种高腰身、短袖子、薄衣料的装束简洁明快。当时女子好露出玉臂，并时兴戴长及肘部以上的长手套作为弥补。新古典主义的女装除了款式特征外，另一个突出特点就是它是由薄而柔软、飘逸透明的棉织物做成的。衣料只用非常简单的白色或一些其他素净的颜色。扁平的拖鞋、便鞋取代了高跟鞋，使身体像古时一样再一次支撑在整双脚上，而且裸露胳膊再次流行。这个时期是欧洲服装自中世纪以来胳膊面积暴露最多的时代。

女子的发式多向上梳，于脑后系扎，一般不戴帽子，在戴帽时，帽檐常向上弯，帽上饰品也较前期少。鞋为平底，是用细带捆在脚和腿上的皮带凉鞋。

九、浪漫主义风格的服饰

浪漫主义重感情的传达，个性化的描写，喜欢热烈而奔放的性情抒发。反映在服装上，就是憧憬富有诗意的空想境界。女性服装充满幻想色彩的典雅气氛，男女装再次出现强调曲线的收腰廓形，紧身胸衣再度流行。女装加大袖根和裙底，形成明显的 X 廓形，色彩淡雅。发型变化丰富，越梳越高。

男装重视曲线效果，强调宽肩胸、细收腰的造型外观。衣装仍以素色、简洁为主，更加重视内外衣、上下装的对比效果。男装基本仍以衬衫、西服背心、礼服式上衣为上装，下装则多为长裤。在服装色调上，多使用较深的单色，上衣领子上附着光泽亮丽的天鹅绒。西服背心则用较华丽的丝绸、天鹅绒、灯芯绒等制成，颜色也较明快。背心的前襟部位往往带有醒目的金属纽扣。

男子的帽式一直以小檐高筒礼帽为主，其特点是直筒平顶，与领巾、手杖配成男子的主要饰物。

进入 19 世纪 40 年代，男装出现方肩箱型大衣，其造型宽松，棱角分明。40 年代中期，外套的高领已变成像现在的西服领一样的翻驳领，长裤有宽裤腿和锥形裤两种。

女子服饰中，紧身胸衣更为时尚，胸衣一般多在背部开口系扎，开口处多用挂钩扣合。袖型最具特色，向高向外加大的袖形使袖子根部膨起很大，甚至使上袖有横向的感觉。

此时的裙子明显膨大，有 A 字形和钟形两种。膨大的裙子同收细的腰部形成对比，构成 X 形的下半部。

十、新洛可可主义风格的服饰

1853 年，路易·拿破仑三世与西班牙的尤金尼娅·达·摩提鸠结婚。尤金尼娅女王以其美丽的容貌、翩翩的风度、妖媚的体态赢得了许多追随者，女子们追踪仿效的目标再一次由社会名流和演艺界明星移至宫廷和贵族，形成了新洛可可主义的服饰风格。

这一时期服饰特点是男女装向着两个截然不同的方向发展。男装向着更加简洁和更加机能化的方向发展，确立了不同时间、地点、场合的穿着模式。而女装向着放弃功能，一味追求艺术效果的方向发展。不把衣物视为人体的装饰，而是视人体为衣物的支架，任意改变人体的外形，撑、系、扎出不同的造型，使艺术设计完全与功能相背离，步入了为艺术而艺术的怪圈。

这一时期男装由许多衣装组成，有大礼服，一种白天穿的礼服；有夜礼服，即燕尾服；有晨礼服，也称剪摆大礼服、剪摆外套；有单襟夹克，即单排扣西装或西便装；有晚间准礼服，一种英国军官在热带参加船上晚宴时穿的服装；有斜肩外套以及各种各样的背心。裤子变成与现代男裤一样的筒裤，但仍比较窄，裤线不明显。

此时期女子的紧身上衣有两种形式，一种是沿袭以往的衣式，小溜肩，前面平直，呈三角形与裙相连。另一种是衣摆有逐步加长的趋势，有时可达膝部，成为一种长外套上衣。女用绣花短上衣成了时尚的服装，之后又出现了品种齐全的滚边和皮边夹克上衣。镶边很快便出现在各种服装上，成为第二帝国时期服装的一大特点。

此时女裙的特点是膨起方法不同。新的撑箍裙极大方便了妇女。最初的裙撑用藤条或鲸骨制成，后来一种美国裙撑被普遍接受，它是借用钟表发条钢材料，在其上面缠上胶皮制成，更加轻便。

十一、进入时装时代的现当代西方服饰

19 世纪末期，随着社会经济成熟，西方逐渐形成一个具有相当消费能力的新消费阶层，进而产生了富裕的工业资产阶级。人们特别希望更多地参与社会活动的妇女对服装的变化及个性化有更多的要求。20 世纪初，随着人们的服饰品牌意识和流行风格意识的日益增强，服装逐渐进入时装时代。时装起源于法国巴黎。1904 年前后，法国设计师保罗·布瓦列特废除了使用近 200 年的紧身胸衣，参照东方和古典欧洲风格的服装，设计出新的女装，并且定期推出自己的时装系列，成为世界第一个现代意义的时装设计师。从此，时装成了流行和时尚的同义词。长期以来，巴黎、伦敦、纽约、米兰成为世界制造时装的中心。

1920—1939 年被称为华丽年代，时装达到第一个高潮，出现了世界上第一个时装设计大师——夏奈尔。这个时期流行的小小的女性黑色上衣成为一个时尚的象征，其特点是华贵、夸张、艳丽。

1930—1939 年，女性服装设计向典雅风格回归。在这个时期，女性服装从黑色上衣转变为宽大的白色上衣，迅速发展的电影也大大促进了时装的发展。此后 10 年，时装更强调了典雅风格。

1950—1959 年，时装形成了令人耳目一新的崭新风格。长 A 字裙，紧身上衣，凸显女性温柔典雅的风格。这个时期也是以女性内衣设计为中心的新时代，女性内衣第一次成为时装设计的重点。时装设计在这个时期的里程碑式的焦点还包括鸡尾酒会服装和婚纱。

1960—1969 年，时装走向非主流化，追求惊世骇俗的表现，同时更加突出个人设计风格。设计师们把时装引到一个更加具有艺术表现味道、更加与社会思潮相结合的阶段。这个时期，狭窄的迷你裙和裤脚宽大的喇叭裤成为影响世界各地青年人的服饰时尚。

1970—1979 年被称为反时装运动时朝。在服装设计上保留了一些传统的因素，特别是服装的滚边，表现出持续的内涵。

1980—1989 年是西方经济成熟时代，也是东亚国家开始进入经济繁荣的时代，职业阶层（又称白领阶层）日益成为时装的顾客群，极大地促进了时装业的发展。人们不仅是为美观而穿，更是为成功而穿。意大利时装就是在这个时期进入全盛发展阶段的，并且出现了超级名模。

1990—1999 年，时装发展呈现国际化和多元化的趋势，人们开始追逐体现新时代简练、信息化风格的小型化、超小形式的服饰，其中美国的时装更是引起世人的关注。

进入 21 世纪，几乎时装设计的所有因素都有外观或内涵的变化，但是不管怎样变

化，目的都是为了让人们穿出风采、穿出性格、穿出魅力。

本章小结

本章主要介绍了中国汉民族的服饰，包括汉民族的冠、衣裳、履；中国部分少数民族的服饰，包括冠、衣裳、履；西方几种不同风格的服饰，包括罗马式服饰、哥特式服饰、意大利风格服饰、德意志风格服饰、西班牙风格服饰、巴洛克风格服饰、洛可可风格服饰、新古典主义风格服饰、浪漫主义风格服饰、新洛可可主义风格服饰的衣、裤、裙、帽等。此外介绍了进入时装时代的西方现当代服饰。

综合实训

一、单项选择题

1. 背子是哪个朝代最具时代特色的服饰：
    A. 唐代　　　　　　　B. 宋代　　　　　　　C. 元代　　　　　　　D. 清代
2. 南疆维吾尔族老年妇女在参加古尔邦节、肉孜节等节日活动时喜欢戴的小皮帽称为：
    A. 瓜皮帽　　　　　　B. 袖珍帽　　　　　　C. 号帽　　　　　　　D. 礼拜帽
3. 哪个民族是我国北方唯一穿木屐的民族：
    A. 蒙古族　　　　　　B. 维吾尔族　　　　　C. 满族　　　　　　　D. 朝鲜族
4. 在整体服饰上多强调纵向的垂直线，并有意延长帽式，拉长足饰，加大人体的视觉高度，造成一种轻盈向上的感觉，这是指哪种风格的服饰：
    A. 罗马式　　　　　　B. 哥特式　　　　　　C. 洛可可风格　　　　D. 巴洛克风格
5. 斯拉修是裂口、剪口的意思，是指衣服上面的裂口装饰，开始是德国士兵模仿哪国士兵的服饰：
    A. 瑞士　　　　　　　B. 英国　　　　　　　C. 意大利　　　　　　D. 西班牙

二、多项选择题

1. 下列对乌纱帽表述正确的有：
    A. 源于隋朝　　　B. 源于唐朝　　　C. 圆顶官帽　　　　D. 乌纱做成
2. 下列对旗袍表述正确的有：
    A. 流行于 20 世纪 20 年代至 40 年代　　　B. 领头无高低之分
    C. 前后下摆开衩　　　　　　　　　　　　D. 能充分显现女性的曲线美
3. 朝鲜族服饰特点表现在：
    A. 多为白衣素服　　B. 衣短　　　　　C. 裤肥　　　　　　D. 裙长
4. 西班牙风格服饰男装的明显特征是：
    A. 轮状皱领　　　　B. 衬垫填充物　　C. 袖大多褶　　　　D. 面料轻薄

5. 罗马式时代服饰的基本品种有：

A. 内衣——鲜兹　　　　　　　B. 外衣——布里奥

C. 斗篷——曼特尔　　　　　　D. 外衣——杰金

三、简述题

1. 简述中国汉族和部分少数民族的服饰特点。

2. 简述西方几种不同风格的服饰特点。

旅游饮食文化

学习目标

知识目标：

- 理解和掌握饮食文化的概念、内涵、历史分期及其基本特征
- 了解中国饮食文化与政治、经济、宗教、民族及语言文学的联系
- 了解并掌握中国菜系文化的形成、内容及其特点
- 了解并掌握中国酒文化的基本内容及主要特点
- 了解并掌握中国茶文化的基本内容及主要特点
- 了解西方的饮食文化

能力目标：

- 通过学习，提高学生对中国饮食文化形成过程、发展分期及其基本特征的理解力
- 通过学习，培养学生运用饮食文化知识服务旅游业的综合应用能力
- 通过学习，引导学生在旅游服务与管理的过程中对中国饮食文化进行传承和创新

民以食为天。

——孔子 《论语》

民以食为天。古往今来，百姓饱则太平，饥则革命，历朝历代，盛衰全由吃，兴亡皆因食。"夫礼之初，始诸饮食。"人类的饮食生活，是一定历史阶段文明基准与文化风貌的综合反映。任何一个民族的文化都具有相当浓烈的饮食色彩，即一定意义上该民族的饮食文化。中华民族的祖先在自己的饮食生活中倾注的心血是世界上任何其他民族都无法比拟的，因此中华民族的文化有更为鲜明和独特的饮食色彩，这便是中华民族长期积淀形成的博大精深的饮食文化。

任务一　中国饮食文化概述

一、饮食文化的定义

有人说饮食文化就是吃喝的文化，这不无道理，但不全面。苏轼秋夜月下，邀友设宴，舟游赤壁，饮酒品茶，饮到了壶里乾坤大，杯中日月长的境界。可见饮食文化的精髓远不在吃喝之中。它是一个涉及自然科学、社会科学和人文科学的广泛概念，是介于文化的狭义和广义之间而又融合二者的一个边缘文化范畴。简而言之，饮食文化是人们在长期饮食生产和消费过程中所创造和引发的一切物质、行为和精神的现象及其关系的总和。

二、中国饮食文化的基本内涵

人们常说食在中国。中国饮食文化不仅被国人视之为民族文化的奇葩，而且越来越被公认为是世界文化的瑰宝。饮食文化是关于人类（或一个民族）在什么条件下吃、吃什么、怎么吃、吃了以后怎么样等的学问，其内涵极为丰富。从宏观上可分为物态文化、行为文化和精神文化，从微观上又可分为食文化、酒文化、茶文化等。其中物态文化又包括相关的原料、工具、产品、食器、环境等要素，行为文化又由相关的工艺文化、消费文化、服务文化构成，精神文化又与礼俗制度、心理愉悦、审美情趣和哲学思想、民族宗教等密不可分。

三、中国饮食文化历史分期及其基本特征

（一）中国饮食文化的历史分期

饮食文化的历史分期由于其概念内涵和外延的不确定性，以及划分依据的不同，至今理论界没有一个最终的定论。有的主张以人的产生为起点，认为饮食应与人类生存同源。有的主张以火的发明为起点，认为茹毛饮血无文化可言，只有火食之道齐备才称为严格意义上的饮食。有的主张以陶炊具的出现为起点，理由是陶炊具出现后人们才真正懂得水火调味之妙，也才有真正的饮食文化。此外还有所谓工具分期法、历史朝代分期法、文化高峰分期法及综合分期法等，可谓百家争鸣，各具特色，各有千秋，让人莫衷一是。纵观各家流派之观点，我们认为综合分期法更趋成熟与科学。它既强调文化生成的原始积累，又侧重文化成就的标准评价，还兼顾了文化发展的社会背景，比较全面并且易于理解。具体分期为：生食文化期，火食文化期，饮食烹饪文化期。具体可见表6-1。

表 6 - 1   饮食文化的历史分期表

分期名称		分期背景	社会阶段	文化特征
生食文化期		人类懂得用火之前	史前社会前期	无精神、无行为文化
火食文化期		直接用火熟食时期	史前社会后期	无精神文化
烹饪文化期	原始饮食文化	陶器烹饪为主	原始社会	精神文化萌芽
	传统饮食文化	青铜、铁器烹饪为主	封建社会	发展、成熟、鼎盛
	现代饮食文化	新科技、新技术	近现代社会	变革、批判、继承

（二）中国饮食文化的基本特征

中华民族的饮食文化在上万年甚至更漫长的时间内，经过内外部不断地创造、积累、传承、交融、整合和流变，才达到如今大盛于欧美又非欧美可并驾的境界。其基本特征主要表现如下：

1. 历史源远流长。

中国是世界文明古国之一，悠久的历史、完整的传承成就了饮食文化的博大精深。如原料选取的广泛性、制作工艺的丰富性、食品评价的综合性、区域风格的传承性、文化沉积的交互性、饮食审美的层次性等都是民族饮食文化的生命之源。如果离开了中国悠久的历史渊源，饮食文化也将失去其生命的光华。

2. 体系完整科学。

中国饮食文化不仅本身具有密不可分的完整体系，而且每一系统内部所包含的内容和文化层面也极为丰富、绚丽多彩。如物态文化，从构成内容上看，有原料、工具、产品等部分；从文化层面上看，既有物态文化本身，也交叉有许多制度的、心理的、意识的文化内容。同时中国饮食文化的体系还与政治、社会、经济、哲学、医学、美学、文学、佛教等一脉相承，相得益彰，诸如食医同源、食养合一，便是我国饮食文化中独有的饮食养生体系。

3. 内涵博大精深。

中国饮食文化历经万年的积累取舍，其内涵的博大精深使世界上没有一个国家和民族能与之媲美。从物无不堪食到物尽其用，从善均五味到齐味万方，从色、香、味、形到十美原则，从烹小鲜到治大国，从果腹充饥到雅食艺术，从祭祀鬼神到饮食礼制，从区域传承到民族融合，从民间市肆到官府宫廷，中国的饮食文化就是在这种得乎其中、超乎其外的过程中，不断交融、精进、深化，形成了如今重食、重养、重味、重理、重雅、重美的文化体系及物我合一的至高境界。

4. 拓展潜力巨大。

中华民族文化本身具有多元兼容的特性，饮食文化也不例外。历史上张骞出使西域，文成公主入吐蕃，郑和下西洋，以及中原南迁等不仅带动了民族历史的大融合，也促进了饮食文化的交流与发展。也正是在这一过程中，中国饮食文化外容八方、内炼一贯，形成了兼收并蓄的泱泱风范和融合拓展的巨大潜力。日本的茶道与豆腐都源于中国，连料理一词也实为唐语。19 世纪，中国菜传入欧美，至今中国餐馆遍布全球，呈方兴未艾之势。

四、中国饮食的物态文化

饮食物态文化是指饮食文化中以有形的物质形态所表现的各个要素的集合。主要包括原料、工具、产品、食器和食境等要素。

（一）饮食原料文化

积跬步而至千里，汇小流以成江海。中国的饮食原料经过不断地汇聚增补，形成了今天的庞大体系。其浓重的民族特色表现为博采广取，物尽其用。首先，中国地域辽阔，气候条件复杂，地理环境多变的特征造就了生态环境的区域差异，并进而决定了可食用原料产品分布的差异性和丰富性，为博采广取奠定了天然基础。据统计，中国饮食原料总数约达 10000 种，常用的有 3000 余种。其次，中国人开发食物原料之多，是世界各民族中罕见的，我们这个民族不但吃过一切可吃的东西，而且吃过许多不能吃和不应吃的东西。历史上上层社会求珍猎奇无所不食，下层民众果腹求生无所不食，致使蚕、蛹、蝉、蜘蛛等各类昆虫成为中国人自古到今的食物，就连老鼠、蝗虫、毒蛇、蝎子等也一度成了中国人的盘中餐。最后，择取有方可使饮食原料物尽其用。中国饮食对原料的选择历来极为重视，清代《随园食单》曾记"司厨之功属其六，买办之功居其四"。买办即采购原料的人。在原料的选择上，我们形成了一整套经验：一是择地而取，二是适时而取，三是择位而取，四是择优而取。

（二）饮食工具文化

中国饮食工具随着社会和饮食自身的变化而变化，在承继传统文明与吸纳先进科技的基础上发展成一个种类齐、组合优、功能全的科学体系，其民族特色和文化附着力极强。如鼎、筷子都是中国饮食中最普通的工具，其文化现象至今仍被世人关注，不仅折射出了社会的发展、文化的变迁，还折射出了审美的历程等。

补充阅读

鼎食民族的由来

中华民族素有鼎食民族之称。中国古代用鼎作饮器、餐具的历史长达六七千年。中国古代的鼎同时是一种代表政权的礼器，当时问什么都行，但不能问"鼎"。夏商周三代时期史称青铜时代，钟鸣鼎食是这一时期饮食文化的概括。钟是一种乐器，鸣钟是一种待遇，列鼎而食是一种规格。天子食九鼎，王食七鼎，诸侯食五鼎，大夫食三鼎。击钟列鼎而食者必属贵族，这便是古代的鼎食制度。秦汉以后鼎逐渐退出饮食领域，从此作为具有象征意义的重器，更加尊严而神秘地高居庙堂之上。但鼎所具有的文化驱动力深远地影响到中国历史的各个时期。如：1991 年 7 月，在人民大会堂举行首届中国饮食文化国际研讨会，主席台中央悬挂的便是一只三足圆鼎形的金徽，可谓匠心独运。

饮食工具中最简单不过的筷子，也有着深厚的文化内涵。有人以为西方用刀叉进食是文明的表现，其实不然。中国早在2000年前就结束了刀叉进食的时代，而西方在近代才普遍使用刀叉，结束其手抓指填的历史，以致鸦片战争后，英国西菲尔特一家著名公司从西方运来大批刀叉，准备在中国淘金一把，结果无人问津，贻笑天下。

不管是鼎还是筷子，中国每一件饮食工具都有丰富的文化内涵。新石器时代的鱼陶古朴典雅，青铜时代的饕餮纹器精美端庄，封建贵族的餐具极尽玄思妙构，奢华至极。如李白诗所云"金樽清酒斗十千，玉盘珍羞直万钱"。

（三）饮食产品文化

饮食原料的广泛，制作工艺的精妙，造就了琳琅满目的饮食产品，其文化可用众多、精美、奇妙来概括。

一是众多。中国饮食产品在物无不堪食的影响下，使得世界上任何一个民族都望尘莫及。具体表现为：（1）数量多，难以详计。如长沙马王堆出土的竹简食单，记有食品百余种；《金瓶梅词话》中提到的菜、酒、茶等食名达400多种，可谓数不胜数。（2）种类多，纷繁复杂。中国饮食产品的分类宏观上可分饮料与食品两大类，茶、酒、汁、液、浆等归于饮料类，主食、副食、零食、茶点等则属于食品类。从微观上分其种类则更为繁杂。（3）流派多，百花齐放。仅就菜系而言，其流派纷呈可窥一斑。（4）名品多，灿若繁星。中山先生曾说"美国人之嗜中国味者，举国若狂"。中国饮食文化之所以名扬四海、久盛不衰，表现在产品上是因为家珍无数、名品繁多且层出不穷。《中国名菜谱》中虽收录了名菜数千种，但实际上还是沧海一粟。

二是精美。内炼谓精、外显称美。精美从来密不可分。精的产品必然呈现美的光彩，美的产品肯定闪烁精的灵气。"羊、大"为美，解字可知美是从饮食开始。中国饮食产品之精美，主要是指料精味美、艺精形美、食精器美等。在章章飘酒香、回回有食趣的《红楼梦》中，关于茄鲞的描述就淋漓尽致地体现了食不厌精之理。

三是奇妙。中国饮食之奇妙，世界罕见，令人叫绝。奇就奇在超乎想象、独一无二，妙则妙在出神入化、韵味无穷。如湖南名吃油炸臭豆腐闻起来臭，吃起来香，嗜之上瘾者不乏其人。再如醉虾是将活虾以酒夭之，醉而上桌生食，其制作方法之奇乃中国独有。妙还有食名之妙，给美食取个美名，一悦心情，二增食欲，三添情趣，四传佳话，本身就是一件妙事。更何况中国食品之名自古以来始终深深植根于民族文化的沃土之中，雅者可登堂入室，俗者也自得其妙。如霸王别姬、凤凰卧雪、叔嫂传珍、乌云托月、见风消、拨霞供等，令人拍案叫绝。

五、中国饮食的行为文化

言谈举止乃行为。一切与饮食有关的具体活动都属于饮食行为的范畴。不同的价值观、人生观、世界观，表现在行为方式上也千差万别。行为的雅俗美丑、动静虚实皆成文化。中国饮食行为文化涉及面广，特色性强，这里仅就饮食行为文化中的有关工艺文化和消费文化做一些阐述。

（一）炉火纯青的工艺文化

中国饮食文化从产生的那天起，就不仅仅满足于果腹充饥的物欲需求，而是始终与政治、宗教、民族、伦理、艺术等紧密相连，追求的是一种物质与精神同时满足的艺术享受。西方人说，看中国厨师炒菜就如同欣赏高超的杂技和魔术表演一样，火焰熊熊，风声呼呼，只见勺铲在手里高扬低回，锅瓢在灶上上翻下颠，菜肴在空中此起彼伏，眨眼间一道色可赏、香可闻、味可尝、形可观的菜便送上了餐桌，风风火火才饱眼耳之福，悠悠扬扬又享口舌之美。饮食工艺文化与饮食制作工艺密切相关，主要包括选料、刀工、配组、调味、火候和造型等。

1. 选料。

"物性不良，虽易乐烹之亦无味也。"选料工艺是饮食工艺文化的基础和前提条件，要求熟悉和掌握原料的产生过程、阶段属性、固有品质、优劣真假，以及营养元素等多方面知识，要具有通过感官、理化和经验等方法进行判别鉴定的技能。"三群之虫，水居者腥，肉攫者臊，草食者膻。臭恶犹美，皆有所以。"这是古人对饮食原料属性的认识总结。

2. 刀工。

加工工艺是饮食工艺文化中的重要内容，既有利于饮食色、香、味、形的定性，也直接影响最终产品的品质和风味特色。加工工艺有一套完整而丰富的体系，包括刀工、上浆、糊、拍粉、焯水、过油、走红、腌制等一系列食物烹制前的粗细处理工序。《礼记·内则》中载："取牛肉，必新杀者，薄切之，必绝其理。"这说明美味离不开高水平的刀工技艺。刀工作为一门技术，唐代便出现了专著《砍斫法》。又据《酉阳杂俎》所载"操刀响捷，若合节奏"、"鸾刀缕切空纷论"、"刀鸣脍缕飞"，古人刀工之妙不可思议。《庄子·养生主》中的寓言庖丁解牛不仅反映出当时刀工技艺已达游刃有余的地步，而且告诉我们做事、养生要目无全牛，顺其自然。真是刀工技艺因刀起，刀工文化在刀外。

3. 配组。

才子必配佳人、风花当伴雪月。饮食工艺文化中配组工艺追求的正是"相女配夫"。饮食配组不仅在食、色、味、形、器以及质量方面要求科学合理，而且要因时、因地、因人而异，力求合和之妙。配组的方法很多，历来配无定法。某一方面的协调和谐似乎不难，全方位的搭配完美却绝非易事，是科学也是艺术。色彩的搭配，讲究赏心悦目，如小葱拌豆腐——一青（清）二白；香气的搭配在于闻香下马；口味的搭配追求的是适口者珍；形态搭配则注重美观实用；品质的搭配应强调科学营养。山不在高、水不在深是其量的原则，食不厌精是其质的追求。集美食理论之大成者袁枚，在其《随园食单》中，归纳了"清配清、浓配浓，柔配柔，刚配刚"的配组理论。其实配组如同绘画，法无定则，现在许多菜肴的搭配，如软硬兼施的豆腐松子、厚此薄彼的梅菜扣肉、刚柔相济的冬瓜排骨等则早已超越袁枚的理论界限。但必须注意的是配组应宜配则配，切忌乱点鸳鸯。如："蟹之鲜而肥，甘而腻，白似玉而黄似金，已造色、香、味三者至极，更无一物可以上之，和以他味者。犹之以爝火助日，掬水溢河，冀其有裨也，不亦难乎。"这说明蟹不宜与他物相配。

4. 调味。

众口难调说明了味的多样性和复杂性，也正因为如此，中国人对味投入了极大的兴趣，同时造就了极其丰富的调味文化。味源于饮食，融于万物。珍馐百味，美禄千种，味是饮食之魂。中国饮食自古有五味三材之说。三材乃水、火、原料，五味则指甘、酸、苦、辛、咸。物无定味唯在善均，五味调和是调味追求的最高境界。"味藏者使之出，无味者使之入，味淡者使之厚，味浮者使之定，味欠者使之足，味异者使之正"，此乃调味的任务和原则。调味方法有相乘、消杀、互渗、扩散、收敛等。古人云："鼎中之变，精妙微纤，口弗能言，志弗能喻。"要达到取精华而糟粕去，真味出而俗尘无，"久而不弊、熟而不烂、甘而不哝、酸而不酷、咸而不减、辛而不烈、淡而不薄、肥而不腻"的境界，非冰冻三尺不可，世界之大唯中国饮食至此境界。至于寻味、韵味、趣味等是味外之味，淡到无味乃至味是哲人的思虑。

5. 火候。

三分技术七分火候，这是中国饮食行业的一句俗语，说明掌握火候是衡量厨师烹调技艺的一把柄尺。世界公认中国是最早使用和发明火的国度，用火熟食是炎黄祖先的伟大创举。唐人曰"物无不堪食，惟在火候"，《本味》篇载"九沸九变，火之为纪"，"时疾时徐，灭腥去臊除膻，必以其胜，无失其理"。可见火之大小、快慢深藏玄机妙理。中国火功用途广泛，烹菜酿酒也好，制茶冲饮也罢，皆重火候。如今人们把言谈举止的分寸，事物发展变化的度也称之为火候，可见火候文化不仅内涵丰富且外延很广。历史上第一个把火候理论系统化的莫过于袁枚。他说："熟物之法，最重火候，有须武火者，煎炒是也，火弱则物疲；有须文火者，煨煮是也，火猛则物枯矣。有先用武火，而后用文火者，收汤之物是也，性急则皮焦里不熟矣。"

6. 造型。

中国饮食的造型文化是世界饮食文化中的一枝奇葩，"有肴必艺，无馔不工"，造型由来已久。孔子主张"割不正不食"，正就是指食品的形态要符合要求。据《清异录》所载，庖制精巧，用鲊、臛、脍、脯、醢、酱、瓜蔬、黄赤染色，斗成景物，若坐及二十人，则人装一景，合成辋川图小样。讲的是梵正集各种造型艺术于一体，不仅开启了花拼的先河，而且技艺绝妙高超。观其花拼，恰如欣赏一幅美妙的山水画卷，不仅形色俱佳，而且可观可食。历史上的看菜、工艺菜、形象拼盘菜刻意追求造型，使造型工艺达到了极致。饮食造型中常以动植物和风景为原型，无论哪种造型都十分考究，形似克隆，呼之欲出。有趣的是造型还常与美名相伴，如红楼梦，蝶恋花，岁寒三友等。

（二）绚丽多彩的消费文化

饮食生产的最终目的是为了消费。人们在饮食消费中不仅可以得到生理和心理的满足，还能够感悟人生的真谛。饮食市场的变迁、筵席的兴衰、饮食环境的讲究以及养生与雅食等便构成了消费文化的绚丽篇章。

1. 饮食消费的层次结构。

中国传统的饮食消费大致可分为五个层次，即果腹层、小康层、富裕层、贵族层和宫廷层。从果腹层到宫廷层在人数上呈宝塔形分布，层次越高，食者越少，然而其影响力和文化生成力则恰恰相反。虽然中国饮食文化之花的根系深扎于社会底层的沃土之中，但其艳卉大部分盛放在上层。"朱门酒肉臭，路有冻死骨"是饮食消费层次的鲜明写照。各个阶层各有其特点，果腹层的特点体现在粗糙、酣畅之中，没有上层的奢、文人的雅、侠士的狂，有的只是淳朴与平淡，以及粗茶淡饭后的无奈。而小康层是比上不足比下有余，自得其乐吃实在。富裕层大多是中等士绅官商和其他殷富之家，因此官不高钱不少，风雅滋味吃逍遥，历史上许多食客、食家如苏轼、陆游、李渔、袁枚等，便产生于这一层次。贵族层由权倾朝野的达官显贵和家资丰饶的望族豪门组成，他们的饮食往往是"日日年节千珍宴，灯红酒绿无绝期"。史书上所谓钟鸣鼎食、食前方丈，描写的便是此类侯门的饮食场面和水平。这一层次的饮食消费特点是上烹天下煮海，尊贵享荣吃气派。唐代的韦巨源，清代的和绅、《红楼梦》中的荣、宁二府均是贵族层的代表，而最能反映这一层次特征的，莫过于衍圣公府。宫廷层是饮食消费的最高层次，普天之下，莫非王土；率土之滨，莫非王臣，历代帝王聚天下之美味，鱼熊兼得；役九州之名厨，蒸龙炮凤。在追求悦目、福口、怡神、示尊、健身、益寿等完美统一的过程中，帝王饮食日食万钱，犹言无下箸处，同时客观上也使中国饮食文化达到了登峰造极之境界。这一层次的饮食特征集中体现为天之下地之上，威风八面吃霸气。皇帝用膳由御膳房专供，进膳时有威严的侍卫、恭敬的太监，环境庄严肃穆，气势唯我独尊。

2. 满汉全席与历代筵宴。

满汉全席是清代末年兴起的一种规模盛大、程序繁杂、满汉饮食精粹合璧的宴席。据史料所载，从康熙到嘉庆，满席、汉席分别对应，道光中叶才见合一，称满汉席。满汉全席之称始于光绪年间，从满席、汉席—满汉席—满汉大席—满汉全席这一演进过程中，菜点名目逐渐繁多，场面气派日益奢华。如今有文字记载的一份满汉全席菜单见于清代李斗所著的《扬州画舫录》。但因满汉全席在不同时期、不同地点、不同场合，其程式、菜点、馔肴、品数各有不同，因而至今对其众说纷纭，莫衷一是。满汉全席其制作之考究，器皿之精致，场面之豪华，礼仪之隆重，历代名宴无可比拟。

除满汉全席外，中国古代名宴众多，大体可分为五类。一是朝廷宴会，包括加冕、册封、庆功、祝寿等常规御宴以及廊宴、千叟宴、临光宴等临时御宴。二是臣僚接驾宴，如唐代韦巨源所设的著名的烧尾宴即属此类。三是官僚社交宴，此类宴会有官办、私办之分，地点、时间、规模均无定式，如争春宴、避暑宴、凌虚宴等。四是民间社交宴会，此类宴会因其规格较低，史书少有具体记载，一般属家宴或聚会之类。五是文会船宴，文会主要是历代文人相互间的聚会宴请，船宴则是中国历史上的旅游筵宴，产生于春秋时代，以后历朝历代均有。

历代宴会除美食外，还讲究节奏和韵律之美。一般情况下，冷碟酒品为开席序曲，热菜主菜掀起高潮，汤和水果为结尾。开席的序曲舒缓柔美，好似清风徐来，多以品茗问候、祝酒寒暄为主，头菜上桌起酒兴，大菜入席出高潮，给人以高山流水、福地洞开之感，结尾再趋平缓，恰如余音绕梁，韵味无穷。席间菜的色、香、味、形、器也颇多讲究，既有百味百菜的多样，又有百川归海的统一。可以说中国宴会是一曲和谐完美的交响乐，富于浓厚的审美情趣，具有高度的审美价值，是中国饮食文化中重要的组成部分。

3. 饮食与养生。

西菜重视营养，中菜注重滋味，外国人视饮食为科学，中国人视饮食为艺术。这似乎是中西饮食文化的差异所在。其实不然，中国饮食一开始就与养生密不可分，只是饮食艺术化的光彩太耀眼罢了。《周礼·天官·逐宰》记载周代官职中有专司其职的食医，说明最早的医务人才就是饮食营养师。《内经·经向》中载："五谷为养、五果为助，五畜为益，五菜为充，气味合而服之，以补精益气"，"辛走气，咸走血，苦走骨，甘走肉，酸走筋。是谓五禁，无令多食。"西汉名医淳于越提出："安谷者，过期，不安谷者，不及期。"最早的食谱《本草食医经》更是把食物和药物等同起来，形成了中国特色的食医同源、药膳同功的宝贵传统。《千金食治》是我国历史上现存最早的饮食疗疾专著。孙思邈在书中主张"为医者，当晓病源，如其所犯，以食治之，食疗不愈，然后命药"。集饮食、养生、保健思想之大成者，莫过于元代饮膳太医忽思慧，其所著《饮膳正要》主张"饮食必稽于本草"。我国第一部饮食禁忌的专著《饮食须知》由贾铭所著。

归纳起来，古代饮食养生之大要在于重养，即食医同源，以养为主；重节，即饮食有节、切忌暴食；重心，即人之当食，须去烦恼；重味，即五味调和，勿便过偏；重俭，即不足为俭，俭约为佳；重洁，即败恶不食、务洁清。

4. 十美风格与雅食。

所谓饮食的十美风格，是指中国历史上上层社会和美食理论家们，对饮食文化理解与追求的十个独具风格而又紧密关联的具体方面，分别是质、香、色、味、形、器、适、序、境、趣。质是指原料和成品的品质，是美食的前提、基础和目的。香是鼓诱情绪、激发食欲的气味，闻香即是鉴别与鉴赏食物美的重要标志之一。色是指食物爽神悦目的颜色，包括本色与配组。形是食物的美感造型，是饮食形态美和意境美的结合。器则是指精美适宜的炊饮器具，美食还宜美器早已是古人重要的审美标准之一。味指五滋六味，也指美味。美味是中国饮食追求的最高境界。适是指食物舒适的口感，物无定味，适口者珍。序是指宴饮过程中的程式顺序。境是指优雅和谐，陶情怡性的宴饮环境。趣是指愉快的情趣和高雅的格调，以乐侑食追求的便是歌舞之趣。十美臻集，谐成韵律，中国饮食文化就是这样源于物质而高于生理，归于精神而高于艺术。

雅食是中国饮食活动中特有的文化现象。大凡因历代文人雅士向往理想境地，追求超凡脱俗所为。雅食需要五个条件：佳味、良辰、美景、可人、韵事。佳味并非山珍海味，适口为准；良辰即天时，年节喜庆，晋升乔迁，添丁进财，久别重逢，朋至远方，以及春暖花开，夏夜月明，秋风送爽，冬梅含雪，都可谓良辰。美景乃地利，楼阁亭台，花前月下，山川湖岳，竹中林间，荷塘瓦舍皆成美景。可人是人和，知音学友，同窗高朋，阖家至亲均是可心之人。韵事则为情趣雅兴，诗词歌赋序、琴棋书画联多生雅兴，吹拉弹唱舞、嬉戏玩乐侃不无情趣。五境所具，自成雅食。王羲之的兰亭会，选在天朗气清、惠风和畅的阳春三月，四周是崇山峻岭，茂林修竹，两边清流激湍，映带左右，来客都是文人，大家饮酒赋诗，畅叙幽情，曲水流觞，极富情趣。欧阳修的醉翁亭宴，在琅琊山中设筵宴，高山流水鸟作乐，醉饮山泉酒，美食清溪鱼，山肴野蔬自得乐，投壶弈棋各尽兴。雅食是饮食审美的最高层面，至此境界才有"胜地不常，盛筵难再，兰亭已矣……"的感慨，才成了"醉翁之意不在酒，在乎山水之间也"的绝唱。

六、中国饮食的精神文化

中国饮食文化作为民族历史文化园林中的奇葩，在重食思想的影响下，与社会生活的各个方面都有着千丝万缕的联系，正是这些渗透与关联构成了中国饮食文化深邃莫测而又经久不衰的精神层面，主要涉及政治、宗教、民俗、文学、艺术、医学、哲学、历史、审美等。有关医学、艺术、审美前面已有点评，不再赘述。

（一）饮食与政治

饮食之于政治，表现在两个方面，首先，立国须以食为本，安邦应循食之道。人类只有首先解决饮食问题，才能生存和进行其他活动，没有人类的生存，便没有人类社会的一切。此所谓"食者，万物之始，人事之所本"，"仓廪实而知礼节，衣食足而知荣辱。"其次，立国须以民为本，得民心者得天下。民以食为天。几千年来中国最朴素的民心便是温饱，能得温饱则天下太平，民不聊生则揭竿而起。历史已经证明食道则为天道。"粟者。王之本事也。"翻开史册，字内行间亘古不变的只有饮食二字。时至今日，食的问题依然是我国最大的政治。调和鼎鼐这个典故说明，烹调看似小道却深藏治国之大道，治理国家与烹调饮食同理。

（二）饮食与宗教

宗教是一种社会意识形态，也是一种社会的历史现象。原始宗教以自然物和自然力为崇拜对象，相信万物有灵。现代宗教是阶级社会的产物，世界三大宗教——佛教、基督教和伊斯兰教以及中国的道教都是现代宗教。宗教的社会影响力是难以估量的，其教义、教规中有大量食规、食戒，这些不仅是教徒的饮食规范，同时对整个社会的饮食习俗也影响很大。宗教饮食文化有其共同的基本特性，主要表现在饮食活动的群体性，心甘情愿的自觉性，斋戒禁欲的忌讳性，盲目膜拜的神秘性，信仰追求的功利性，食俗成因的复杂性等方面。同时每一教派又有其自身不同的特点。

（三）饮食与礼俗

中国素有礼仪之邦之誉。《礼记·礼运》说："夫礼之初，始诸饮食，其燔黍捭豚，污尊而杯饮，蒉桴而土鼓，犹若可以致其敬于鬼神。"这就是说，礼最初产生于饮食，始于对鬼神的祭祀。其作用是"经国家，定社稷，序民人，利后嗣'"，行礼就是要做到"君令臣共，父慈子孝，兄爱弟敬，夫和妻柔，姑慈妇听"，"安上治民，莫善于礼"。礼包含礼制和礼仪。时代不同，其内容也有所差别，但无论如何变，都涉及饮食的内容，而且有些礼制本身就是以饮食为内容的。如宴会礼俗等，首先邀客用请柬，即通知客人，以书面形式表示对客人的尊敬。客来应远迎，如未做到，常以有失远迎表示歉意，进门则敬烟上茶奉点心。入席时，以长幼、尊卑、亲疏、贵贱排坐设位，这是宴礼中最重要的一环，最费心机，首席入座后其他人才可上席。开席时，主人举杯敬酒，客人起立承之，也有客人回敬之礼，主人敬酒于客谓酬，客人回敬曰酢，如此往返三次即曰酒过三巡，敬酒讲究先干为敬。端菜上席时必层层上传。上主菜时客人有赏钱之俗，如主人对饭菜满意，也会赏银给厨师，如今小费恐怕源于此举。隆重的宴席常以乐侑食，席间常请贵客点戏，演毕也有赏钱之礼。如若宴会时间较长，古时有更衣之俗，即暂时离席，或添换衣服，或行方便，或稍事休息等，如今宴会没有固定的更衣时间，代之以递巾服务。最后主菜上毕，客人尽兴便离席，一般情况下主人不宜最早起身离席。至此，宴会便宣告结束。旧时宴会礼俗越是上层越复杂。

（四）饮食与文学艺术

众所周知，汉语言文学在世界文化中从古至今始终是一枝独秀，其历史源远流长，内容博大精深，体系科学完整。可以说在中国的语言文学艺术之中，饮食及饮食活动沉积的精华俯拾即是。一是与饮食有关的词汇多如牛毛，如与味有关的词汇总量不下百数。《红楼梦》开卷便是"满纸荒唐言，一把辛酸泪，都云作者痴，谁解其中味"。味在此处寓人间酸甜苦辣。老子曰"道之出口，淡乎其无味"，淡到无味，方是至道，味乃高深的哲理。再说吃字，其义也极具表现力，如吃一堑长一智、吃醋、吃白食、财政吃紧等。二是因饮食而产生的歇后语、成语也是不胜枚举，或寓意丰富，或幽默风趣，或入木三分。如：如饥似渴，酒囊饭袋，醉生梦死，食古不化，釜底抽薪，因噎废食，吃皇粮，巧妇难为无米之炊，酒香不怕巷子深，哑巴吃黄连，吃不了兜着走，端起碗来吃肉、放下筷子骂娘等，这些与饮食有关的语言可谓妇孺皆知。吃葡萄不吐葡萄皮，不吃葡萄倒吐葡萄皮等还成了相声演员练习基本功的绕口令。三是饮食与诗词曲赋及小说等文学艺术天生有缘。中国现存最早的一份食单便出自诗歌集《楚辞》。许多诗人其实也是美食家，唐代诗人李白又称酒圣。斗酒诗百篇，无酒不成诗，其酒诗高人一等，留下了许多脍炙人口的名篇，如《将进酒》《月下独酌》等。杜甫每得新味，必要一咏，从《丽人行》《饮中八仙歌》中还依稀可见其品茗之风雅。饮食文赋的杰出代表还有枚乘的《七发》，曹植的《七启》《酒赋》，苏轼的《菜羹赋》《老饕赋》等。描写饮食的小说更是比比皆是，《三国演义》《水浒传》《西游记》中不乏描写饮食及其活动的内容。作为描写市井生活的《金瓶梅》与作为描写豪门富宅家族生活的《红楼梦》可以说就是不同层面的饮食文化史，字字句句藏食趣，章章回回飘酒香。四是饮食对联别有洞天。饮食楹联一般挂于酒店或茶馆门两侧，切合店铺实际，既具有文学色彩又起招客宣传作用。卖酒的对联有铁汉三杯脚软，金刚一盏摇头；劝君更进一杯酒，与尔共消万古愁。茶馆联有壶煮三江五湖水，笑迎四面八方客；花间渴想相如露，竹下闲参陆羽经。菜馆联有烹煮三鲜美，调和五味香；闻香下马，知味停车；有同嗜焉，从吾所好；不多食也，点尔何如。

补充阅读

相传清朝同治年间，两广总督张之洞邀朋友到一地方官家中赴宴，一进门张便入坐第一把交椅。官吏不知其来历，便手指松江名菜鲈鱼脍，出一上联：鲈鱼四鳃，独占松江一席，含有讽刺他独占首席，傲慢无礼之意。张听罢，指看桌上的螃蟹对道：螃蟹八足，横行天下九州。官吏于是慌忙打听，方知他是一品重臣，慌忙叩头谢罪。这副对联因其诙谐而流传至今。饮食与语言文学还表现在美食美名之中，美食应用美名，而美名便是饮食与语言文学联姻的产物。

任务二　中国菜系

一、菜系的由来与划分

在人类生食文化期，不存在主副食之分，也没有饭菜之别。即使到火陶熟食初期，人们的饮食还是共煮一器。后来有了算，才出现有菜肴意义的所谓菜——羹汤。到了唐宋，随着生产力水平的提高和人类饮食生活的丰富，特别是铁器的使用，菜的品种开始增多，菜的地方性便逐渐显现，出现了胡食、素食、北食、南食、川味等称呼。到明清，出现了京都风味、姑苏筵席、扬州炒卖、湘鄂大菜以及帮、帮口、风味、菜等称谓。虽然帮用于表示菜的地方性，有其历史的必然性，但它带有旧制度下行帮、行帮意识、行帮习气的烙印，新中国成立后继续沿用菜帮这一称谓显然不合时宜。系的概念正是在这种饮食文化转型的特定时期应运而生和流传开来的。菜系说产生于 20 世纪 50 年代，但最早正式以文字形式出现是 70 年代中叶以后。

中国到底有多少个菜系，众说纷纭。从最早的四系说开始，先后有五系说、六系说、八系说、十系说、十二系说、十四系说、十六系说、十八系说、十九系说、二十系说、三十四系说等，甚至有人还主张按行政区域进行划分，按民族进行划分，确有越来越多、越分越杂的趋势。但不管划分多么繁杂或多么简单，都自有其道理：一是中国辽阔的地域、丰富的物产、悠久的历史、多元的民族、灿烂的文化确实产生和创造了世间独特的菜肴美味。二是各家各派划分的依据和标准不同，有侧重产品的，侧重原料的，也有侧重工艺与消费群体的。智者乐水，仁者乐山，各出其因，也各得其所。主要划分类型有：按地域划分有 13 个流派。按民族划分有 56 个流派。按消费群体划分可分为民间、市肆、官府、寺院、宫廷等。按原料划分可分为素、荤两类。按时间划分有仿古与现代之分，仿古包括仿膳、仿唐、仿宋、孔府、谭家、红楼、随园等。此外，还可以按食品的功用、菜肴的味型等进行划分。现在随着文化的不断流动和交融，人们更习惯于以家常菜、地方菜、筵席菜、特色菜等进行划分。本节主要介绍按传统习惯划分的十大菜系。

二、十大菜系简介

（一）山东菜

山东菜又称鲁菜。山东位于黄河中下游，是中华文明的发祥地之一。大汶口文化与龙山文化均出土于齐鲁大地，春秋时厨师始祖易牙即生于斯，天下第一家的孔府也在山东。北魏贾思勰在《齐民要术》一书中记录了 200 多种鲁地风味，唐宋时鲁菜为北方代表，后传入宫廷，得以完善与发展。山东素有世界三大菜园之一的美誉，物产丰富，名品繁多，海产、水果、调味品一应俱全。如胶州白菜、章丘大葱、黄河鲤鱼、微山湖麻鸭、烟台苹果、莱阳梨、青岛啤酒、洛口食醋等久负盛名、驰名中外。鲁菜对华北、华东、中原、东北等地影响较大。其风味特点是：选料精细、工于火候、擅烹海鲜、精于制汤（汤有奶汤与清汤之分）、讲究葱蒜调味。主要味型有咸鲜、酸辣、糖醋、五香、椒盐等。风味构成有内陆济南风味和沿海胶东风味两大部分，还有堪称阳春白雪的孔府菜。代表菜有九转回肠、油爆双脆、芙蓉鸡片、糖醋黄河鲤鱼、葱烧海参、绣球干贝、当朝一品锅、霸王别姬等，著名小吃有周村烧饼、福山拉面等。

（二）江苏菜

江苏菜又称苏菜。江苏位于中国东部，地理条件优越，东临黄海，长江横穿中部，境内河湖交错，素有江南鱼米之乡的美誉。特产有太湖银鱼、南通刀鱼、镇江鲥鱼、江阳河豚、太湖莼菜、苏州红菱、南京板鸭等。隋唐时大运河的开通，使得官府、商贾、文人等从四方云集于此，经济十分发达，淮扬名菜、姑苏名点随之层出不穷。《吕氏春秋·本味》对苏菜曾有较多记载，特别是清代食家袁枚对苏菜颇为钟情，并潜心研究，其代表作《随园食单》所列菜肴皆源于苏菜。苏菜对浙、沪一带影响较大。其风味特点主要是：选料讲究时令鲜活，工艺注重刀工火候，调味突出本味清淡，造型强调色泽美观，烹制菜肴喜欢加糖。味型主要是甘鲜调和而咸甜适中，同时兼有甜出头、浓收口、浓油、赤酱、咸鲜的风格。主要风味构成有淮扬风味、南京风味、苏锡风味和徐海风味。代表菜有蟹粉狮子头、三套鸭、常熟叫花鸡、香脆银鱼、羊方藏鱼等，著名小吃有淮扬细点、蟹黄汤包、黄桥烧饼等。其中南京风味的清真菜是一大特色，我国清真菜中美人肝、松鼠鱼、蛋烧卖、凤尾虾四大名菜皆出于南京。此外苏锡船点也闻名天下。

（三）四川菜

四川菜又称川菜。四川位于长江上游，境内山川环绕，沃野千里，物产丰富，自古有天府之国之称。粮油果蔬畜禽肉，冬虫夏草山珍味，江河鱼虾中华鲟，酱醋井盐麻辣油，应有尽有，皆属上品。此外还有川江三大名鱼东坡墨鱼、江团、肥头等，为川菜的形成提供了得天独厚的物质条件。5000年前四川已出现早期烹饪，西晋时期初具规模，形成了好滋味、尚辛香的饮食习俗。隋唐五代进一步发展，技艺更精，品种更多。明清引进辣椒，奠定一菜一式、百菜百味的川菜特色，至今川菜仍以食在中国，味在四川而扬名天下。川菜的风味特点是：取材广泛，物尽其用；博采众长，不拘一格；技法百变，调味多样。川菜以清、鲜、醇、浓并重，善用麻辣而著称。调味品中独具特色的三椒即花椒、胡椒、辣椒，三香即葱、蒜、姜或醋。川菜还有七滋八味之说，七滋即甜、酸、麻、辣、苦、香、咸；八味即鱼香、酸辣、椒麻、怪味、麻辣、红油、菱汁、家常。川菜以复合调味而得神韵。四川怪味最具特色，融七滋于一体，彼此共存，食用时感到味道反复多变，味中有味，和合协调，回味无穷，被誉为是川菜中和声重叠的交响乐。川菜由成都风味、重庆风味和自贡风味三部分组成，同时素食佛斋风味也独具特色。其中成都重麻，重庆尚辣，自贡兼备。代表菜有宫保鸡丁、麻婆豆腐、樟茶鸭子、鱼香肉丝、毛豆火锅、砣砣肉、棒棒鸡等。著名小吃有钟水饺、担担面、龙抄手、九园包子、提丝发糕、鸳鸯叶儿粑等。

（四）广东菜

广东菜又称粤菜。广东地跨亚热带、热带，北回归线横穿中部，气候温暖，夏长冬短，四季常青，北依五岭，中有珠江，南临南海，是我国最早开放的口岸之一，也是改革开放的前沿阵地。广东物产丰富，"天下之食货粤东几尽有之，粤东之所有食货，天下未必尽有之"（《广东新语》）。广东不仅盛产稻米、甘蔗、花生、荔枝、菠萝、咖啡、可可、胡椒等，还有丰富的河鲜海味，名产有湛江龙虾、虎门明虾、金厢鱿鱼。岭南山区岗峦错落，多有野味，如禾花雀、金环蛇、过树榕、果子狸等。广东名品有增城丝苗米、临高乳猪、万宁燕窝、清远麻鸡、潮州雁鹅等。秦统一前，岭南杂食之风甚盛，统一后汉越文化很快融合，唐代时广东菜初具特色，至明清及以后纳中西之长、汇粤广特色而自成一格，形成堪与鲁、川、苏三大菜系媲美的又一独立菜系。其风味特点是取材广泛奇异，蛇、鼠、猫、虫均可入馔俱为佳肴；调味选料独特，诸如蚝油、虾酱、梅膏、沙茶、鱼露、柱候酱等；技法多样善变，南北融合，中西合璧；调味重本色本味，讲究清淡，鲜而不俗，嫩而不生，油而不腻。有五滋六味之说，五滋乃清、香、脆、酥、浓；六味为鲜、辣、咸、甜、酸、苦。此外在选料上还十分注重鲜嫩与时令。广东菜由广州风味、潮州风味和东江风味组成：东江菜又称客家菜，以善烹家禽野味见长；潮州菜受闽菜影响，以烹制海鲜著称；广州菜则杂（用料）而精（择优），良（技艺）而多（食品）。代表菜有烩蛇羹、龙虎斗、鼎湖上素、脆皮鸡、烧雁鹅、东江盐焗鸡、红焖牛肉、什锦煲等。著名小吃有六大类，即油器、粥品、面食、糕粉、甜点、什食。如笑口枣、脆麻花、猪骨粥、水蛇粥、皮蛋粥、生源粥、云吞面、猪平面、萝卜糕、马蹄糕、双波奶（南信甜品店名品）、炒田螺、猪江汤等。

（五）福建菜

福建菜又称闽菜。福建位于中国东南部，西边群山环绕，东边滩涂漫长。东边才尝海味鲜，西边又飘山珍香。海鲜有黄鱼、鳗鱼、对虾、牡蛎、西施舌、江瑶柱等1200种之多，山珍野味中多香菇、竹笋、银耳、雉鸡、石鳞等。福建还是有名的七果之乡，盛产荔枝、龙眼、香蕉、菠萝、枇杷、橄榄、柑橘。4000年前福建便有熟食记载，两晋南北朝时衣冠南渡形成北方汉人三次南迁入闽，加快了饮食文化的发展，唐宋至元明，随着福州、泉州和厦门对外贸易的发展，闽菜进一步发展，最终完成了由粗、腻、俗向精、淡、雅的转变，清代便定型为一独立菜系。其风味特点是技法精细尤重刀工，调味偏甜、偏酸、偏清淡，善用糖、醋、糟等佐料，常用复合味，有咸鲜、酸辣、咸甜等。闽菜中汤菜居多，变化无穷，自古就有一汤十变之说，注重外形，雅致大方。主要风味构成有福州风味（偏酸甜）、闽南（厦门）风味（善甜辣）、闽西风味（偏咸辣）。代表菜有佛跳墙、鸡丝燕窝、炒西施舌、清蒸加力鱼、桂圆江鲟、油焖石鳞、爆炒地猴等。

（六）浙江菜

浙江菜又称浙菜。浙江位于中国东南部，地处亚热带，气候温和，雨量充沛，四季分明，东临东海，素有"上有天堂，下有苏杭"之称，风景十分秀美，是历代帝王将相、才子佳人云集之地。浙江名优特产众多，有金华火腿、绍兴麻鸭、西湖莼菜、龙泉香菇、舟山黄鱼，还有绍兴酒、西湖龙井、天目笋干等。早在6000年前浙江便以稻米为主食，春秋战国时，浙江为楚越之地，出现调味用的绍兴酒，汉代时便知糖醋提鲜，唐代白居易，宋代苏东坡、陆游等文人为浙江饮食文化增色不少。南宋时引中原烹调技术之精华，融于本土后推陈出新，历经明清达到鼎盛，至今浙菜品名多达3000种以上，名菜300余款，形成了自己独特的风格。浙菜重火候善调味，深得和合之妙；重造型尚美名，常用风景名胜而命名；喜本味重鲜嫩，调味讲究咸鲜合一、淡雅细腻。其风味构成分杭州风味、宁波风味、绍兴风味和温州风味四部分。代表菜杭州有龙井虾仁、西湖醋鱼、东坡肉、油焖春笋。宁波有宁式鳝丝、冰糖甲鱼、锅烧鳗鱼。绍兴有绍虾球、干菜焖肉。温州有三丝敲鱼、爆墨鱼花、马铃黄鱼、蒜子鱼皮等。风味小吃浙江有数百种，著名的有虾爆鳝面、片儿川、八珍糕、幸福双、猫耳朵、西湖藕粥、龙凤金团、蜂糕、宁波汤圆、五香豆腐干、虾米饼、雪球鱼汤等。

（七）湖南菜

湖南菜又称湘菜。湖南位于长江中游，境内河流湖泊密布，山地丘陵纵横，三湘四水、八百里洞庭自古就有鱼米之乡的美称。湖广熟，天下足，湖南物产极为丰富。4700多条大小河流中有鱼中绝品凤凰大鲵，鱼中上品沅江银鱼，鱼中佳品祁阳笔鱼、洞庭银鱼以及武陵甲鱼、君山金龟、溪湖白鳝等。家禽中有闻名遐迩的溆浦鹅、武岗铜鹅、临武鸭、东安鸡、桃源鸡等。佳蔬名果更是家珍无数，如浏阳金橘、安江贡果、祁东黄花、宁冈玉兰、常德腐竹、龙牙百合、洞庭湘莲，还有保靖鸡血李、慈利金香柚、汉寿玉臂藕、湘西猕猴桃等。湖南调味品也自成特色，诸如：酱（油）、醋（香醋）、豆豉（浏阳）、辣椒油（岳阳）、薄荷（永州）、腐乳（益阳）、芝麻酱（常德），皆为名品。湘菜历史悠久，春秋战国时期湖南乃楚国领地，中国现存最早的一份食单便出自屈原的《楚辞》之中。汉代湘菜便成菜系，长沙马王堆汉墓出土的一批竹简菜单中记载了当时已有的上百种名馔。南北朝时期中原烹饪技术传入湖南，湘菜得以更快地发展，历经唐宋至明清，湘菜便形成了以戴派、盛派、肖派和组庵派为主要流派的完整体系。如今湘菜文化作为湖湘文化的重要组成部分，备受世人关注与青睐。湘菜由湘江风味、洞庭湖风味和湘西风味三部分组成，三者不仅各具特色，也相映成趣、浑然一体。其风味特点是技法众多，长于软蒸小炒；善于腊制，别有风味；味浓色重，清鲜兼备。常见味型有咸、鲜、酸、辣，主要复合味型有红油、酸辣、酸甜、麻辣、糖醋和咸辣等。代表菜有东安子鸡、腊味合蒸、洞庭野鸭、红烧甲鱼、冰糖湘莲、湘西酸肉等，著名小吃有油炸臭豆腐、牛肉米粉、鸳鸯酥、排楼汤圆、糯米藕饺、健米茶、薯片、姜糖等。特别是油炸臭豆腐，闻起来臭，吃起来香，令众多食客嗜之成瘾。

（八）安徽菜

安徽菜简称徽菜或皖菜。安徽位于华东腹地，长江、淮河横贯其中，境内有风景名胜奇甲天下的黄山，著名佛教圣地九华山。独特的地理环境造就了富饶的物产：有长江鲫鱼、巢湖银色、淮河肥王鱼、桐花鱼、三河螃蟹等水产名品，有竹笋、山药、木耳、石鸡、板栗、香樟、马蹄鳖、鹰鱼等山珍野味，有涡阳苔干菜、太和椿芽、萧县葡萄等优质果蔬。徽菜的形成与发展得益于古徽州（今歙县一带）的徽商。东晋时期，徽州一带便有了许多经营盐、茶和木材的行当，历经唐宋至明清而衰。徽商经营有方，资金雄厚，自然对饮食的要求较高，这样便推动了徽菜馆的兴起并进而发展成为独具特色的菜系之一。徽菜风味特点是：刀工精细，善用火候；烹法多样，最精滑烧清炖；味型以咸鲜、微甜为主，善用芫荽、冰糖等；油重芡大，鲜嫩酥醇。其风味构成主要是皖南风味、沿江风味和沿淮风味。代表菜有黄山炖鸽、腌鲜鳜鱼、无为熏鸭、大烘鱼、符离集烧鸡、葡萄鱼、香炸琵琶虾等。著名小吃有徽州面、蝴蝶面、毛豆腐、鸡血糊、银丝面、烤山红、霸王酥、寿县大救驾等。

补充阅读

寿州油饼为何又名"大救驾"

寿县大救驾有一段趣话。相传五代时，赵匡胤攻南唐所属的寿州，赵破城后，百姓纷纷以油炸饼犒军，连日征战身体虚弱的赵匡胤吃饼后，很快康复。后陈桥兵变，赵匡胤做了大宋皇帝，忆起寿州之战，认为是寿州油饼救了他的御驾，故赐名为大救驾。

（九）北京菜

北京菜又称京菜。北京自古以来就是北方重镇，多民族的聚居地，春秋时期的燕国都城，先后为金、元、明、清等历朝的建都之地，新中国成立后，仍是我国政治、经济、文化中心。中华民族在这里融合，九州物产在这里汇集，八方精英在这里聚首，在这一过程中自然也就少不了各民族饮食文化交流、碰撞、升华与拓展。交流中博采众长，碰撞中铸就特色，升华中推陈出新，拓展中丰富完善。得天独厚的条件，唯其独尊的优势，形成了独具一格的京都饮食文化。现在北京菜系已发展为集鲁菜、清真菜、宫廷菜、官府菜和江南风味于一体的京都风味。其特点为：选料广泛可集天下奇珍，技法繁多可采九州之长，味型多样不失自身本色。北京口味以咸为主，主要味型有咸鲜、咸香、糖醋和咸甜等。北京菜系由多种类别的风味构成，具体是：改良型地方风味、清真风味、宫廷风味和官府风味等。其改良型地方风味主要是以改良的山东风味为主。清末民初著名的八大楼、十大堂几乎都是经营山东风味的，如今历经数百年的演进，北京菜的山东风味已明显区别于山东本土风味，形成了改良型的风味。北京名菜有酱爆鸡丁、清汤燕菜、糟溜鱼片、北京烤鸭等；清真菜名菜有涮羊肉、烤全羊等；宫廷菜用料考究，制作精良，典雅名贵，最突出的有锅烧鸭子、海仁虾唇、炒鹿筋、清汤鱼翅等；官府菜中最具代表性的是谭家菜，菜名有黄焖鱼翅、草菇蒸鸡、柴把鸭子、珍珠汤等。

（十）上海菜

上海位于长江三角洲，东临大海，西接江浙，黄浦江从西向东流贯全境。这里气候条件优越，地理位置独特，因战国时代上海是楚公子春申君的封地，得名申城。宋代这里还是一个海边小镇，但明清时期这里因商贾云集、贸易频繁便成了东南名城和重要口岸。现在上海已是我国南方的经济、文化中心——东方明珠，拥有人口1100万。其饮食风格的形成不仅与北京有异曲同工之妙，而且更具多元兼容性。上海是个移民城市，人口中80%来自祖国各地，其中主要是苏、浙、粤、皖等省籍人，同时上海又是近代"殖民集中营"，外国人也有一定比例，真可谓"街头巷尾皆英语，数祖列宗半外乡"。正是因为它具有如大海一般宽广的包容性和无法抗拒的可塑性，外地、外国的宝贵饮食文化同上海传统的饮食文化才得以在这个硕大无比的魔瓶里发酵、升华，进而演变成一派全新的饮食文化——海派饮食文化。上海菜的风味特点主要是：取料范围广泛，不分国内国外；烹调技术多变，常用滑炒、生煸、红烧与清蒸；味型以甜、酸、咸为主，尚微辣；调味讲究浓而不腻、鲜而不淡。变革改良后的上海菜呈现出川菜不辣、粤菜不生、扬菜不甜的特点。其构成是本帮风味和海派风味。本帮风味源于上海农家风味，代表菜有清蒸鲈鱼、生煸草头、红烧肚档。海派风味是其他诸多风味在上海本土化的结果，代表菜有清炒鳝糊、贵妃鸡、清炒虾仁等，著名小吃有城隍庙系列小吃，沧浪亭苏式面点等。

三、名扬天下的其他菜式

在中国菜深深的庭院之中，除了地方菜系和民族风味外，还有素菜、宫廷菜、官府菜等。它们不仅丰富了中国菜的内容，而且都自成体系，风格独特。

（一）素菜

素菜的形成一方面与历史上极端贫困的"藿食者"有关，另一方面与宗教（道、佛）有关。藿食者为生活所迫而食素，道士长生羽仪而辟谷，僧尼积善、断恶而斋食，即不用动物性原料和韭、葱、蒜等香类蔬菜入馔。素菜以色、香、味、形俱佳而著称。主要原料为三菇：冬菇、蘑菇、草菇，六耳：木耳、银耳、榆耳、黄耳、石耳、桂花耳和竹笋、黄花等果蔬。代表菜有：鼎湖上素、罗汉果、素香肠等。

（二）宫廷菜

宫廷菜是中国菜中极为独特的组成部分，顾名思义，出自皇宫后院——御膳房，文字记载源于周朝。中国古代帝王享天子之尊，敛天下之财，食天下之珍。宫廷菜创制原则是悦目、福口、怡神、示尊、健身、益寿，因此工艺十分考究。其主要特点是原料珍贵而繁多，工艺精细而考究，造型豪奢而逼真，程式庄严而恢宏。值得一提的是，并非所有宫廷菜都是山珍海味，有许多名菜都是由民间传入宫廷经点化而成。如红嘴绿嘤素实际上就是滑炒的菠菜，因其根呈红色而得名。宫廷菜背后大多藏着传奇的故事，如红娘自配、宫门献鱼、枯木逢春、玉凤还朝、金凤卧雪莲等。

（三）官府菜

中国官府菜主要出自历代的贵胄达官、累世望族和皇亲国戚的家庭之中，因为他们往往权倾朝野或雄镇一方，有权、有势、有钱、有闲。在大烹以养德的饕餮贵族饮食观的背景下，也只有他们才能名正言顺、心安理得地钟鸣鼎食。聊以宽慰的是，他们在厚味不厌、暴餮万方的过程中客观上丰富了民族饮食文化，创出了独树一帜的官府菜。最具代表性的是孔府菜与谭家菜。

1. 孔府菜。

山东文化名城曲阜，是春秋时期思想家、政治家、教育家、儒家创始人孔子的故乡。孔府是中国历史上仅有的能够与国咸休、同天并老的贵族府第，现存的三孔（孔庙、孔林、孔府）已成闻名中外的文物古迹。孔子十分重视饮食，主张"脍不厌细、食不厌精"，提倡"色恶不食、臭恶不食、失饪不食、不时不食、割不正不食、不得其酱不食，沽酒、市脯不食"，"食不语……席不正不坐"。孔府的膳食受孔子饮食思想的影响，十分考究，加上孔府的特殊地位，历代上自天子，下至王侯政要等权臣显贵频繁往来于此，仅乾隆就曾五次驾临孔庙，因此孔府菜经过千百年的传承与创新形成了其华贵多姿的独特风格。具体特点是用料考究，制作精细，品类繁多，款式高贵，盛器雅致，文化凝重，等级森严，礼仪庄重等。历代承袭的传统孔府名菜多达几百种，如一品锅、八仙过海闹罗汉、神仙鸭子、带子上朝、七孔灵台等。孔府筵宴长年不断，主要有寿宴、喜宴和家宴三大类。

2. 谭家菜。

谭家菜由清末官僚谭宗浚、谭琢青父子创制，至今已百年有余，属典型的官府名菜。谭家菜聚南（粤菜）北（北京菜）之精华、累家族之食风独创而成，善于以甜提鲜，以盐促香，讲究原汁原味，强调鸡要品香，鱼要尝鲜，精于调味，长于火候，制汤考究。其味清而浓，香而不腻，以至于人们常说戏界无腔不学谭（谭鑫培），食界无口不夸谭。

任务三　中国酒文化

酒是一种古老的饮料，它香而醇厚，饮而得神。酒是一把双刃的利剑，它温而绵柔，羁而刚烈。酒是一樽百变的金刚，它因器成形，因人作态。酒是杯中日月长的精神，是相逢千杯少的情缘，是杯酒释兵权的策略，是斗酒诗百篇的灵感，是醉翁之意不在酒的高远，也是酒池肉林、灯红酒绿的悲哀。

酒是一种源于自然、归于天地的物质，更是一种渗透社会、植根民族的文化。

一、酒史、酒类、酒器

（一）酒史

中国是酒的故乡，中华民族是世界上最早懂得酿酒的民族。作为物态的酒先后经历了一个由天然食物到人工食物的转化过程。自古以来，人类对酒情有独钟，然而酒起源于何时，特别是酝祖是谁，在留传至今的古籍中，众说纷纭，莫衷一是。传说有三：一说杜康，二说仪狄，三说神农。晋人江统《酒诰》中讲"酒之所兴，肇自上皇。一曰仪狄，一曰杜康。有饭不尽，委余空桑，积郁成味，反蓄成芳，本出于此，不由奇方"，似乎印证了以上传说。此外还有"天有酒星，酒之作也，与天地并矣"之说。

传说毕竟是传说。据现代专家考证，最原始的酒不是人工酿造的，而是野果自然发酵而成，即所谓猿酒。《清稗类钞·粤西偶记》载："平乐等府山中，猿猴极多，善采百花酿酒，樵子入山得其巢穴，其酒多至数石，饮之香美异常。曰猿猴酒。"谷物酿酒应起源于新石器时代，恰如《淮南子》中说："清盎之美，始于耒耜。"如今的白酒，俗称烧酒，是通过加热蒸馏后所得，据史书所载，始于宋代。

（二）酒类

中国酒的种类繁多，古代与现代分类方法也各不相同。古代分类法比较模糊，依据较多，与其说是分类，不如说就是酒名，具体有醇酒、春酒、白酒、清酒、美酒、糟下酒、粳酒、秫黍酒、葡萄酒、地黄酒、蜜酒、有灰酒、新熟无灰酒和社坛酒等，也有分糯酒、煮酒、小豆曲酒、香药曲酒、鹿头酒、羔儿酒的分法。现代酒的分类方法主要有三种：一是根据酿造方法不同，分为蒸馏酒、发酵酒和配制酒；二是根据酒精含量的高低分为高度酒、中度酒和低度酒；三是根据饮用传统或商业分类法，分为白酒、黄酒、啤酒、配制酒、果酒、露酒和药酒等。此外也有按酒的质量进行分类的，分为名酒、优质酒、一般酒等，每一种酒还可以根据不同因素进行细分。如露酒还可分为植物香源型、动物香源型、动植物香源型、再蒸馏型和直接调配型；果酒可分为葡萄酒、白兰地、香槟、马爹利和其他果酒；配制酒分为健康酒、鸡尾酒；药酒可分为植物性药酒、动物性药酒和毒酒等。至于白酒、黄酒、啤酒其细分方法非常复杂，具体见表6-2。

表6-2　　　　　　　　　白酒、黄酒、啤酒分类一览表

类别	细分依据	分类名称	备注
白酒	按原料细分	粮谷酒、代用原料酒、瓜干酒	白酒是用蒸馏工艺制造，含酒精（乙醇）量较高的烈性饮用酒，俗称烧酒，主要由谷物酿制，无色透明。
	按糖化发酵分	大曲、小曲、曲、混曲	
	按生产工艺分	固态、液态、调香、串香	
	按香型细分	酱香、浓香、清香、米香、其他	
	按酒精含量	高度（≥60%）、中度（54%左右）、低度（≤38%）	
	按质量细分	名酒、优质酒、一般酒	
	按价格细分	高档、中档、低档	
黄酒	按原料细分	大米、小米、玉米	黄酒，俗称老酒，因色泽黄亮而得名，主要是以糯米、粟米、玉米等谷物为原料，经过蒸煮、糖化、发酵、压滤而成，酒精含量低于白酒。
	按工艺细分	传统（淋饭、摊晾、喂饭）、新工艺	
	按曲种细分	麦曲、红曲	
	按还原糖分	干、半干、半甜、甜、浓甜	
啤酒	按浓度细分	低、中、高	啤酒是以发芽的大麦为主要原料酿造的类酒精饮料，相对我国来说是一种一般米酒。
	按颜色细分	淡、白、浓、红	
	按工艺细分	鲜（生）啤、熟啤	
	按包装细分	瓶装、罐装、桶装	
	按消费细分	无醇、无糖、低糖、酸啤	

（三）酒器

所谓酒器，即历代人们饮酒、盛酒、酿酒所用的工具。远古时代，饮食没有专门的器皿。到新石器时代，随着我国陶器的发明，专用酒器才开始问世，其后随着生产力的提高，酒器家族中便增添了铜酒器、玉酒器、金银酒器、漆木酒器、瓷酒器、玻璃酒器以及塑料、不锈钢等新成员。

　　我国酒器最具民俗和时代特色，历朝历代不仅款式繁多，而且造型美观、工艺精细，极具审美情趣，富含文化内质，充分反映了中华民族非凡的智慧和丰富的创造力。纵观酒器的发展，可分为形成期、发展期、鼎盛期和创新期：以青铜制品为代表的酒器标志着酒器的形成。三国直至唐代是我国酒器的发展时期，特别是唐代是我国历史上酒器发展的黄金时代，不仅开创了瓷制酒器的新天地，而且款式新颖奇特，造型雍容华贵，色彩斑斓绚丽。如舞仙杯，酒满则可见杯中仙人起舞，可谓巧夺天工，金银酒器也出现于唐代。酒器的鼎盛时期是明清两代，明代的景泰蓝酒器与清代的各种金银酒器可谓登峰造极。民国以后进入了我国酒器的创新时期。

　　酒器作为中国源远流长的酒文化的实物见证者，不仅可让人追忆到历史文明的遗风，而且让人依稀可见前人生活习俗、审美价值的风韵。酒器包括盛酒器、煮酒（温酒）器和饮酒器三大类。盛酒器又可分为尊类、卣类、壶类、瓶类等，煮（温）酒器又可分爵类、角类、盉类、斝类、卫盉类等，饮酒器分为觚类、觚觯类、杯类等。

二、酒名与名酒

（一）酒名

　　翻开中国酒文化的史册，酒名数不胜数，命名的方法也不胜枚举，每一个酒名都凝结着深厚的文化，每一次命名都是民族文化的创造。自古以来中国就有以产地、水源、原料、配方、酒色、酒味、酒香、礼俗、工艺等命名的传统。

　　酒的命名多种多样，常见的方法有：（1）原料命名法，如米酒、葡萄酒、五粮液等；（2）水泉命名法，如湖南湘泉酒、江苏惠泉酒等；（3）酒曲命名法，诸如特曲酒、双沟大曲、邵阳大曲等即属此类；（4）色味命名法，即按酒的颜色、浓度、味道、香型等为依据进行命名，如状元红酒、莲花白酒、竹叶青酒等；（5）饮用命名法，指按饮用时节、礼俗、功用等为依据的命名方法，如春酒、交杯酒等；（6）酝酿命名法，按酝酿的时间长短、酝酿的工艺流程、酝酿的主体等进行命名，如年酒、封坛酒、宫廷玉液酒等；（7）产地命名法，如秦池酒、汾酒、茅台酒、浏阳河酒等；（8）人名命名法，如太白酒、杜康酒、张弓酒、昭君酒等；（9）文学、典故作品命名法，如宋河粮液、古井贡酒、红楼梦酒等。此外还有以酒力、酒式命名的方法，如劲酒等，金六福酒、少喝点酒等则又是吉祥、时尚命名的结晶。

　　千百年来，还有许许多多文人雅士在豪饮细品中，为酒创出了众多有趣的别名雅号。有冠以姓名、赐官封爵的，有呼之为友、视同伴侣的，有借物代之、托物寄情的，不一而足。庄子称酒为养生主、齐物论。嗜酒者呼之为友，取名红友、玉友。善饮者谓之为福水，不善饮者谓之为祸泉、狂药。多愁善感者给它以忘忧物、消愁物、杯中物等雅号。僧人呼酒为般若汤。玩弄文字游戏者叫它为三酉、水边酉。不愿直呼其名者则称之为杜康、太白醉、贵妃醉甚至六七八（九）、年长月（久）、天长地（久）。"欲从元放觅挂杖，忽有曲生来坐隅"，苏轼把酒称为曲生。李商隐"欲就麻姑买沧海，一杯春露冷如水"，王绩"何令千日醉，何惜两三春"。这里的春皆为酒的别名。汉代邹阳在《酒赋》中说"清者为酒，浊者为醅；清者为明，浊者顽呆"。酒因此有圣、贤之分，真是人有人格，酒有酒品。

（二）名酒

酒名数以千计，能让人呼之欲出、挥之不去的并不太多，这并不太多的佼佼者，便是我们所说的名酒。名酒古今有别，古代的名酒多是借助文人墨客之笔而流传得名，现代名酒则是严格根据观感指标与理化指标进行品评而定的。

从商代的鬯到西周帝王饮品的四饮三酒，即事酒、昔酒、清酒，从汉代的菊花酒到唐宋的剑南春酒、金陵酒，再到元代的翠涛饮、琼花液等，元人宋伯仁在《酒小吏》中列例酒名百种有余。至于明清及其以后，由于蒸馏技术的提高，酒中珍品更是层出不穷。宫廷酒中有竹叶青、芙蓉液、玉泉酒，黄酒中有绍兴酒、金华酒等，烧酒珍品中有山西汾酒，如今仍名扬四海的剑南春、五粮液、茅台酒、泸州老窖酒等清代就已显山露水。

1915 年在巴拿马太平洋万国博览会上，我国酒类 50 个品种获奖，一举震惊了世界。新中国成立后，先后举行了五届全国评酒会。在历史悠久的黄酒系列中，有越酒行天下的绍兴酒，有液倾闽酒赤如丹的福建沉缸酒，有号称珍浆的即墨老酒。在果酒系列中有北京中国红葡萄酒、河北龙眼干白葡萄酒、山东张裕葡萄酿酒公司的烟台红葡萄酒与味思美。啤酒系列中的名牌有青岛、燕京等。露酒系列中的名品有山西汾酒厂的竹叶青。白酒系列中有国酒茅台，还有汾酒、剑南春酒、五粮液酒、泸州老窖酒、西凤酒、洋河大曲、古井贡酒、董酒等。

1. 茅台酒。

茅台酒产于贵州省仁怀县茅台镇贵州茅台酒厂。此酒历史悠久，早在两汉时，该地区即以药酱酒而闻名。明嘉靖年间，茅台镇已有酿酒的作坊，到清道光年间发展到二十多家，因其酒入口不辣，入喉不燥，醉后不渴而声名鹊起。有诗云"茅台香酿酽如油，三五呼朋买小舟。醉到绿波人不觉，渔老唤醒月斜钩"。该酒为典型的酱香型白酒，酒精度 53 度，酒液微黄晶亮，酱香扑鼻悠长，口味幽雅细致，酒体丰满醇厚，留香经久不绝，素有国酒之称。1915 年在巴拿马万国博览会上获金奖，在历届全国评酒会上一直被评为全国名酒。

2. 五粮液酒。

五粮液酒产于四川宜宾五粮液酒厂。该酒因以五种粮食即高粱、糯米、大米、玉米、小麦为原料精酿制成而得名。宜宾古称戎州、叙州，早在汉代即有人在此酿酒。宋朝时，当地人就用多种谷物为原料混合酿酒，称荔枝绿。诗人黄庭坚曾饮此酒，誉为戎州第一，并著有《荔枝绿颂》。1926 年，清遗老杨惠泉嗜饮此酒，嫌当时酒名"杂粮酒"不雅，建议主人邓子均改名为五粮液，从此沿用至今。五粮液属浓香型白酒，酒精度分 39 度、52 度、60 度三种。酒液清澈透明，酒香浓烈扑鼻，酒味醇厚谐调，入口甘绵净爽。评酒家称"五粮液吸取五谷之菁英，蕴积而成精液，其喷香、醇厚、味甜、干净之物质，可谓巧夺天工，调和诸味于一体"。五粮液曾在 1915 年巴拿马万国博览会上获奖，全国评酒会上，历次被评为全国名酒。

3. 汾酒。

汾酒产于山西省汾阳县杏花村汾酒厂。汾阳古称汾州，自古即是美酒生产之地。南北朝时就有汾清酒。至唐代，杏花村酿酒业空前繁荣，有酒坊七十多家。诗仙李白曾到此地，留有"琼杯绮食青玉案，使我醉饱无归心"的诗句。汾酒的酿造工艺最富传统色彩，除蒸馏工序外，其他工序与黄酒的生产工序相差无几。从古至今保留着七条秘诀：人必精、水必甘、曲必时、粮必实、器必洁、缸必湿、火必缓。汾酒属清香型白酒的典型，汾香就是清香。酒精度分 60 度、53 度、48 度、38 度四种。酒液晶莹透明，兼有清香醇厚、醇甜柔和、余味爽净的特征，一向以色、香、味三绝而闻名。

4. 剑南春酒。

剑南春酒产于四川绵竹剑南春酒厂。绵竹古属绵州，隶属剑南道，早在唐高祖武德年间，即以出产美酒著称，玄宗开元年间，所酿的剑南烧香便为贡品。1958 年绵竹酒厂在原大曲酒的基础上，改进原料与工艺，推陈出新，得名剑南春。该酒无色透明，芳香浓郁，醇和回甜，清冽净爽，余香悠长，属浓香型白酒。评酒家们认为此酒有芳、冽、醇、甘四大特点。酒精度为 60 度、52 度、38 度等，剑南春酒多次被评为全国名酒。

5. 泸州老窖酒。

泸州老窖产于四川泸州市曲酒厂。泸州古称江阳，酿酒的历史可追溯至秦汉之时，到宋代泸州酒业已相当发达，黄庭坚诗曰"江安食不足，江阳酒有余"。泸州老窖特曲酒为浓香型白酒之典型，因而浓香又叫沪香。酒精度分为 60 度、52 度、38 度三种。其窖香浓郁持久，回味悠长尤香，评酒家称此酒具有浓香、醇和、味甜、悠长四大特色，多次被评为中国名酒。

6. 西凤酒。

此酒产于陕西凤翔县西凤酒厂。凤翔古称雍城，是春秋战国时秦国都城。其名源于古典凤鸣岐山。苏东坡在凤翔为官时曾赋诗"柳林酒，东湖柳，妇人手"。其中柳林酒即如今西凤酒。该酒集浓香型和清香型白酒的特点于一身，清而不淡、浓而不艳，是凤香型白酒的典型代表。酒精度有 65 度、55 度和 39 度三种。西凤酒清芬甘润，五味俱全，且恰到好处，酸不涩，甜不腻，苦不黏，辣不呛喉，香不刺鼻，一直是中国名酒。

三、酒人、酒礼、酒令

（一）酒人

历史上有人因酒而留名，也有酒因人而芳香。帝王将相、才子佳人、名流隐士、骚客狂徒无不爱酒，然未必都称得上酒人。所谓酒人，最早见于《史记·刺客列传》。好饮酒而成习，常喝酒而成癖，以酒为乐，以酒为事，无甚不可无酒，无酒不成其人，言其人必言酒，是可谓酒人。中国历史上酒事纷繁复杂，酒人五花八门，若依酒德、饮行、风藻而论，历代酒人可分为上、中、下三等，等内又可分为三级，可谓三等九品。雅清者居上，俗浊者居中，恶污者属下。

雅清者，即嗜酒以为雅，饮而神志清明。酒酣心自开、斗酒诗百篇，素有酒圣之称的李白当属上上品。上中品者可谓酒仙、酒逸之辈等，他们虽饮多而不失礼度，不迷本性，属潇洒倜傥之酒人，酒仙杜甫及其诗《饮中八仙歌》中所述八仙当归此类。酒贤、酒董之辈可谓上下品了，酒贤的杰出代表是苏东坡，至于酒董则是精于鉴酒、品酒之人。

俗浊者，即沉于俗流、庸浊平乏的酒人。其中上品谓之酒痴，如晋人张翰等。中品谓之酒颠、酒狂，刘伶、阮籍堪为代表。下品谓之酒荒，因酒而荒废正业者，三国刘琰是也。

恶污者即酗酒无德，伤风败俗，沉于恶秽的酒徒、酒鬼、酒贼。下上品为酒徒，饮酒必过，沉沦酒事，不问政事。下中品者酒鬼，嗜酒如命，见酒必饮，饮酒忘命，饮则必醉，醉则无常，甚至亡命。下下品为酒贼，此类酒人无格无品，不仅因酒丧德失信，而且祸国殃民，吸民之膏血，揩国之脂泽，大吃大喝者皆为此列。

（二）酒礼

中国自古有酒以成礼之说，《左传》云"君子曰：酒以成礼，不继以淫，义也；以君成礼，弗纳于淫，仁也"。酒在先民看来极为神秘，其礼也颇为庄严，饮酒之前必行礼拜之礼。酒礼盛于西周，当时极为烦琐。后世的酒礼多偏重于宴会规矩，如请柬、恭迎、让座、斟酒、敬酒、祝酒、致谢、道别等，将礼仪规范融入觥筹交错之中，使宴会既欢愉又节制，既洒脱又文雅，不失秩序，不乱分寸。礼与道密不可分，"唯酒无量不及乱"，无酒不妄，有酒不贪，饮而不过。敬、欢、宜源于礼而归于道。孔子提出的"夫子温良恭俭让以得之"的道德规范，其实也源于酒礼。

酒礼与酒俗常密不可分，它们随酒的产生而产生，也随酒的发展而发展，同时一方水土养一方人，一方人有一方俗。中国地域辽阔，民族众多，不同地方不同民族的酒礼酒俗相延至今，并在兼容中发展，形成了中国酒文化独具特色的一页。

（三）酒令

酒令也称行令饮酒，是酒席上助兴劝酒的一种游戏，既是一种烘托、融洽饮酒气氛的娱乐活动，同时也是一种文化艺术。

酒令的内容涉及诗歌、谜语、对联、投壶、舞蹈、下棋、游戏、猜拳、成语、典故、人名、书名、花名、药名等方方面面的文化知识，与人们的文化生活密切相关。通常是推一人为令官，余者听令，按一定规则进行，负者、违令者、不能完成者均罚饮。若遇同喜可庆之事时，则共贺之，谓之劝饮。酒令是一种较为公平的劝酒手段，其功用是：佐饮助兴，活跃气氛，节制饮酒，情调高雅，陶冶情操，增长知识。

酒令的产生可上溯到东周时代。东汉人贾逵编纂有《酒令》专著。然酒令的兴盛应在唐代，现今流行的酒令，几乎都是唐代形成的。自唐至清，有关酒令的著述甚多，特别是清人俞敦培的《酒令丛钞》可谓集唐朝以来酒令著述之大成。

酒令的种类众多。且各具特点。常分三类，即雅令、通令、筹令。所谓雅令，指行令时"引经据典，分韵联吟。当筵构思者"，是酒令中智力最高、品位最高、难度最大的一种酒令。行此令者需要具有一定的文化素养。雅令的形成包括作诗、联句、道名、拆字、改字等。

所谓通令是指"其俗不伤雅，不费思索，可以通行者"。这种酒令运用范围较广，凡筵席上不拘何种人均可行此令。主要形式有骰子令和猜拳令。骰子令的形式很多，一般通过骰子上的符号及其相应的规定来决胜负，定赏罚。如六顺令，一般摇六次，换座递摇，边摇边念口诀，依口诀规定饮酒。口诀为：一摇自饮么，无么两邻挑；二摇自饮两，无两数席长；三摇自饮川，无川对面端；四摇自饮红，无红奉主翁；五摇自饮梅，无梅任我为；六摇自饮全，无全饮少年。

猜拳令远承汉代的藏钩游戏，一谓射覆即可握物件，让人猜射，射中者胜，负者罚酒。划拳令一般由两人进行。双方必须同时各出自己一只手的手指表示一个数目，在出手前瞬间，猜想对方将用手指表示的数，把自己和对方用手指表示的数目相加，在出拳的同时叫出和数。叫对者胜，叫错者负，双方同时叫对者为平局。

所谓筹令是指把酒令写在酒筹之上，抽出酒筹的人依照筹上的酒令的规定饮酒。此令最能活跃酒家气氛，人人均可参与。这类酒令在唐代就已出现。筹令包容量极大，而且长短不拘，短的仅十余筹，长的多达百八十筹。有时令中行令，令中含令。行筹令的关键要素有两个，一是筹具，二是令辞。常见的筹令有人名筹、花名筹、唐诗筹等，如饮中八仙令，则属人名筹。此令的方法是制筹签八枚，由令官指定从某人开始依次轮流抽取，按筹上要求饮酒。酒筹如下：贺知章——已醉不饮，李玉进——饮三大杯，李适之——一口饮尽一大杯，花宗之——作白眼仰头望天饮一大杯，苏晋——逃禅不饮，李白——饮一巨杯，张旭——作酒醉模样饮三大杯，焦遂——饮五大杯。

四、酒旗、酒联、酒家

（一）酒旗

酒旗又叫酒帘、酒望、望子，既可作为酒家的标志，又具浓厚的广告色彩，一般高悬在酒家门首，字画醒目。过往行人远远便可见到。有关酒旗的文字记载，最早见于《韩非子》，"宋人有酤酒者，升概甚平，遇客甚谨，为酒甚美，悬帜甚高"。酒旗的起源据考始于周朝。在山西繁峙县岩峙文殊殿有一组金代壁画，其中壁画左上方有一酒楼，高挑着的酒旗书有十个大字"野花攒地出，好酒透瓶香"。《清明上河图》名画中的诸多酒店便在酒旗上标有新酒、小酒等字样。可见酒旗上的字数没有严格规定，但古时酒旗上的字多为方家或妙手所写。《水浒》不仅散发着酒香，而且处处飘扬着酒旗，景阳冈下酒店挂着"三碗不过冈"的酒旗。还有一个酒店挂着写有河阳风月的酒望子，两旁各插一把销金旗，每把上面书着五个大字，分别是醉里乾坤大，杯中日月长，极富诗意。可见酒旗是中国酒文化中独树一帜的文化现象。

（二）酒联

酒联是悬挂或粘贴在酒店、酒家、酒楼、酒肆门前的联语，也称酒对子、酒楹联，与对联几乎同时产生、同步发展。酒联内容丰富，有饮酒、赞酒直接涉酒联，也有宴饮题赠等间接涉酒联。酒联形式多样，对仗工整，音韵和谐，独抒性灵，不拘一格，雅俗共赏。联以酒为题，联溢酒味；酒因联扬名，酒飘联香。

酒联很多，大致可分为赞酒对联、慎饮联、酒楼联、名胜酒联、年节酒联、婚喜酒联、祝寿酒联、哀挽酒联、题赠酒联、故事酒联等。

值得一提的是，酒联中有一千古绝对，至今无人对出。此联是：游西湖，提锡壶，锡壶掉西湖，惜乎锡壶。相传上联是苏东坡当年在杭州任职游西湖时，席间一歌女提锡壶斟酒时，不慎将酒壶掉到西湖中，一文人因此而得上联。该上联妙就妙在西湖、锡壶、惜乎读来谐音同韵。

（三）酒家

酒家又叫酒店、酒楼、酒馆、酒肆、酒舍、酒庄、酒市、酒亭、酒垆、酒吧等，是指以卖酒为主兼营酒菜供人饮酒的商业性店铺。酒家具有社会性、娱乐性、消费性和交际性等多种功能，它是社会生活的缩影，是交际沟通的平台，是解闷消愁的乐园，是多层面文化的展厅。

酒家历史悠久，据考出现于商代。春秋战国时酒家已相当普遍，当时，司马相如与卓文君卖车临邛开酒舍，演绎出了一段才子佳人开酒店的佳话。唐代胡姬当垆，酒家林立，伴随着夜市的出现，酒肆茶坊处处开，桥市通宵酒客行，不仅都市，就是边野山村也是"千里莺啼绿映红，水村山郭酒旗风"。宋代酒家有了档次的划分。一流的酒家叫正店，小的叫脚店，其余称拍户，官办者谓官库，分店叫子库。服务形式也日益多样，出现了包子饭店、茶饭店、宅子酒店、花园酒店以及直卖店、散酒店、庵酒店等。到了明清时代，酒肆业发展空前，融歌舞、戏剧、曲艺、杂技艺术为一体的综合性酒楼开始出现，酒楼内经常有评弹、相声、魔术等临场表演。船宴、旅游酒店以及中西合璧的酒店出现在清朝。酒家风雨沉浮千百年，至今汇建筑、园林、装潢等艺术于一体，融文学、书法、绘画等情趣于一身，集社会、伦理、饮食、审美于一炉的酒家酒店已遍布华夏。

五、酒诗、酒文、酒趣

（一）酒诗

饮酒者莫如诗。翻开中国灿烂辉煌的诗歌史，数以万计的诗章仍旧飘溢着酒香。中国是酒的王国，诗的仙界。《诗经》是我国最早的诗歌总集，305 篇中有 74 篇言及饮酒。杜甫现存诗文 1400 余篇，涉及饮酒的有 300 余篇。李白现存诗文 1500 篇，吟咏酒的多达 270 余篇。陶渊明存诗 142 首，以酒为题的有 56 首。白居易存诗 2800 首之多，写到酒的约有 800 首。陆游存诗近万首，其中酒诗达 3800 首。

李白斗酒诗百篇、酒隐陵晨醉，诗狂彻旦歌。饮酒赋诗，赋诗饮酒，是中国历史上特有的文化现象。历史上有一席之地的诗词名家不计其数，有谁不钟情于酒？无论是先秦"中觞纵遥情，忘彼千载忧"的陶公，"对酒当歌，人生几何"的曹操，还是唐代"昨夜瓶始尽，今朝瓮即开"的王绩，"不以酒自娱，快然与谁语"的白居易，"人皆劝我酒，我苦耳不闻"的韩愈，"何当载酒来，共醉重阳节"的孟浩然，"自吟诗送老，相劝酒开颜"的杜甫，"看山劝酒君思我，听鼓离城我访君"的李商隐，以及宋代"甚欲随陶翁，移家酒中住"的苏轼，"花光浓烂柳轻歌，酌酒花前送我行"的欧阳修，"问人间，谁管别离愁，杯中物"的辛弃疾，"棋敬不如人换世，酒阑无奈客思家"的陆游，"为君沉醉又何妨，只怕清醒时候，断人肠"的秦观。再到元代"谁能酿沧海"的元好问，最后到明清"但愁酒杯空"的高启，"谁向高楼横玉简，落梅愁绝醉中听"的吴承恩，"看月不妨人去尽，对花只恨酒来迟"的郑板桥等都喜爱饮酒。正所谓"饮，诗人通趣矣"。万千才子，无数酒郎。

历史上的诗人骚客因悦其色、倾其气、甘其味、颐其韵、陶其性、通其神、兴其情而爱酒、饮酒、醉酒、写酒、吟酒，然后比兴于物、直抒胸臆，大到江山社稷，小到儿女情长，如马走平川，水泻断崖，美诗佳句，油然成吟。兴随酒起，诗的灵感从中泛出，思与酒来，酒的芳香在诗中留存。

（二）酒文、酒典

除了酒诗之外，中国历史上还有许多叙酒之典，歌酒之赋，论酒之章等。如在《水浒传》《三国演义》《红楼梦》《西游记》《金瓶梅》等巨著鸿篇中的字里行间无不散发酒的幽香。历史上的酒典也很多，如：画蛇添足、杯弓蛇影、高阳酒徒、白衣送酒等。

（三）酒趣

千百年来，有人因酒而留名，也有酒因人而扬名，因酒派出的趣闻逸事甚多。如张飞醉酒被害，刀光剑影鸿门宴，杯酒释兵权，郑板桥烂醉作画，王羲之醉书《兰亭序》，曹雪芹卖画还酒债等。

补充阅读

苏小妹新婚之夜三难新郎

苏小妹新婚之夜三难新郎少游的故事，无人不知，可她酒宴讥少游一事却鲜为人知。因秦少游平日性情高傲，有点大男子作风，小妹早有不满。一日，苏东坡专程来探望她们夫妇，二人见哥到来，甚是高兴，设宴招待。席间，小妹提议：哥风尘仆仆而来，应多饮几盏，不过有酒无诗，实在乏味，何不吟诗助兴？东坡点头应允。小妹又说：吟诗需有条件，各人挑个水旁的字，去水之后要读音相同，另加偏旁读音不变，然后再用成语或诗词结尾。末尾一字必须与第四句尾字相同，不合条件者罚酒三盏。东坡、少游欣然赞许。小妹先吟：有水也是溪，无水也是奚，去掉奚边水，添鸟便成鸡，山中无虎猴称霸，落汤凤凰不如鸡。

少游一听知是小妹在讥笑自己，于是便接口吟道：有水也是淇，无水也是其，去掉淇边水，添欠便成欺，龙游浅水遭虾戏，虎落平阳被犬欺。

东坡一听，大吃一惊，遂灵机一动，也吟道：有水也是湘，无水也是相，去掉湘边水，添而便成霜，各人自扫门前雪，休管他人瓦上霜。吟罢，欲拂袖离去。夫妇见哥生气，忙赔不是，起身敬酒。东坡见二人和好，遂一声长笑，举杯而尽。

任务四　中国茶文化

中国是世界上最早发现和种茶的国度，中华民族是最早制作和饮用茶的民族。正如可口可乐是欧美文化的象征一样，茶是东方文明深厚积淀的代表。

茶是一种物质，素雅而圣洁。陆羽说"茶者，南方之嘉木也"。诗人眼中它是尤物——从来佳茗似佳人。富人眼里它是灵物——珍木灵、瑞草魁。文人视它是宝物——琴棋书画诗酒茶。百姓当它是要物——柴米油盐酱醋茶。

茶是一种精神，高雅而豁达。它是道家的天人合一，是佛教的禅茶一味，是儒、释、道的和、静、怡、真，是物我玄会的哲学思辨，是仁、智各异的人文思虑，是道法自然的审美诉求。

茶更是一种文化，隽永而洒脱，千百年穿透时空，经流不息。

一、茶文化的形成与发展

茶最早是我国先民在野生采集活动中发现的，距今约有 5000 年的历史。从文化角度可分为产生期、形成期、拓展期、转型期和复兴期等。

（一）产生期

目前关于茶的起源研究大致有三种观点：一是饮用起源说，二是药用起源说，三是食用起源说。据《神农氏本草经》载"神农氏尝百草，日通七十二毒，得茶而解之"。大多倾向于药用起源一说，《神农食经》《本草拾遗》《本草纲目》等史籍都详记了茶叶的药用功能。中国茶业最早源于巴蜀地区。两汉三国时期，文人、官宦开始以饮茶为习。汉人王褒《僮约》中有关"武阳买茶，烹茶尽具"的记载，可见汉时已有饮茶之习和茶叶贸易了。魏晋以后饮茶的风气呈现平民化、大众化的趋势，同时随着佛教的传入与道教的兴起，饮茶便与宗教结缘。

（二）形成期

茶文化在唐代得以形成。其主要标志是陆羽《茶经》的刊行。《茶经》是中国历史上第一部有关茶文化的专著。书中不仅系统地总结了种茶、制茶、饮茶的经验，而且首次把饮茶作为一门艺术上升到精神层面，强调茶人的品格、修养和情操，不仅创造了烤茶、选水、煮茗、列具、品饮等一套完整茶艺，而且首次把儒、释、道的思想文化与饮茶融为一体，形成了中国茶道精神。陆羽也因此被后人称为茶圣。一时间饮茶之风兴起，华夏南北，茶成了比屋之饮。真可谓自从陆羽生人间，人间相学事新茶。

同时，唐代佛教的流传，科举的兴起以及诗风的盛行，客观上对饮茶之习的兴盛和茶文化的形成起到了推波助澜的作用。

（三）拓展期

中国历来有茶兴于唐而盛于宋之说，进入宋朝后，茶更成为人们生活的必需品，正如王安石所言"茶之用，等于米盐，不可一日无"。因此从五代至宋辽，茶文化进入了拓展期。这一时期中国南北民族交融，思想动荡撞击，使茶文化的内涵层面远超过于唐代。从社会层面上看，饮茶从以僧人、道士、文人为主进一步向上、下拓展。一方面是宫廷茶文化正式出现，另一方面是民间市民茶文化和民间斗茶之风的兴起。从地域上讲，饮茶从主要以南方及中原为主，则进一步向北拓展，成为南北经济、文化的纽带。从内涵层面来看，团茶、散茶的大量出现，茶宴、茶仪的盛行以及对饮茶色、香、味、形的追求，都使得茶文化的内涵更加丰富。

（四）转型期

元代至明朝是中国茶文化的转型时期，虽然北方民族入主中原也喜欢饮茶，但主要是出于生活、生理上的需要，在文化上却对品茶煮茗之事兴趣不大。同时汉族文人面对故国破碎，再也无心茶事，这两股不同的思潮在茶文化中契合后，使茶艺向简约、真本方向发展。即使如此，茶文化的发展还是关山挡不住，表现在茶叶的制作上出现了炒青工艺，更加追求茶叶的色、香、味、形，成功完成了从末茶向叶茶的转化。茶叶开始分为绿茶、青茶、黑茶和白茶等几大类，饮茶方法也由煮饮改为冲泡。与此同时，宜兴的紫砂壶应运而生，为茶文化赋予了新的文化内涵。

（五）复兴期

明末以后文化界出现了一种新复古主义，所谓文必秦汉，诗必盛唐。实际上当时既无秦汉的质朴雄浑，也难有盛唐的大气洒脱。满族入主中原后，不少文人慨叹无可奈何花落去，整日皓首穷茶。乃至清末民初，有志文人又忧国忧民，无心悠闲品茶，因此传统意义上的茶道、茶艺等文化似乎逐渐衰落。但实际上优秀的植根于民族大众的茶文化正在复兴，主要表现在开创了红茶制作的先河，丰富了茶叶品类，同时由于时兴以茶上贡，客观上促进了大批名茶的诞生，如龙井、碧螺春、蒙顶茶、六安瓜片、铁观音等都是清代誉满中外的高级名茶。特别是中国茶族体系的建立，标志着茶文化的复兴，并且从明清开始中国茶逐渐传入欧美。如今中国茶已是世界公认最好的饮料之一。

二、茶道与茶艺

茶艺与茶道是茶文化的核心。艺指选茶、制茶、烹茶、品茶等艺茶之术，道是指茶艺所要贯彻的精神。二者相辅相成，茶艺重技，载茶道而成艺；茶道主理，因茶艺而得道。有道无艺则空乏，有艺无道则无神，形而上者谓之道，形而下者谓之艺，道艺兼备，形神自得。

（一）茶艺分类

茶艺是指在茶道精神指导下的茶事实践与心理体验，包括茶艺的技能、品茶的艺术等。中国的茶艺因地域辽阔、民族众多、历史悠久而多姿多彩，美不胜收。茶艺以人为主体可分为：宫廷茶艺、儒士茶艺、民俗茶艺和宗教茶艺。以茶为主体分为：绿茶茶艺、红茶茶艺、乌龙茶茶艺、黄茶茶艺、白茶茶艺、黑茶茶艺、花茶茶艺和紧压茶茶艺八类。以表现形式可分为表演型茶艺和待客型茶艺。

宫廷茶艺是帝王将相为敬神祭祖或宴赐百官进行的茶艺，如唐代的清明茶宴、清代的千叟茶宴等。其特点是场面宏大、礼仪烦琐、气氛庄严、器具奢华、等级森严。儒士茶艺是历代文人雅士在品茗斗茶中形成的茶艺，如颜真卿等名士月下啜茶联句、宋代文人斗茶时的点茶法等。其特点是文化厚重、意境独特、茶具典雅、形式多样、气氛愉悦，常与赏花、玩月、抚琴、吟诗、联句、叙谈、踏春、题字、作画等相结合。民俗茶艺是各民族在长期茶事活动中创造的，富有乡土气息和民族韵味的茶艺形式，如藏族的酥油茶、蒙古族的奶茶、白族的三道茶。宗教茶艺是僧人羽士在以茶礼佛、祭神、修道、待客、养性等过程中形成的多种茶艺形式，如禅茶茶艺、佛教茶艺、观音茶茶艺、太极茶艺等。宗教茶艺的特点是礼仪讲究、气氛肃穆、茶具古朴、重在养性。

表演型茶艺是指由一个或几个茶艺表演者在舞台上或茶台前演示茶艺技艺，而众多的观众在台下欣赏的茶艺形式，适用于大型聚会和茶文化的推广。现在旅游购物中许多茶店常以此形式进行营销。待客型茶艺又称生活型茶艺，是一个主人与几位嘉宾围桌而坐，一同赏茶、鉴水、闻香、品茗的一种茶艺形式，适用于家庭或朋友聚会，特点是参与度高，直观性强，情景交融，意趣横生。

目前我国有关茶艺分类的理论体系尚待进一步完善。不过，无论如何分类，茶艺的要素已基本定型，主要包括人、茶、水、器、境、艺六大要素。其中人是最基本和最核心的要素，因为在整个茶艺过程中，茶由人制，境由人创，水由人鉴，器由人择，艺由人示，六要素的完美协调则是茶艺美的至高境界。

（二）赏茶

茶是茶道的物质基础，是茶艺的物质载体。赏茶必须了解茶的演变、茶的分类和茶叶的命名等，因为茶之美主要包括名美、形美、色美、香美和味美等。

1. 茶的分类。

中国茶的种类繁多，分类方法比较复杂，习惯上常以茶叶的加工方式进行分类，一是基本茶类，二是再加工茶类。基本茶类分为绿茶、红茶、乌龙茶（青茶）、白茶、黄茶和黑茶等。再加工茶类包括花茶、紧压茶、萃取茶、果味茶、药用保健茶和含茶饮料等。

基本茶类：绿茶是我国产量最多的一种茶叶，是通过杀青、揉捻、干燥三个基本工艺流程生产而成的茶叶。该类名茶最多，如江西婺绿炒青、庐山云雾，浙江的西湖龙井、雁荡云雾、顾渚紫笋，安徽黄山毛峰、舒城兰花、太平猴魁，以及古丈毛尖、碧螺春、阳羡茶和恩施玉露等。红茶是鲜叶经过萎凋、揉捻、发酵、干燥等工艺流程生产而成的茶叶，具有叶红汤红的特点。名茶有安徽祁门红茶和云南滇红等，红茶是世界茶叶贸易的大宗产品。乌龙茶又称青茶，属半发酵茶，其工艺流程有晒青、摇青、轻发酵、杀青、揉捻、干燥等，冲泡后既具绿茶的清香，又有红茶的醇厚。名品有武夷岩茶、闽北水仙、凤凰水仙、铁观音、白芽奇兰和台湾乌龙等。其中武夷岩茶中的大红袍被誉为中国茶王，是茶中极品，台湾乌龙有东方美人之称，铁观音是因美如观音重如铁而得名。白茶属轻微发酵茶，基本工艺是萎凋、晒干或烘干，特点是汤色清淡，滋味鲜醇。其名茶不多，主要是产于福建福鼎、政和、建阳的银针白毫、白牡丹和美眉。黄茶属轻微发酵茶，工艺与绿茶近似，只是在制茶过程中多了一道闷黄的程序，特点是叶黄汤黄，代表品种有君山银针、蒙顶黄芽、温州黄汤等。黑茶属后发酵茶，是我国特有茶类，原料粗老，制作过程中因堆积发酵时间较长、叶呈黑褐色而得名。久负盛名的是云南普洱茶、四川边茶和湖南黑茶等。

再加工茶类：再加工茶类是以绿茶、红茶等基本茶类为原料进行再加工的产品。其中花茶是用茶叶和香花进行拼和窨制而成，又称熏花茶，如菊花茶、茉莉花茶等。紧压茶是以各种散茶或半成品茶为原料，用热水萃取茶叶中的可溶物，过滤弃去茶渣获得茶汤，经浓缩、干燥而制成的固态速溶茶，或不经干燥制成的浓缩茶，或是直接将茶汤装瓶形成的饮料茶。果味茶是茶叶半成品或成品加入果汁后，经干燥制成。药用保健茶是茶叶与某些中草药或食品拼合配制而成。含茶饮料是在饮料中添加茶汁制成的。

2. 茶的命名。

我们民族文化中有一个传统，就是总喜欢为美好的东西取个美名。茶的命名与酒的命名一样极富文化内涵，特别是中国名茶大多有一个美名。命名的方法很多，概括起来常见约有如下十种方法：一是产地加茶树，如西湖龙井、武夷肉桂、安徽铁观音、闽北水仙。二是产地加茶形，如六安瓜片、平水珠茶、君山银针、古丈毛尖。三是产地加茶色，如祁门红茶、蒙顶黄芽、温州黄汤。四是产地加茶香，如舒城兰花、云南十里香。五是产地加工艺，如台湾乌龙、福建功夫茶。六是产地加联想，如庐山云雾、恩施玉露、顾渚紫笋。七是单纯以时间命名，如清明茶、雨前茶、春茶、秋茶、春尖。八是艺术联想命名，如寿眉、银毫、金佛、奇兰、白牡丹、龙须茶等。九是传说典故命名，如碧螺春、大红袍、铁罗汉、水金龟、白鸡冠。十是以茶人命名，如熙春、大方等。赏茶先析茶名，赏析茶名便是解读茶人，玩味茶艺，感悟茶道。

3. 品茶艺术。

茶以名山秀水为宅，清风明月为伴，钟山川之灵气，得天地之精华，性洁不可污，为饮涤尘烦，在茶人眼中有无限美感。茶人品茶旨在回归自然，彻悟人生，因此自古以来，饮茶有喝茶与品茶之分。

喝茶，意在解渴，满足生理需要，看重数量，急咽快吞。品茶，重在意境，追求某种享受，讲究艺术，细啜慢饮。正所谓一杯是品，二杯即是解渴的蠢物，三杯便是驴饮了。

茶人品茶需要六根齐动，观闻品悟。六根是佛教用语，即眼、耳、鼻、舌、身、意。所谓六根齐动是指在品茶过程中要调动人体的所有感官去细细品味。耳闻其言语，眼观其形色，鼻闻其气香，舌鉴其滋味，身识其冷热，意悟其精神。试想傍晚时分你步入茶馆，刚刚坐定，品上一杯碧螺春的同时，伴着音乐与茶香娓娓道出其产地、特点与传说，让你忆古思今，联想到烟波浩渺的太湖洞庭山，追忆起吓刹人香的俗称，浮想出康熙御笔赐名的情景，领悟到洞庭无处不飞翠，碧螺春香万里醉的意境。此时的你会宠辱皆忘，物我两无，这便是品茶。

所谓观、闻、品、悟是欣赏的具体方法。观就是看茶形识其品质，观茶色知其明暗，察茶底辨其老嫩。闻则是冲泡前干闻其香，冲泡时热闻其味，饮尽后冷闻其幽。品包括品茶之滋味、品水之甘洌、品火之新旧、品艺之高低、品境之雅俗、品人之仁智。悟则是在品茶过程中，通过感受、联想达到领其情、会其艺、悟其道，以至天人合一的境界。

（三）鉴水

从来名士能评水，自古高僧爱斗茶。烹茶鉴水是中国茶艺的一大特色，论茶者，无一不极重水品，水是茶之母。古人把宜茶之水分为天水、地水两大类，如今应包括加工水。天水也称无根水，即雨、雪、霜、露、雹，地水即泉水、江水、河水、湖水、井水等，加工水则指太空水、纯净水、蒸馏水等。宜茶之水的标准是清、轻、甘、洌、活，即水质要清，水体要轻、水味要甘、水温要洌，水源要活。茶圣陆羽在《茶经》中对宜茶之水作了详述。他说"其水，用山水上，江水中，井水下"。据说陆羽还曾口授列定天下二十名水。虽然如今看来不足为据，但足以说明古代茶人对水之重视。

在宜茶之水中，茶人对泉水都情有独钟。也正因为如此，在中国广袤的土地上，古往今来演绎出了五个第一泉、一个第二泉。

五个第一泉分别是：陆羽赞赏的第一泉，庐山康山谷谷帘泉，又称之叠泉，当地百姓还称为渊明醒酒泉。扬子江心第一泉，镇江中冷泉，又称中零泉、中濡水。乾隆御封第一泉，玉泉，此泉位于北京颐和园以西的玉泉山南麓，以水清而碧，澄洁如玉而得名。大明湖畔第一泉，趵突泉，乾隆也曾赐封为天下第一泉。峨眉神水第一泉，玉液泉，古人誉此泉为饮之诧得仙，并把这口泉誉为神水。

一个第二泉是被世人公认的惠山泉，陆羽曾亲品此泉，著有《惠山记》，故又名陆子泉。此外《中国茶经》列举的五大名泉是镇江中冷泉、无锡惠山泉、苏州观音泉、杭州虎跑泉、济南趵突泉。

（四）鉴器

中国人饮茶不仅重茶、重水，也重器，强调从内涵到形式的协调统一。茶具与其他饮具、食器一样，经历了从无到有，从共用到专用，从粗糙到精致的发展过程。这个过程至少应追溯到西汉时期王褒《僮约》烹茶尽具之时，后历经了完备配套的唐代茶具，鼎盛精致的宋代茶具，创新定型的明代茶具，奢华纷呈的清代茶具以及精益求精的现代茶具五个阶段。

陆羽在《茶经·四之器》中总结前人的煮茶、饮茶用器，开列了20多种专门用具，如风炉、炭、火箸、碾、纸囊、水方、瓢、碗、扎涤方、渣方、巾等，并提出"城邑之中，五公之门，二十四器缺一，则茶废矣"。这不仅是茶具发展史上最早最完整的记录，而且陆羽也是总结茶器理论的第一人。在茶具史上令人叹为观止的当属精美绝伦的唐代宫廷茶具和穷工毕智的宋代陶瓷茶具，茶具极品首推明代宜兴的紫砂壶。

（五）茶境

中国茶人对饮茶的意境十分重视也大有讲究，茶境主要包括环境、艺境、人境和心境。所谓环境即品茗的场所。明代许次纾在《茶疏》中写品茶宜清幽寺观、荷风避暑、茂林修竹、小桥画舫、明窗净几。徐文长在《徐文长密集》中谈品茶十二宜，其中精舍、云林、清流白云，以及松月下、花鸟间等讲的均是环境。古人对环境的追求主要是野、幽、清、净、趣，尤其是钟竹爱松，如王维"茶香绕竹丛"，贾高"尝茶近竹幽"，刘禹锡"骤雨松声入鼎来"，沈围"细吟满啜长松下"。

茶通六艺。品茶讲究六艺助茶，即是所谓的艺境。精心选择一些琴、棋、字、画、古玩、金石作为点缀和摆设，能使茶室的意境顿生几分雅趣、文脉与人缘。同时，茶人特别看重背景音乐与字画楹联的选择。常作背景音乐的名典精曲有二泉映月、春江花月夜等民族音乐，也有一些专门为品茶而谱写的茶歌，如《听茶》《听壶》《古丈茶歌》等。能对茶室起画龙点睛、平添几分文趣的还有古代文人的墨宝、诗词、格言，尤其是有关茶的楹联，如茶联"阳羡春茶瑶草碧（钱起），金陵美酒郁金香（李白）"等。

　　人境是指品茶时人的多寡及品茗者的人格所构成的一种人文环境。明代的张源在《茶录》中写道"饮茶以客少为贵，客众则喧，喧则雅趣全无。独啜曰幽，二客曰胜，三四曰趣，五六曰泛、七八曰施"。张源的观点被不少人作为金科玉律，实际上有失偏颇。品茶不忌人多而忌人杂、人俗、人浮、人躁。自煎、自斟、自饮、自醉是人和茶与自然的沟通，称为独啜。独啜能物我两忘，得其神韵。唐代卢仝"柴门反关无俗客，纱帽笼头自煎吃"，可谓是独啜的典范。两三知己促膝，五六好友聚首，共品香茗、吟诗弈棋则是心与心的共鸣，此所谓共品得趣。物以类聚，人以群分，饮茶之人以茶为媒，设茶会、摆茶宴、观斗茶、倡茶礼等往往高朋满座，虽无独啜之幽也难得共品之趣，但这是茶人与社会的交流，有益于弘扬茶道茶艺和增长知识，可谓众饮增益。

　　心境是茶人在品饮时所表现出的一种心理状态和感受，具体表现为心的宁静，灵的净化，神的愉悦，意的超脱。冯可宾在《茶笺》中论及品茗的 13 个条件时第 11 条为会心，会心即心境，心有灵犀。只有在心境平和时，才能在品饮中玄悟冥想，淡乎至味，达到契合自然、彻悟人生之境界。有了闲适、虚静、空灵的心境。便会"在不完全的现实世界中享受一点和谐，在刹那间体会永久"（周作人《喝茶》）。

　　（六）艺茶

　　这里所谈的艺茶，主要是指各种茶汤的冲泡程序与技艺。艺茶十分注重程序编排的科学性和茶艺表演动作的协调性，是内在美和外在美的高度统一。程序编排上要求顺茶性、合茶道、讲科学、识风雅。茶艺表演要求动作协调、韵律流畅、传神达韵、和谐完美。

　　1. 乌龙茶茶艺。

　　乌龙茶冲泡要领一是择器要精，宜用紫砂壶或小盖碗冲泡，杯具最宜白瓷小杯，或由闻香杯和品茗杯组成的对杯，壶以年代久远者为佳。二是高温淋器。三是沸水（100℃）冲泡。四是旋冲旋啜，即边冲泡，边品饮。其品饮要领是讲究热饮，注重闻香、细嚼慢品、怡情悦性。其泡法因品种、择器的不同而各有所异。乌龙茶常见的八马三才泡法为王文礼所创，共八道程序，简单易学且高雅优美。具体是：（1）洗杯——白鹤沐浴。用开水洗净茶具，提高茶具的温度。（2）落茶——乌龙入宫。将茶投入壶中，多少因个人爱好而定。（3）冲茶——高山流水。高壶冲入，最好能让茶叶随开水的冲入在杯中旋转。（4）刮沫——春风拂面。用杯盖刮去浮在杯面的泡沫。（5）巡茶——关公巡城。把杯中的茶汤依次倒入品饮的小杯中。（6）点茶——韩信点兵。将茶汤倒入杯中时不要一次倒满而要分次均匀斟入，以使每杯浓淡均匀。（7）看茶——赏色闻香。观赏汤色，闻其盖香。（8）品茶——品啜甘露。即奉茶、品茶、边啜边嗅、浅尝细品。

　　2. 绿茶茶艺。

　　绿茶具有色绿、香幽、味甘、形美的特点，冲泡要尽显其特点，必须把握好择器、控温、投茶、冲泡四个环节。择器最宜晶莹剔透的玻璃杯，以便冲泡时观赏茶汤之色和茶形的变化过程，俗称茶舞。控温，由于绿茶比较细嫩，因而十分讲究水温，过高过低都不宜，古有熟汤失味的说法。绿茶的水温一般控制在 85℃左右。投茶法有三种，投茶后一次性冲满为下投法，投茶后冲水适量让干茶吸水舒展后再冲满称中投法，先冲水再投茶为上投法。名贵绿茶一般采用上投法或中投法，普通者宜用下投法冲泡。冲泡时一要高壶斜冲，二要灵活盖闷，三要及时续水。这里以西湖龙井为例简介其冲泡的基本程序。西湖龙井宜采用中投法，程序一般有十二道，即（1）烧水——壶煮三江水，迎客示座。（2）洗杯——清水沐芙蓉，尊茶重客。（3）凉汤——玉壶养太和，严控水温。（4）投茶——清宫迎佳人，投茶入杯。（5）润茶——甘露润莲心，吸水舒展。（6）冲水——凤凰三点头，高山流水。（7）泡茶——碧玉沉清江，银鱼戏水。（8）奉茶——观音捧玉瓶，祈祷吉祥。（9）赏茶——杯中观茶舞，刀枪林立。（10）闻茶——茶香沁慧心，思飘物外。(11）品茶——淡中品至味，无求自高。（12）谢茶——自斟乐无穷，怡然自得。

3. 红茶茶艺。

红茶因其特性温和、醇厚、兼容，因而艺茶时既重清饮，更重调饮。清饮是为保持红茶的真香本味而不加其他物料的饮用方法。调饮是利用红茶的兼容性，在茶中加入某些辅料而饮用的一种方法。清饮时或冲或煮，以冲居多，器具可壶可杯。红茶茶艺的程序相对简单，一般为洁具、投茶、冲水、敬茶、谢茶，若是调饮则多一道分果程序。

三、茶馆、茶人、茶诗

（一）茶馆

茶馆，古时称茶肆、茶楼、茶店、茶寮、茶亭、茶坊、茶社、茶园、茶室等。如今茶馆不仅是人们专门饮茶的场所，也是人们休闲娱乐，交友叙事，甚至是买卖交易的去处。

我国茶馆由来已久，西晋时期有关茶摊的记载，南北朝时出现供喝茶住宿的茶寮。关于茶馆的文字记述，始于唐代《封氏闻见记》。宋代饮茶之风日盛，以卖茶为业的茶肆、茶坊普遍出现，如清乐、八仙等，室内陈设考究，挂名人字画，插四时鲜花，奏鼓乐曲调。明清时期茶馆进一步发展，对用茶、择水、选器、沏泡、火候等方面讲究严格，太平父老清闲惯，多在酒楼茶社中，茶馆成为上至达官显贵，下及贩夫走卒的重要生活场所。

茶馆除了京都以外，尤其是南方分布较为普遍。成都、重庆、武汉、长沙、上海、杭州等地十分风行，各地茶馆特色鲜明，风格各异。四川有句谚语叫头上晴天少，眼前茶馆多。而四川茶馆又以成都为盛。人们到茶馆除了饮茶外，有的是为摆龙门阵，交流信息而来；有的是为交友联谊、谈公论事而来；有的是为生意洽谈、经商买卖而来；有的是为陶冶性情，修身养性而来；也有的是为调解纠纷、评理断案而来。四川茶馆的功能特别多，可谓是小天地，大社会。

杭州习惯称茶馆为茶室。杭州茶室与得天独厚的自然风光相映衬，文化气息尤显浓重，其特点是强调茶择名水，品临佳境，艺得真趣，极富仙佛和儒雅之气，清幽雅洁，超凡脱俗。在杭州茶室中，特别是西湖茶室还凸显着天人合一、人茶一体、契合自然、乾坤浑通的特征。

广州茶馆惯称茶楼。部分茶楼也供应饭菜点心，茶中有饭、饭中有茶是广东茶楼的特色。其乡间茶馆一般傍河而建，小巧玲珑，虽不及西湖茶室的儒雅，但不乏质朴幽雅的水乡情趣。广东人喝茶又叫叹茶，大概是认为饮茶可感叹出人生万象之故。陶陶居是广州最老的茶楼之一，还有太如楼、如意楼等。

北京以其无与伦比的地脉、文脉和人脉，独树一帜，其茶馆有可供老人听评书的书茶馆；有论茶经、话鸟道、谈家常、论时事的清茶馆；有供茶客弈棋搏杀的棋茶馆；还有颇具田园情趣的野茶馆和功能齐全的大茶馆。著名的茶馆有天福、天禄、天泰、天德等。

上海的茶馆兴于清代。开设最早、影响较大的有一洞天、丽水台等，广式茶楼以同芳居、大天元较为知名，至今上海豫园的轩茶楼（又名湖心亭）还蜚声中外。旧时上海的茶馆，除饮茶外，还充作茶会市场，地痞流氓吃讲茶之场所，白蚂蚁（房产捐客）的交易处，包打听（侦探）的办案地，评弹艺人的书场等。

自古以来，茶馆可以说是人流、信息流、文化流等的桥梁和纽带，是社会的缩影，万象的窗口。

（二）茶人

自古饮茶、爱茶、重茶之人不计其数，达官显贵爱茶重其珍，附庸风雅；文人学士爱茶重其韵，托物寄情；佛门高僧爱茶重其德，参禅悟道；道家羽士爱茶重其功，养生延年；平民百姓爱茶重其味，消乏解渴。此所谓仁者见仁，智者见智，知山识水，各得其妙。

1. 茶圣——陆羽。

陆羽（733—804），唐复州竟陵（今湖北天门市）人，字鸿渐，自称桑苎翁，别号竟陵子、东冈子，后人奉之为茶圣。据传陆羽幼年被弃，智积禅师将他抱回古寺，后托李公抚养，六年后回到寺院。智积嗜茶如命，常呼朋唤友，品茗鉴泉。耳濡目染加上聪明早慧，陆羽小小年纪便深谙茶艺。因陆羽志于儒学而智积令其皈依佛门，师徒不欢而散。陆羽12岁时逃离寺院，流落街头，为求生计，委身民间戏班，从此又与戏剧结下深缘，并很快艺名远播。日后他又随隐士邹夫子精研经史，终成儒士。陆羽虽一生坎坷，但始终淡泊名利，醉心于茶文化的研究，历经三十春秋，写成了中国有史以来第一本茶学专著《茶经》。此外他多才多艺，著作甚多，但最有影响的还是《茶经》，可以说是茶使陆羽流芳千古，陆羽让茶源远流长。

2. 别茶人——白居易。

白居易（772—846），河南郑州人，字乐天，号香山居士，自称别茶人。白居易生于书香门第，自幼聪慧过人，9岁便能吟诗作对，有小神童之称。可他生不逢时，当时天下内乱不断，12岁时被迫背井离乡，漂泊江南。家中不幸、身体不佳、仕途不顺，满腹经纶的他一生壮志未酬，50岁时独善其身，出任杭州刺史，54岁时辞官归隐，远离是非。其爱茶之切，茶艺之精，悟道之深，堪为文人雅士之最。茶与诗是他生命的寄托，"茶，不可一日无"。他经常亲自碾茶、勺水、候火、冲茶，特别是善于鉴茶识水，极重茶境。"一碗喉吻润，二碗破孤闷。三碗搜枯肠，唯有文字五千卷。四碗发轻汗，平生不平事，尽向毛孔散"，是白居易曾"借酒消愁愁不去，转向茶佛自得趣"的真实写照。

3. 茶皇——乾隆。

乾隆，爱新觉罗·弘历（1711—1799），是中国历史上最爱茶的皇帝之一。他自幼有嗜茶之习，十几岁时便懂得鉴茗、择泉、用火、候汤，虽贵为皇子却经常亲自焚竹烧火，煎茶煮茗。而且他一生爱茶，主张品茶要咀嚼回甘，强调品茗要静浣尘根、闲寻绪思，认为茶乃水中君子，酒为水中小人。他借茶施政，盛举千叟茶宴，赐茶群臣，创办经筵茶典，亲自讲学赐茶。同时他善以茶休闲，常吟诗品茗，好鉴泉评水，玉泉便是他御封的天下第一泉。他还亲自题趵突泉为急湍，铁观音之名也是他亲自所赐。

此外中国历史上的著名茶人还有茶仙苏东坡、茶神陆游、茶怪郑板桥等。近代名人也莫不爱茶，如孙中山、毛泽东、周恩来、郭沫若、鲁迅、冰心等。

（三）茶诗

早期文人常以酒助兴，从屈原的奠桂酒兮椒翠到曹操对酒当歌，人生几何，均为酒诗。西晋时期，社会动荡，文人愤世嫉俗却又无能匡扶，于是出现清谈一族，谈天论地，回避尘世。恰在此时茶被文人看中，应运结缘诗坛，中国第一首以茶为题的诗《娇女诗》（左思），便产生于此时。《茶经》的问世，奠定了茶在诗坛中与酒并驾齐驱的地位，代表人物是白居易。唐末，茶在文人心中更是后来居上。宋代朝廷推举饮茶，于是茶风日兴，以茶入诗被视为高雅之事，这样便造就了茶诗、茶词的繁荣。元至明清，茶诗仍不乏精品佳作，风格上趋于清冷，内容上涵盖万象，更显平民化、大众化、休闲化。

┌─────────┐
│ 补充阅读 │
└─────────┘

茶诗一首

元稹
茶
香叶，嫩芽。
慕诗客，爱僧家。
碾雕白玉，罗织红纱。
铫煎黄蕊色，碗转曲尘花。
夜后邀陪明月，晨前独对朝霞。
洗尽古今人不倦，将知醉后岂堪夸。

此外茶回文也是茶诗中的一大特色，恰似品茶一样令人回味无穷，许多还被刻印于茶具之上，得以杯随字贵，字随杯传。如明目清心、可以清心也、不可一日无此君、客上天然居等，具有增添文化气息、引发茶人联想的功能。

任务五　西方饮食文化

一、西方饮食文化及其与中国的差异

中国人注重天人合一，西方人注重以人为本。这种价值理念的差别形成了中餐以食表意、以物传情的特点，注重饭菜的意、色、形，追求色、香、味。同时也成就了西方自始至终坚持饭菜的实用主义的理性饮食观念，不论食物的色、香、味、形如何，营养一定要得到保证，讲究一天要摄取多少热量、维生素、蛋白质等。

在饮食对象上，西方人认为菜肴是充饥的，所以专吃大块肉、整块鸡等。烹调时在用料上缺乏随意性，许多在中国都是极好的原料，西方厨师无法处理，视为弃物。西方人在介绍自己国家的饮食特点时，觉得比中国人更重视营养的合理搭配，有较为发达的食品工业，如罐头、快餐等。

在饮食方式上，西式饮宴中食品和酒尽管非常重要，但实际上只是作为陪衬。宴会的核心在于，通过与邻座客人之间的交谈，达到交谊的目的。

与中国饮食方式更为明显的差异是西方流行的自助餐。将所有食物一一陈列出来，大家各取所需，不必固定在位子上吃，走动自由，不拘小节，表现了西方人对个性，对自我的张扬。各吃各的，虽然互不相扰，但缺少了一些中国人聊欢共乐的情调。

总之，营养性和美味性就是西方人的出发点和目的地。他们全力开发和研究食物在不同状态下的营养差异，从时间、空间、温度、湿度等细微之处入手，烹饪出从物理、化学角度都营养、美味的食物。吃的时候，一人一盘一刀一叉，分而食之。至今西餐还没有衍生出其他丰富的派别，致使除了一些烦琐的规矩之外，西餐无法给人留下太深的印象。当然，其标准化和程序化管理与服务的文化特点是足以与中餐相关文化并驾齐驱的。一句话，如果中国饮食文化特质重在艺术，那么西方饮食文化的特质则重在科学。

二、西餐文化简介

（一）西餐上餐程序

与中餐相比，西餐的上餐顺序不同。一般分为头盘、汤、副菜、主菜、蔬菜类菜肴、甜品和咖啡。

1. 西餐常规程序。

头盘也称为开胃品。一般有开胃沙拉、鹅肝酱、鱼子酱或者焗蜗牛等。如果没有其他的头盘，汤类也可以作为头盘进食，大致可分为清汤、奶油汤、蔬菜汤和冷汤四类。通常水产类菜肴与蛋类、面包类、酥盒菜肴均称为副菜。肉、禽类菜肴是主菜，其中最有代表性的是牛肉或牛排。蔬菜类菜肴一般会在肉类菜肴之后，或者与肉类菜肴同时上桌，蔬菜类菜肴在西餐中也称为沙拉，但是与头盘中的沙拉不一样，这里的沙拉不用沙拉酱。接着上来的甜点可以算作是第六道菜，包括布丁、冰激淋、奶酪、水果等。最后上来的才是咖啡或者茶类饮料。

酒水的上桌顺序是开胃酒在头盘之前上桌，一般包括威士忌、鸡尾酒或者软饮料（即不含酒精的饮料）；接着上来的是餐酒，一般是红葡萄酒或者白葡萄酒，餐酒会伴随主菜一起上桌，其中白葡萄酒伴随冷菜、头盘菜或者海鲜类菜肴饮用，红葡萄酒则要伴随牛肉、羊肉或者禽类肉饮用；而餐后酒，例如白兰地一般会在主菜后上桌。香槟酒是唯一一种可以贯穿用餐始终的酒，尤其适合节日或欢乐场合饮用。

2. 刀叉等餐具的用法。

餐巾：点完菜后，在头盘送来前的这段时间应把餐巾打开，往内折三分之一，让三分之二平铺在腿上，盖住膝盖以上的双腿部分。或者将餐巾一角压在盘子下面，另一端铺在腿上，最好不要把餐巾塞入领口。

刀叉：料理上桌后的基本动作，即右手拿刀切开，然后左手拿叉将料理叉起。要注意叉子的齿和刀子的刃部都要朝下。如果桌上有多副刀叉，切记从最远离餐盘的一副开始用起，一般吃海鲜会上专门的鱼刀叉。

勺子：吃汤、酱会有各自的勺子。喝汤时汤匙首先由里向外将汤汁舀入匙内，汤匙的底部放在下唇的位置将汤送入口中。如果碗内剩下的汤汁已经不多，则要将碗向外轻轻倾斜，使汤汁略微集中后用汤匙舀出。

杯子：正确的握杯姿势是用手指握杯脚，以避免手的温度使酒温增高。应用大拇指、中指和食指握住杯脚，小指放在杯子的底台固定。喝酒时绝对不能吸着喝，而是倾斜酒杯，像是将酒放在舌头上似的喝。轻轻摇动酒杯让酒与空气接触以增加酒味的醇香，但不要猛烈摇晃杯子。

3. 用餐常规礼仪。

有人笑言西餐吃的不是食品，而是风度。一是在用刀叉切取食物时不要用力太猛，使刀叉与盘子碰撞出响声是非常失礼的。如果觉得刀子难以切开食物，请注意是不是用错了刀子。二是喝汤时直接端起汤碗是十分失礼的举动，发出咕噜咕噜地喝汤声更不可取。喝汤要轻声，一勺一勺喝，如果汤碗旁边有把手，则可以在快要喝完的时候端起饮用。三是西餐的每道菜都是等前一道菜用毕才会上下一道，客人通过将刀叉平行摆放的方式告诉侍者此道菜已经用毕，将刀叉成八字放在餐盘两边则代表用餐还未结束。

（二）特色西餐简介

虽说西方饮食文化差异不大，但各国的餐饮文化仍有其各自的特点，菜式也不尽相同，法国人会认为他们做的是法国菜，英国人则认为他们做的菜是英国菜。西方人自己并没有明确的西餐概念，这个概念是中国人和其他东方人的概念。西餐大致可分为法式、英式、意式、俄式、美式等几种，不同国家的人有着不同的饮食习惯。有种说法非常形象：法国人夸奖着厨师的技艺吃，英国人注意着礼节吃，德国人考虑着营养吃，意大利人痛痛快快地吃……

1. 法式大餐。

法国人一向以善于吃并精于吃而闻名，法式大餐至今仍名列世界西菜之首。法式菜肴的特点是：选料广泛（如蜗牛、鹅肝都是法式菜肴中的美味），加工精细，烹调考究，滋味有浓有淡，花色品种多。法式菜还比较讲究吃半熟或生食，如牛排、羊腿以半熟鲜嫩为特点，海味的蚝也可生吃，烧野鸭一般六成熟即可食用等。法式菜肴重视调味，调味品种类多样，多用酒来调味，什么样的菜选用什么酒都有严格的规定，如清汤用葡萄酒，海味品用白兰地酒，甜品用各式甜酒或白兰地等。蔬菜和奶酪品种多样，法国人十分喜爱吃奶酪、水果和各种新鲜蔬菜。法国的名菜也数不胜数，其中以鹅肝酱、海鲜、蜗牛、乳酪芝士等最为人们熟悉。法国的餐厅食肆种类多样，等级繁多，丰俭由人，有富丽堂皇的传统法式餐厅，富有地方色彩的餐馆，以及露天咖啡茶座和各式茶室等，堪称美食天堂。通常餐厅会于门外放置餐牌供顾客参考，而所列示价钱已包括15%的服务费。大部分的餐厅都会提供套餐（FixedMenu）或散餐（alacarte）供顾客选择。套餐通常包括前菜、主菜及甜品，散餐则可让顾客按自己喜好选择食物种类，而散餐的价钱也较套餐昂贵。

2. 意式西餐。

在罗马帝国时代，意大利曾是欧洲的政治、经济、文化中心，虽然后来其发展缓慢了，但就西餐烹饪来讲，意大利是始祖。意式菜肴的特点是：原汁原味，以味浓著称，注重炸、熏等，以炒、煎炸、烩等方法见长。意式西餐是世界上最流行的西餐烹饪术之一，意式菜汤、烩小牛骨、火腿小牛肉和冰激淋及甜品风行世界五大洲。肉类菜很丰富，如小牛肉配银鱼汁、炸火腿卷等。比萨饼与意式面食更是不可缺少的主食。意大利红葡萄酒全球闻名，其他各种佐餐酒也口味独特，包括多种苦艾酒，如马蒂尼酒。意大利菜肴最为注重原料本质而保持原汁原味，调料擅长使用番茄酱、酒类、柠檬、阿里根奴（比萨草）及帕玛桑芝士等。意大利菜对火候的要求很考究，很多的菜肴要求烹制六七成熟，牛排要鲜嫩带血，米饭、面条、通心粉也都要硬心。烹调的方法以炒、煎、炸、红烩、焖等著称，烧烤的菜不多。另外，意大利菜很早就讲究制作少司，这种方法后来才传到法国。意大利人喜爱面食，做法、吃法甚多。其制作面条有独到之处，各种形状、颜色、味道的面条至少有几十种，如字母形、贝壳形、实心面条、通心面条等。意大利人还喜食意式馄饨、意式饺子等。意式菜肴的名菜有：意大利蔬菜汤、茄汁焗馄饨、奶酪焗通心粉、肉酱意粉、比萨饼等。

3. 美式西餐。

美国西餐是在英国菜的基础上发展起来的，继承了英式菜简单、清淡的特点，口味咸中带甜。美国人一般对辣味不感兴趣，喜欢铁扒类的菜肴，常用水果作为配料与菜肴一起烹制，如菠萝焗火腿、苹果烤鸭。美国人喜欢吃各种新鲜蔬菜和各式水果，对饮食要求并不高，只要营养、快捷。美国盛产水果，美式菜的沙拉中用水果做原料相当普遍，如用香蕉、苹果、梨、橙子等。另外，在热菜中也常使用水果，如菠萝炖火腿、苹果烤火鸡、炸香蕉等。派生于英式菜的美国菜发展至今，传统的咸鲜甜口味已趋向清淡、生鲜。在用料上，黄油改用植物黄油或生菜油，奶油改用假奶油即完全脱脂奶油，芝士则改用奶油芝士，做生菜沙拉不用马乃司少司，做水果不用罐头水果，浓汤改清汤，肉类则多用低脂肪、低胆固醇的水牛肉与鸵鸟肉，素食和生食比较盛行。烹调方法以煮、蒸、烤、扒为主，典型的美国菜有苹果黄瓜沙拉、华道夫沙拉、美式鲜虾杯、水煮鲈鱼葡萄汁、姜汁橘酱鱼排、花旗大虾等。美式菜肴的名菜有：苹果栗子酿火鸡、橙子烤野鸭、美式牛扒、苹果沙拉、糖浆煎饼等。

三、西方酒文化

（一）西方酒文化概述

在西方，饮酒的目的往往很简单，为了欣赏酒而饮酒，为了享受美酒而饮酒。当然，在西方饮酒也有交际的功能，但人们更多的是追求如何尽情地享受美酒的味道。西方酒文化虽然也有群聚而饮，把酒狂欢，却更注重个人对于酒的浅尝独酌，在脑海中回味酒的口味到底是浆果、橡子还是奶酪。从某种角度可以说中国的酒文化是白酒文化，而代表西方酒文化的当属葡萄酒文化。

此外，西方酒器多是玻璃制品，轻巧方便、清澈透明，以便观察出酒的档次高低。西方人注重喝什么酒应用什么酒具，所以他们有葡萄酒杯、白酒杯、红酒杯、白兰地酒杯等。西方人饮用葡萄酒的礼仪，则反映出对酒的尊重，品鉴葡萄酒要观其色、闻其香、品其味，调动各种感官享受美酒。在品饮顺序上，讲究先喝白葡萄酒后喝红葡萄酒，先品较淡的酒再品浓郁的酒，先饮年份短的酒再饮较长年份的酒，按照味觉规律的变化，逐渐深入地享受酒中滋味的变化。

（二）部分西方国家酒习

1. 俄罗斯酒习。

俄罗斯以生产伏特加著名。伏特加是烈酒，饮时仿佛令喉咙燃烧。俄罗斯人饮酒习惯也是大杯，而且要干杯，所以一瓶酒打开后就没有机会再盖起来了。俄罗斯人在喝伏特加时，必先从喉咙里发出咕噜声，相传这是彼得大帝留下的习俗，几百年已形成传统。

2. 法国酒习。

相比之下法国人饮酒喜欢细品慢饮，他们一定要把酒从舌尖慢慢滑到喉头，因为酒一落食道，再好的味道就尝不出了，所以越是好酒越要慢饮。法国的香槟和葡萄酒是世界闻名的。香槟是为喜庆准备的，只要遇到喜庆之日，法国人就打开香槟，共同举杯庆祝。香槟是任何场合都可饮用的酒，但不要与烤肉同用，否则烟味会夺走酒味。

在美食之国的法国，饮酒素有讲究，历来有白酒配鱼，红酒配肉的不成文法。这里的白酒、红酒，当然是指法国的白葡萄酒、红葡萄酒。这种配法只为颜色与盘中菜相配，而且白酒不宜过冰，红酒不宜太温，这是通则。另外，酒杯也有学问，如高脚杯可使手掌与酒保持距离，不会升高酒温。想做酒博士很不容易，法国有几个学校专门培养这种学生，可见法国人是享受情调的高手。

3. 英国酒习。

英国威士忌在 1839 年才正式投厂生产，但在 1494 年英国已正式用大麦配酒。今日的威士忌加入黑麦、燕麦、玉米等，混合是一种艺术。英国人在调酒方面令人望尘莫及。

4. 德国酒习。

德国以啤酒著名。德国啤酒是大麦制成的，大麦吃多了人容易发胖，因此德国人的啤酒肚、啤酒杯、啤酒节、啤酒园、啤酒香肠、啤酒地下屋……莫不与大麦有关。德国啤酒杯是世界上最大的酒杯，一杯可有一升。此外还有啤酒冷与啤酒尸的说法，啤酒冷形容人落落大方，啤酒尸指那些喝得太多躺在路边的人。可见德国人是变着戏法享受啤酒。

（三）西方酒品简介

1. 白兰地（Brandy）。

白兰地是英文 Brandy 的译音。这种酒最早起源于法国。相传在很早以前，有一年法国葡萄大丰收，而市场上的葡萄酒又已饱和，有一家葡萄酒厂便把积压的葡萄酒加以蒸馏然后放在橡木桶中保存，第二年打开橡木桶时，里面的葡萄蒸馏酒散发出特别的芳香，喝起来香气高雅而口味醇和。这样，世界名酒白兰地便诞生了。白兰地是葡萄酒的再蒸馏酒。通常情况下，白兰地都是用葡萄做的，现在有以苹果、樱桃为原料的，称为苹果白兰地和樱桃白兰地。

白兰地中的芳香物质来源于优良的葡萄原料和白兰地酒贮存体橡木桶。白兰地的产地虽然世界各地都有，但是以葡萄制成的白兰地中以干邑、雅邑两种品质最好。以苹果制成的白兰地中以卡巴度斯最著名。

白兰地需贮藏很长的时间，且时间越长，酒质越好，最佳的陈年时间是 20~40 年。白兰地在装瓶出售时，在瓶身或标贴上标示其陈酿程度，用下列几种符号来表示贮藏年代：

★表示 3 年陈酿

★★表示 4 年陈酿

V. O. 表示 10~12 年陈酿

V. S. O. 表示 12~20 年陈酿

V. S. O. P. 表示 20~30 年陈酿

Napoleon 表示 40 年陈酿

X. O 表示 50 年陈酿

X 表示 70 年陈酿

目前世界上最有名的白兰地有以下几种：Courvoisies（柯罗维锡），Hen‐nessy（海涅赛），T. F. martell（T. F. 马爹利），Camus（开麦士），Remymartin（人头马）及 Xomartell（XO 马爹利）等。

2. 金酒（Gin）。

金酒又称杜松子酒、松子酒或琴酒、毡酒。相传是 17 世纪荷兰一位教授为预防移民罹患热带疾病而配制的，是将杜松子浸在纯酒精中蒸馏而成的药酒，因味道诱人而流行街市，并成为调制鸡尾酒的主要基酒之一。

金酒按生产工艺和产地分为：伦敦干金酒、普利茅斯金酒、老汤姆金酒、美国金酒、荷兰金酒等。名牌产品有：哥顿、比非特、布斯、波士、布若茨等。

3. 朗姆酒（Rum）。

朗姆酒也称兰姆酒、老姆酒、劳姆酒、拉姆酒。公元 1600 年左右由山巴巴多斯

（Barbados）首先酿制出来，是世界六大蒸馏酒中的一种。朗姆酒是热带地区的土著们以甘蔗为原料，把糖蜜发酵、蒸馏，使它成熟后制成的一种酒。因为它具有清净的口味和风格，无论是纯饮还是作为鸡尾酒的基酒，都很受欢迎。朗姆酒分为清淡型和浓烈型两种风格。清淡型朗姆酒是用甘蔗糖蜜、甘蔗汁加酵母进行发酵后蒸馏，在木桶中储存多年，再勾兑配制而成，主要产地为波多黎各和古巴。浓烈型朗姆酒是由掺入榨糖残渣的糖蜜在天然酵母菌的作用下缓慢发酵制成的，主要产地为牙买加。

4. 威士忌（Whisky）。

威士忌是洋酒中的第二大类，属蒸馏酒，其酒精成分在40%～60%。威士忌酒最早是15世纪苏格兰人以大麦芽和其他谷物为原料，加酵母菌发酵，经过蒸馏获得烈性酒，再经木桶长期贮存、陈化而成。酒呈琥珀色，味微辣而醇香，若与汽水混饮更别有风味。威士忌成为世界公认的名酒，关键在于混合法的出现。19世纪末，人们酿造出了温和型的玉米威士忌。这种威士忌与麦芽威士忌结合，产生了混合型威士忌。其饮用方法很多，可以干喝，可以加点冰块喝，也可以和其他饮料混合起来调配成鸡尾酒。

根据国际法，只有在苏格兰境内蒸馏和醇化的酒液才能配制苏格兰威士忌。威士忌瓶上都印有年份，表明了酒液在橡木桶中醇化的时间。威士忌年份所表示的时间是威士忌定价的一个重要因素，其价格与年份成正比，年份越是久远，越是醇化，售价也越高。

5. 伏特加（Vodka）。

Vodka 一字源自俄语生命之水中水的发音 Voda，是一种酒精浓度很高的蒸馏酒。伏特加是用谷物或马铃薯制造的。风味绝佳的伏特加酒，即使在科学发达的今日，仍无法用性能优越的连续式蒸馏机直接制造而得。现在的伏特加酒采用连续式蒸馏，蒸馏出酒精浓度超过95%的液体，制成酒精成分极高的蒸馏酒，再以水稀释到40%～60%。经燃烧过的白桦木与椰子木烧成的活性炭过滤后去除杂质，所有不溶于酒精的成分会附着在活性炭上，而酒精浓度则提高，酒色更加晶莹澄澈。一般而论，等级较高的伏特加原料以谷类为主，以马铃薯为原料所制成的伏特加品质较不如前者。现在除了俄国和波兰为主要的伏特加生产国以外，波罗的海各国也有广泛的生产，美国所出产的伏特加口味更是后来居上。

四、咖啡文化

咖啡之于西方，犹如茶之于中国。

（一）咖啡的源起

根据阿拉伯古文献上记载，公元11世纪，回教戒律禁止教徒们喝酒，当时阿拉伯地区盛行将晒干的咖啡豆煎煮成汤汁，当成胃药使用。教徒们发现这种咖啡汁液有提神的效果，便将它作为替代酒类的振奋性饮料，并且以回教圣地麦加为中心，将这种饮料经由信徒往来流传开，由阿拉伯传到埃及，再传到叙利亚、伊朗、土耳其等地。到了13世纪以后，阿拉伯人已懂得将生咖啡豆晒干，加以烘焙，用臼杵捣碎后，再用水熬煮，从而得到较纯质的咖啡。

至于以卖咖啡为业的商店，传说始自回教圣地麦加。大约 17 世纪左右，咖啡才经由通商航线，渐渐风靡意大利、印度、英国等地。1650 年左右，英国牛津出现了西欧第一家终日弥漫着咖啡香味的咖啡店。

补充阅读

咖啡的传说

咖啡的发现有多种传说，其中之一是根据罗马一位语言学家罗士德·奈洛伊（1613—1707）的记载：大约公元六世纪时，有位阿拉伯牧羊人卡尔代某日赶羊到伊索比亚草原放牧时，看到每只山羊都显得无比兴奋，雀跃不已，他觉得很奇怪，后来经过细心观察发现，这些羊群是吃了某种红色果实才会兴奋不已，卡尔好奇地尝了一些，发觉这些果实非常香甜美味，食后自己也觉得精神非常爽快，从此他就时常赶着羊群一同去吃这种美味果实。后来，一位回教徒经过这里，便顺手将这种不可思议的红色果实摘些带回家，并分给其他的教友们吃，所以其神奇效力也就因此流传开来了。

（二）传统咖啡礼仪

在阿拉伯国家，如果一个人被邀请到别人家里去喝咖啡，这表示了主人最为诚挚的敬意，被邀请的客人要表示出发自内心的感激和回应。客人在品尝咖啡的时候，除了要赞美咖啡的香醇之外，还要切记即使喝得满嘴都是咖啡渣，也不能喝水，因为那是表示对主人的咖啡不满意，会极大地伤害主人的自尊和热情。

去咖啡馆品尝咖啡，对西方人来说是每天例行的公事之一，也是一种时尚。但有一些不成文的咖啡传统礼貌，例如不可一直端着杯子说个不停，或者端着咖啡满屋跑，此时应将杯子放下。在没征得别人允许之前，不可替别人的咖啡加糖或奶精，在未征得女主人同意之前，不可为自己或别人斟咖啡，因为这是女主人的义务与权利。在餐馆喝 Cappucciono 时，最好用汤匙将奶泡与咖啡混合，先尝奶泡，再尝咖啡，这样才不致喝完 Cappucciono 后，变成"大胡子"。如果首应家庭式的喝咖啡之邀，最少也得带束花去，一切的谢意都在花中，不需另外表明了。

喝咖啡时一是要先喝一口冷水，清洁口腔；二是喝咖啡要趁热；三是先喝一口黑咖啡，然后加入适量的糖，再喝一口，最后再加入奶精；四是要适量饮用，因为咖啡中含有咖啡因。依照上述的过程享受一杯好咖啡，不仅能体会咖啡不同层次的口感，而且更有助于提升鉴赏咖啡的能力。

（三）各国的咖啡文化

在西方，咖啡文化可以说是一种很成熟的文化形式了。从咖啡进入欧洲大陆，到第一家咖啡馆的出现，咖啡文化以极其迅猛的速度发展着，显示了极为旺盛的生命活力。在奥地利的维也纳，咖啡与音乐、华尔兹舞并称维也纳三宝，可见咖啡文化的意义深远。在法国，如果生活中没有咖啡就像没有葡萄酒一样不可思议，甚至可以说是世界末日到了。美国人喝咖啡随意而为，无所顾忌，是世界上咖啡消耗量最大的国家。据说第一次载人登月的阿波罗十三号宇宙飞船在返航途中曾经发生了故障，在生死关头地面指挥人员安慰飞船上的宇航员说：别泄气，香喷喷的热咖啡正等着你们呢。

本章小结

本章主要介绍了中国饮食文化概念、内涵、历史分期及其基本特征，系统探讨了中国饮食文化与政治、经济、宗教、民族及语言文学的联系，分节介绍了中国菜系文化、中国酒文化和中国茶文化的形成、内容及其特点，同时简要介绍了西方的西餐文化、酒文化和咖啡文化。

综合实训

一、单项选择题

1. 袁枚是清代美食理论家，其代表作是：
    A. 随园食单　　　B. 饮食正要　　　C. 饮食须知　　　D. 砍析法
2. 乾隆御封的第一泉是：
    A. 谷帘泉　　　　B. 中冷泉　　　　C. 玉泉　　　　　D. 趵突泉
3. 剑南春酒香型是：
    A. 清香　　　　　B. 浓香　　　　　C. 酱香　　　　　D. 窖香
4. 佛跳墙是（　）中的名菜：
    A. 鲁菜　　　　　B. 浙菜　　　　　C. 粤菜　　　　　D. 闽菜
5. "不以酒自娱，快然与谁语"的作者是：
    A. 李白　　　　　B. 杜甫　　　　　C. 白居易　　　　D. 黄庭坚

二、多项选择题

1. 清真菜许多名菜均出于南京，如美人肝、（　）等：
    A. 松鼠鱼　　　　B. 东坡肉　　　　C. 蛋烧卖　　　　D. 凤尾虾
2. 浙江的名特产品有：
    A. 金华火腿　　　B. 舟山黄鱼　　　C. 鸡丝燕窝　　　D. 西湖龙井
3. 下列哪些饮食是满族的特色饮食：
    A. 手扒肉　　　　B. 白煮猪肉　　　C. 烤馕　　　　　D. 萨其玛
4. 五粮液酒的酿造原料有大米、玉米和（　）：
    A. 大豆　　　　　B. 高粱　　　　　C. 糯米　　　　　D. 小麦
5. 中国绿茶的名茶有：
    A. 西湖龙井　　　B. 武夷岩茶　　　C. 阳羡茶　　　　D. 碧螺春

三、简述题

1. 简述中国传统十大菜系的内容及基本特点。
2. 浅谈饮食文化对旅游发展的影响。

旅游民俗文化

学习目标

知识目标：

- 理解民俗的概念、特点与分类
- 了解中华民族的构成状况，了解世界民族的简要状况
- 掌握汉民族主要节日的来源及其主要活动，了解汉民族物质民俗和精神民俗的基本内容
- 掌握我国十五个少数民族在物质民俗、社会民俗和精神民俗方面的主要特点
- 了解我国主要客源国（地）在物质民俗、社会民俗和精神民俗方面的主要特征

能力目标：

- 能应用民俗学知识，理解和解释各主要民族的民俗事象
- 能应用民俗学知识，正确对待其他民族的生产、生活习俗，自觉处理好同其他民族的关系
- 能将民俗学知识应用到旅游资源开发和导游服务中，从而不断提高旅游业的文化品位

入境而问禁，入国而问俗，入门而问讳。

——《礼记·曲礼》

　　民俗文化是旅游文化的基础部分，同时也是旅游者最感兴趣的部分之一。人人都有猎奇的心理，人人都想从旅游中获得新奇特异的体验和感受，作为具有异国他乡情调的民俗文化，正好满足广大旅游者猎奇的心理需要。本章内容着重介绍民俗的概念与特点、民族的概念与种类、汉民族的民俗、中国各少数民族的民俗、东南亚国家的民俗以及欧美各主要国家的民俗。

任务一　旅游民俗文化概述

一、民俗的概念、特点与分类

（一）概念

民俗，顾名思义，是民间风俗的简称。民俗，作为学术专用名称，最早由西方学者汤姆斯于 1846 年提出，其原意为"在普通人们中流传的传统信仰、传说及风俗以及如古时候的举止（manners）、风俗、仪式（observances）迷信、民曲（ballade）、谚语等"（《人类学》辞典，台湾商务印书馆 1975 年版）。1922 年，北大歌谣协会创办的《歌谣》周刊率先运用民俗一词，以代替风俗、土俗等说法。该词是从日文转译而来。

（二）特点

民俗具有丰富多样性的特点。不同的国家、不同的民族、不同的区域各有自己独特的风俗习惯，古人所说的"百里不同风，千里不同俗"（《汉书·王吉传》）就是指的这种现象。

民俗具有历史传承性的特点。民俗是各民族、各地域人民在长期的劳动生产和日常生活中逐渐形成并通过习俗、习惯等形式逐渐沉淀下来的，具有代代相传的特点。

民俗具有变异性的特点。民俗是一种社会现象，同其他社会现象一样，民俗随着时间的变迁，人们认识水平的提高，政治、经济、文化状况的不同而不断发生变化。这种变化有积极的一面，也有消极的一面，而以积极的变化为主。

民俗具有社会性的特点。民俗是社会约定俗成的习惯和习俗，是集体创造的产物。个人的倡导和奉行固然很重要，然而如果得不到集体和社会的认可，就很难散布和流传，更不用说成为一种历代相传的习俗了。

（三）民俗的分类

民俗可分为如下四类：

1. 物质民俗：居住、服饰、饮食、生产、交通、交易。
2. 社会民俗：家族、亲族、村落、各种社会职业集团、人生诸仪式（诞生、成年、婚姻、丧葬）、当时习俗。
3. 口承语言民俗：神话、传说、故事、歌谣、叙事诗、谚语、谜语、民间艺术。
4. 精神民俗：巫术、宗教、信仰、禁忌、道德、礼仪、民间游艺。

二、民族概况

（一）民族的概念

民族的概念具有狭义和广义之分。狭义的民族概念，是指人们在一定的历史发展阶段所形成的具有共同语言、共同地域、共同经济生活以及表现于共同的民族文化特点和共同心理素质的稳定的共同体，如汉族、俄罗斯族、傣族、藏族等。广义的民族则是对同一发展阶段或同一区域各民族的统称，如上古民族、近代民族、现代民族、中华民族

（中国境内56个民族的总称）等。

（二）中华民族概况

中华民族是中国境内56个民族的总称，因汉族人口众多，占整个中国人口的92%。因此，其余55个民族被称为少数民族。按照人口的多少排列，这55个民族依次为：壮族、满族、回族、苗族、维吾尔族、彝族、土家族、蒙古族、藏族、布依族、侗族、瑶族、朝鲜族、白族、哈尼族、哈萨克族、黎族、傣族、畲族、傈僳族、仡佬族、拉祜族、东乡族、佤族、水族、纳西族、羌族、土族、锡伯族、仫佬族、柯尔克孜族、达斡尔族、景颇族、撒拉族、布朗族、毛南族、塔吉克族、普米族、阿昌族、怒族、鄂温克族、京族、基诺族、德昂族、乌孜别克族、俄罗斯族、裕固族、保安族、门巴族、鄂伦春族、独龙族、塔塔尔族、赫哲族、高山族、珞巴族。

中国的人口分布明显地呈现出东南稠密、西北稀少的格局。东南主要为汉族人所居住，但也夹杂有少数民族；西北边疆地区主要为少数民族所居住，但也夹杂有汉族，因而形成了以汉族为主体的大杂居、小聚居的人口居住格局。

中华各民族大多有自己的语言文字，分属汉藏、阿尔泰、南亚、南岛、印欧五大语系，共有10个语族、16个语支、60多种语言。文字分属非拼音和拼音文字两大类，非拼音文字主要有汉字、彝文等。拼音文字按其来源，可分为印度字母体系，如藏文、傣文等；阿拉伯字母体系，如老维文、老哈萨克文；回鹘字母体系，如蒙古文、满文等；朝鲜文字体系，如朝鲜文；斯拉夫字母体系，如俄文；拉丁文字母体系，如壮文、侗文等。

（三）世界各民族概况

目前，全世界共有大小民族2000多个，人数在10万以上的有551个，占世界总人口的99.4%，人口少的民族只有几百人甚至几十人。

世界上大多数国家是多民族国家，如中国、俄罗斯、加拿大等。有些国家由两个民族构成，如比利时、塞浦路斯等。少数国家由单一民族构成，如日本、朝鲜等。也有同一民族分布在许多国家的现象，如阿拉伯民族分布在西亚和北非的许多国家里，吉卜赛人和犹太人则分布在世界各地。

任务二　汉民族民俗

汉族因汉王朝而得名，此前称为华夏族。华是章服之美的意思，夏是礼仪之大的意思，在外人眼里，汉族是一个身着华彩衣服、讲究礼仪的泱泱大族。华夏族的始祖是生活在黄河流域的黄帝和炎帝，后由于合并融合，蛮、夷、戎、狄等民族相继融入华夏族，构成后来汉族的主体。所以汉族本身就是由不同民族融合而成的，其主体是华夏族，这也是中国之所以称为华夏的缘由。汉族经过4000年的发展，创造了辉煌的古代文明，同时，在物质民俗领域、社会民俗领域、精神民俗领域积淀了很多源远流长、独具特色的风俗习惯。

一、物质民俗

汉族在居住、服饰、饮食、生产、交通、工艺等物质民俗领域贡献卓著而又风格独特。

（一）居住

汉族人民喜爱盖木屋、住木屋。木屋多依山面水、坐北朝南而建。木屋的形态是台基高、屋面矮、屋顶大，呈人字形。其结构为柱梁结合的大框架结构，建筑材料以木料为主。这种柱梁结构的房子，由于承重部分是梁柱，因而形成了墙倒屋不倒的建筑特色。

补充阅读

海边的石头城

中国浙江省东部海边，有一个不大不小的渔村——石塘。其建筑颇具特色，层层叠叠的石屋建在海边的山崖上，看上去既古朴又端庄。许多人知道法国巴黎圣母院是画家们必去之处，而石塘村对于中国的画家们来说似乎也并不陌生。石塘既无土也无窑，有的是满山遍野的石头。土黄色的石头结实敦厚，将它一块块凿下来，砌成房屋，渔民们才可对年年夏季光顾此地的台风高枕无忧。站在远处，看那些房屋真有点像欧洲中世纪风吹不倒、雷打不动的城堡呢。而那些房屋也煞是好看，一块块石头点缀在瓦上，像一幅幅抽象派的油画。楼层有多有少，楼房有高有低，但石塘人的生活格局，还是在楼内保存了下来。在石塘很少有供人种花养草的庭院，对他们来说，房屋的一层是会客、玩耍、做饭、吃饭的最佳场所。二层以上是寝室，是不轻易让外人进去的，他们一般也只有在睡觉时才上楼。一层与二层之间，有个木板楼梯。谁要迈上这楼梯都必须脱鞋子。

（二）服饰

汉族人民的服饰总的来说，具有下述特点：一是丝、麻、棉、毛，纺织材料多种多样；二是袍、褂、衣、裙，衣服式样丰富多彩；三是以颜色、布料、图案相区分，三六九等等级森严；四是先秦、汉唐、明清、近代、现代，不同时代，服饰变化很大。

（三）饮食

中国素有烹饪王国的美称，也有食在中国的赞誉，这与汉民族高超的烹调和酿造技术是密不可分的。汉民族的烹调采用煎、炒、炖、炸、煲、烤、泡等方式，力求达到色、香、味、形四者俱佳的美学效果。由于汉族分布地域广、人口多，因而形成了南甜、北咸、东辣、西酸的特点，并出现了海内外闻名的四大菜系、八大菜系和十大菜系。

汉族的酿酒历史悠久，已有4000余年历史，尤以白酒酿造技艺的精湛而驰名中外。酱香、浓香、清香、米香，各种白酒香型兼备，且每种香型都有名酒。高度酒、中度酒、低度酒，各种度数的酒品种齐全，能够满足不同饮酒爱好者的需求。

中国是世界上最早种茶、制茶和饮茶的国度，汉族的茶文化高度发达。茶的种类繁多，有绿茶、清茶、黑茶、白茶和红茶等。茶的名品很多，有龙井茶、铁观音、碧螺春、蒙顶茶、六安瓜片、洞庭银针等。烹茶时讲究茶叶、茶水、火候、茶具、环境五境之美。品茶则讲究外形、汤色、香气、滋味、叶底五大要素。

（四）生产

汉民族非常重视农业生产，因而在品种的改良和多样化、农具的改进和创新、水利工程设计和修建等方面都走在其他国家的前头，创造了先进的中国古代农业文明。

然而，由于中国地处半封闭状态的东亚大陆，也由于汉民族受到了道家"小国寡民、老死不相往来"以及儒家"不患寡而患不均、不想贫而患不安"等思想的影响，对于商业一直不予重视，甚至轻视商业、排斥商业，致使中国错失了工商业发育、发展的大好时机，最终导致了中国近代经济的落伍。

（五）工艺

汉民族对手工业的重视程度虽然不如农业，但由于宫廷享受和百姓日常生活的需要，手工业尤其是在民族工艺方面还是获得了长足的发展，并取得了举世瞩目的成就。制陶、雕塑、剪纸、制扇、织绣、纺织等民间工艺别出心裁，工艺精湛，驰名中外。

二、社会民俗

汉民族在长达 5000 年的社会传承中，在家庭、节日、成年礼、婚礼、葬礼等社会民俗中形成了自己独特的风俗习惯。

（一）家庭

传统的汉族家庭结构比较复杂，一般百姓实行一夫一妻制，仕官贵族实行一夫多妻制，皇帝则拥有三宫六院。在家庭里，晚辈听命于长辈，妻子听命于丈夫，男子是家庭的主宰，拥有绝对的财产继承权。

汉民族的宗法观念非常浓重，对血缘关系、姻亲关系、宗亲关系非常讲究，五服、九族制度就是家族宗法观念的集中体现。五服制本是丧服制度，后演变为血亲制度，即以本人为基准，向上推四代的直系亲属称祖先，祖先范围内的人称为五服，是近亲，五服以外的人称为出服，则不是近亲，是同宗或同姓。所谓九族是指父族四、母族三、妻族二合起来称为九族。宗族内用字辈谱、家谱、族规家法进行严格管理。

浓重的宗法观念对于维护社会的稳定和人类的繁衍起到了一定的积极作用，然而，对于人类社会的进步和发展也起到一定的消极阻碍作用。

（二）节日

汉民族的节日种类繁多，丰富多彩。有生产性节日，有娱乐性节日，有纪念性节日，有宗教性节日，还有年节等综合性节日。汉民族最重要的节日有：春节、元宵节、清明节、端午节、中元节、中秋节、重阳节。

1. 春节。

春节是汉族的传统节日，也是汉族最盛大的节日，因为节期在春季，所以叫春节。过春节，也叫过年，在甲骨文里年字是果实丰收的样子，过年是为了庆祝当年丰收并预祝来年丰收。春节的节期从腊月二十三祭灶开始至正月十五闹元宵结束，前后持续将近一个月。春节的活动丰富多彩，主要有：贴春联、贴年画、贴福字、守岁、吃饺子、放爆竹、拜年、闹元宵等。

春联，起源于桃符，原为驱鬼而用，后逐渐演变为表达人们辞旧迎新的喜悦心情。第一副春联的作者是五代后蜀国君孟昶，内容为：新年纳余庆，嘉节号长春。此联至今仍在流行。

贴年画来源于贴门神，原为消灾纳福、镇妖避祸，后演变为增添新年喜庆气氛，反映劳动生产和日常生活。年画以天津的杨柳青、苏州的桃花坞和山东的潍坊最为有名。

贴福字，汉族人民在春节期间喜欢用大红纸剪福字贴在门上。有的地方还将福字倒贴门上，表示福到的意思。贴福字表达人民追求幸福生活的美好愿望。

除夕之夜，汉族有守岁的习惯。即吃完团圆饭后，全家围炉而坐，拉扯家常，终夜不睡，直到天亮，以表达对旧岁的留恋之意和对新年的希冀之情。除此之外，除夕还有吃饺子、点夜灯、挂灯笼、垒旺火等习俗。

放爆竹在汉族过年时非常盛行。此俗起源于汉代，当时的人们焚竹发声，是为了驱除一种叫年的妖魅恶鬼。后来由于火药的应用，人们发明了爆竹，并把爆竹编成一串，连响不绝，于是产生了编炮。现在放鞭炮主要是为了增加喜庆热闹的气氛。

拜年之俗由来已久，早在汉代就已盛行。拜年形式多种多样，有同族长辈率晚辈逐户祝贺，也有数家亲朋好友相聚相互祝贺（即团拜）。拜年时互道恭喜，晚辈祝长辈健康长寿、福禄永长，长辈祝晚辈生活美满、前程无量。拜年从初一一直延续到十五，初一拜父母、长辈、邻里，初二拜岳父岳母，初三拜外公、外婆、舅舅，初四、初五拜姑家，初六、初七拜姨家，初八至十四，拜远方亲戚家，而且每至初一家家必须燃放鞭炮。整个春节期间鞭炮声不绝于耳，拜年的队伍络绎不绝，家家户户充满了喜庆热闹的气氛。

2. 元宵节。

元宵节又叫上元节、灯节，是汉族最典型的娱乐性节日。相传始于西汉文帝时期，为纪念正月十五扫除吕氏家族、恢复刘氏天下而设此节。元宵节以正月十三上灯始至正月十八落灯止，节期活动丰富多彩：挂彩灯、吃汤圆、耍龙灯、舞狮子、猜灯谜、扭秧歌、踩高跷、唱阳戏等。举国上下张灯结彩、歌舞升平，充满着热闹、喜庆、欢乐的气氛。

3. 清明节。

清明节既是一个农事节日，又是一个祭祖节日、娱乐节日。相传此节为纪念春秋的介子推而设立。清明节到，大地回暖、万物复苏，正是农耕开始的大好季节，从此进入农忙期。与此同时，清明期间，春风吹拂，天朗气清，杨柳迎风，百花盛开，人们三五成群，或野外踏青，或放风筝，或荡秋千，是享受春光的大好时节。清明期间，乍暖还寒，时晴时雨，又是人们扫墓祭祖、寄托哀思的季节。

4. 端午节。

农历五月初五是汉族传统四大节日之一的端午节。

端是初始的意思，五月、五日在天干地支里，正好是午月和午日，午时称为阳辰，因而端午又叫端阳节、重午节、重五节。

端午节的来历有四，一是为纪念伟大的爱国主义诗人屈原，传说他在农历五月初五这一天自沉湖南汨罗江，以此表现他对楚国的无比忠贞和对报国无门的无比愤懑之情。二是来源于吴越民族祭祀图腾——龙的活动。三是为了纪念东汉时救父投江而死的曹娥。四是为了纪念吴国大将伍子胥。

端午节的民俗活动颇多：挂艾蒿、挂菖蒲、带香袋是为了驱虫杀菌，喝雄黄酒是为了解毒去邪。吃粽子、划龙船是为了纪念屈原。

5. 中元节。

农历七月十五日是中元节，俗称鬼节，佛教称为盂兰盆会。始于南朝时梁武帝创设的盂兰盆斋，唐宋时演变为祭祖节日。盂兰盆是天竺语，意为解救倒悬。相传，乔达摩·悉达多的弟子目莲梦见母亲在地狱受倒悬之苦，请求佛祖解救。佛祖令其在七月十五日备百味饭菜果品，供养十方僧众，使母获得解脱，佛教据此举办盂兰盆会。根据佛教说法，七月初一阎王爷打开鬼门关，大小饿鬼四处觅食。此时各家各户备办酒肉果品，焚烧纸钱冥币，追荐祖先。各个寺庙则举行大法会，念经诵法，设水陆道场，超度亡灵。

6. 中秋节。

农历八月十五日是中秋节，又名仲秋节，因时令处于秋之中而得名。中秋节源于古人对月神的崇拜。在古人眼里，月之隐现、圆缺，让人判断时日。月之光明及带来露水，滋润着动植物生长。月亮是神，人们理当献供祭祀并顶礼膜拜。由此，出现了古人拜月祭月之俗。中秋的月亮圆润、明亮，清辉如银，人们举杯向月，喝茶饮酒吃月饼，沐浴着明月清风，共享万家团圆之乐。

7. 重阳节。

农历九月初九是重阳节。按照《易经》说法，九为阳，故两九相重曰重阳。重阳节起源于西汉初年。每年九月九日，宫中必佩茱萸、食蓬饵、饮菊花酒以求健康长寿，后逐渐演变为重阳节。重阳节除登高望远、佩戴茱萸、饮菊花酒之外，还有吃重阳糕的习俗。这是因为在平原地区无高山可登，于是人们发挥想象，做成九层高的粉面蒸糕，糕顶插一面小红旗，吃糕时点上蜡烛灯。大概是以点灯、吃糕代替登高之意。

（三）成年礼

男女长大成人，家庭社会就要举行一定的仪式，以承认并接纳其为社会正式成员。男子成年时举行的礼仪叫冠礼，女子成年时举行的礼仪叫笄礼。男子行冠礼时，先着新衣去宗庙或家堂叩拜祖先，然后请长辈赐字戴冠，从而标志着该男子已经具备了进入社会的能力与资格。女子行笄礼时，将头发盘在头顶，做成长髻，并用簪子固定，以示成年。成年礼在汉族古时候非常盛行，现在一般和婚礼结合着进行。

補充阅读

闲话本命年

据史料记载，本命年这一说法早在西汉时期就有了，其起源于中国的十二生肖和人们的崇红心理。在中国古代，人们是用甲乙丙丁、子丑寅卯等天干地支的组合来记住所生的年份，为了便于记忆和推算，人们就采用鼠、牛等十二种动物来与十二地支相对应的方法，每年用其中的一种动物来作为这一年出生人的属相。而汉民族的本命年就是按照十二生肖属相循环往复推出来的，它与十二生肖紧密相连。一个人出生的那年是农历什么年，那么以后每到这一属相年便是此人的本命年。

人逢本命年对红颜色特别钟爱，在民间都有在本命年挂红避邪躲灾的传统。因此在大年三十，本命年的人便早早地穿上红色内衣，或系上红色腰带、穿上红袜子，有的随身佩戴的饰物也用红丝绳系挂，认为这样才能趋吉避凶，消灾免祸。

（四）婚礼

汉族的传统婚礼比较保守也比较复杂。男女长大成人必须婚配，不孝有三，无后为大的传宗接代思想早已根深蒂固，这是婚配的第一大原则。汉族婚配强调同姓不婚，这种说法有一定的科学根据，但目的是为了防范家族成员身份等级以及财产继承关系的紊乱，同时并不反对姑表、姨表等近亲结婚，这是汉族婚配的第二大原则。门当户对是汉族的第三大婚配原则，因而，男女婚姻与其说是个人的终身大事，不如说是家族社会的阖家大事。父母之命，媒妁之言是汉族男女婚配的第四大原则，也是最根本的原则。在婚配对象的选择上，男女双方当事人没有半点自主权，全靠父母做主，父母包办。

汉族的婚姻礼仪，基本上遵从周代六礼的程序。这六礼是纳采、问名、纳吉、纳征、请期、亲迎。

纳采，就是说媒提亲的意思。

问名，就是讨女方八字，然后请阴阳先生推演，看男女双方是否八字相合。

纳吉，就是正式提亲，合八字后，如果相合，男方就会以一定的仪式告诉女方。

纳征，就是送彩礼嫁妆，标志着婚姻正式成立。

请期，就是请阴阳先生确立娶亲日期后，以口头或者书面的形式通知女方，并征求女方家同意。

亲迎，就是娶亲，即男方亲自迎娶新娘进门。

（五）葬礼

葬礼是人生的最后一道礼仪，汉民族看得非常重。因为在汉族人心目中，人死只是肉体死亡，他的魂魄还在，可以变鬼，可以成仙，可以投胎做人，也可以投胎做牛做马，总之人的精神是不灭的，是永存的。因而汉族人的葬礼办得和婚礼一样庄严隆重，甚至有过之而无不及。

汉族的葬礼仪式同婚礼一样比较复杂。其葬礼程序可分为：停尸、报丧、吊唁、入殓、送葬、入土、做七等。

汉族实行土葬，这可能与汉民长期生活在中原，以农耕为主，对土地有着深厚的感情分不开。但这种葬式不卫生、不科学，也浪费土地，宜改为火葬。同时汉族的葬礼充满了迷信色彩，这也是必须加以革除的。

三、精神民俗

汉族的精神民俗事象极其丰富。其主要表现在：宗教信仰多维，民间禁忌繁杂，礼貌礼仪周全，民间文学丰富多彩。

（一）宗教信仰

道教是中国的本土宗教，充分体现了古代汉民族对世界的认识与看法、对人生的理念与追求，在中国有着旺盛的生命力，汉民族中有许多信仰道教的人。佛教来自古印度，但由于与道教等本土宗教的相互渗透，很快就本土化了，因而信仰佛教的汉族人比信仰道教的还要多。伊斯兰教来自阿拉伯半岛，由于古代中国经济的繁荣和战争的爆发，大批阿拉伯人、波斯人来到中国，信教的人越来越多。特别是元朝时，回族人（生活在中国的阿拉伯人、波斯人及其后裔）在政治经济生活中拥有比汉族人更高的地位，因而信仰伊斯兰教的人超过以往任何时期，明清时虽然遭到压制，但信徒也不少。基督教曾三次传入我国，唐代称为景教，元时称为也里可温教，明清之际称为天主教，以最后一次传入的影响最大。但由于基督教产生在西亚、欧洲，和本土宗教、本土文化的结合度不高，因而，它的影响远远不及佛教、道教、伊斯兰教那样深广。

（二）禁忌

禁忌，国际上统称为塔布（英文 Taboo 或 Tabu 的音译），该词起源于中太平洋的波利尼西亚。据《牛津现代高级英汉双解词典》解释，塔布含有两重意义，一方面是指在宗教或者生活习俗中所禁止的、不能接触、不能谈及的某些事物；另一方面是指大家同意不提及、不做的某种事情。汉民族的禁忌颇多。主要表现在节日禁忌、生育禁忌、丧葬禁忌和日常生活禁忌等方面。

1. 节日禁忌。

正月是一年之首，正处于汉族最盛大的传统节日春节期间，因而有关语言、行为方面的禁忌特别多。如湖南洞口地方，除夕晚上忌串门子，否则会带走财喜。大年初一忌说不吉利的话，尤其忌讳说"病、死"等字眼，为防小孩脱口说错，除夕夜必放花生在小孩口袋，第二天起床时先吃花生，这样说话就不灵了。初一天未亮就吃年饭，吃年饭时忌外人敲门，忌掉碗筷于地，打碎碗碟尤其不吉利。初一忌见秤，见到秤会遇到蛇等恶毒动物。忌扫地倒垃圾，否则会扫掉、倒掉一年的财运。年饭要多煮一些，要够一天吃，忌中饭、晚饭重新淘米做饭，那样会一年受穷。浙江海宁一带忌春节期间吃白豆腐，因为豆腐饭是办丧事时吃的主食。

二月初二是龙抬头日，忌动针、刀、剪，以免伤害龙目，招致灾祸。清明前一天为寒食节，从此日起禁火三日。五月、六月被认为是凶月、毒月、恶月，忌盖房迁屋、忌暴床荐席。立秋忌田间走动，否则会影响收成。

2. 生育禁忌。

妇女分娩至满月期间，忌生人、孕妇入产房，否则会踩断或带走奶水。产妇忌在娘家分娩，否则会使娘家败落。婴儿命名时忌与前辈同字或同音。

（三）礼仪

汉族是中国这个礼仪之邦的代表性民族。从周公制礼，到孔孟复礼，再到朱熹护礼，礼已经深入到政治、经济和人民日常生活的各个方面，礼已成为维系社会稳定的工具。所以在祭祀时有祭祀礼仪，在节日时有节日礼仪，在出生时有出生礼仪，在结婚时有婚姻礼仪，在丧葬时有丧葬礼仪，在处理人际关系上有三纲五常，在军事上有军事礼仪，在外交上有外交礼仪。礼仪真是无孔不入、无处不有、无时不在。

（四）民间文学

汉族的民间文学体裁多样，作品繁多。歌谣、神话、传说、故事比比皆是，精品迭出。《诗经》《乐府诗集》是歌谣的典范代表，《山海经》《搜神记》是神话传说的传世名作，《牛郎织女》《白蛇传》则是故事中的扛鼎之作。

汉族的民俗充分而深刻地反映了汉族人民认识自然、改造自然的历史，有积极健康的一面，值得我们研究、继承和发展；同时也有很多落后消极的一面，值得我们思索鉴别并予以革除。

任务三　中国各少数民族民俗

中国是一个多民族国家，由汉族和 55 个少数民族组成，因汉族占总人口的 92%，其余 55 个民族只占总人口的 8%，所以，称汉族以外的其他民族为少数民族。和汉民族一样，各少数民族在历史发展的进程中，在居住、服饰、饮食、生产、工艺、家庭、岁时、成年礼、婚礼、丧礼、宗教、禁忌、礼仪、民间文学等领域创造了各具特色、光辉灿烂的民俗文化。

一、藏族

藏族自称是神猴的后代，而据汉文史籍记载，藏族属于西汉时西羌人的一支。现有人口 541.6 万人，主要分布在西藏自治区和甘肃、青海、四川、云南四省的部分地区。

（一）物质民俗

藏族生活在高寒的雪域高原，主要从事牧业和农业，以牧业为主，当地盛产青稞和奶油。解放前交通运输以牦牛和牛皮船为主。

藏族多住石墙、泥顶（用一种当地风化了的垩嘎土打实抹平）构成的平顶屋，牧区则住牦牛毛纺织而成的帐篷。男着氆氇长袍，女系氆氇围裙。

藏族主食有糌粑、牛羊肉，喜食酥油茶、奶茶、酸奶和奶渣，喜饮青稞酒。

（二）社会民俗

藏族的家庭结构多为一夫一妻制，新中国成立前还有着一夫多妻和一妻多夫的原始婚姻残余，新中国成立后，这些婚姻陋习已逐渐革除。婚后由男子支配和继承财产。家中具体事务则以妇女为中心，她们既操持家务、掌管经济，又是家中的主要劳动力。

藏族的葬法有五种，即塔葬、火葬、天葬、水葬和土葬，以天葬最为普遍。塔葬和火葬成本高，只有贵族、高级僧侣才能享用；水葬则为夭折或因传染病而死的人所用；土葬则是为凶杀或受刑而死的囚犯们安排的，藏族人认为被土葬的人永远不会转世。

藏族迎送亲友都要献哈达（一种用白色丝麻织成的长巾），亲友出远门，则要送酥油茶或青稞酒，凡遇喜庆之事，则必互相送礼庆贺。

藏族的传统节日主要有藏历年、雪顿节、望果节和洗澡节。

藏历年如汉族春节一样，人们相互拜年，相互问候祝福，祝贺新年人寿年丰、万事如意。雪顿节又名藏戏节，雪藏语意为酸奶子，顿藏语为宴，雪顿意为吃酸奶子的节日。藏历每年七月初一举行雪顿节，延续四五天，原为百姓向喇嘛们施舍酸奶子和喇嘛们纵情玩耍的节日，后演变为人们聚集罗布林卡，看藏戏、饮青稞酒、嬉戏歌舞、尽情玩耍的节日。望果节又叫旺果节。望藏语意为田地，果藏语意为转圈，望果即转地头的意思。每年八月（秋收前夕），藏族村民手持青稞穗或麦穗，在手举缠绕哈达的木棒和羊右腿的苯教主带领下，绕着本村土地转圈游行。绕圈后，把谷穗插在谷仓或神龛上，祈求一年获得好收成。洗澡节又称沐浴节。每年七月上旬以弃山星出现开始到其隐没结束，为期刚好一周。节日期间，雨过天晴，惠风和畅，正是雪域高原最清爽的日子，人们纷纷走向附近的江河沐浴、洗衣，并在水边野餐玩耍，这就是藏族人民特有的洗澡节日。

藏语属汉藏语系藏缅语族藏语支。

（三）精神民俗

藏族始信苯教，7世纪中叶，佛教传入西域，内外宗教相互影响、相互渗透，最终形成了带有强烈地方色彩的西藏佛教，人们称为喇嘛教或藏传佛教。喇嘛教分为红教（宁玛派）、花教（萨迦派）、白教（噶举派）、黄教（格鲁派）四大派系，而以黄教势力最大，信徒最多。

黄教又叫格鲁派，由宗喀巴创立。宗教领袖采用转世相承的办法，并出现达赖和班禅两大活佛系统。清朝时期，中央规定达赖、班禅和黄教大活佛转世，均须金瓶掣签确定或由朝廷认可，此后成为定制。黄教著名的寺庙有拉萨的色拉寺、哲蚌寺、甘丹寺和日喀则的扎什伦布寺等。

藏族的忌讳较多：忌摸寺庙经书、钟鼓等法器。忌提已故亲人的名字以及父辈的名字。忌在嘛尼堆、插箭台上大小便或搬动上面的石子。忌拿碗直接舀水喝。忌客人主人的碗混用。忌喝茶或吃蕨麻米饭时剩茶饭于碗中。忌打狗或打神鹰（秃鹫）。忌打神牛、神羊（放牲节时放出来的角上挂有红布头或绿布头的牛羊）等。

藏族的绘画艺术唐卡独具特色。《格萨尔王传》是世界上最长的史诗之一。

二、蒙古族

蒙古族发祥于额尔古纳河东岸一带，13世纪，成吉思汗统一了蒙古诸部落，其孙忽必烈于1279年灭南宋，建立了地跨亚欧的空前庞大的元帝国。蒙古族现有人口581.39

万人，主要聚居于内蒙古自治区和新疆、青海、甘肃、黑龙江、吉林、辽宁等省区的蒙古族自治州、县，其余散居于河北、宁夏、四川、云南、北京等省、自治区、直辖市。

（一）物质民俗

蒙古族主要生活在蒙古高原，那里水草丰美，主要从事畜牧业，部分牧民转向农业。其主要交通运输工具是马和骆驼。

蒙古族牧民多住帐篷，农区多住汉式平房。

蒙古族的服饰由首饰、长袍、腰带和靴子四个部分组成。

蒙古族的饮食分为粮食、奶食和肉食三大类。农区以粮食为主，牧区则以奶食和肉食为主。奶食俗称白食，包括白油、黄油、奶皮子、奶豆腐、奶酪、奶果子等食品和奶茶、奶酒等饮料。肉食俗称红食，包括牛、羊等肉。手抓羊肉是蒙古族待客的特色菜。

（二）社会民俗

蒙古族人的儿子长大结婚后自立门户，父母所住蒙古包及附属什物，习惯上由幼子继承。过去，婚姻由父母包办，且看重彩礼，妇女在家庭中地位低下。现在，蒙古族已实行婚姻自主、一夫一妻、男女平等的婚姻家庭制度。

蒙古族的葬式可分为野葬、火葬和土葬三种。野葬又叫天葬，人死后用白布裹身，放在荒野里，任狐狼鹰犬啄食。三日后，如果尸体全部被鸟兽吃掉，则灵魂已升入天堂，举家设酒庆贺，否则，便认为不吉利，要请喇嘛念经超度，同时把黄油涂在死者身上，以求早日被鸟兽吃掉。火葬多为王公贵族使用，人死后用白布裹身，涂上黄油，请喇嘛念经超度，最后投入烈火焚烧。土葬多在农区使用。

蒙古族的礼节大体有献哈达、递鼻烟壶、装烟、请安四种。

蒙古族的节日主要有那达慕大会，祭敖包、马奶节以及过大年等。

那达慕大会是蒙古族最盛大的传统节日。那达慕在蒙古语里是娱乐、游艺的意思。每年夏秋之交，辽阔的蒙古草原鲜花盛开，牛肥马壮。蒙古族男女老少身着节日盛装，兴高采烈地带上蒙古包前来参加那达慕大会。节日期间，人们不仅可以看到传统的赛马、摔跤和射箭等比赛项目，而且可以参加投布鲁、歌舞、下蒙古棋等文娱活动。此外，还要举办各项展览，开放贸易市场等。

蒙古族有自己的语言文字，蒙古语属阿尔泰语系蒙古语族。

（三）精神民俗

蒙古族原信萨满教，后改信景教，16世纪格鲁派喇嘛教（藏传佛教）传入蒙古，逐渐成为支配蒙古人民精神世界和世俗生活的唯一宗教。

蒙古族的禁忌主要有：去蒙古包做客，忌快骑快行，忌带马鞭入内；离开蒙古包时，要等主人回去了再上马车；进蒙古包要从左边入内，坐在右边，离包时也要走来时的路线；主人敬献奶茶，客人要欠身双手去接；蒙古包里有病人，则在包门左侧埋一条绳子，表示主人不能待客，忌来访者进门；猎犬和守门狗很受爱护和重视，忌外人打骂。

蒙古族长篇史诗《嘎达梅林》是世界史诗中的瑰宝。

三、回族

回族的来源主要有两部分：一部分是 7 世纪末叶以来到中国广州、泉州等地经商的商人及其后裔；一部分是 13 世纪初叶，由于战争等原因而被迫大量迁来我国的中亚人、波斯人和阿拉伯人，同时通过婚姻、信教等形式，不断地同汉人、维吾尔人、蒙古人融合，逐渐形成了回氏族，简称回族。

回族是我国少数民族中散居全国、分布最广的民族，主要聚居于宁夏回族自治区以及甘肃、青海、河南、河北、山东、云南等省区。

（一）物质民俗

回族擅长手工业和经商。回族工匠在制香、制药、制革等方面很有名，尤以善于经营珠宝玉石、运输和服务等行业著称于世。

回族男子喜欢戴白色小帽，穿白布衬衫、黑坎肩；妇女戴白色或蓝色布帽；老年妇女爱穿素雅的黑色大襟衫袄，用腿带扎裤脚。

回族喜欢饮茶，用窝窝茶配以冰糖、芝麻、红枣、桂圆、花生、柿饼、核桃仁、葡萄干制成的八宝茶，饮誉中外。回民制作的全羊席、涮锅子（即涮羊肉）、油炸馃等佳肴别有风味。

（二）社会民俗

新中国成立前，回族婚姻由父母做主、媒人说合，结婚时请阿訇（清真寺中教务主持者）作证。回族女子一般不能跟非伊斯兰教男子结婚，而男子则可以跟非伊斯兰教女子结婚。

回族流行快葬和土葬。一般白天死去晚上埋葬，晚上死去第二天埋葬。要请阿訇主持殡埋仪式，将死者冲洗后用白布包身进行土葬，不用棺材。

回族很讲卫生，一般家庭都是窗明几净，一尘不染，做礼拜时要小净（洗脸面、口、鼻、手、脚）或大净（洗全身）。对水源严加保护。

回族的节日主要有开斋节和古尔邦节。

回族的语言较复杂，有阿拉伯语、波斯语等，后由于回汉杂居，遂使用汉语，但在方言中还残留阿拉伯语、波斯语的痕迹。

（三）精神民俗

回族均信仰伊斯兰教，其禁忌也多与宗教有关。他们忌食猪肉，忌提猪肉进回民商店或住处；忌食马、驴、骡、狗肉；忌食自死之物和动物之血；忌生人在水井或水塘里取水；忌在水井、水塘边洗涤物品，忌到回民房中洗浴；忌说杀字等。

四、维吾尔族

维吾尔是本族自称，含有联合、团结之意。在汉文史籍中，先后被称为丁令、高车、狄历、敕勒、乌护、韦纥、回纥、回鹘、畏兀儿等。公元 7 世纪，铁勒建立回纥汗国，与唐朝保持着友好的从属关系。宋元以来，新疆境内派系林立，政局动荡。清朝重新统一新疆，民族经济得到发展，并粉碎了张格尔、玉素甫等多次分裂活动。

维吾尔族现有人口839.94万人，主要分布在新疆维吾尔自治区以及湖南桃源、常德等地。

（一）物质民俗

维吾尔族主要从事农业，尤以绿洲灌溉农业著名，其发明的坎儿井灌溉设施闻名中外。棉花种植历史悠久，种植的瓜果蜚声中外。

维吾尔族住房多用泥土建筑，开天窗采光，屋顶平坦可晒瓜果粮食。室内墙上喜挂壁毯。住房多成院落，庭院多栽花木、果树，门前喜种葡萄，形成凉棚。

维吾尔族以面粉、玉米、大米为主食。用羊肉、胡萝卜、葡萄干、洋葱、大米做成的民族风味的抓饭是待客、过节以及喜庆日子不可缺少的食品，也是维吾尔族的传统特色食品。此外，烤馕、烤肉、薄皮包子、小水饺等日常小吃也很有名。瓜果是维吾尔族的生活必需品，据说每人每年可食用瓜果一二百斤。

维吾尔族青年男女喜戴四楞小花帽。称为尕巴。男子穿的长袍称为袷袢。少女以长发为美，喜欢梳十几条发辫，婚后改梳两条，且以新月形梳子作装饰。

过去，维吾尔族人以毛驴、骆驼作为主要的交通运输工具，现在汽车、火车、飞机四通八达。

（二）社会民俗

维吾尔族实行一夫一妻制，子女长大结婚后便与父母分居。过去婚姻由父母做主，现在婚恋自由。

维吾尔族的葬礼与回族相似，盛行速葬、土葬。

维吾尔族的节日也与回族相似，主要有肉孜节（开斋节）和古尔邦节（宰牲节）等。

维吾尔族很讲礼貌，遇到长辈或朋友，习惯用右手按在胸部中央，身体前倾三十度，嘴里连说撒拉买里孔木（您好）！老人吃饭时或到别人家里去，常常双手摸脸做都瓦（一种祝福的宗教仪式），有时相互见面也做都瓦。

（三）精神民俗

维吾尔族曾信仰过萨满教、摩尼教、景教、祆教和佛教，11世纪后全民改信伊斯兰教。

维吾尔族的禁忌与回族基本相同。

维吾尔族是一个能歌善舞的民族，十二木卡姆（十二部大曲）是维吾尔族人民创作的多达340多首的大型民族音乐舞蹈史诗，广泛流传于民间，并产生了深远的影响。

五、壮族

壮族由古代越人的一支发展而来。现有人口1617.88万人，主要分布在广西壮族自治区以及云南、广东、湖南、贵州、四川等省的壮族自治州、县。

（一）物质民俗

壮族主要从事农业。

壮族的住房多与汉族相同，其特色住房为干栏式建筑。干栏式建筑是用木或竹柱做成离地一定距离的底架，再在底架上建住宅，形成一种别致的楼房。楼房上面住人，楼下关牲畜、放农具。

壮族男子多穿青布对襟上衣。女子多穿无领斜襟绣花滚边的上衣，下身穿绣花滚边宽脚的裤子或青布蜡染的褶裙，腰束绣花围腰，脚穿绣花鞋，头上缠着方巾。

壮族妇女擅长织布和刺绣，壮锦是闻名遐迩的工艺品。壮族有铜鼓之乡的美称，其铸造和使用铜鼓已有2000多年历史。广西南部的花山原始崖壁画表现了壮族先民很高的艺术水准。

壮族的主食是玉米和大米，喜食腌制的酸菜，以生鱼片为佳肴。妇女喜嚼槟榔。节日喜庆时，喜欢做五色饭，用红兰草、三月花、密蒙花、枫叶等色素植物浸染糯米，蒸出红、黄，紫、白、黑五色糯米饭，色、香、味俱佳，美味可口。

（二）社会民俗

壮族普遍实行一夫一妻制，过去大户人家也有纳妾的习俗。壮族婚前恋爱自由，有抛绣球、对歌、打木槽等择偶方式。女子婚后尚有坐家、不落夫家的习俗，一般要等到怀孕后才长住婆家。

壮族的葬式为木棺土葬，部分地区也有拣骨入瓮、重葬于崖洞的风俗。

壮族的节日与汉族基本相同，其最有特色的节日是三月三歌圩节。每年此时，壮寨方圆数十里的男女老少来到寨旁空地上，少则几千人多则数万人。人们亮开嗓子，比试歌喉。歌声此起彼伏，热闹非凡。歌节期间，青年男女公开社交、挑选对象，因而很受年轻人欢迎。

壮族有自己的语言文字。壮语属汉藏语系壮侗语族壮傣语支。

（三）精神民俗

壮族没有统一的宗教信仰。他们崇拜自然、崇拜祖先、信仰多神。佛、道、基督教都对其产生过一定影响。

壮族的禁忌主要有：忌食狗肉，忌随意移动三角火架，忌踩踏灶台，忌在家里吹口哨，忌随意敲锣打鼓。

六、满族

满族的先祖是2000多年前的肃慎人，其后裔称挹娄、勿吉、女真。12世纪初，完颜阿骨打在中国北部建立了金国。1636年，皇太极继位称帝，改国号清。1644年，清军入关，统一全国。1911年，清亡。

满族主要分布在辽宁、吉林、黑龙江、河北、内蒙古、新疆、甘肃、山东、北京、天津等省、自治区、直辖市，其中辽宁最多。

（一）物质民俗

满族主要从事农业，兼有狩猎、采集等多种经营。

满族的住房一般为两间正房，外屋是厨房，里屋有三铺炕，西炕为贵，接待客人用；北炕为大，长辈居住；南炕为小，媳妇、姑娘居住。房子院墙内有一影壁，立有供神用的索罗杆。

满族男子头顶后半部留发，束辫垂于脑后，穿马蹄袖袍褂。妇女穿直筒旗袍，天足，着高底花鞋。

满族喜欢吃小米、黄米干饭和黄米饽饽（豆包），手扒肉、白煮猪肉、萨其玛是满族的特色饮食。

（二）社会民俗

满族实行一夫一妻制。过去，婚姻由父母包办，看重彩礼。请媒人说亲，前后需要三次，每次都要携带一瓶酒，所以有"成不成，三瓶酒"的说法。

满族的丧葬独具特色：死人入棺后，不能从门口抬出，只能从窗户抬出，因为门是供活人出入的。人死后，在院子西边立一竿子，上挂布幡，幡长九尺，幡头幡尾是黑布，中间四条是红布。出殡时，亲友们争抢幡布给孩子做衣服，据说可以避邪、不做噩梦。满族行土葬。

满族很讲礼节，晚辈对长辈三天一小礼，五天一大礼。每隔三天，晚辈要给长辈请安，隔五天见到长辈则要打千。打千时，男人曲右膝，右手沿膝下垂；妇女则双手扶膝下蹲。

满族有自己的语言、文字。满语属阿尔泰语系满——通古斯语族满语支。满文是16批纪借用蒙古字母创制的。

（三）精神民俗

满族原来信仰萨满教。萨满意为巫师，诵经跳神是其主要的宗教活动，据说这样可以祛病避邪，可以祈福增寿。

满族的禁忌主要有：忌骂狗、打狗、赶狗、杀狗、吃狗肉、穿狗皮服；忌打喜鹊和乌鸦；忌年轻人坐西炕；忌在索罗杆上拴牲口等。

七、朝鲜族

我国的朝鲜族是18世纪中叶，由朝鲜半岛陆续迁入的，主要分布于吉林省的延边朝鲜族自治州和黑龙江、辽宁、内蒙古等省区。

（一）物质民俗

朝鲜族的房子一般由三大间组成：中间为大间，其中三分之二铺炕，三分之一作灶间，灶间外侧的大间作仓库用，另外一间全部铺成炕，并隔成两小间，朝阳的一间作客房，另一间作儿女卧室。客人来访时，男客进客房，女客进灶间大铺炕。

朝鲜族喜欢穿白衣素服，因而朝鲜族有白衣民族之称。妇女喜欢穿短上衣、宽长裙，男子喜欢穿短上衣，外加坎肩、宽大裤。男女衣裤上均无纽扣，而以布带打结。

朝鲜族的饮食以大米、小米为主食，冷面、糕饼、糖果是朝鲜族的特制饮食。

由于历史的传承，朝鲜族妇女至今仍保留着头顶水罐取水的习俗。

（二）社会民俗

朝鲜族的家庭实行一夫一妻制，同宗、表亲之间不能通婚。过去婚姻由父母包办，婚礼仪式和汉族差不多，现在基本实行婚姻自主、恋爱自由。

朝鲜族男女成年后，要行冠笄之礼。整套礼仪比较完整地保留了汉族古代人行冠笄之礼的主要内容和仪式仪程。

朝鲜族过去行土葬，葬仪与汉族差不多，现在城里大多改用火葬。

朝鲜族非常讲究礼貌礼节，晚辈对长辈要用敬语。晚辈不能在长辈面前喝酒、抽烟。吃饭时，只有待老人举匙后，全家人才能吃喝。路遇长辈时，必须让路，如遇紧急情况赶路，也须说明原委才能往前走。

朝鲜族的节日与汉族基本相同，回甲节（诞生 60 周年纪念日）、回婚节（结婚 60 周年纪念日）是其独特的传统节日。

朝鲜族有自己的语言文字，但语系尚无定论。

（三）精神民俗

朝鲜族受宗教的影响较小，因此信仰宗教的人也不多。

朝鲜族的禁忌主要有：在与长辈一同走路时，忌走在长者前面。客人来访时，忌走进儿女的卧室。忌父子同桌喝酒、抽烟。忌年轻人使用单人桌。忌吸烟时向长辈借火。忌婚丧或佳节时杀狗、吃狗肉。

八、彝族

彝族是由古羌人南下的一支与西南土著部落不断融合而形成的。现有人口 776.23 万人，主要分布在川、滇、黔、桂四省区的彝族自治州、县。

（一）物质民俗

彝族的居住与汉族基本相同，只有凉山彝族居民和广西彝族居民与众不同，前者住房多用板顶、土墙，后者住房以干栏式为主。

彝族的服饰以凉山地区最具代表性。男女均穿右斜襟窄袖贴身镶边上衣，男子下着长裤，女子下着长百褶裙。男子头顶留一小块头发，称为天菩萨，包青蓝布头帕，前端扎成蓬，下端缀黑色长穗，以羊毛线织成。

彝族地区以玉米、荞麦、燕麦、土豆为主食，食用器皿以高脚木碗和牛角、牛蹄制成的酒杯最具特色。

（二）社会民俗

彝族盛行一夫一妻的父系小家庭制，妇女地位较低，无财产继承权。过去在彝族地区，婚姻父母包办、早婚、姑表优先婚、重彩礼等婚俗陋习现象较严重，现已基本革除。

彝族多行火葬，明、清以来多从汉习改为土葬。

彝族爱好音乐，喜欢打歌，其传统乐器有小闷笛、小三弦、九点、芦笙和唢呐等。

彝族的传统节日主要有过彝年和火把节。每年农历六月二十四日前后，彝族人民以村寨为单位，手持火把，绕住宅四周而行，插松明火把于田埂上，以驱除害虫。然后全村人民聚集篝火旁，弹月琴、吹口弦，唱歌跳舞，饮酒作乐，祈祷丰收。有些地区还要举行赛马、斗牛、打秋千、射箭等体育娱乐活动。

彝族有自己的语言文字，彝语属汉藏语系藏缅语族彝语支。

（三）精神民俗

彝族原来流行多神崇拜，祭司称为毕摩。后来，佛教、道教、天主教陆续传入彝区。因而,其宗教信仰多种多样。

彝族的禁忌主要有:忌砍神树,忌骑马进寨,忌别人触摸天菩萨,忌外人观看宰杀禽、畜,忌踩踏火塘三脚架,忌掏挖火灰,忌主人敬酒不喝,忌带走款待客人的食品。

九、白族

白族古称叟、西爨、白蛮、白人、白爨等,自称白尼、白伙,其俗尚白,故称白族。白族自古就生活在云贵高原上,先后出现过南诏和大理国等地方政权,主要聚居在云南大理自治州,其余散居于昆明、元江、南华、丽江、西昌、毕节、桑植等地。现有人口 185.81 万人。

(一) 物质民俗

白族平坝地区多住瓦房,以一正两耳、三房一照壁和四合五天井为特色建筑。高寒山区则住横木垛成的垛木房。

白族的服饰以白色为主。男子多穿白色对襟衣,套黑领褂或红色坎肩。大红领褂白衬衫,艳蓝围腰花飘带,真是喜煞人。这是对白族妇女美丽着装的真实描绘。

白族平坝地区以稻米、小麦为主食,山区则以玉米、荞麦、土豆为主食。白族喜饮烤茶,爱吃酸、辣、冷食品。砂锅弓鱼、三道茶是大理著名特色饮食。

(二) 社会民俗

白族实行一夫一妻制,妇女虽无财产继承权,但由于在生产生活中举足轻重,仍然占有重要地位。白族恋爱较自由,但婚姻多由父母做主,部分青年男女通过对歌结为夫妻。

白族的婚礼热闹烦琐,三天才告完成:第一天称为正喜日,由男方用花轿迎至大门,再由新娘兄弟辈中一人背入新房,男方亲友围坐天井里听民间艺人演唱吹吹腔或大本曲。次日,新娘亲手烹制耳海鱼款待双方至亲。第三天至第六天回门,女方接新郎新娘回家吃顿饭。

白族的葬礼原受佛教影响较大,行塔葬,后从汉习改为棺木土葬。

白族的节日丰富多彩。其传统节日主要有绕三灵、石宝山歌会、小鸡足歌会、三月街、渔潭会、栽秧会、火把节、耍海会等。

绕三灵白语称观上览,意即逛园林,既是农闲时的游春歌舞活动,也是插秧前的祈祷仪式。每年四月二十三日至二十五日举行,节朝三天:第一天,洱海周围上百个村庄的男女老幼,从大理城出发,边唱边舞来到圣源寺祈求风调雨顺。第二天,围绕洱海边村庄游行,感受村庄变化。第三天,来到大理三塔,祈求国泰民安。

三月街是云南著名的物资交流大会和白族传统的盛大节日。每年三月十五日举行,节期 5~10 天。三月街又名观音节,原为讲经庙会,以纪念观音于三月十五日来大理传授佛经。由于大理是贯通中土和天竺的交通要冲,三月街遂演变为民族色彩浓郁的贸易集市和节日盛会。

渔潭会是大理的秋季物资交流会,每年八月十五开始,会期 5~10 天。节会在苍山洱海尽头、水陆要冲的洱源县渔潭坡举行。太阳升起以前主要是渔具交易,太阳升起后主要是农具、家具、奶牛、工艺品等物资交易。

耍海会相当于汉族的龙舟比赛。每年七月二十三日至八月二十三日举行，节期长达一个月。节日期间，一个村接一个村进行比赛。八月初八，百十个村子的花船齐集于村进行划船比赛，场面热闹非凡。耍海会又叫捞尸会，传说是为打捞斩蟒英雄段赤诚的尸体，也有传说是为打捞贞节典范柏清夫人的尸体。

白族有本民族语言，属汉藏语系藏缅语族。

（三）精神民俗

白族奉祀本主，信仰佛教，也有少部分人信仰道教。

白族的主要禁忌有：忌七月十五接送祖先亡灵时出门；忌火把节晚上在岳父家过节等。

十、纳西族

纳西族是古代羌人向南迁徙的一个支系，文献中曾称为牦牛夷和摩沙夷。现主要分布在云南丽江纳西族自治县和川滇之间的泸沽湖畔。

（一）物质民俗

丽江等坝区的纳西族多住土木瓦房，一般采用三房一照壁结构样式，正房较高，偏房略低。山区民居多住木楞房，上盖石片。

纳西族男子的服饰已经完全汉化，女子的服饰具有鲜明的民族特色。如丽江纳西族妇女多穿宽腰大袖的大褂，外加坎肩，腰系百褶围腰，背披羊皮披肩。披肩上缀有两个大的圆布圈，代表日、月，四周缀有七个小的圆布圈，代表星星，俗称披星戴月，以示勤劳之意。宁蒗一带的纳西族妇女则用牦牛尾和线制作假辫，以粗大辫子为美。

纳西族以玉米、小麦、大米、豆类为主食。丽江的火腿粑粑、宁蒗的琵琶肉，是可口的风味饮食。

（二）社会民俗

解放初期，大部分纳西族人已经实行一夫一妻制的父系家庭制，只有泸沽湖畔的纳西族仍然以母系氏族社会的对偶婚为主要形式。

纳西族原来盛行火葬，丽江等部分地区已于清末改为土葬。

三朵节是纳西族的传统节日。三朵是纳西族的保护神，每年二月和八月的单日，纳西族人民都要到丽江白沙三朵阁或各地三朵阁祭拜三朵，并举行文娱活动。1986 年，丽江县决定将每年农历二月初八的三朵节定为纳西族的传统节日。

纳西族有自己的语言，属汉藏语系藏缅语族彝语支。古代曾有过表意文字东巴文，也有过表音文字哥巴文，但均未广泛流行。

| 补充阅读 |

阿夏婚

阿夏婚，也称阿注婚，是居住在泸沽湖边的摩梭人至今仍沿袭的一种男不娶女不嫁的走婚习俗。摩梭人称这种婚姻为阿夏婚（阿夏意为亲密的情侣）。成年男女经恋爱，双方建立阿夏婚姻关系后，男子夜间到女子家中偶居，次日黎明前返回，生产生活各从其家。阿夏关系长短视为双方感情而定。妇女在生产、生儿育女中居于家庭支配地位，子女从母姓，血缘按母亲计算。这种地球上至今仍然存活着母系家庭和阿夏婚遗俗，被称作人类早期婚姻的活化石。

（三）精神民俗

纳西族普遍信仰多神的东巴教，天、地、山、水、风、火等自然物均被视为神灵。喇嘛教、道教、基督教的先后传入，对纳西族产生了不同程度的影响。

纳西族的禁忌主要有：忌砍神树，忌骑马进寨，忌将马拴在祭天堂的地方，忌动大门两旁所立的石头门神，忌摸横在门上束有鸡毛草绳的松木叉代口神，忌踩踏火塘三脚架，忌翻弄灶灰，忌外人观看祭天堂、祖先、战神，忌进屋后靠神位就座等。

纳西族创造了灿烂的古代文化。世界文化遗产丽江古城、《世纪》等三部史诗，东巴音乐、东巴舞蹈、东巴画、丽江古乐、丽江壁画等是纳西族文化的杰出代表。东巴教、东巴经、东巴文学艺术构成了独具特色的东巴文化。

十一、傣族

傣族是南方越人的后代，主要分布在云南西双版纳傣族自治州和德宏、耿马、孟连等州县。

（一）物质民俗

傣族多住竹楼，四周多有空地，竹林掩映、溪流环绕，景色宜人。竹楼一楼一底，上层住人，席地而卧。楼下堆放农具、柴火，饲养牲口。竹楼优点很多：夏季通风凉爽，雨季防止潮湿。德宏地区多数傣族人住平房，土墙茅顶，呈四合院。

傣族妇女的服饰很有民族特色：上身穿白色、绯红色或淡绿色紧身背心，外穿大襟或对襟无领短衫。袖管和腰部很窄，下摆宽，没有扣子，用布捆结。下身穿长筒裙，多为褐色，喜用银质腰带。这种服饰很好地展现了傣族女子身材苗条、婀娜多姿的迷人风采。

傣族有较完整的耕作系统，以种水稻为主。大米是傣族的主粮。酸肉和剁生是傣族的特色饮食。所谓剁生，是指将生肉剁成肉泥，加上辣椒、姜、葱、食盐和香菜等，用温开水调匀，即可下酒佐食。

（二）社会民俗

过去傣族的婚姻带有鲜明的封建色彩。土司之间实行严格的等级内婚，盛行一夫多妻。广大平民则实行一夫一妻的父权小家庭制。

傣族有镶牙套、染齿和纹身等习俗。大部分傣族男女喜欢将金、银做成套子套在门牙上，镶嵌越多越美、越富裕。女子长到成年时，就用锅灰和中草药染齿，染得越黑越美，越讨人喜欢。男子成年时则要用动物胆汁、煤油灯烟灰纹身，纹身是成年与勇敢的标志。

傣族青年婚前恋爱自由，吹芦笙、串姑娘、串寨子和丢包等都是选择对象的好方式，但结婚还得托媒说亲。

傣族的葬俗有土葬、火葬和水葬，而以土葬为主。有全村停止生产，为死者守灵和抬棺的习俗。西双版纳还有不留坟堆、不做碑记的葬俗。

傣族的节日最有民族特色的是傣历新年，即泼水节。此节在傣历6月，即公历4月中旬举行。泼水节的来历，一说来自于佛教的浴佛节，一说为纪念为民除害的七位姑娘。节日期间，男女老幼先去佛寺赕佛，为佛泼水洗尘，然后男女相互泼水游戏，以祛邪除病，下午举行丢包等活动。现在节日的内容更加丰富，增加了文艺会演、物资交流等内容。

傣族有自己的语言，属汉藏语系壮侗语族壮傣语支。

（三）精神民俗

傣族普遍信仰小乘佛教，佛寺遍布傣族聚居地。在西双版纳，过去未成年男子几乎都要过一段僧侣生活，在寺庙识字念经，优秀人才可上升为僧侣，其余还俗回家。

傣族的禁忌主要有：忌砍神树。忌触弄神树下送鬼的鬼匾、鬼盘、鬼台、竹竿等祭品，忌骑马进寨，忌穿鞋进佛寺，忌触摸神像、法器，忌摸小和尚的头顶。忌在房子的中柱上挂东西和背靠。忌跨过火塘，忌转动火塘三脚架。忌在傣族家中剪指甲，忌在室内吹口哨和玩响乐器。忌男待女客或女待男客等。

傣族有自己的历法和文献，民间文艺丰富多彩，最著名的有孔雀舞和哈赞（歌手）演唱的民间叙事长诗和民歌。

十二、苗族

苗族古称三苗、南蛮，相传是蚩尤的后代。现主要分布在贵州省境内，一部分散居在湖南、四川、云南、广西、湖北、海南等省区，呈现大杂居、小聚居的分布特点。

（一）物质民俗

苗族的住房各地差异较大。贵州、湖南地方的苗族住吊脚楼或木制平房，云南昭通地区的苗族住的是杈杈屋，而海南苗族住的是长而窄的茅草房。

黔东南以及湘黔交界地区的苗族以大米为主食，川、黔、滇交界地区的苗族则以玉米、荞麦、土豆为主食。苗族喜欢饮酒，喜食酸辣味。

苗族的银饰制品、蜡染、织锦工艺精湛，享誉海内外。

（二）社会民俗

苗族实行一夫一妻的父系小家庭制。妇女虽无财产继承权，但在家庭中享有较多的权利。

苗族的恋爱、婚姻比较自由，他们的恋爱方式比较独特。黔东南苗族通过游方（男女青年走村串寨物色意中人）、湘西苗族通过走边边场（利用赶场谈情说爱）、云南苗族通过踩月亮（月下吹木叶、吹芦笙逗引姑娘赏月、谈情）等方式寻找对象，私订终身。

苗族在历史上曾有过悬棺葬、石棺葬等习俗，现在一般采用土葬。苗族的传统节日丰富多彩、特色鲜明，主要有龙船节、赶秋节、赶歌节、吃新节、芦笙节、爬坡节、八月八、苗年等。

农历正月十六日至二十日，贵州凯里县和黄平县要举行盛大的传统节日——芦笙节。节日期间，苗族青年男女身着盛装，从四面八方赶来芦笙堂跳芦笙舞。小伙子边吹边跳，姑娘们翩翩起舞，通过唱歌跳舞谈情说爱、结交朋友。所以芦笙节很受青年男女喜爱。

苗族有自己的语言，属于汉藏语系苗瑶语族苗语支。

（三）精神民俗

苗族信仰多神、尊奉祖先、崇拜自然。祭神祭祖活动有黔东南的吃牯脏（杀猪宰牛祭祖）、吃会酒，黔西北的吃牛和湘西的还傩愿等方式。

苗族的禁忌主要有：忌食羊肉，忌在灶上煮狗肉、蛇肉，忌刀口朝上、凶器指人，忌在夜间吹口哨等。

十三、土家族

土家族的族源颇多争议。一说是古代巴人的后裔，一说是乌蛮的一部分，自五代起，便在湘鄂西地区形成了稳定的民族共同体。现主要分布在湘西、鄂西、黔东、渝南等地区。

（一）物质民俗

土家族住吊脚楼——依山面水而建，下面打桩，桩上盖房，楼下放农具、柴火，关牲畜，楼上住人，可防野兽袭击，通风防潮性能也较好。

土家族用麻棉自织自纺溪布、洞布。土家先民穿斑斓花衣，着八幅罗裙，现已大多汉化。

土家族善于酿酒和饮酒，喜欢吃酸辣食品，"三天不吃酸和辣，心儿就像猫儿抓"是对其饮食嗜好的形象写照。

土家族的工艺品有西兰卡普（土家织锦）和各式各样的背篓等。

（二）社会民俗

土家族普遍实行一夫一妻制，但过去族长、梯玛（土司）财主可一夫多妻。土家族过去盛行姑表婚，有"姑家女，伸手取。舅家要，隔河叫"的习俗。土家族结婚时的哭嫁很有特色。婚前半个月就要开始哭，不仅新娘哭、母亲哭、姐妹哭、同村陪哭的女子也哭。哭得越凶越好，哭得越伤心越好。哭的内容有：哭爹娘、哭哥嫂、哭姐妹、骂媒人等。进入洞房后有抢床的风俗，据说新郎新娘谁先坐在床沿中央，谁将来就会成为一家之主。

土家族的葬式以土葬为主。过去盛行打丧鼓、跳丧舞的葬俗。

土家族最有代表性的传统节日是赶年。相传，明嘉靖年间，倭寇犯我东南沿海。土家士兵为了保家卫国，早日赶赴战场，只好提前一天过年。由于到达及时，加上土家士兵作战骁勇，大败倭寇，立下了东南第一战功。为了纪念这来之不易的胜利，土家族过年时都要提前一天，叫作赶年。

土家族有自己的语言，属汉藏语系藏缅语族，没有本民族文字。

（三）精神民俗

土家族迷信鬼神，崇拜祖先，尊奉土老师（巫师）。

土家族的禁忌主要有：忌随意移动火坑中的三脚架，忌踩踏灶台或将鞋袜、衣裤及其他脏物放在炕上，忌室内吹口哨，忌随意敲锣打鼓，忌清晨讲鬼、虎、蛇等不吉利的事物。

土家族的摆手舞和茅古斯（原始戏剧）非常有名。

十四、黎族

黎族是古代百越的一支。隋唐称为俚、僚，唐末始称黎。现有人口124.78万人，主要分布在海南省通什市，以及白沙、陵水、昌江、保亭、琼中、东方、乐东等黎族自治县。

（一）物质民俗

黎族住房多为船形或金字塔形茅草泥屋，建筑材料以竹、木、藤、茅草为主。

黎族男子上穿无领对襟上衣，下穿前后两幅布的吊幨。女子上穿敞胸无扣上衣，下穿无褶筒裙，喜欢戴项圈、耳环、脚环、手镯等首饰。

黎族善于种植水稻和棉花，大米是黎族的主食，纺棉技术曾在宋元时期居于全国领先地位。

（二）社会民俗

黎族实行一夫一妻的父系小家庭制。

黎族的葬仪形式多样：有的地方，人死后用独木棺，于当天埋葬在公共墓地，不建墓冢。有的地方，本房族的人死后，不另挖墓穴，只是将先埋的棺木碎骨挖出，将后死者放底层，先死者放在上面，层层堆砌，以示亲近和身份。同时，女子无论出嫁与否，死后都要安葬在父方的公共墓地，如果路途不便，也要娘家人主持葬礼。

黎族的节日基本上与汉族相同。东方县美孚黎的三月三（青年男女相互对歌，倾诉爱情，寻找对象）和合亩地区的狩猎节具有较浓厚的民族特色。

黎族的语言属汉藏语系壮侗语族黎语支。

（三）精神民俗

黎族盛行祖先崇拜和自然崇拜，以前流行鸡骨卜和蛋卜迷信，有请娘母、道公杀牲送鬼等习俗。

黎族的禁忌主要有：忌头朝门口睡觉，否则会认为大祸临头，忌妇女纹身时男子偷看。

十五、高山族

高山族是百越中闽越的一支，史称山夷、东番、番族和土番等。现主要分布在台湾岛的山地和东部沿海纵谷平原以及兰屿岛上。

（一）物质民俗

高山族住竹篱茅舍或干栏式房屋。

高山族的衣着以短、小、敞、露为特征。男女均喜欢装饰。饰物主要有贝珠、贝片、琉璃珠、猪牙、熊牙、羽毛、兽皮、花卉等。

高山族以大米为主食，喜食饭团、米糕以及兽肉、鱼类，腌制生蛆的鱼肉是待客上肴。

（二）社会民俗

高山族实行一夫一妻制，一般以父系为主。但阿美人还保留母系氏族的残余，女子为一家之长，男子无财产继承权，因而有重女轻男的习俗。阿美人男女青年恋爱后，女子要到男方家去劳动一段时间，短则几个月，多则一年，以此锻炼女子的劳动和生活能力，以便挑起未来家庭的重担。阿美人和部分排湾人居住的地区，男子婚前要到公共乐园会所进行各种劳动和生活磨炼，以便取得成人的资格。

高山族的定情方式也很特别。青年男女彼此中意后，要各自拔下两颗牙齿相互赠送定情，并各自珍藏。

高山族的葬俗与众不同：泰雅人、布农人、曹人流行屋内葬，将死者埋于生前床下。排湾人、雅美人流行野外葬。阿美人葬死者于房屋前后空地。对恶死者，一律就地埋葬。

高山族的节日主要有五年节和丰收节。五年节顾名思义，每五年举办一次，目的是祭祀祖先，祈求丰收。丰收节每年十月举行，人们杀猪、宰羊、酿米酒、唱歌、跳舞、拔河、摔跤、射箭，庆祝一年一度的好收成，迎接来年更大的丰收。

高山族有自己的语言，属于南岛语系印度尼西亚语族，无文字。

（三）精神民俗

高山族崇拜祖先，崇拜精灵，崇拜图腾，盛行鸟卜、梦卜、水占、竹占、瓢占、饭占等巫术。

高山族的禁忌繁多，主要有：忌见横死者及其葬地，忌接触神物，忌打喷嚏，忌与同族婚配，忌女人接触男人狩猎的工具，忌男人触摸女人使用的织布机，忌捕鱼、狩猎期间家里断火，忌祭祀期间吃鱼，忌播种、收割时高声谈话、喧哗，忌生双胞胎，忌村里有丧事时从事劳作等。

任务四 客源国（地）民俗

据世界旅游组织预测，到2020年，我国将成为世界第一大旅游入境国和第四大旅游出境国。作为一个未来的世界旅游大国、旅游强国，世界需要了解中国，中国更需要了解世界。纵观当今世界旅游发展趋势，旅游产品的文化含量不断提高，民俗风情旅游越来越受到广大游客的欢迎与青睐。日本的寿司、榻榻米、和服充满着异国情调，令人着迷；爱斯基摩人的雪屋、雪橇，新几内亚高地人的独木舟、印度尼西亚萨曼人的水上房屋、泰国人的水上交易，因特色鲜明而令人向往；印第安人的图腾柱、玛雅人的图画文字、复活节岛上的石像之谜，因充满神秘色彩而令人神往；菲律宾塔萨代人、道特巴多人和印度尼西亚达尼人的原始生活方式吸引着成千上万的专家、游客前往探秘考察、游览观光。不胜枚举的民俗文化事象作为一种独特的旅游资源正在发挥着越来越重要的作用。这种作用表现在，既可以拓展旅游资源，增加旅游产品，吸引更多的游客，又可以提高旅游资源的文化含量，提高旅游产品的文化品位，增强旅游业可持续发展的活力，同时通过民俗风情的介绍和了解，有利于增进世界人民的团结和友谊，促进世界的和平与发展。

本节内容着重介绍东亚及太平洋地区、欧洲、北美等我国主要客源国、客源地的民俗概况。

一、东亚及太平洋地区

东亚及太平洋地区主要包括东北亚的中国、韩国、日本、蒙古和东南亚的新加坡、马来西亚、泰国、菲律宾、印度尼西亚、文莱、越南、老挝、柬埔寨、缅甸以及大洋洲的澳大利亚、新西兰等国。

（一）日本民俗

日本，日出之国的意思，位于亚洲东部，是太平洋西侧的一个岛国，与中国、韩国、朝鲜、俄罗斯隔海相望。国土面积37.78万平方公里，首都是东京，国旗为日章旗，即白色布底中央有一个象征太阳的红色圆轮。国歌是《君之代》，国花是樱花，国鸟是绿雉，国庆节为2月11日。

1. 衣食住行。

和服是日本的传统服装，比较适合于日本人的体型和日本的气候。日本的饮食以米饭为主食，以鱼、酱汤为副食，寿司、生鱼片、鸡素烧（日式火锅）是日本的传统饭菜。日式传统住宅多为木质结构，且多为裸木，房间里面是垫得高高的榻榻米（草垫），这种房子夏天吸湿防潮，冬天吐出湿气防止干燥。日本的交通极为发达，1964年10月开通的东京至大阪的东海道新干线是日本发达交通的标志，也是日本经济起飞的象征。

2. 婚丧嫁娶。

日本的结婚仪式有三种：一种是在神社举行的神前结婚仪式；一种是在教堂举行的基督教结婚仪式；一种是在寺院举行的佛前结婚仪式。

日本的丧事仪式与中国近似，由守灵、葬礼、告别、出殡等仪式组成。葬礼分为佛教式烧香、神式供玉串（祭神用的杨桐树枝，一端缠着布条和纸条）、基督教式献花三种方式。

3. 礼仪礼貌。

日本是礼仪之邦，见面时好施鞠躬礼，喜欢送一些小礼品。见面时的礼节用语有您好、对不起、打搅您了、请多关照等。进日式房间要脱鞋、脱大衣、摘帽。不经允许不能吸烟。在别人谈话时不能随便插话。

4. 民间节日。

日本最有特色的传统节日是桃花节和七·五·三节。桃花节又叫偶人节，是女孩子的节日。当女孩子出生后过第一个三月三时，父母为她买一套精致的小偶人，连同桃花枝一起祭供，每年三月三过节时小女孩都要与偶人共度佳节，直到出嫁时带走。

七·五·三节，是指男孩长到三岁、五岁或女孩长到三岁、七岁时，父母带着他们去神社参拜，祈求孩子健康成长。

5. 信仰禁忌。

日本的宗教主要有神道、佛教、基督教等，其中神道为本土宗教，祭礼场所在神社。

日本人忌讳 4 和 9，因为它们与死和苦同音。由于受西方影响，还忌讳 13。忌讳用梳子送人，因为梳子发音与苦死相同。忌讳用仙客来、山茶花探视病人。忌讳绿色。忌讳吃饭时将筷子插在米饭中。

（二）韩国民俗

韩国位于亚洲大陆东北部的朝鲜半岛南边，北接朝鲜，东濒日本海。西与中国隔海相望，国土面积为 9.9392 万平方公里，首都是首尔，国旗为太极旗，中间是太极两仪，四角有黑色四卦。国歌为《爱国歌》。国花是无穷花，国树是松，国鸟是鹊，国兽是虎。

1. 衣食住行。

韩国的男装上下同一色系，用白色衣料缝制。女装往往裙袄配穿，袄子短小，紧贴身上，裙子肥长，丰满流畅。韩国的特色风味菜有：泡菜、烤肉、汤和饭（排骨汤饭、牛肉汤饭）、生牛肉、生鱼片等。韩国的传统住房是火炕式平房。韩国的交通发达，国内、国际交通都很方便快捷。

2. 婚丧嫁娶。

韩国严禁同姓结婚。结婚时，新郎捧着红布包裹的鸳鸯来迎娶新娘。丧葬仪式与汉族差不多。

3. 礼仪礼貌。

尊老爱幼是韩国的社会风尚，见面时互致问候。对于长辈和有身份的人，递接物品时要用双手并躬身。未经许可，年轻人不得在长者面前吸烟。做客时宜带鲜花等小礼品。

4. 民间节日。

韩国的传统节日与中国基本相同。

5. 信仰禁忌。

韩国的主要宗教有：佛教、基督教和儒教。儒学在韩国影响较大，每年春秋两季都要在首尔文庙举行祭祀大典，极为隆重热闹。

韩国人忌讳 4，因 4 与死同音。喜欢单数，忌讳双数。忌讳用一个手指指人，要伸出手，且掌心向上。忌讳吃饭时先于长辈动筷子。忌讳拒喝敬酒。忌讳吃饭时将菜盘吃光。忌讳送外国烟给韩国人（因持有或吸外国烟要罚款）。

（三）新加坡民俗

新加坡共和国位于马来半岛南部，由新加坡岛和附近 50 余个小岛组成，总面积 647.5 平方公里，首都是新加坡。国旗由上下两个红白长方形组成，左上角的图案是五星绕新月。国歌为《前进吧，新加坡》，国花为胡姬花（兰花）。8 月 19 日为国庆节。

1. 衣食住行。

新加坡多为华人，饮食习惯接近广东人，主食大米与包子，有下午吃点心习惯，喜欢饮茶，春节共饮元宝茶，寓意着财运亨通。

新加坡人大多住在新加坡市，非常讲究绿化和环境卫生，该市有花园城市之称。

新加坡的海上交通、陆上交通和空中交通都极为方便快捷。

2. 婚嫁。

华人婚嫁时，富裕人家要在报刊中刊登广告并附照片，一方面可以通知亲友，另一方面可以炫耀财富。马来人举行婚礼时，几乎邀请全村人参加，男客组成队列，簇拥新郎到新娘家举行仪式。印度人的婚礼则以古老的方式在庙里举行，丈夫跪在新娘面前，悄悄在她脚趾上套一枚戒指，然后新娘戴上花环，众宾客向新郎新娘播撒花束。

3. 礼仪礼貌。

华人以握手或鞠躬为礼，印度人以合十为礼，马来人以双手相握为礼。

4. 民间节日。

华人喜欢过春节，印度人喜欢过屠妖节，马来人喜欢过开斋节。其共同的传统节日有4月17日的食品节和7月的百鸟争鸣节。

5. 信仰禁忌。

华人多信佛教，印度人多信印度教，马来人多信伊斯兰教。

新加坡人忌讳4、6、7、13、37、69，尤其忌讳7。由于马来人多为穆斯林，他们忌讳猪的图案、忌食猪肉、忌用猪制品、忌饮酒。与马来人或印度人用餐，勿用左手。印度人忌食牛肉（牛是神物）。

（四）马来西亚民俗

马来西亚位于亚洲与大洋洲的交汇处，分东西两个部分，东马位于婆罗洲岛北部，西马位于马来半岛南部。总面积为33.24万平方公里。首都是吉隆坡。国旗为红白相间的14道横条，左上方有一深蓝色长方形，上有一弯新月和一颗14个尖角的星，14代表13个州和政府。国花为扶桑。8月31日为马来西亚国庆节。

1. 衣食住行。

马来西亚人爱吃糯米糕点，喜欢咖啡和椰浆。

马来西亚男女均喜欢穿纱笼作为下装。纱笼多由一块草色布料缝合两端做成，不用时扎起一头可作布袋用，一物多用，极其方便。

浮脚楼和长屋是马来西亚人的传统民居。

马来西亚的公路网络极为发达，被世界银行列为A类。

2. 婚礼。

马来西亚人的婚礼隆重热闹，要持续两三天。第一天新郎新娘要在家中饰发美容、染手掌，叫染发礼、染手掌礼，第二天新郎到新娘家参加并坐礼，即在年长亲人的引领下，新郎新娘在鼓乐声中登上坐台，以示夫妻喜结连理。

3. 礼仪礼貌。

马来西亚人以槟榔招待客人。请客一般不去餐馆而在家里，否则会被认为妻子烹饪技术不高。

4. 传统节日。

以华人的春节最为热闹。

5. 信仰禁忌。

伊斯兰教被定为国教，佛教、基督教、印度教也有一些教徒。

马来西亚人禁酒、禁赌、禁食猪肉和其他自死动物，因为他们多为伊斯兰教教徒。忌讳别人用手触摸头部和背部，认为这样会带来噩运。忌讳穿鞋进内厅，因为这是做祈祷的地方。

（五）泰国民俗

泰国位于亚洲南部的中南半岛中部，国土面积51.3万平方公里。首都是曼谷，国旗由红、白、蓝三色的三个平行长方形组成，国歌为《祝圣躬安康》，国花为睡莲，国庆节为12月5日。

1. 衣着饮食。

泰国男子喜欢穿长裤，女子喜欢穿筒裙。老百姓喜欢用水布缠头，打赤脚或穿拖鞋。

泰国的饮食以大米为主，辅以鱼类和蔬菜。最有特色的饮食是咖喱饭，用大米、肉片或鱼片和青菜调以辣酱做成。鸡粥、甜包、猪油糕也很受欢迎。

2. 婚丧嫁娶。

泰国人恋爱较早，十五六岁即可自由寻找对象，并可以公开同居，结婚后要到女方家先住一段时间后才可搬回新房，如果女方只有一个女儿，女婿就永远成为女方家里的成员。泰国居民的婚礼在寺庙里由僧侣主持进行，日期要选在双月。泰国居民死后按佛教殡仪，实行火葬。

3. 礼仪礼貌。

泰国人相见时行合十礼。拜佛或碰到尊贵的长辈时即行跪拜礼。

4. 民间节日。

求雨节和水灯节是泰国最有特色的传统节日。

求雨节又叫宋干节，每年公历4月13日至15日举行。第一天，家家户户打扫门庭，燃放鞭炮，准备过节。第二天，人们用银碗从河边运来河沙，到寺庙院内堆成沙塔，并插上鲜花彩旗。第三天，先到寺庙接受祝福，然后人们相互泼水祝福。

水灯节是在泰历12月15日。傍晚时分，人们用芭蕉叶或芭蕉树皮做成水灯放进河里，河面灯光闪烁，充满诗情画意。

5. 信仰禁忌。

佛教是泰国的国教，90%以上的人信仰佛教，有千佛之国、黄袍佛国之称。

泰国人忌讳触摸别人头部。忌讳用左手服务或用左手吃东西。忌讳用手指人。忌讳拿东西从别人头上掠过。忌讳在泰国人家里做客时双腿叉开或者盘足而坐。忌讳赞美别人的婴儿（以免引起恶鬼注意）。忌讳与已婚妇女谈话过久。忌讳对佛教、佛像、寺庙及和尚有不敬言行，应主动给和尚让路让座。忌讳赠现金给和尚。

（六）澳大利亚民俗

澳大利亚地处大洋洲，位于亚洲东南部，夹在太平洋和印度洋之间，总面积768.2

万平方公里。首都是堪培拉，国歌为《前进·澳大利亚》。国花为金合欢，1月26日为国庆日。

1. 衣食住行。

澳大利亚人对穿着很讲究，脑力劳动者和体力劳动者有白领和蓝领之分，随着经济和文化的发展，这种穿着上的差距正在缩小。

由于澳大利亚人多为英国后裔，所以饮食习惯与英国相近，早餐以牛奶、面包为主；中餐吃快餐，以冷肉、凉茶、三明治为主；晚餐为正餐，烧烤、炖煮，品种丰富，并配以啤酒等饮料。

澳大利亚人住房也很讲究，富裕人家一般有两处房子，一处在城里，一处在乡间。

澳大利亚由于地广人稀、经济发达，私人汽车非常普及，成为他们重要的交通工具。

2. 婚丧嫁娶。

澳大利亚人婚丧崇尚简朴，结婚以旅行结婚或举行婚礼宴会者居多。人死后在报纸上登一则讣告以示悼念或在墓地举行简单的葬礼。

3. 礼仪礼貌。

澳大利亚人见面时，以握手表示友好，对亲朋好友则行吻礼和贴面礼。对客人介绍时，先把长辈介绍给晚辈。有事相商讲究预约守时。

4. 信仰禁忌。

98%以上的澳大利亚人信仰基督教。

澳大利亚人忌讳数字13，尤其忌讳13日星期五。忌讳竖起大拇指赞扬别人（认为是下流动作）。忌讳兔子及兔子图案（不吉利动物）。忌讳送菊花、杜鹃花、石竹花以及黄颜色的花。忌讳问金钱、年龄、职业、宗教信仰等私事。

二、欧洲地区

欧洲是欧罗巴洲的简称，意为日落之地，通常分为东欧和西欧两部分。东欧包括俄罗斯、乌克兰等国，西欧主要有英国、法国、意大利、德国、西班牙、瑞士等国。

（一）英国民俗

英国全称为大不列颠及北爱尔兰联合王国，位于欧洲西部，由大不列颠等岛屿组成，与欧洲大陆隔海相望，总面积为24.3万平方公里。首都是伦敦，国旗为长方形，由深蓝底色和红、白"米"字形图案组成，国歌是《神佑国王》，国花为玫瑰，国庆节为每年6月第二个星期四。

1. 衣食住行。

英国人非常讲究衣着，脑力劳动者往往是白衬衣、系领带、西装革履，衣冠楚楚。体力劳动者原来多穿蓝色衣服，现在由于经济的发展，劳动环境的改善，他们的衣着与白领无太大差别。

英国人每天吃四餐，早餐为牛奶、麦片粥、面包等；午餐吃快餐，吃冷肉、凉茶或炸鱼等；下午吃茶点，包括喝茶、吃糕点；晚上是正餐，有烧烤、炖煮等食品，同时以酒佐餐。他们的口味偏清淡、鲜嫩、焦香。

英国人喜爱乡村风光，喜欢乡野情调，他们往往在乡村有一套自己的住宅，以便到乡村度假。

英国的交通极其发达。铁路纵横交错，达16588公里。航线四通八达，有国际民航机场12个，国际航线可往返68个国家地区。横贯英吉利海峡的海底隧道已于1990年贯通，可同时通行高速列车和高速汽车。此外，英国的私人汽车也很普及。

2. 婚丧嫁娶。

英国人的婚礼程序有两个方面值得注意，一是婚礼前在男女各自所处的教堂发布结婚预告，如无异议，方可举行婚礼；二是婚礼常在女方父母做礼拜的教堂举行，且必须有两个证人在场才能有效。

英国人的丧事比较简朴。人死后，先在报纸上发一则讣告，然后在教堂和墓地举行简单的葬礼。

3. 礼仪礼貌。

英国人见面时行握手礼，天冷戴着手套，则必须脱掉手套，否则视为失礼。介绍客人时，往往先介绍晚辈，然后把长辈介绍给晚辈。如果有事需要登门拜访，必须先行预约，否则视为失礼。英国人非常尊重女性，女士优先是他们的处世原则。英国人性格温和保守，崇尚克制情绪，在公开场合发火暴躁为失礼之举。

4. 传统节日。

英国人除庆祝圣诞节、复活节等宗教性节日外。对传统节日五朔节、圣帕特里克节也很重视。

5. 信仰禁忌。

基督教新教是英国的国教，也叫圣公教。除此之外，天主教、伊斯兰教、犹太教也有一些信徒。

英国人忌讳数字13，尤其忌讳13日星期五。忌讳在大庭广众之下耳语。忌讳交谈时跷二郎腿或手插裤袋。忌讳一火点三支烟，认为这样会招来不幸。忌讳用餐时刀叉碰响水杯，认为这样很不吉利。

（二）法国民俗

法国全称法兰西共和国，位于欧洲西部，面积为55.1万平方公里，首都是巴黎，国旗为蓝、白、红三色旗，国歌为《马赛曲》，国花为鸢尾花，国鸟为公鸡，7月14日为国庆节。

1. 衣食住行。

法国的时装闻名于世，其选料之丰富、质地之精良、设计之大胆、技术之高超，为世界其他任何国家所望尘莫及。由于时装的影响，法国的女子穿着时尚、新颖，她们以穿重样衣服为耻。在社交场合，无论男女都穿着讲究，男子大多西装革履，女子则穿长礼服。在日常生活中，他们的服装趋向简朴、舒适、大方，青年男女穿牛仔裤、T恤衫的大有人在。

法国的香水闻名于天下，与名牌时装组合，确实是珠联璧合。

法国菜肴在西餐中首屈一指，是世界三大名菜之一。法国的葡萄酒、香槟酒世界闻名，产量第一。法国人讲究吃喝，喜欢喝葡萄酒，喜欢吃奶酪，法国有奶酪王国的美称。

法国的交通极为发达，以首都巴黎为中心，构造了欧洲最发达最完美的公路网、铁路网和航空运输网。其中公路总长 96.6 万公里，铁路总长 31852 公里，国际航班通达 135 个国家、510 个城市。

2. 婚丧嫁娶。

法国人的传统结婚仪式较复杂，新郎新娘先去教堂由神甫主持宗教结婚仪式，再去市政厅举行世俗的结婚仪式，然后亲朋好友去餐馆饮宴祝贺。

法国人死后行墓葬。人死后先在教堂举行丧葬仪式，然后将棺木放入公墓中。

3. 礼仪礼貌。

法国人很讲礼貌，女士优先是骑士风度的表现；待人热情，喜欢交际是他们的普遍特点；看重隐私权，不干涉私生活是他们的传统习惯。

4. 信仰与禁忌。

天主教是法国的第一大宗教，其次是新教、伊斯兰教和犹太教。

法国人的禁忌与英国人基本相同。

（三）俄罗斯

俄罗斯位于欧洲东部和亚洲北部，是世界上国土面积最大的国家，总面积为 1707.54 万平方公里，首都是莫斯科，国旗由白、蓝、红三个相等的长方形组成，国花为葵花，国庆节为 6 月 12 日。

1. 衣食住行。

俄罗斯的传统服装很有特色，男子夏天多穿麻纱布斜襟长袖衬衣，外面系一条腰带，裤子多为肥大的灯笼裤，女子则穿麻布做的带垫肩的长袖衬衣。冬天男女均喜欢穿厚呢子外衣或毛皮外衣。现在的服装与欧洲基本相同。

俄罗斯人的传统主食是面包，中北部吃的是黑麦做的黑面包，南部吃的是小麦做的白面包。他们喜欢喝烈性酒、格瓦斯和啤酒。其传统佳肴有苏卜汤、黑鱼子、黄油鸡卷等。

俄罗斯的传统住宅是大木架结构，屋顶是两面斜坡。起居室、厨房和杂物间往往合而为一。住房地板离地二三米，可以防寒，同时架空层可以存放粮食、蔬菜，还可以饲养牲畜。

俄罗斯的交通以铁路为主，莫斯科是全国的铁路枢纽，家庭汽车很普及，也是俄罗斯的主要交通工具。

2. 婚丧嫁娶。

俄罗斯的婚礼与英、法等国无大区别。

俄罗斯人死后多行土葬。

3. 礼仪礼貌。

拥抱、亲吻和握手是俄罗斯人见面的三大礼节。男子之间相遇，可行拥抱礼，亲兄弟则还要接吻；女子之间可拥抱，也可接吻；男女初次相遇，可在女方主动伸手的情况下握手，也可以鞠躬代握手，在隆重场合，男子可吻女子手背；晚辈与长辈之间，长辈可吻晚辈三下，而晚辈则吻长辈两下。

在为尊贵的客人举行欢迎仪式时，要捧出盐和面包献给客人，以示欢迎和敬意。

女士优先、有事预约同样为俄罗斯人所普遍遵守。

4. 民间节日。

俄罗斯最有特色的传统节日是谢肉节。谢肉节又叫送冬节，是庆祝太阳复活的节日，在每年 2 月底 3 月初举行，为时 7 天。因节后就是禁食肉类的封斋节，因而人们尽情地宴饮、歌舞、娱乐。节日期间，人们用春饼祭太阳、祭祖先，用大车或雪橇拉着象征谢肉节的稻草人运到野外烧掉，以示宣告冬季结束，迎接春天的到来。

5. 信仰和禁忌。

东正教是俄罗斯影响最大的宗教，拥有最多的信徒。俄罗斯的禁忌除与英、法相同的以外，还有自己特殊的忌讳，如忌讳打破镜子，否则会带来疾病、灾难；忌讳打破盐罐，否则会引起不和、争端；忌讳看见黑猫，会认为晦气等。

三、北美地区

北美地区包括美国和加拿大，是世界上经济最发达的地区之一，也是世界上旅游业最发达的地区之一。

（一）美国

美国是美利坚合众国的简称，位于北美大陆的南部，东临大西洋，西濒太平洋，南靠墨西哥湾，总面积 937.26 万平方公里，首都是华盛顿，国旗为星条旗，国歌《星条旗之歌》，国花为玫瑰，国鸟为白头海雕。

1. 衣食住行。

美国人多为英、法等欧洲移民的后裔，所以在正规场合，他们讲究穿着，常常是西装革履，衣冠楚楚。然而，在日常生活中，他们的穿着富于个性而趋向舒适实用。夹克衫、牛仔裤、T恤、运动服，他们都很喜欢。近年来，他们更加崇尚简朴实用，并向名牌服装发起了冲击。

美国人喜欢清淡口味，饮食习惯与英、法等欧洲国家接近。

美国人的住房有买房子、租房子和住旅馆三种形式，买房子可以分期付款，一般工薪阶层都能买得起；买不起房子的人可以租房子；短期居住或图省事的人可以住旅馆。

美国是世界上交通最发达的国家，无论国内旅游还是国际旅游都非常方便快捷。

2. 婚丧嫁娶。

美国人的婚礼与欧洲人稍有区别：一是在婚礼仪式上要互换戒指，意味着夫妻互敬互爱，并相互承担义务；二是婚礼结束时，亲友们往新郎新娘身上撒生米，祝愿他们多子多孙；三是在婚宴上，新郎新娘共握一把刀，切开蛋糕分发给所有来宾；四是婚宴结束后，即开始新婚旅行度蜜月。

美国人传统的葬礼多举行宗教仪式，行墓葬，现在多行火葬。

3. 传统节日。

感恩节是美国最隆重的传统节日。每年 11 月最后一个星期日过节。相传此节来源于第一批来美洲大陆的移民为感谢印第安人的帮助而设立。节日期间，人们合家团圆，吃火鸡、南瓜饼、玉米汁，同时还举行丰富多彩的文娱体育活动。一些年长的美国人还离家前往普利茅斯港（第一批移民落脚并获得印第安人帮助的地方）参观怀旧。

补充阅读

感恩节为什么要送火鸡

1620 年，著名的五月花号船满载不堪忍受英国国内宗教迫害的清教徒 102 人到达美洲。1620 年和 1621 年之交的冬天，他们遇到了难以想象的困难，处在饥寒交迫之中，冬天过去后，活下来的移民只有 50 来人。这时，心地善良的印第安人给移民送来了生活必需品，还特地派人教他们怎样狩猎、捕鱼和种植玉米、南瓜。在印第安人的帮助下，移民们终于获得了丰收。在欢庆丰收的日子，按照宗教传统习俗，移民规定了感谢上帝的日子，并决定为感谢印第安人的真诚帮助，邀请他们一同庆祝节日。桌上摆满了色味俱佳的火鸡、酸果酱和南瓜馅饼……年复一年，这一节日保留了下来，被称为感恩节，火鸡也成为感恩节的象征。从此，感恩节成为吃火鸡、送火鸡的节日。

4. 礼仪礼貌。

与英、法等欧洲国家基本相同。

5. 信仰与禁忌。

美国是一个宗教信仰多维的国度，世界上各主要宗教在美国都有信徒。其中基督教新教信徒最多，其次是罗马天主教和犹太教。

美国人的禁忌也与英、法等国相近。

（二）加拿大

因加拿大绝大多数居民属英、法移民，其风俗民情与英、法等欧洲国家接近，故不赘述。

四、客源地民俗

香港、澳门、台湾历来是中国领土不可分割的部分，然而，由于它们曾被英国、葡萄牙、日本等国侵占多年，其民俗与祖国大陆有诸多不尽相同的地方。

（一）香港民俗

香港位于广东省南部，南临南海，北邻珠海，由香港岛、九龙半岛和新界三部分组成，总面积 1097 平方公里，区旗为紫荆花旗。1842 年，英国割占中国香港。1997 年 7 月 1 日，中华人民共和国香港特别行政区成立，中国对香港恢复行使主权。

1. 衣食住行。

香港是万国之市、万国之城，在穿着方面可以说是五彩缤纷、异彩纷呈，从西装革履到巴黎时装，从中山装到牛仔裤，可谓应有尽有。

香港人的饮食以传统粤式饮食为主流，早餐往往去茶楼饮茶、吃点心，或吃西式早点——牛奶、面包。中餐则以快餐为主或去单位食堂吃包餐。晚餐丰富而讲究，全家人一起吃粤式饭菜。

香港人的住房由于人多地少，多为高楼大厦，少数富裕人家拥有海滨或乡间别墅。

香港的交通极为便捷，已经形成发达的海陆空立体交通网络。

2. 婚姻。

香港人婚姻自主，恋爱自由。结婚须到婚姻登记处宣誓，证明双方无血缘近亲或其他法定妨碍婚姻的关系，同时要向登记官书立结婚誓词。

3. 民间节日。

香港的节日繁多，既有春节、中秋节等中国传统节日，又有复活节、圣诞节等宗教性节日，还有自由节、邮政节、情人节等其他节日。

4. 娱乐。

香港的娱乐活动五花八门、丰富多彩，令人眼花缭乱。健身活动有游泳、保健、按摩，文娱活动有唱歌、跳舞、听音乐，博彩活动有打麻雀（麻将）、赛马和六合彩等。

5. 信仰禁忌。

香港人信仰佛教、道教的人最多，基督教、天主教和伊斯兰教也有一些信徒。

香港人的忌讳主要有：送礼忌送书籍、时钟和毯子，认为会"输""送终"和"压财"；有事登门应提前预约，并要求准时赴约。吃饭时，待主人说声起筷才能进食，手肘不能横抬，不能枕桌，不能"飞象过河"（取碟中远处部分），不能"美人照镜"（取碟倒菜），不能翻转鱼身（认为会翻船）等。

（二）澳门民俗

澳门位于广东珠江口西南，北邻珠海市，东与香港相望，由澳门半岛、路环岛、凼仔岛三部分组成。面积23.5平方公里。1845年，中国澳门被葡萄牙人强占。1999年12月20日，中国政府对澳门恢复行使主权。

因澳门人大多是广东人，所以民俗多与广东人接近。其不同之处主要有：澳门葡人特别取名字尽量汉化，以便与汉人交流，如马俊贤、文礼治等。澳门的建筑物多以花岗岩为材料，建筑式样古色古香，有中国庭院式建筑，有葡萄牙近代建筑，有罗马式教堂庙宇。澳门的饮食风味独特，尤以三蛇、水鱼等野味闻名于世。澳门的博彩业是其经济支柱，有东方蒙特卡罗之称，以葡京游乐场最为有名。

（三）台湾民俗

台湾位于中国东南沿海的大陆架上，从空中俯瞰，像一枚翠绿的芭蕉叶，由台湾半岛及其属岛、澎湖列岛两大群岛共88个岛屿组成，总面积3.6万平方公里。汉族人口约占98%，其中80%的汉族人口是由福建、广东移去的。1642年，荷兰侵占中国台湾。1662年，郑成功收复台湾。1895年，日本人割占中国台湾，1945年，日本投降，台湾回到祖国怀抱。

台湾汉族人习俗与福建、广东人差不多。高山族有自己独特的民俗。台湾人的禁忌有一些奇特的习俗，如送礼，忌送扇子（冷淡、绝情），忌送剪刀（一刀两断），忌送雨伞（离散），忌送时钟（送终），忌送镜子（破镜难圆），忌送甜果（指年糕，容易让人联想丧事）等。

本章小结

本章主要介绍了民俗的概念与特点，民族的概念与种类，汉民族的物质民俗、社会民俗和精神民俗，中国各少数民族的物质民俗、社会民俗和精神民俗，东南亚国家以及欧美各主要国家的物质民俗、社会民俗和精神民俗。

综合实训

一、单项选择题

1. 土家族的工艺品代表作是：
   A. 西兰卡普　　　B. 蜡染　　　　C. 银饰　　　　D. 刺绣
2. 藏族的葬法有很多种，其中最为普遍的葬法是：
   A. 塔葬　　　　　B. 火葬　　　　C. 天葬　　　　D. 土葬
3. 《牛郎织女》是哪个民族的神话传说：
   A. 蒙古族　　　　B. 维吾尔族　　C. 汉族　　　　D. 傣族
4. 对俄罗斯影响最大的宗教是：
   A. 天主教　　　　B. 伊斯兰教　　C. 东正教　　　D. 萨满教
5. 香港人的饮食以下列哪一种为主：
   A. 闽菜　　　　　B. 粤菜　　　　C. 西餐　　　　D. 浙菜

二、多项选择题

1. 民俗可分为如下几类：
   A. 物质民俗　　　B. 社会民俗　　C. 精神民俗　　D. 口承语言民俗
2. 清明节的节事含义丰富，是：
   A. 农事节日　　　B. 祈福节日　　C. 祭祖节日　　D. 娱乐节日
3. 下列哪些饮食是满族的特色饮食：
   A. 手扒肉　　　　B. 白煮猪肉　　C. 烤馕　　　　D. 萨其玛
4. 法国在衣食方面闻名天下，具体表现在如下哪几个方面：
   A. 时装　　　　　B. 葡萄酒　　　C. 啤酒　　　　D. 香槟酒
5. 泰国的传统节日有如下哪几个：
   A. 谢肉节　　　　B. 水灯节　　　C. 感恩节　　　D. 宋干节

三、简述题

1. 简述中国汉族的物质民俗、社会民俗和精神民俗。
2. 简述东南亚主要国家的物质民俗、社会民俗和精神民俗。

旅游文学

学习目标

知识目标:

- 了解旅游文学的几种主要形式
- 了解古代旅游诗词的发展历程及各个时期的名家名篇,掌握旅游诗词的艺术特征
- 了解古代游记的发展历程及各个时期的名家名篇,掌握游记的艺术特征
- 了解对联的产生与发展,掌握对联的基本特点,了解对联的特殊修辞

能力目标:

- 通过学习本章内容,能背诵一定数量的旅游诗词、游记名篇及名联
- 能运用旅游文学相关知识,对比较著名的旅游诗词、游记、对联等进行艺术鉴赏,分析其艺术特征
- 能将旅游文学相关知识运用到旅游资源开发与旅游服务之中,提高旅游产品的文化内涵

一切高深,可以为山水,而山水反不能自为"胜";一切山水,可以高深,而山水之胜反不能自为"名"。山水者,有待而"名胜"者也。曰事,曰诗,曰文,之三者,山水之眼也。

—— [明] 针偓

旅游文学反映的是旅游生活,主要以各种自然景观和人文景观为题材,表达作者的思想、情感和审美情趣。主要形式有旅游诗词、游记及各种名胜楹联等,是我国旅游资源中极其重要的一部分。

任务一 古代旅游诗词

古代旅游诗词,其范围大致可包括:大部分山水诗词,一部分田园诗词、边塞诗词

以及咏史怀古诗词等。其中，山水诗词是旅游诗词的主要部分。

一、旅游诗词的孕育：先秦至西汉时期

在我国最早的一部诗歌总集《诗经》中，就有不少涉及山水或以山水起兴的诗句。比如首篇《关雎》第一句："关关雎鸠，在河之洲。"雎鸠是一种生活在水中的鸟，洲是河中的小沙滩，这是以眼前景物起兴。又如《蒹葭》："蒹葭苍苍，白露为霜"，仍是写眼前所见。还有《采薇》中的名句："昔我往矣，杨柳依依。今我来思，雨雪菲菲"，寓情于景，具有强烈的感染力。此外，如《伐檀》中的："坎坎伐檀兮，置之河之干兮，河水清且涟漪"，《崧高》中的"崧高维岳，峻极于天"等，都是给人留下极深印象的写景佳句。

我国第一位浪漫主义诗人屈原曾两次被放逐，在饱尝颠沛流离之苦的同时，也饱览了祖国的山川之美，写下了许多生动优美的山水诗句。如《九歌·湘夫人》"袅袅兮秋风，洞庭波兮木叶下。"写秋天的特征和氛围，准确、细腻、深刻，被推为悲秋之祖。又如《九章·涉江》中"入溆浦余儃徊兮，迷不知吾所如，深林杳以冥冥兮，乃猿狖之所居。山峻高以蔽日兮，下幽晦以多雨。霰雪纷其无垠兮，云霏霏而承宇"。描写他流放途中所遇险山恶水，非常真切。当然，作者笔下的山水景物，不是描写的主体，而是诗人情感的象征，是缘情写景，用荒凉的环境、恶劣的气候来衬托诗人孤寂、凄凉的心情。

汉代的乐府诗和《古诗十九首》中也有一些写景佳句或片段，如乐府民歌《江南》：江南可采莲，莲叶何田田！鱼戏莲叶间。写游鱼在莲叶间轻快游动嬉戏的情景，极为生动。《古诗十九首》中《明月皎夜光》《迢迢牵牛星》《明月何皎皎》等也都有表现自然之美的诗句。

二、旅游诗词的产生及发展：魏晋南北朝时期

中国山水诗以完整的形式和独立的意义出现在文学史上，是魏晋南北朝时期。第一首完整的山水诗是曹操的《观沧海》：东临碣石，以观沧海。水何澹澹，山岛竦峙。树木丛生，百草丰茂。秋风萧瑟，洪波涌起。日月之行，若出其中。星汉灿烂，若出其里。这首诗写登山观海，描绘了大海包容宇宙、吞吐日月的宏伟气势和壮丽景象，借以表达诗人阔大的胸怀和豪情壮志。这首诗在山水诗的发展中具有里程碑的意义。

但曹操并不是山水诗人，第一个以山水为主体，大量写作山水诗的著名诗人是谢灵运。几乎与谢灵运同时出现的伟大诗人陶渊明则是中国文学史上第一位田园诗人。

陶渊明生于东晋末年，辞官归隐后，创作了大量的吟咏乡间景色和村居生活的作品。诗人笔下的田园景物，既与现实生活息息相关，又是诗人畅神寄情的对象。更是诗人澄怀观道的媒体，具有物我浑融的意象和平淡醇美的风格。如他的名句"暧暧远人村，依依墟里烟""采菊东篱下，悠然见南山"，景与情融，具有独特的意境美和生活情趣。

南朝时期，"庄老告退，而山水方滋"，山水诗得到了空前的发展。被誉为山水诗鼻

祖的谢灵运在山水诗由产生到日趋成熟的过程中，取得了较大的成就。他的山水诗最大的特点是善于经营画境，描山画水有一种疏宕清丽之美。另外，谢灵运摹景状物、练字用句时刻意追求，一篇之中多有名句。如"池塘生春草，园柳变鸣禽""野旷沙岸静，天高秋月明""春晚绿野秀，岩高白云屯"等，这些生花妙句精工绮丽，同时也是得之自然的神会之笔。

与谢灵运同一时期的谢朓，现存诗 140 余首，有三分之一是山水诗，风格秀丽清新。名作有《游敬亭山》《游东田》《晚登三山还望京邑》等。其他如鲍照、王融、江淹、吴均、王籍、沈约、何逊、阴铿、庾信等人，也都是山水名家，他们的创作，进一步确立了山水诗的地位。

三、旅游诗词的鼎盛：唐宋时期

唐代是旅游文学的繁荣期，尤其是诗歌更取得了辉煌的成就，名家名作宛如繁星。

早在唐代前期，初唐四杰和陈子昂、张若虚、张九龄等，就创作了不少描绘山水胜景的佳句，如王勃的《滕王阁序》中的"画栋朝飞南浦云，珠帘暮卷西山雨"，张九龄《湖上望庐山瀑布水》的"万丈红泉落，迢迢半紫氛""日照虹霓似，天清风雨闻"，张若虚的《春江花月夜》更是千古名篇。

补充阅读

留一字千金

王勃，字子安，绛州龙门（今山西省河津县）人，初唐四杰之一。传说，王勃到南昌，刚好赶上都督伯屿的宴会，一气呵成《滕王阁序》。最后写了序诗：闲云潭影日悠悠，物换星移几度秋。阁中帝子今何在？槛外长江□自流。最后一句空了一个字不写，将序文呈上就走了。在座的人看到这里，有人猜是"水"字，有人猜是"独"字，阎伯屿都觉得不对，派人追回王勃，请他补上。赶到驿馆，王勃的随从对来人说："我家主人吩咐了，一字千金，不能再随便写了。"阎伯屿知道后说道："人才难得。"便包了千两银子，亲自率文人们来见王勃。王勃接过银子，故作惊讶地问："我不是把字写全了吗？"大家都说："那不是个空（kōng）字吗？"王勃说："对呀！就是空（kōng）字呀！槛外长江空自流吗！"众人恍然大悟，无不称妙。

盛唐时期，出现了致力于描写山水风光、隐居生活的山水田园诗派，王维、孟浩然是其代表，储光羲、刘长卿等诗人也有不少名篇。

孟浩然是唐代第一个大量创作山水诗的著名诗人，他一生以漫游隐逸为主，足迹遍及巴蜀、吴越、湘赣等地。其诗歌风格以恬淡孤清为主，如"风鸣两岸叶，月照一孤舟""愁因薄暮起，兴是清秋发""岩扉松径长寂寥，唯有幽人自来去"等。山水描写之中融入了游子的漂泊之感，心情的孤寂使山水也染上了一层冷清的色彩。但孟浩然的山水诗中也有写得雄浑壮阔的，如他写洞庭湖："八月湖水平，涵虚混太清。气蒸云梦泽，波撼岳阳城。"又如他咏庐山瀑布的诗："中流见匡阜，势压九江雄""香炉初上日，瀑布喷成虹。"再如他笔下的钱塘潮："照日秋云迥，浮天渤澥宽。惊涛来似雪，一坐凛生寒。"这些诗都极具壮逸之气，笔力雄健，气势豪迈。

王维是唐代山水诗的重要代表。他多才多艺，诗画俱佳。苏轼对他的评价很贴切、很深刻：观摩诘之画，画中有诗，味摩诘之诗，诗中有画。他对自然美敏锐的感受力和细致的观察力，使他笔下的景物形象鲜明、气韵生动。王维的山水诗题材多样，风格也多有变化，有的描写高山大河而气势宏大，境界开阔，如《终南山》"太乙近天都，连山接海隅，白云回望合，青霭入看无"，用白云、青霭的变化，阳光阴晴的不同，表现终南山千岩万壑的万千气象。又如《汉江临泛》"江流天地外，山色有无中。郡邑浮前浦，波澜动远空"。用山色有无的视觉和郡邑、远空的撼动感觉，把雄浑壮丽的汉水与荆山的全貌生动地呈现出来。有的则幽静空灵、意境深远，他隐居辋川别墅时所作《辋川集》20首五绝是这种风格的代表。

王维的山水田园诗得益于陶渊明的平淡自然，又继承了谢灵运的精工秀丽，取得了很大的成就，是山水田园诗在唐代的重大发展。

盛唐时期，以描写边塞风光、军旅生活为主要内容的边塞诗创作蔚为风气，形成流派。代表诗人是高适、岑参。此外，王之涣、王昌龄、李颀、崔颢、王翰等也都留下了许多脍炙人口的名句名篇。

高适曾两次出塞，写下了很多边塞诗。如《别董大》"千里黄云白日曛，北风吹雁雪纷纷。莫愁前路无知己，天下谁人不识君"。前两句写景，大野苍茫、落日黄云是边塞独有的奇景，后两句表现离情，慰藉即将远行的游子，悲壮中又充满豪气。高适在边塞诗中还比较早地反映了少数民族的风尚习俗，如《营州歌》："营州少年厌原野，孤裘蒙茸猎城下。虏酒千钟不醉人，胡儿十岁能骑马。"

岑参的边塞诗描绘西域边疆雄奇壮丽的风光尤其令人叫绝。茫茫戈壁、巍巍天山、皑皑白雪、炎炎烈日、火云、热海和狂风飞沙，在他的笔下都呈现出一种奇异绚丽之美。如他笔下的西域雪景，有时候铺天盖地："千峰万岭雪崔嵬""一夜天山雪更厚"（《天山雪歌》），有时候又灿烂如春"北风卷地白草折，胡天八月即飞雪。忽如一夜春风来，千树万树梨花开"（《白雪歌》）。在《走马川行奉送出师西征》诗中，岑参将奇险壮阔的风沙景色描绘得极为逼真："君不见走马川，雪海边，平沙莽莽黄入天。轮台九月风夜吼，一川碎石大如斗，随风满地石乱走。"把西北狂风那种席卷一切的气势和力度表现得淋漓尽致。岑参还有《火山云》一诗，描写唐时安西都护府治所交河古城旁（今吐鲁番境内）火焰山的奇异景色，在山水诗中可谓别具一格。

李白在文学史上以伟大的浪漫主义诗人著称，他同时也是我国古代杰出的山水诗人。李白曾多次漫游天下，足迹遍及大半个中国，写下了大量优秀的山水诗篇。他的诗对峨眉山、三峡、蜀道、庐山、华山、泰山、黄河、洞庭等，都做了精美无比的描绘和歌咏。李白常常以豪放雄壮的风格表现大自然的阔大雄奇。如吟咏西岳华山的诗："西岳峥嵘何壮哉！黄河如丝天际来""巨灵咆哮擘西山，洪波奔流射东海"。西岳华山的雄伟和黄河奔腾冲泻的姿态都跃然纸上，是描绘华山奇景的千古绝唱。李白也有另一类风格的诗，如"两岸青山相对出，孤帆一片日边来""两水夹明镜，双桥落彩虹""人烟寒橘柚，秋色老梧桐""人行明镜中，鸟度屏风里"等。以清新俊逸的风格表现大自然的明媚、幽静、秀丽，体现了李白诗歌的阴柔之美。

与李白齐名的杜甫长期漂泊，也写了许多著名的山水诗。他流寓蜀中夔州时，留下了许多描写三峡一带风光景物的杰作，极具特色。如《夔州歌十绝句》《长江》《秋兴八首》《白帝》《登高》等。这些诗，在景物描写中常常融入诗人的身世飘零之感和忧国忧民之情，具有鲜明的时代风貌和个性特征，这是杜甫山水诗的最大特色。他的山水名篇还有《望岳》《登岳阳楼》等，诗中以"造化钟神秀，阴阳割昏晓""会当凌绝顶，一览众山小"描绘泰山的雄伟高峻；以"吴楚东南坼，乾坤日夜浮"表现洞庭湖的雄浑壮阔。诗句气势磅礴，表现了景物的宏大之美，同时也把诗人博大的胸怀展露无遗。此外，杜甫还有很多描写山水景物的名句深受人们喜爱。如"细雨鱼儿出，微风燕子斜""无风云出塞，不夜月临关""星垂平野阔，月涌大江流""穿花蛱蝶深深见，点水蜻蜓款款飞"等。这些诗句精练苍劲，体现了杜甫对景物细致入微的洞察力和高度的概括力。

中唐时期，白居易是大量创作山水诗的著名诗人。他曾在杭州任刺史多年，写下了许多赞誉西湖山水的诗歌。如《钱塘湖春行》："孤山寺北贾亭西，水面初平云脚低。几处早莺争暖树，谁家新燕啄春泥。乱花渐欲迷人眼，浅草才能没马蹄。最爱湖东行不足，绿杨阴里白沙堤。"诗歌处处扣紧环境和季节的特征，把西湖的早春描绘得生机盎然、恰到好处，且即景寓情，把自然之美给诗人带来的春天般的心境也表现得自然、得体。

刘禹锡长期流贬巴渝、湘沅等当时少数民族丛居的边远地区，写下了大量反映少数民族劳作婚嫁、狩猎竞渡、风情民俗的诗歌，这些诗犹如一幅幅形象的风俗画，具有宝贵的史料价值。刘禹锡学习民间歌谣并改写创作的《竹枝词》《浪淘沙》《踏歌词》等，题材很广，其中一些写山水景物的诗优美婉转，别具一格。咏史怀古诗在刘禹锡创作中成就最高。他善用史笔概括史事、议论警策，感慨深沉，韵味隽永。其中尤以《金陵五题》影响深远。

晚唐诗人杜牧，其山水诗和咏史怀古诗都独标风姿，极有特色。山水诗以描绘江南风光为多，如《江南春》《山行》《泊秦淮》等，词采清丽，意境深幽，写景咏物之中往往寄情寓意。他的咏史怀古诗，风格多样，有的议论精辟，不落窠臼；有的寓意精深，含蓄隽永，《过华清宫三绝句》《赤壁》等都是名篇。

此外，孟郊、贾岛、李贺、李商隐、温庭筠、韩愈等都写过出色的山水旅游诗。如韩愈的《送桂州严大夫》，诗中"江作青罗带，山如碧玉簪"是吟咏桂林山水流传最广的佳句。又如温庭筠的《商山早行》："晨起动征铎，客行悲故乡。鸡声茅店月，人迹板桥霜。"写景之中传达一种淡淡的乡愁，有很深的艺术感染力。

宋代是词的时代，在众多的宋词中，又有相当一部分是与旅游有关的旅游词。这些旅游词或抒发旅途情绪，或描绘自然景物，或凭吊历史古迹等，有独到的欣赏价值。

补充阅读

词牌名

　　词有词牌，即曲调。有的词调又因字数或句式的不同有不同的体。比较常用的词牌约 100 个，如《水调歌头》《念奴娇》《如梦令》，等等。词的结构分片或阕，不分片的为单调，分二片的为双调，分三片的称三叠。按音乐又有令、引、近、慢之别。令一般比较短，早期的文人词多填小令。如《十六字令》《如梦令》《捣练子令》等。引和近一般比较长，如《江梅引》《阳关引》《祝英台近》《诉衷情近》。而慢又较引和近更长，盛行于北宋中叶以后，有柳永始衍慢词的说法。词牌如《木兰花慢》《雨霖铃慢》等。依其字数的多少，又有小令、中调、长调之分。据清代毛先舒《填词名解》之说，58 字以内为小令，59～90 字为中调，90 字以外为长调。最长的词调《莺啼序》有 240 字。一定的词牌反映着一定的声情。词牌名称的由来，多数已不可考。只有《菩萨蛮》《忆秦娥》等少数有本事词。词的韵脚，是音乐上停顿的地方。一般不换韵。有的句句押，有的隔句押，还有的几句押。像五言、七言诗一样，词讲究平仄。而仄声又要分上、去、入。可以叠字。

　　柳永是北宋第一个着力写词的作家。他的词多从都市风光、市民生活摄取题材，而最具特色的是在他长期漂泊不定的生涯中写下的抒写羁旅行役之苦的作品。《望海潮》是他描写都市风光的名篇，表现杭州市列珠玑、户盈罗绮的豪奢景象和西湖"三秋桂子、十里荷花"的清丽风光。《夜半乐》（冻云黯淡天气）、《安公子》（远岸收残雨）等，写旅途所见所感，极为深婉曲折，有很强的艺术感染力。秦观的《踏莎行·郴州旅舍》是他被贬郴州后所作，以幽迷之景写感伤之情，刻画细腻，意境凄婉，也是宋代羁旅词的典范之作。

　　苏轼的词极富开拓性，其题材的广泛，风格的多样，为词的发展作出了巨大贡献。他的旅游词主要以咏史、咏物、登临怀古以及描写农村生活、田园风光为主。如《念奴娇·赤壁怀古》、《永遇乐》（明月如霜）、《浣溪沙》（簌簌衣巾落枣花）等都是名篇，写景抒怀，或大气磅礴，或清空飘逸，独树一帜、自成一家。

　　李清照是婉约派的代表词人，其描写自然景物的作品，清新朴素而又轻灵典雅，为人喜爱。如她早期的一首小令《如梦令》，用白描的手法追记一次春日郊游，写得活泼率真。又如《怨王孙》，描写自己在建康游湖所见："湖上风来波浩渺，秋已暮，红稀香少。水光山色与人亲，说不尽、无穷好。莲子已成荷叶老，清露洗、萍花汀草。眠沙鸥鹭不回头，似也恨，人归早。"把暮秋时节的湖光山色描写得别有一番清幽的情趣，感情也充满愉悦。

　　张孝祥在词史上上承苏东坡，下启辛弃疾，有不少豪放清旷之作。他的《念奴娇·过洞庭》是千古传诵的名篇。

　　登临怀古词，在宋词中以辛弃疾的创作最为突出。辛弃疾是著名的爱国词人，他善于借助登临来抒发他的爱国情怀。如《水龙吟》（楚天千里清秋）《菩萨蛮》（郁孤台下清江水）《永遇乐》（千古江山）《南乡子》（何处望神州）等，这些词往往气魄宏大，悲壮苍凉，情景交融。辛弃疾还有不少农村词、闲适词，描写农村景色，格调清新优美，充满诗情画意。

宋词中描绘自然景物或咏叹历史古迹的佳作还有很多。如潘浪写泛舟西湖的《采桑子·轻舟短棹西湖好》、吴潜的《水调歌头·焦山》、汪莘的《沁园春·忆黄山》、吴文英的《望江南·三月暮》、周密的《闻鹊喜·吴山观涛》、方岳《水调歌头·平山堂》等，都各具特色，被人们广泛传诵。

宋代以词著称，但优秀的旅游山水诗也让人耳目一新。

梅尧臣和苏舜钦名噪一时，但风格各异。梅以古淡著称，苏以豪放见长。《鲁山山行》是梅尧臣的代表作，写景如画，悠远隽美。苏舜钦最令人传诵的作品莫过于《淮中晚泊犊头》："春阴垂野草青青，时有幽花一树明。晚泊孤舟古祠下，满川风雨看潮生。"前两句是河上观岸，后两句则是岸上观河，结句的"满川风雨"又与首句"春阴垂野"相呼应，层层递进，结构严谨。联系他坎坷的人生经历，可感受到诗人所表达的孤愤而又傲然的情怀。

苏轼的诗也有很高成就。他的诗中描写自然景物、抒发情怀的篇章，不仅数量多，而且风格多样，极有个性。"欲把西湖比西子，淡妆浓抹总相宜""不识庐山真面目，只缘身在此山中"都是流传极广的名句。

江西诗派的黄庭坚、陈师道等也写有山水诗，如黄庭坚的《登快阁》，写得格高意远，瘦硬奇崛。

爱国诗人陆游有不少描写农村风光、啸咏山湖的诗，如《瞿塘行》《过灵石三峰》《剑门道中遇微雨》《临安春雨》《游山西村》等，"山重水复疑无路，柳暗花明又一村"是其传诵千古的名句。

范成大以田园诗著称，有著名的《四时田园杂兴》六十首，写尽田家况味。如"梅子金黄杏子肥，麦花雪白菜花稀。日长篱落无人过，惟有蜻蜓蛱蝶飞"。写得活泼明快，清新自然，对农村生活和田园风光的描绘历历如画。

还有很多诗人的山水诗，如杨万里的《晓出净慈寺送林子方》、王安石的《泊船瓜洲》、欧阳修的《伊川独游》、张耒的《初见嵩山》、陈师道的《十七日观潮》等，都是公认的优秀旅游诗作。

金代的元好问，无论是他的山水诗还是写景词，内容丰富，很有特色。如《水调歌头·赋三门津》，描绘黄河三门峡的壮丽景象，写得声情激越，气势豪迈。其风格接近苏辛一派。

四、古代旅游诗词的余响：元明清及近代

元明清以及近代描绘山水、咏怀古迹等旅游诗词继承唐宋余波，也不乏名家精品。

元代萨都剌的诗多写塞外风光，别开生面。词多怀古之作，如《满江红·金陵怀古》是他的名作："六代豪华，春去也、更无消息。空怅望，山川形胜，已非畴昔。王

谢堂前双燕子，乌衣巷口曾相识。听夜深、寂寞打孤城，春潮急。思往事，愁如织。怀故国，空陈迹。但荒烟衰草，乱鸦斜日。玉树歌残秋露冷，胭脂井坏寒螀泣。到如今、只有蒋山青，秦淮碧！"这首词把金陵的景物与古都的历史紧密结合，在苍凉的景色中抒发出怀古幽情，充满了人生的沧桑感。

元代是曲的时代，其中旅游散曲也颇多佳作。如马致远的《双调·落梅风·潇湘八景》、卢挚的《双调·折桂令·钱塘怀古》、张养浩的《中吕·山坡羊·潼关怀古》等，写景抒情都有独到之处。

明代的旅游诗内容相当丰富，高启、杨基、李东阳、马中锡、李梦阳、何景明、杨慎等都有优秀之作。

如杨基的《岳阳楼》："春色醉巴陵，阑干落洞庭。水吞三楚白，山接九疑青。空阔鱼龙气，婵娟帝子灵。何人夜吹笛，风急雨冥冥。"岳阳楼是我国江南三大名楼之一，素有洞庭天下水，岳阳天下楼的盛誉，历来诗人多有吟咏。这首诗写景虚实结合，把洞庭的浩瀚无边和深幽旷渺都描绘得极富神韵。

杨慎的《滇海曲》吟咏的是云南滇池的如画美景："蘋香波暖泛云津，渔榭樵歌曲水滨。天气常如二三月，花枝不断四时春。"杨慎是明代著名文学家，其绝句尤其受人推崇，曾被人评为千古第一。《滇海曲》共十二首，这是其中的一首，语言清新明丽，生动传神地概括了春城昆明气候与风景的特色，流传极广。

清初，王士祯的诗作多描绘山水景色，意境淡远，语言典丽流畅。如《江上》："萧条秋雨夕，苍茫楚江晦，时见一舟行，蒙蒙云水外。"这首诗描写的是秋雨之夕的长江小景。茫茫江面上，一只小船渐行渐远，消失在秋雨濛濛的云水之外。短短二十言却极具神韵，有一种迷离深邃之美。

纳兰性德，工于写词，写景咏物，感情真挚。如他的《长相思》写北方雪夜景色，抒发旅人的离情别绪，真切感人。《浣溪沙》写梅雨江南，山水如画，自然清婉。

袁枚曾漫游各地，登山临水，寻幽访胜，其诗作率真自然，清新洒脱，别有特色，如《同金十一沛恩游栖霞寺望桂林诸山》《登华山》等。《山行杂咏》是袁枚出游浙江南部山区时所写："十里崎岖半里开，一峰才送一峰迎。青山似茧将人裹，不信前头有路行。"这组诗共有六首，这是其中一首，写得真切细致、新颖奇特，使人读后如身临其境。

近代，魏源除写了不少反映鸦片战争、充满爱国激情的诗外，还擅长山水诗，其代表作有《湘江舟行》（六首）、《天台石梁雨后观瀑歌》、《三湘棹歌》等。魏源喜欢以硬毫健笔写山水，以表现大自然雄伟和充满力度的美，气概豪迈、动人心魄。

康有为的山水诗，多即景抒怀，如《登万里长城》《庐山谣》《泛漓江至桂林》《将至桂林望诸石峰》等。这些诗想象丰富奇特，用语瑰丽雄奇，也体现了他开阔的胸襟气度。

补充阅读

数词巧入诗

我国古典诗词中，常有数词出现，从一到十、到百、到千，甚至到万都有，如：

一夫当关，万夫莫开。（唐·李白）

二月卖新丝，五月出新谷。（唐·聂夷中）

三顾频烦天下计，两朝开济老臣心。（唐·杜甫）

四海无闲田，农夫犹饿死。（唐·李绅）

五更千里梦，残月一城鸡。（宋·梅尧臣）

六朝旧事随流水，但寒烟衰草凝绿。（宋·王安石）

七八个星天外，两三点雨山前。（宋·辛弃疾）

八月湖水平，涵虚混太清。（唐·孟浩然）

九州生气恃风雷，万马齐喑究可哀。（清·龚自珍）

十年天地干戈老，四海苍生痛哭深。（明·顾炎武）

百川东到海，何时复西归？（汉乐府《长歌行》）

千呼万唤始出来，犹抱琵琶半遮面。（唐·白居易）

万里赴戎机，关山度若飞。（《木兰辞》）

这些原本枯燥的数字，一经诗人巧妙安排，便显得情趣横溢，诗意盎然。

五、古代旅游诗词的艺术特征

旅游诗词由于其选取的题材、描写的内容、创作的目的都有别于一般诗词，因而其艺术特征也是鲜明的，具体体现在以下几个方面：

（一）旅游诗词善于摄取景物意象，并把它凸显出来

旅游诗词中的景物描写可以说是尽态极妍，把我国的山川景色描绘得淋漓尽致。如孟浩然的《宿建德江》："移舟泊烟渚，日暮客愁新。野旷天低树，江清月近人。"结尾两句写的是泊船时所看到的景色，出句写远景，对句写近景。远景异常雄阔，近景更见清幽，二者各得其宜又相互映衬，统一于暮色之中。原野是那么辽阔苍茫，放眼望去，远处的天空似乎比近处的树木还要低。高挂在天上的明月，映在清澈的江水中，和舟中的人是那么近。作者的观察实在是细致入微。这种极富特色的景物，只有人在夜间，人在舟中才能领略得到，而作者捕捉住了，并把它如此生动地表现出来。语言之精练清雅，意境之空灵美妙，千古长新。

像这样的写景名篇或名句，在旅游诗词中比比皆是，如李白的《望天门山》、韦应物的《滁州西涧》、杜牧的《山行》等名篇。王维的"大漠孤烟直，长河落日圆"、苏轼的"乱石穿空，惊涛拍岸，卷起千堆雪"、韩愈的"江作青罗带，山如碧玉簪"等名句。诗人基于自己的观察和感受，从不同的角度凸显了景物之美。

（二）旅游诗词善于彰显景物的诗情画意，注重意境的营构

好的旅游诗词往往有鲜明完整的意境。那么，什么是意境呢？王国维说："境非独景物也，喜怒哀乐亦人心中之一境界，故能写真景物、真感情者谓之有境界，否则谓之无境界。"朱光潜说："诗的境界是情趣与意象的融合。"李泽厚则认为："意境是形神情理的统一。"总之，意境是主体之意与客观之境的水乳交融，是读者凭借诗中的语言、形象，经过思考和联想而感受并体味到的诗意境界。我们读崔颢的《黄鹤楼》，行云流水般的诗句给我们带来的不仅有赏心悦目的美景，还有难以言说的悠悠情怀。特别是最后一联："日暮乡关何处是，烟波江上使人愁"，茫茫江面上，诗人的一颗愁心无所归依。情与景合，意与境浑，那种深邃隽永的韵味长久留在读者的心中。又如陆游的《剑门道中遇微雨》："衣上征尘杂酒痕，远游无处不销魂。此身合是诗人未？细雨骑驴入剑门。"这是一首广泛传诵的名作，尤其是细雨一句画面感很强，写得也极美，然而通过这一意象所表达出来的情感却很微妙。当时，陆游由南郑（今陕西汉中）调回成都，途经剑门山，写下此诗。陆游此行其实是由前线调到后方，由战地转到大都市，是去危就安，去劳就逸。因此，细雨蒙蒙中，不是铁马渡河，而是骑驴回蜀，这对于"亘古男儿一放翁"而言，内心的感触会是怎样的呢？在陆游之前，李白、杜甫、贾岛等都有骑驴的诗句或故事，而李白是蜀人，杜甫、高适、岑参、韦庄也都曾入蜀。于是作者自问："此身合是诗人未？"陆游的感慨也引起读者的思考，最后结以充满画意的"细雨骑驴入剑门"，其不尽之意久久让人回味。

中国的文学有托物寄情的传统，讲究象外之旨，弦外之音，因而对意境的追求是诗人的一种自觉行为。有意境的好诗随手可拾，陶渊明的"采菊东篱下，悠然见南山"，张继的"姑苏城外寒山寺，夜半钟声到客船"，柳宗元的"孤舟蓑笠翁，独钓寒江雪"。杜甫的"无边落木萧萧下，不尽长江滚滚来"等，都写得含蓄深邃，读者要经过反复吟咏玩味，才能感受到它的神韵。

（三）旅游诗词善于挖掘景物的哲理内涵，是景与理的融合

从孔子的仁者乐山，智者乐水开始，人与自然之间就有着一种异质同构的感应，观山看水的时候，往往会涌起哲理之思。加上中国的文学素有文以道载、文以明理以及诗言志等传统或法则，因此，古典旅游诗词讲究哲理内涵，善写理趣的作者蔚为可观。如王之涣的"欲穷千里目，更上一层楼"，苏轼的"不识庐山真面目，只缘身在此山中"，杜甫的"会当凌绝顶，一览众山小"等，山水之美与个人的志趣、情怀互为表里，相映成趣。

有时候，哲理的表达不是以明白直接的方式出现，而是委婉含蓄地蕴藏在景物描写之中。如李商隐的"夕阳无限好，只是近黄昏"，辛弃疾"青山遮不住，毕竟东流去"，陆游"山重水复疑无路，柳暗花明又一村"等，它们看起来都是纯景语，但是蕴含着深刻的人生感悟，同样是景与理的融合。

（四）旅游诗词善于描述历史遗迹，于古今之叹中表达人生感悟

如刘禹锡的《乌衣巷》："朱雀桥边野草花，乌衣巷口夕阳斜。旧时王谢堂前燕，飞入寻常百姓家。"沧海桑田的变化，仿佛只是静静的一瞬，无声无息之中旧日的王谢华

堂已换成了百姓人家。此情此景让诗人心意难平，无限感慨。但诗人的感慨藏而不露，巧妙地寄寓在景物描写之中，让所有读到它的人难以释怀。

又比如苏轼的《念奴娇·赤壁怀古》："大江东去，浪淘尽，千古风流人物。"一个十分壮阔而又深远的时空背景。然后，在此背景上，三国时代的英雄豪杰被推进我们的视野。下阕写赤壁之战——一场兵力悬殊、存亡以系、战斗酷烈的战争。英气勃发、羽扇纶巾的周瑜在谈笑之间指挥若定，取得了这场战争的胜利。然而，千古风流人物如周瑜者，最终却仍然随着千古奔流不息的大江湮灭在历史的烟尘之中。这是苏轼对人生的一种慨叹。整首词气魄宏大，声韵高亢，虽然有怀才不遇、壮志难酬的感慨，但还是难以掩盖作者渴望建功立业的豪迈情怀。

旅游诗词中，咏吊之作占有很大比重。这类诗歌或吊古伤今，或借古喻今，或借古讽今，凭借描摹名胜古迹的景色抒发历史情怀和人生感悟，对读者思想的启迪和审美情感的升华也有十分积极的、直接的影响。

任务二　游记文学

游记是旅游文学的重要组成部分，从内容来说，以山水游记为主，兼及其他。从文体来说，以散文为主，也有一部分是骈体文。

一、秦汉萌芽时期

我国最早具有游记雏形的作品是《山海经》和《穆天子传》。在《尚书》的"禹言"部分也有一些记载山川地理的文字，类似后代所说的游记。

下面是《山海经》中的一段文字：

又西六十里：曰太华之山，削成而四方，其高五千仞，其广十里，鸟兽莫居。有蛇焉，六足四翼，见则天下大旱。

这大概是我国最早的描述西岳华山的文字。像这样的文字，如果剪裁出来读就像一则山水小品，可以视为游记散文的某种萌芽状态。

《论语》和《庄子》中，也有这种情况，如《论语·先进》中有一段文字：

暮春者，春服既成，冠者五六人，童子六七人，浴乎沂，风乎舞雩，咏而归。

这段文字是孔子的学生曾皙谈自己的志趣，但我们可以把它看成是对一次春游活动的简括的描绘。

《庄子》中有许多寓言故事，文学性很强，其中又有不少写景的文字，如《秋水》篇的开头：

秋水时至，百川灌河，泾流之大，两涘渚崖之间，不辨牛马，于是焉，河伯欣然自喜，以天下之美为尽在已，顺流而东行，至于北海，东面而视，不见水端。

又如《逍遥游》中描写大鹏南飞的壮丽景象：

背若泰山，翼若垂天之云，抟扶摇羊角而上者九万里，绝云气，负青天。然后图南，且适南冥也。

从这些文字中都可看到古代游记的端倪。司马迁的《史记·河渠书》和《汉书·地理志》中都有对山情水势的专门记载，对后世游记的创作具有一定的影响。

西汉时，赋体兴起，其中一些作品有相当多的篇幅描写山川景物、京都宫观和皇家苑囿，气势宏大，文字华美，为后代游记创作提供了有益的借鉴。

东汉时，情况发生了较大的变化。光武帝刘秀登泰山举行祭祀天地的封禅仪礼，马第伯作为随从的一名虎贲郎将，参加了整个封禅过程。为了记述这一盛事，他写了一篇《封禅仪记》。这篇著述除了对封禅仪式的叙述外，还按照行踪，描写了泰山的险峻、登山的艰难和途中所见景色的壮丽。这是今存记述攀登泰山的最早文字，写得具体而生动，读之如临其境、如见其险。这篇著述可视为现存最早的记游文字。在这里，游览活动及所见所闻已独立成章，摆脱了附属的地位。

二、魏晋南北朝形成时期

从汉末到魏晋南北朝，以山水自然为主要表现对象的作品空前活跃，相对完整的骈文游记应运而生。如东晋僧人慧远的《庐山诸道人游石门诗序》刻画了庐山石门山水的雄伟秀丽。南朝鲍照的《登大雷岸与妹书》通过描写旅途所见的各种风光景物借以抒发心中的壮志和感慨。前者以诗序、后者以书信的样式出现，但都是用骈体写作的，且完全具备游记文学的特点。此外还有山中宰相陶弘景以及吴均的书信体骈文游记，都对山川做了绝好的描绘。如陶弘景的《答谢中书书》这样写道：

山川之美，古来共谈。高峰入云，清流见底。两岸石壁，五色交辉。青林翠竹，四时俱备。晓雾将歇，猿鸟乱鸣；夕日欲颓，沉鳞竞跃。实是欲界之仙都。自康乐以来，未复有能与其奇者。

这篇短文，精练淡雅地描绘出江南早晚的山水树石、鸟禽鱼兽，末句还映衬出对故人的怀恋之情，是情景并茂之作。

吴均的《与宋思元书》以"风烟俱净，天山共色"的佳句起首，描绘了富阳至桐庐一带奇峭、清幽、秀丽的山川景色。构思精妙，文辞清丽，且风光见怀，景物有情，深受人们喜爱，也是传诵不衰之作。

魏晋南北朝时，虽然已涌现出完整成熟的骈文游记，散文中却没有独立完整的游记作品，由于文学观念上的原因，当时不认为散文语言是文学语言。不过，这个时期的两部用散文写作的地理人文专著中的某些篇章历来被看作是游记佳作。一部是郦道元的《水经注》，一部是杨衒之的《洛阳伽蓝记》。

郦道元的《水经注》是一部地理学专著，他是为汉代桑钦（一说晋代人郭璞）的《水经》所作的注释。他的注释，不但努力补充与阐明《水经》中所记河流山川的情况，而且着力叙述有关历史故事和风光景物。《水经注》中描写山水的片段往往文字清峻、笔触生动，不仅写出了不同的地理形貌，更有不同的山水情趣，深受读者喜爱。

杨衒之的《洛阳伽蓝记》记述的是北魏时期洛阳佛寺的兴衰以及当时佛院建筑的壮丽。他在描绘这些寺院的建筑和景物时，文字生动、言简义丰，极具表现力，对后世散文创作也产生了一定的影响。

三、唐宋元成熟时期

从隋代到唐玄宗开元盛世，文坛上仍旧盛行骈文。初唐王勃的《滕王阁序》和盛唐王维的《山中与秀才裴迪书》，描述山水景象，表现孤寂情怀，都是广为传诵的佳篇。

古文运动的先驱者元结，在中国游记文学发展史上起着承前启后的作用。他是游记散文的始作者，用古文即散文写作了许多山水主题的铭文题记。如《右溪记》，此文造句凝练，风格清俊，借写右溪景色秀丽却无人赏爱来寄托自己怀才不遇的感触，已开柳宗元永州八记一类游记的先河。

完整的游记散文的独立出现，是在唐德宗贞元年间到唐宪宗元和年间，韩愈、柳宗元倡导古文运动，改变了传统的文学观念，解决了散文的文学语言问题。游记也冲破了骈文的束缚，使自然山水的形象变得更为充实有力。尤其是柳宗元的游记散文，代表了这个时期的最大成就。

柳宗元的游记都是在元和年间贬谪永州、柳州的 14 年中写作的，具有鲜明独特的风格。他善于运用精美清丽的语言，生动准确地再现自然美景，给读者一种身临其境的真切之感。另外，他在描写山水景物时，往往将自己横遭贬谪后饱受压抑的心境反映出来，从而赋予山水以自己的情感和性格，写景与抒怀巧妙结合，开创了山水游记的创作传统，影响深远。

柳宗元的代表作《永州八记》是公认的游记散文的精品，如《小石潭记》：

从小丘西行百二十步，隔篁竹，闻水声，如鸣珮环，心乐之。伐竹取道，下见小潭，水尤清冽。全石以为底，近岸，卷石底以出，为坻，为屿，为嵁，为岩。青树翠蔓，蒙络摇缀，参差披拂。

潭中鱼可百许头，皆若空游无所依，日光下澈，影布石上。怡然不动，俶尔远逝，往来翕忽。似与游者相乐。

潭西南而望，斗折蛇行，明灭可见。其岸势犬牙差互，不可知其源。

坐潭上，四面竹树环合，寂寥无人，凄神寒骨，悄怆幽邃。以其境过清，不可久居，乃记之而去。

小石潭水清石奇，潭边树木、水中游鱼也都自在无羁，充满生气。然而小石潭所在的地方却偏僻荒凉，寂寥无人，让人神伤。爱其景而伤其境，作者内心的凄怆苍凉可触可感。

人们历来公认柳宗元的山水游记在我国古代的散文发展过程中具有划时代的开创意义，从他开始，游记散文作为独立的文学体裁在中国文学史上的地位真正得到确立。

除柳宗元外，韩愈的《燕喜亭记》《记宜城驿》、白居易的《冷泉亭记》《庐山草堂记》《三游洞序》等，也都各有风致，别具特色。

玄奘的宗教旅行记：《大唐西域记》

玄奘，俗姓陈，名祎，洛州缑氏（今河南偃师县南缑氏镇）人，隋文帝仁寿二年（602 年）出生于一个世代儒学之家，出家后法名玄奘，敬称三藏法师，俗称唐僧。唐太宗贞观元年（627 年），玄奘从长安出发，孤身踏上万里征途，开始了他的西行。贞观十七年（643 年）春，玄奘谢绝了戒日王和那烂陀寺众僧的挽留，携带 657 部佛经，取道今巴基斯坦北上，经阿富汗，翻越帕米尔高原，沿塔里木盆地南线回国，两年后回到了阔别已久的首都长安。玄奘此行，行程 5 万里，历时 18 年，是一次艰难而又伟大的旅行。

唐太宗得知玄奘回国，在洛阳召见了他，并敦促他将在西域、印度的所见所闻撰写成书。于是玄奘口述，由弟子辩机执笔的《大唐西域记》一书，于贞观二十年（646 年）七月完成了。《大唐西域记》记述了玄奘所亲历 110 个及得之传闻的 28 个城邦、地区、国家之概况，有疆域、气候、山川、风土、人情、语言、宗教、佛寺以及大量的历史传说、神话故事等。为研究中古时期中亚、南亚诸国的历史、地理、宗教、文化和中西交通的珍贵资料，也是研究佛教史学、佛教遗迹的重要文献。

宋代的游记在前代的基础上得到了巩固和发展，内容和形式两方面都臻于完备，名家荟萃、硕果累累。一些著名的诗人和散文大家几乎都有脍炙人口的游记作品。如苏舜钦的《苏州洞庭山水月禅院记》、欧阳修的《醉翁亭记》、王安石的《游褒禅山记》、范仲淹的《岳阳楼记》、苏轼的《石钟山记》《游沙湖》与前后《赤壁赋》（可看作文赋体游记）、苏辙的《黄州快哉亭记》、曾巩的《墨池记》、周密的《观潮》、王质的《游东林山水记》等，另外，还有两部日记体游记专著即陆游的《入蜀记》和范成大的《吴船录》。

宋代的游记无论在思想内容还是艺术手法上都表现出一些新的特点，个性突出，风格各异，形式多样，富于创新，其中说理性游记成就突出。如王安石的《游褒禅山记》写景记游部分简单介绍了"入之愈深，其进愈难，而其见愈奇"的山中溶洞和作者与众人游洞半途而返的过程，然后借游洞的经历说明"世之奇伟、瑰怪、非常之观，常在于险远"。又如苏轼的《石钟山记》，其重点也不在记游，而是为了辨明石钟山这个名称的来由，从而得出对任何事物做判断都必须建立在亲临其地进行实地考察的基础上，不能"主观臆断其有无"的结论。说理透彻，议论自然，且都不脱离山水形象。此外，宋代也有相当一部分游记不重议论说理，而重客观记述山水之胜，并融进自己的欣赏之情，如周密的《观潮》：

浙江之潮，天下之伟观也。自既望以至十八日为最盛。方其远出海门，仅如银线；既而渐近，则玉城雪岭际天而来，大声如雷霆，震撼激射，吞天沃日，势极雄豪。杨诚斋诗云"海涌银为郭，江横玉系腰"者是也。

吴儿善泅者数百，皆披发文身，手持十幅大彩旗，争先鼓勇，溯迎而上，出没于鲸波万仞中，腾身百变，而旗尾略不沾湿，以此夸能。

文章围绕观字而展开，写出了钱塘江潮声如雷、吞天沃日的气势，也写出了弄潮儿身怀绝技、出没浪潮的姿态，形象极为鲜明。

陆游的《入蜀记》、范成大的《吴船录》中，也都有许多精彩章节着力表现山川奇景。在这些文章中，山水不再只是作为抒情或说理的一个触发物，而是作者欣赏、赞美的对象，是文章要表现的主体。应该说这一类的游记散文更接近和符合我们今日所称游记的含义。

金元两代历时较短，游记创作在整体质量上未能超过唐宋，但也不乏优秀之作。如虞集的《小孤山新修一柱峰亭记》、麻革的《游龙山记》、杨瑀的《观海市记》、李孝光的《大龙湫记》、陈德永的《游石梁记》等，或巧于构思，或妙于写景，各有特色。

四、明清兴盛时期

明清两代是古代游记繁荣昌盛的时期。这一时期，大多数文人学者钟情旅游，流连山水，他们继承唐宋以来的优良传统，创作了大量风格多样的游记作品。

宋濂、刘基和高启是明初文坛鼎足三分的台柱，游记作品分别有《游钟山记》《松风阁记》《游天辛山记》等，文中的山水描述、古迹记叙，往往寄托某种感慨、情怀，艺术各臻其妙，风格鲜明独特。

明代中叶以后，出现了以"三袁"为代表的公安派和以钟惺为代表的竟陵派，文学上都主张"独抒性灵，不拘格套"，敢于突破传统束缚，强调表现作者个性。其中成就最高者是袁宏道。袁宏道的山水游记率真自然，不苟流俗，文笔清逸，极善表现山水之神韵。他的作品很多，如《虎丘记》《天目》《游盘山记》《雨后游六桥记》等。他的游记很少政治寄托，也很少历史感慨，全然是对山水景物独具慧眼的欣赏、品评，以山水自适，别有一种情趣。这种类型的游记，应当是古代游记发展的一个突破性的变化，为游记发展开辟了一条新的宽广的途径。袁宏道的弟弟袁中道也是明代有名的游记作家，《西山十记》《游黄山记》等都是明代游记中的佳作。王思任、姚希孟等也都有独特的成就，如王思任的《游唤》《剡溪》，文风隽秀、语言畅快，都是大家之作。

晚明的游记创作以山水作品最为出色，尤其是张岱，自成一家，《陶庵梦记》是其代表作品。他还存有不少为世人传诵的精短佳作，如《湖心亭看雪》《西湖香市》《西湖七月半》等，文笔清雅，意境新奇。游记发展到这个时期，已不限于描写山水等自然景观，人文景观也成为介绍和描写的对象。对风土人情、传闻轶事的描述，大大拓展了游记题材，使它走向了更加广阔的社会生活，这是游记创作的又一发展。

明代游记创作最杰出的作家是徐宏祖，他的《徐霞客游记》既是一部地理学专著，又是一部具有高度文学性的游记名著。读《徐霞客游记》就像展开了一幅幅山水画卷，让人目不暇接，感觉美不胜收。这部作品凝聚着地理学家的学识、旅行家的情怀、探险家的勇气和文学家的修养，是我国传统文化宝库中的一颗明珠。

游记在清代得到了继续发展。作者众多，风格多样，众体皆备，堪称代表的有袁枚、姚鼐等人。

袁枚是清中叶享有盛誉的性灵派作家，他在中年后即辞官定居江南，以游山玩水、赋诗作文为日课。70 岁那年，他还曾漫游各地，登山临水，寻幽访胜。他的游记清新活泼，信笔写出，妙趣横生，且时有议论、感慨，给人启迪、让人深思。《峡江寺飞泉亭记》《游黄山记》《游桂林诸山记》等都是其代表作。

姚鼐是桐城派代表作家，文学上主张义理、考据、辞章三者并重，其游记也很好地体现了这一理论。《登泰山记》是他最负盛名的作品，也是泰山游记中的一篇杰作。

清代后期的龚自珍，诗文自成一家，时称龚派。他的游记创作也富于独创性，其突出特点是政论性强，现实意义深刻，形式类似杂感，可称为杂感式游记。他写过一篇《己亥六月重过扬州记》，文章记述自己重过扬州时的所见所感，而重点是对封建士大夫的庸俗堕落进行揭露和鞭挞。与一般的山水游记相比，龚自珍的游记呈现出一种新的风貌，有着开创性的意义。

五、现当代游记文学：继承与超越

（一）现代游记文学

20 世纪初，从辛亥革命到"五四"新文化运动，中国社会政治与文化发生了前所未有的巨大变革，游记文学也呈现出崭新的面貌。一方面，它继承了中国古代游记文学的优秀传统，无论是文学体裁、文学表现对象还是艺术表现手法等都让我们清晰地感受到古代游记文学的延续和影响。另一方面，在继承古代游记优秀传统的同时，它又突破了传统，在发展和创新中自成一格，表现出了新鲜迥异的生机与活力。

在现代游记文学中，旅外游记占有重要地位。它是在晚清国门开放后，西学东进的背景下兴盛起来的，许多文学大家以及不少非专职作家包括翻译家、科学家、艺术家、新闻记者等都有优秀之作。

徐志摩有旅外游记专集《巴黎的鳞爪》。1920 年秋，徐志摩为追随罗素到达英国，虽未能遇到罗素，但意外来到康桥，即剑桥，在皇家学院做特别生直至 1922 年 8 月。康桥是徐志摩一生的记忆。1927 年 1 月，他以追忆似水年华的笔调补写了游记《我所知道的康桥》，对康桥天然景色的描绘周详、细致、充满灵性，有很高的审美价值。

巴金有游记专集《旅途随笔》。其中《游了佛国》《鸟的天堂》等都是脍炙人口的名篇。1927—1928 年，巴金旅居法国，他的《海行杂记》对这次旅行途中的见闻感思作了记载。其中《红海不红》《海上的日出》《海上生明月》等都是备受赞誉的佳作。

旅外游记文学中其他如李健吾的《意大利游简》、邹韬奋的《萍踪寄语》、郭沫若的《今津纪游》、瞿秋白的《饿乡纪程》和《赤都心史》等视野开阔、情文并茂，往往融知识性、趣味性、文学性、思想性为一体，都有很高的文学价值。

现代文学史上有"文学为人生"与"文学为艺术"之争，有学者借用这两个术语，把现代游记文学根据作者创作特征的不同大致也一分为二，即走向社会的"人生派"游记和回归心灵的"艺术派"游记。

人生派游记代表作家如叶紫、沈丛文、艾芜、许地山、王统照、丰子恺等，其游记作品关注社会人生，充盈着可贵的忧患意识，与时代的脉搏相呼应。

艾芜的《漂泊杂记》是作者 1925 年至 1931 年自成都经云南到缅甸、马来西亚、新加坡，最后由缅甸至中国香港回国的经历的真实记录，笔触优美、描绘细致、同时又深刻展示了社会众相，可以说"寄情秀丽的河山，忧伤暗淡的人生"是他整部游记的精髓。

沈丛文的《湘行散记》以描绘湘西的民俗风情而引人注目，但其笔下的乡土不再是单纯的地域概念，而是有着丰富特殊的历史内涵、文化意韵和社会批判意义。如《桃源与沅州》是其中的名篇，真实地展示了现实的真相，有着别样丰盈的艺术审美价值和社会意义。

艺术派游记的代表作家有周作人、俞平伯、徐志摩、李广田、钟敬文、老舍、冯至等。他们的作品有一种清新的古朴的气息，显示着一种远离尘嚣的清丽之美。

周作人的游记作品并不多，但他整个散文创作中的主张和实践都对这一派别的游记艺术产生了重要影响。他的游记代表作如《济南道中》诉说旅途所见所闻，将上下古今、天南海北的事物信手拈来，且细致贴切，情趣盎然，态度闲适，情调明朗，平和自然。

俞平伯在 20 世纪 20 年代的游记创作中也颇具代表性。他的《桨声灯影里的秦淮河》，着力于风土人情的描述，笔致细腻委婉，缠绵里充满温煦，文字迷离、意境朦胧、情思新颖独到。

在中国现代游记文学中，有两位名家圣手，堪称双峰并峙、二水分流，他们就是朱自清和郁达夫。两人宛如双子星，为现代游记增添了奇光异彩，代表了现代游记文学的最高成就。

朱自清的游记，严谨细致，充满诗情画意，语言洗练质朴、清新隽永，正所谓"风华从朴素中来，幽默从忠厚中来，腴厚从平淡中来"。他的代表作有《温州的踪迹之二·绿》《荷塘月色》《白水祭》《桨声灯影里的秦淮河》等。另外，朱自清 20 世纪 30 年代留学英伦并漫游法国、德国、荷兰、瑞士、意大利五国，后写成两本游记《欧游杂记》《伦敦杂记》都是现代游记文学的精品。

郁达夫的散文创作以游记为主，文笔优美，成就卓著，其游记作品集《屐痕处处》和《达夫游记》犹如一幅幅绚丽多彩的画卷，山川与历史融为一体，风景与人情合为一处，感情细腻，文字隽永，纵意写来，舒展自如，极具才情。

现代游记文学中还有一大批独具风姿的女性名家，如冰心、谢冰莹、陈衡哲、庐隐、萧红、凌叔华、方令孺、袁昌英等。

冰心是现代文学史上著名的散文作家，她的散文柔美清丽、抒情性很强，被誉为冰心体。《寄小读者》是冰心 1923—1926 年留美期间为《晨报副镌》的儿童世界专栏撰写的通讯体游记。《寄小读者》的主旋律是歌颂母爱、自然与童心。其思国忆乡、依恋母亲的深挚感情与自然风光交融、细腻委婉、真切动人，在热情歌颂广博的母爱的同时，冰心也赞美纯洁的童真。冰心的游记作品风格纤细、柔婉、优雅，语言晶莹剔透、端庄秀美，女性化色彩极为鲜明，是中国现代游记文坛的一朵奇葩。

（二）当代游记文学

根据当代 50 年游记文学的发展曲线，我们把它大致分为四个时朝：第一个时期，20世纪 50 年代至 60 年代初出现第一个高峰，名家众多，如叶圣陶、杨朔、碧野、秦牧、刘白羽、曹靖华等；第二个时期，60 年代中期至 70 年代末跌向低谷。十年动乱期间，游记创作中除去一些演绎政治观念的亚非出访游记之外，总体上一片萧条；第三个时期，70 年代末至 80 年代中叶，"文革"之后的复苏与开拓，代表作家有巴金、叶梦、菡子、汪曾祺等；第四个时期，八九十年代形成第二次创作高峰，名家辈出，名篇荟萃。西部游记的代表作家有周涛、王英琦、马丽华等，乡土游记的代表作家有刘成章、徐治平、贾平凹、李天芳等，探险游记的代表作家有余纯顺、刘雨田、赵进平等，文化游记的代表作家有余秋雨、林非、王充闾、梁衡等。尤其是余秋雨的作品，在海内外引起巨大的反响，构成 20 世纪末中国文坛的一大景观。

另外，在当代游记文学中，台湾作家的游记创作让人耳目一新，其中以三毛的成就最高，此外琦君、陈正祥等也都是台湾当代游记大家。

近几年，主要在网络上盛行的驴友笔记也有不少佳作。驴友一般被认为是对户外运动爱好者的称呼，特别是指参加自助旅行、一般性探险、爬山、穿越等爱好者。关于驴友一词的来历，有多种说法，有的认为驴友即旅游的谐音。有的认为来源于旅友和绿友的谐音，绿是指环保。还有的认为，驴友一词与一个小故事有关：1878 年秋，一个瘦弱的男子骑着毛驴穿越法国西部的塞文山脉。他带着素描本边走边画，之后写下了《塞文山驴背之旅》，他就是苏格兰作家斯蒂文生。后来，斯蒂文生的驴游经历被热爱大自然的法国人效仿，纷纷骑着驴子到塞文山区等地四处驴游。在我们中国，因为驴子能驮能背，吃苦耐劳，是这些户外运动爱好者们引以为自豪的称谓。各种驴友网、驴友论坛、驴友公社等网络上所发表的驴友笔记，作为描述自己旅行经历和见闻感受的一种文字，是当代游记文学中一道新的风景线。

六、游记文学的艺术特征

（一）摹山绘水，广阔而又深邃地揭示大自然的美

阅读一篇篇游记，就像展开一幅幅山水画卷。大自然的千奇百怪、鬼斧神工让人目不暇接，惊叹神往。郦道元笔下的三峡"素湍绿潭，回清倒影"，充满无限生机和情趣。徐宏祖两次登黄山，站在莲花峰上。他曾经"狂叫欲舞"，他带着这样的激情将黄山的奇松怪石、浩荡云海、绝巘危崖——再现于笔底，让人惊叹之余，心动欲游。周密所见的浙江潮则又不同。它如"玉城雪岭，际天而来""声如雷霆，震撼激射，吞天沃日，势极雄豪"，其形状、颜色、声音、气势，无一不夺人心魄。无论是哪一类游记，对山水景物的描写往往都是文章的主体，对自然之美的挖掘和再现是游记最鲜明的特征，也是最根本的价值所在。

（二）借山水形象抒怀写意，议论说理

所谓游记就是记述游览中的所见所闻、所感所想，因此，情、景、理往往互相交融，浑然一体。有时候，文章的主体不在山水，而是借山水以抒情，寓哲理于景中。柳

宗元眼里的西山，高峻特立，"不与培楼为类"，这正如他不同流俗的高洁的人格。袁枚所钟情的桂林诸山，"既多且怪，孤峭自喜"，同样是他人生感慨的一种抒发，是他厌恶庸俗、追求个性的思想的体现。范仲淹笔下的洞庭水雄奇壮观，有万千之变化，或让人生去国怀乡之念，或让人有宠辱皆忘之感，山水之美与情感之真之浓，交相辉映，产生强烈的艺术感染力。作者由此更进一步表达自己的政治情怀和人生理想，以忧乐二字提起全篇。这些都是把山水形象与自我情怀融为一体的优秀作品。另有一类游记也写山水，也写作者游览的情景，但其主旨是为了议论说理，为了探讨人生价值，给人以启迪。比如李翱的《题峡山寺》，作者在儿童时代就向往峡山，长大后长途跋涉游历各处名山终于来到了这里。然而作者并不描述它的风光景物，而是谈起所游五座名山的不足之处，然后以游山类比交友择人，说出了一番道理。王安石的《游褒禅山记》，苏轼的《石钟山记》《武昌九曲亭记》等也都是寓理于景的佳篇。

（三）以游为链，善于把各类与景物有关的知识加以贯穿，有丰富的底蕴和内涵

许多优秀的游记作者是历史上著名的政治家、思想家、科学家、文学家。体现在他们的作品中，其知识和文化的内涵就特别丰盈。随着他们的游踪，读者可以从中了解山川地理形势，了解古今历史沿革，了解各地风土人情和社会状况，开阔眼界、启迪智慧。例如《徐霞客游记》，不仅是优秀的文学作品，也是一部杰出的地理科学文献。在这部被清朝人推崇为古今游记之最的著作中，作者对山川名胜的考察极其细致，一一辨析它们的原委脉络，并对当地的风俗民情、关梁扼塞、名特物产都做了生动详细的记载。又如张岱的《西湖七月半》，记述了杭州人游览西湖的盛况，从中不但可以了解当时杭州的风土人情，还可了解当时社会的某些侧面。无论风俗学家，还是社会学家，都能从中找到有价值的资料。

任务三　对　联

对联是我国古代文学宝库中一种独特的文学样式，历史悠久，流布广泛。对联中的旅游对联是旅游文学的重要组成部分，尤其是其中的名胜古迹联，它们记载着旅游者在游览观赏过程中的所见、所闻、所感，有很强的文学性，与各类旅游景观相辅相成、相得益彰，是景点的有机组成部分，也是景点的重要欣赏对象。我们着重以胜迹联为例介绍有关对联知识，以增加我们对它的了解。

一、对联的产生与发展

对联的产生首先是因为我国的诗歌辞赋中有对偶句。对偶句可源溯至先秦古籍中，如《诗经》中就有这样的句子："昔我往矣，杨柳依依；今我来思，雨雪霏霏。"《尚书》中也有"满招损，谦受益"等。汉代时，赋体盛行，在这种文体中，骈偶对仗得到了更自觉、更广泛的运用。魏晋以后，出现了骈体文，这种骈文常常通篇都用对偶句组成。到唐代时，律诗成熟，其中的对仗句形式多样，刻意求工，为人们所乐于吟诵。对联就是从律诗的对仗句中脱胎出来演变而成。

最早的对联是春联。而在有春联之前，每逢过春节，人们都是沿旧习，在门上贴桃符。古时迷信，以为桃木能驱鬼辟邪，桃符上还要画神荼、郁垒两神之像。相传二神居于东海度朔山大桃树下，能食百鬼。南朝梁宗懔撰的《荆楚岁时记》中记载："正月一日，绘二神贴户左右，左神荼，右郁垒，俗谓之门神。"一种风俗传开，家家都不能免俗，用者既多，画像又不易，就难免以名代像，把神荼、郁垒的大名写在桃符板上，悬挂门两旁，这实际上就初具对联的形式了。后来，桃符上开始出现诗句，桃符板与对偶句合流就形成了对联。

最早的春联，比较通行的说法是产生于五代。据《宋史·蜀世家》说："孟昶每岁除，命学士为词，题桃符，置寝门左右。末年，辛寅逊撰词，昶以其非工，自命笔云：'新年纳余庆，嘉节号长春。'"后蜀主孟昶题写的这副对联就是我国史籍中最早出现的春联。

北宋以后，对联这种形式逐步得到了推广。《楹联丛话》故事类收有苏轼、楼钥、韩降、朱熹等人的联语，尤以朱熹所题最多。如朱熹自书精舍联：佩韦遵考训，晦木谨师传、爱君希道泰，忧国愿年丰，均为自戒自勉之作。对联的应用范围此时也得到了迅速扩大，除春联外，书斋联、灯联、寿联、挽联、游览联等也都开始出现。如宋太宗太平兴国二年（997），龙华寺（在今上海寺）僧人契盈陪吴越王钱俶游碧波寺，适逢黄浦江涨潮，舟楫如云，钱俶对契盈说：吴越去京师三千里，谁知一水之利如此。于是，契盈便在碧波亭柱上写下一副对联"三千里外一条水，十二时中两度潮"。这是对联发展史上出现的较早的游览题联。

元代的对联没有大的发展，但现存对联中，著名文学家、书画家赵孟頫的两副名作流传很广。一副题于扬州迎月楼："春风阆苑三千客，明月扬州第一楼"，另一副题于杭州灵隐寺："龙涧风回，万壑松涛连海气；鹫峰云敛，千年桂月印湖光。"对仗工整，语言清新典雅，景物描写生动。

明代时，对联得到普及。这跟朱元璋的喜爱和提倡有关，他喜欢作联，还赐联给大臣，《金陵琐事》载其赠中山王徐达联就有两副，一副是"始余起兵于濠上，先崇捧日之心；逮兹定鼎于江南，遂作擎天之柱"，另一副是"破房平蛮，功冠古今第一人；出将入相，才兼文武世无双"。都写得气概豪迈，且声韵谐和，造句工巧妥帖。朱元璋不但写对联赐给大臣，对平民百姓，他也题联赐予。如赐给秦淮河的一副对联"佳山佳水佳风佳月，千秋佳地；痴色痴声痴情痴梦，几辈痴人"。描写秦淮景物风情颇具特色。

皇帝既然喜欢，上有好者，下必有甚焉，创作对联，自此蔚为风气。很多文人学士积极从事对联创作，留下了很多脍炙人口的联语。如祝允明题扬州凝翠轩："四面有山皆入画，一年无日不看花。"描写凝翠轩景色，极富诗情画意。董其昌题杭州冷泉亭："泉自几时冷起？峰从何处飞来。"连用疑问代词发问，风趣别致，且给人留下无穷遐想。徐渭题故居书屋"两间东倒西歪屋，一个南腔北调人"。对仗工整自然，用语极富个性。随着对联的普及，对联的使用范围也更广了，人们书写对联时，也有了审美的要求，因此，桃符板便越来越不堪重任。于是各种纸张、合适的木板、竹板等，逐渐取代了桃符板。对联由此也获得了独立的地位。

　　清代是对联发展的鼎盛时期。几乎事事处处可用对联，时时刻刻可写对联，各种题赠联、格言联、谐巧联、哲理联、讽刺联等到处流传。表现技巧也更成熟，更灵活多样，涌现出了一大批对联名家：孙髯翁、李渔、郑燮、纪昀、曾国藩、梁章钜、何绍基、俞樾、顾复初、林则徐、王闿运、彭玉麟、龚自珍等，都写出了富有特色的对联。如李渔在庐山最高峰汉阳峰的撰联：足下起祥云，到此处应带几分仙气；眼下无俗障，坐定后宜生一点禅心。上联写山势之高，风光之美，下联写游人的感受，语言通俗自然，而又对仗工整。纪昀题曲阜孔府联：与国咸休，安富尊荣公府第；同天并老，文章道德圣人家。联语极力颂扬了孔府的尊贵显荣、孔子高尚的道德和其鸿篇巨作，写得端庄典雅、气魄雄浑。林则徐题福州鼓山：海到无边天作岸，山登绝顶我为峰。抒写了一种博大的襟怀、超迈的气度，语言铿锵有力。梁章钜藤县访苏亭联：公是孤臣，明月扁舟留句去；我为过客，空江一曲向谁弹。表达对苏轼的崇敬与怀念，语言典丽，情感深沉。彭玉麟杭州西湖平湖秋月联：凭栏看云影波光，最好是红蓼花疏，白苹秋老；把酒对琼楼玉宇，莫辜负天心月到，水面风来。描写平湖秋月各有佳趣的日景和月景，清新俊逸，淡雅空灵，给人以美的感受。

　　值得注意的还有长联的出现，全联字数达一百多，乃至数百，最长的达1620字。如孙髯所撰昆明大观楼联，长达180字，当时号称古今第一长联。长联在艺术手法上，将写景、叙事、抒情、议论熔于一炉，集诗文辞赋各体之长于一体，大大增强了对联的表现力，开辟了对联艺术的新天地。

　　对联的收集整理工作也在清代开始。最著名的如梁章钜的《楹联丛话》《楹联续话》《楹联之语》和《巧对录》。还有曾国藩的《求阙斋联语》，王闿运的《湘绮楼联语》等。这些对联的专著、专集不仅收集、保存了大量的联语，而且也在一定程度上探索了对联的创作规律和特征，直到今天仍有它们的价值，能给我们以启发和借鉴。

二、对联的基本特点

　　对联是从律诗中间两联的对仗句演变而来，因此，对联最显著的特点就是上联和下联必须对仗，即上下联字数相等，句法结构相对应，节律一致，平仄协调，而上下联的内容则要求相互关联。

　　（一）上下联字数相等

　　任何一副对联，它的上联和下联的字数是必须相等的。但与律诗的对仗句不同的是，对联句式灵活，长短自如，篇幅也不固定，完全根据内容要求，可多可少。如《庐山含鄱口石坊》联：湖光；山色。上下联共四字。又如人名巧对：孙行者；祖冲之。共六字，但都表达了一个完整的意思。对联上下联要求字数相等，这是之所以成为对联的首要条件，但又没有字数多少的限制，更显得方便、自由。

　　（二）上下联对应位置上的词的词性相同或相近

　　所谓词性相同。即指名词对名词，动词对动词，形容词对形容词，副词对副词，数量词对数量词等，如明代解缙的一副对联：

　　　　墙上芦苇，头重脚轻根底浅；

山间竹笋，嘴尖皮厚腹中空。

我们可以看到，上下联相同位置上词的词性都是相同的。又如北京陶然亭联：

烟笼古寺无人到；

树倚深堂有月来。

上下联对仗工整、妥帖。

对联中的对仗有工对、宽对、借对之说。

工对，是指上下联之间的字词或语句间对偶十分工整、妥帖。比如就名词说，上下联不仅要名词对名词，而且要求名词中细分的同一小类如天文类、时令类、地理类、文字类等，也相对，才叫工对。

宽对，是指词性相同或相近的词构成的对仗，如名词对名词（不必分类）、动词对动词（包括不及物动词对形容词）、形容词对形容词、副词对副词等。上下联如果对应的词的词性多数相同，既做到了半对半不对，也是一种宽对。

借对，包括借义和借音两种情况。借义是指一个词（字）有两个以上的意义，联句中用的是甲义，而同时又借用它的乙义与相对应的词（字）形成对仗。借音是指用与联中本字同一读音的另一个字来跟另一联相对应的字形成对仗。如周瑜墓的一副对联：

青春南国乔初嫁；

赤壁东风亮助威。

"青"与"春"一起表示青春年少，但它同时又用了"青"字的颜色的意义，与下联"赤"形成对仗。

又如桂林叠彩山联：

漓江酒绿招凉去；

常待诗清赏雨来。

"清"字借用了同音的"青"字，与"绿"形成对仗。

（三）上下联语法结构相对应，节奏一致

对联的语法结构相对应，具体是指主谓结构对主谓结构，动宾结构对动宾结构，偏正结构对偏正结构，相同的复句相对等。

对联的上下联节奏必须一致。节奏本是乐曲结构的基本因素，是由音响运动的轻重缓急形成的，其中节拍的强弱或长短，要合乎一定的规律。节拍就是乐曲中的节奏序列，每一序列包含两拍或三拍、四拍。对联有节奏，才使它念起来顺口，听起来悦耳，具有一定的音乐性。在对联中，节奏是按语法结构，按联句的意思划分的，节奏的划分与意义单位的划分相一致。而上下联相应联句的节奏是对应的，或者说，上联和下联停顿的地方必须相同。如贵阳甲秀楼联：

烟雨楼台/山外寺

画图城郭/水中天

上下联按语法结构分，都可划为两个大的意义单位，而节奏单位也都是四三式。

懂得对联节奏的特点，可以帮助我们更准确地吟诵对联，更好地体会它的音乐美、节奏美。下面是一些常见的节奏划分：

四字句的对联多为二二式，如西湖湖心亭联：

> 中央/宛在
>
> 一半/勾留

五字句的对联多为二三式，也有一四式、三二式。如苏曼殊书普陀普济寺联：

> 乾坤/容我静
>
> 名利/任人忙

六字句的对联多为二四式或四二式。如南昌滕王阁联：

> 依然/极浦遥天，想见/阁中帝子；
>
> 安得/长风巨浪，送来/江上才人。

七字句的对联多为四三式。如苏州沧浪亭联：

> 清风明月/本无价
>
> 近水远山/皆有情

（四）上下联平仄相谐

在古汉语中，汉字有平、上、去、入四个声调，发展到现代汉语普通话，成为阴平、阳平、上声、去声。平仄是对联以及诗词曲格律的一个术语。所谓平就是平声，仄则包括上、去、入三个声调。在诗词对联中，如果安排平仄两类声调交错出现，就会产生抑、扬、顿、挫的音韵美。

在对联中，运用平仄规律，主要表现在两个方面，其一，上下联的每个联句内，平仄声的安排应是有规则地交替，一般是两个音节（字）一转换。其二，上下联之间，对应的音节一般应该平仄相对，即平对仄，仄对平。以成都望江楼顾复初写的一副对联为例：

> 引袖拂寒星，古意苍茫，看四壁云山，青来剑外；
>
> （仄仄平平平，仄仄平平，仄仄仄平平，平平仄仄）
>
> 停琴伫凉月，余怀浩渺，送一篙春水，绿到江南。
>
> （平平仄平仄，平平仄仄，仄仄平平仄，仄仄平平）

从上面所标的平仄，我们很容易领会对联平仄交替与对立使用的规律。

有一点必须指出的是，不管对联长短如何，上下联最后一句的句脚，即最后一字，一般应该是上仄下平。

（五）上下联的内容相互关联

对联的上下联，在内容上相连、相关，构成一个艺术的整体，关联的方法主要有正对、反对、串对。

正对，上下联在内容上是并列的，互相补充，共同表现主题。如苏州拙政园有一联：

> 四壁荷花三面柳；
>
> 半潭秋水一房山。

上联写荷花、柳，下联写秋水、山，从不同的角度写出了拙政园的景色。

反对，上下联一正一反，相互映衬。如钟馗庙联：

奇才人不识；

怪貌鬼能钦。

钟馗是传说中的一位貌丑心美的捉鬼之神，传说他活着的时候怀才不遇，屡试不中，羞归故里，触阶而死。上下联以人不识与鬼能钦对比映衬，抒发无限感慨，给人强烈震撼。

串对，也称流水对。上下联在内容上有一种递进、转折、条件、因果等关系，如果拆散开来，意思都不完整。如长沙岳麓山的一副对联：

直登云麓三千丈；

来看长沙百万家。

只有登上三千丈的岳麓山顶的云麓宫，才能欣赏到长沙市的百万人家。上下联要串起来，意思才表达完整。

补充阅读

王安石捡联获妻

传说王安石二十三岁那年去赶考，晚上上街闲逛，见马员外门口的走马灯上有一联语曰："走马灯，灯走马，灯熄马停步。"显然是在等人下联。王安石看后，不禁拍手连称："好对！"他的意思是说这上联出句妙。站在旁边的马家家人误以为王安石的意思是容易对，立即禀告员外。这上联是马家小姐为择婿而出的，因此员外急忙出来找王安石，王安石却夸了一句就走了，两个人没见着面。在科场上，王安石第一个早早交卷，主考官见他交卷快，想试他的才艺，就指着厅前的飞虎旗出句说："飞虎旗，旗飞虎，旗卷虎藏身。"王安石不假思索地用马员外门前的"走马灯，灯走马，灯熄马停步"来对，自然又快又好，令主考官惊奇不已。回头想起走马灯给他的机缘，忍不住又来到马家门前。马家家人认得是日前说"好对"的人，便请他到府中应对。有了主考官的飞虎旗，自然就好对了，马家当即就将女儿许配给他并择吉成婚。正在举行婚礼时，报子来报"王大人高中，明日请赴琼林宴。"果真是"洞房花烛夜，金榜题名时"。王安石捡来两联，上应主考，下获贤妻，一时传为美谈。

三、对联的特殊修辞

与一般的文学样式相比，对联有一些特殊的修辞方法。了解这些修辞方法，便于我们更好地欣赏对联。这里介绍其中的几种：

（一）嵌字法

为了突出某人某地，把人名地名嵌入一定位置，保持其相对独立性，使对联意中有意，称为嵌字。郭沫若为杜甫草堂花径入口处撰联：花学红绸舞；径开锦里春。将要嵌的字分嵌在上下联的第一个字。又如山海关联：群山尽作窥边势；大海能消出塞声。嵌字置于上下联第二字。再如蔡锷赠小凤仙联：其地之凤毛麟角；其人如仙露名珠。凤、仙二字分嵌句中且不露痕迹，自然贴切。

（二）缺字法

缺字法就是在对联的某个部位缺字。并以上或下联已出现的字句向读者暗示所缺的是什么字，而该联的意思却又正在空缺的字上。相传宋代吕蒙正曾作有一联：二三四五；六七八九。上联缺一（谐衣），下联缺十（谐食），配上横额"南北"（没有东西），共缺去四字，含蓄地表达出作者早年"缺衣少食没东西"的困境。

（三）拆字法

对联中一种近于游戏的修辞手法。利用汉字的形体特点来进行分离或组合。有两种形式：一种是拆字，将一个字分离成几部分，而这几部分又都有独立的意思。如西湖天竺顶竺仙庵有一联：品泉茶三口白水；竺仙庵二个山人。将品字解释为三口，泉字拆成白水，竺字解释为二个，仙字拆成山人，据说庵中住有两人，故有两个山人之说。拆字的另一种形式是合字。合字与拆字正好相反，如"寸土为寺，寺旁言诗，诗曰：明月送僧归古寺；双木成林，林下示禁，禁云：斧斤以时入山林。"上联的寸、土合为寺，而寺又与言合为诗，下联的木与木合为林，而林与示合起来成为禁。

（四）重字法

在一副对联中，重复使用某一个字或某个词语。相传明代吴敬梓写过一副对联："读书好，耕田好，学好便好；创世难，守成难，知难不难。"上联用了四个"好"，下联用了四个"难"。

又如四川峨眉山灵岩寺弥勒龛联："开口便笑，笑古笑今，凡事付之一笑；大肚能容，容天容地，与己何所不容。""笑""容"两字多次重复，给人留下深刻印象。

（五）迭字法

迭字法把相同的字叠用起来，组成联语，如济南千佛山趵突泉联："佛脚清泉，飘飘飘飘，飘下两条玉带；源头活水，冒冒冒冒，冒出一串珍珠。"迭字的运用，使景物极为生动形象。又如苏州网师园的一副对联："风风雨雨，暖暖寒寒，处处寻寻觅觅；莺莺燕燕，花花叶叶，卿卿暮暮朝朝。"巧用迭字，既写出了意境，又写出了深情。

（六）回文

所谓回文，就是调换词或句子的排列次序，使之循环反复皆可成文。如"雾锁山头山锁雾；天连水尾水连天"，句句可倒读，且正读与倒读字句内容全同。如题龟山联："迢迢绿树江天晓；蔼蔼红霞海日晴。"倒读时，字句不同而内容不变。再如"客上天然居；居然天上客"，正读、倒读字句各异，语义不同，倒读顺承正读，内容连贯而深化。

（七）转类

转类即词性的活用。最著名的是题于山海关孟姜女庙的一副对联："海水朝朝朝朝朝朝朝落；浮云长长长长长长长消。"朝读作 chao 是涨潮水的意思，是动词，读作 zhao 是早晨的意思，是名词。同样，长可读作 zhang、chang，一个是动词，一个是形容词。

（八）双关

一句联语有两层意思，字面上的意思是虚设，骨子里的意思是实情，一虚一实，双双关涉，意味隽永。如"因荷（何）而得藕（偶）；有杏（幸）不须梅（媒）"，相传这是明首辅李贤选婿时借果品出的上联，由程敏政对的下联，谐音双关。又如明清之际的思想家王夫之写过一副对联："清风有意难留我；明月无心自照人。"至今仍悬挂在王夫之故居，清暗指清朝，明则暗指明朝，通过谐义双关表明自己的态度和气节，婉转深沉。

本章小结

古代旅游文学的主要形式有旅游诗词、游记及名胜楹联。本章对旅游诗词、游记的产生及发展历程进行了阐述，简要介绍了各个时期的名家名篇，并对旅游诗词及游记的艺术特征进行了分析。本章对楹联的产生与发展也进行了概略的叙述，并介绍了楹联的基本特征及独有的一些修辞手法。

综合实训

一、单项选择题

1. 下列作家全为唐代作家的一组是：
   A. 王勃　骆宾王　张孝祥　孟浩然
   B. 高适　孟郊　黄庭坚　刘禹锡
   C. 王维　李贺　刘长卿　张继
   D. 杜牧　韦应物　李商隐　谢朓

2. 下列诗句出自王维作品中的是：
   A. 坐观垂钓者，徒有羡鱼情
   B. 田夫荷锄立，相见语依依
   C. 仍怜故乡水，万里送行舟
   D. 最爱湖东行不足，绿杨阴里白沙堤

3. 对联发展的鼎盛时期是：
   A. 宋元　　　　　B. 明清　　　　　C. 隋唐　　　　　D. 辽金

4. 下列哪位诗人具有"沉郁顿挫"的风格：
   A. 孟浩然　　　　B. 李白　　　　　C. 杜甫　　　　　D. 白居易

二、多项选择题

1. 下列诗句出自杜甫作品中的是：
   A. 造化钟神秀，阴阳割昏晓
   B. 秋草独寻人去后，寒林空见日斜时
   C. 无边落木萧萧下，不尽长江滚滚来
   D. 戎马关山北，凭轩涕泗流

2. 构成中国诗歌现实主义与浪漫主义两大流派的源头是：

    A. 汉乐府   B. 诗经   C. 唐诗   D. 楚辞

3. 下列诗人中属于豪放派的是：

    A. 苏轼   B. 秦观   C. 辛弃疾   D. 张孝祥

三、简述题

1. 联系实际，赏析李白诗作《渡荆门送别》。

2. 简述古代旅游诗词、游记的艺术特征。

项目九

旅游艺术

学习目标

知识目标：

- 了解书法、绘画等旅游艺术发展与成熟的过程
- 学习书法、绘画等旅游艺术的审美特征
- 比较中西方绘画、雕塑等旅游艺术的异同
- 掌握音乐、舞蹈艺术的审美特征
- 掌握对旅游地旅游艺术进行审美鉴赏的方法

能力目标：

- 能够运用旅游艺术知识，理解和解释各类旅游艺术资源
- 将旅游艺术知识运用到导游服务中，提高旅游艺术鉴赏服务水平
- 能够将旅游艺术知识运用到旅游资源开发中，提高旅游产品的艺术品位

生命是短暂的，但艺术是永存的。

—— ［古罗马］辛尼加

人们外出旅游观光，除了浏览壮丽秀美的自然风光外，还会欣赏到各种人文景观，如书法、绘画、雕塑、音乐、舞蹈等旅游艺术。书法是我国古老的传统艺术，它以文字的线条表现书法家的情感意趣，不是绘画，却有绘画的斑斓。绘画绚丽多彩，表现对象十分广泛，如大自然的山水，人们的生活场景，一切事物皆可入画。雕塑丰富多彩，有图腾形象，有宗教造像，还有英雄纪念像，它们分布于宗教圣地或历史名城，成为人类历史发展的形象记录。而音乐、舞蹈风格各异，千姿百态，是各族劳动人民智慧的结晶。各地旅游艺术汇集在一起，构成了壮丽的艺术文化景观，它们蕴含着巨大的艺术魅力，具有永恒的审美价值，不仅是全人类的文化遗产，同时也是广大旅游观光者参观学习的重要目标。

任务一　书法艺术

汉字是当今世界上使用最广泛、历史最悠久的文字。中国现有最早的汉字是殷周时代刻在龟甲、兽骨上的甲骨文，距今已有3200年的历史。从出土文物和古代文献中可以看出，古代的汉字多是象形字。人们在实践中总结出汉字的六书法则：象形、会意、形声、指事、假借、转注，其中象形是基础。汉代许慎《说文解字》说得好：象形者，画成是物，随体诘诎。汉字的象形性为汉字升华为书法艺术提供了良好的内在条件。

书法创作是汉字的审美再现。在几千年的历史发展中，汉字的字体在不断变革，由甲骨文到隶书，由隶书到楷书，有的汉字已经变得面目全非了。但汉字一旦进入书法领域，则因其不再具有强烈的实用性而凸显出它的艺术价值。书法艺术充分利用了自己独特的结构方式和书写规则，对基本线条进行艺术加工，从而赋予汉字永不枯竭的生命力。

一、书法体式的类型

（一）篆书

篆书的种类很多，总的来说，甲骨文、金文可称为大篆，秦代以后的篆书称之为小篆。甲骨文最初出土于河南安阳小屯村殷墟，后来在陕西、山西也有大批出土，总计约十五万余片。据统计，甲骨文约有4000多个汉字，可以辨识的约占三分之一。甲骨文属于古文字系统，是最早成熟的文字。甲骨文大多用刀刻而成，直线居多，不论横、竖、斜都是尖起尖收，中段略显粗壮。从审美角度而言，甲骨文于精巧之中见古雅，于古雅之中见天真。用马克思评价古希腊艺术的观点看，甲骨文的这种审美特征，体现了汉字书法的"童年时代"的原形。

金文是稍后于甲骨文出现的文字，起源于商代早期，盛行于西周，其内容多是狩猎、征战、祀典等。周初的金文结构宽宏，气势非凡，周中期的金文结构趋向平稳端正，章法趋向平和委婉，整体风格由雄奇变为秀美，周末期是金文书法的成熟期，随着翻铸工艺的完善，风格趋于简略，刻于铜器上的金文体现出协调美、整齐美，可以说，金文是中国书法自觉追求艺术美的开始。

小篆即秦篆，是秦统一文字之后的一种书体，为古文字发展的最后阶段。它已是纯线条性的字体，笔画横平竖直，不偏不侧，藏头护尾，粗细均匀，圆起圆收，内蓄笔力，运笔中还显露棱角，很少有提顿。小篆采取纵势，字形近似于长方形。纵画在结体中的作用很突出，左右笔画都向字中的纵线靠拢，布局均匀整齐，不像甲骨文和金文那样旁逸斜出、恣意率直，即所谓"大小如一，行气舒徐"。小篆这种整齐划一的风格特征，是在历经变化之后才形成的，它减少了变化，制约了个性，却创造出一种单纯、匀称、和谐的美。不论曲直，都显得匀称稳健，圆润苍劲，前人所说的"画如铁石"，即指小篆的线条中隐含着很强的笔力。

（二）隶书

隶书是现今文字的开始，它的产生是汉字演变史上的一次质变。隶书由篆书简化而成，它把篆书圆转的线条变为笔画，由象形性质变为纯粹的表意符号。汉隶在汉字定型过程中，对字形进行分化、同化和简化。正如蒋善国先生所说："隶变的消灭象形文字形体，主要是它臆造偏旁，混同了形体不同的字，同时也分化了形体相同的字，强异使同，强同使异。造成了汉字形体的巨大变化……结束了过去数千年古文的形体，开辟了近两千年的隶书和真书的形体。"（《汉字形体学》）

从书法上来看，汉隶的定型过程在汉代可分为两个阶段。西汉时期，隶书尚未定型，书写不拘一格。1972 年在山东临沂县银雀山出土的《孙子》《孙膑兵法》等竹简 4900 多枚，1973 年 12 月在湖南马王堆三号墓出土的简牍 66 枚，这些书法直接继承了秦隶的传统，写得浑厚质朴，仪态万千。这些墨迹，既有篆书圆融流动的笔意，也有八分的波磔似行、草书的连笔，从中可以看见真书的源头。

到东汉桓、灵二帝时，隶书已完全定型，成为法度森严的标准字体，这一时期虽有金文、印章等传世，但最有代表性的是碑刻文字。这些碑刻文字代表了成熟的汉隶，文字风格多样。如《张迁碑》笔力坚实，四周丰满，已具有楷书的意味。再如《礼器碑》，笔画瘦劲，结构疏中见密。再如《石门颂》打破了一般章法的严格整齐，运笔劲挺含蓄、奔放不拘，"命、升、诵"三字末笔垂长，笔有尽而势无穷，表现了创造者博大豪迈的情怀。

（三）楷书

楷书始于东汉，盛行于魏晋，鼎盛于唐代，具体可分为魏书和唐楷。魏书是从汉隶的快写和简化中发展而来，它对隶书的笔画进行了改造，笔画平直，字形方正，所以楷书又叫正书、真书。唐楷笔意含蓄，讲究筋骨血肉的融合。字形以长方为主，平整严谨，一扫魏书古朴厚实的风格，显得端庄伟岸，严整优美。初唐楷书有四大家，即欧阳询、虞世南、褚遂良、薛稷。中唐出现了颜真卿、柳公权两大家，并称颜柳。颜真卿的书法气势磅礴，运笔沉着苍劲，线条厚实饱满，虽然取诸古法，但是不为古法所限，成为魏晋以来书法革新的第一人，故称为颜体。柳公权的书法以骨力取胜，瘦而不露，后人将其与颜真卿并提，称为颜筋柳骨。宋元明清皆有楷书大家出现，宋朝有赵佶，即宋徽宗，楷书风格独具，自称瘦金书，主要作品有《千字文》。元朝有赵孟頫，博采众家之长，融会贯通而自成赵体，作品有《胆巴碑》。清朝有张裕钊，其书法越代师古，笔力刚劲，被康有为誉为集碑之大成，对我国近代书法及日本书法影响甚大。

（四）草书

草书是对本体的一种简易快捷的写法。草书出现于汉初，成熟于魏晋时代，分为章草和今草，章草是隶书的草书，今草是楷书的草书。草书最大的特点是行笔自由、变幻莫测。它没有一成不变的固定形式，从笔画、结体到章法，从力量、速度到书写情趣，都因人而异、因时而异，一切随意为之而又浑然天成。同一个字在同一名家笔下，由于不同的章法、不同的运笔节奏以及动态的情势等种种差异，会出现几种甚至几十种不同的写法。草书创作的灵活性、随机性，使作者更能体现自己的个性和才气。张怀瓘认为草书"以风骨为体，变化为用""龙虎威神，飞动增势"，道出了草书变幻莫测、潇洒飘逸的艺术特征。草书第二个特点是牵丝映带、连绵承递。草书在连绵不断的运笔中成字，笔力随势而来，字字相生，置动于静，集飘逸、流美于一体，既沟通了脉络，又增强了气势。张怀瓘评价草书：字之体势，一笔而生成，偶有不连，而血脉不断，及其连者，气候通其隔行。草书与篆、隶相比，运笔与结构自由多变，大大扩展了文字的表现力。古往今来，倾情于草书的大有人在，出现了张芝、张旭、怀素、黄庭坚等一大批书法名家。

（五）行书

行书的起源，古人认为可以追溯到东汉，为东汉刘德升所创。所谓不真不草，是曰行书，行书既无楷书的端正整饰，也无草书的放纵潦草，既便捷实用，又富有表现力。张怀瓘曾对自汉至唐的行书大家作过评价，将东晋王羲之、王献之父子的行书列入神品，认为王羲之、王献之父子的功绩，在于下功夫对行书做了总结性的提炼工作，并取得了巨大成就。张怀瓘记载了王献之促使父亲对书法进行变革的过程："古之章草，未能宏逸，顿异真体，今穷伪略之理，极草纵之致，不若稿行之间，于往法固殊也，大人宜改体。且法既不完，事贵变通，然古法亦局而执。"（张怀瓘《书议》）王献之批评古人的草书"未能宏逸"，确立"法既不完，事贵变通"的艺术主张。王羲之、王献之父子促进了书道"古质而今妍"的转化，从这个意义上讲，行书是最后兴起和成熟的书法。

二、书法艺术的审美特征

（一）外在的线条美

中国的书法之美首先来自线条之美。书法的线条美首先是线条富于变化。书画同源，书法虽不具象，但同样要造型。线条是造型艺术表现艺术构思和抒发情感的基本手段。在1400多年前，画论家谢赫在他的六法论中，就把"骨法用笔"放在很重要的位置。古人完全立足于实用来书写甲骨文、金文和小篆，由于中国汉字线条组合的特性，这些龟甲、兽骨、青铜器、石鼓、石碑上各种静穆、凝重的线条无不表现出古雅简朴之美。随着书写工具和书写材料的进化，经过千百年的书写实践，线条的基本形态增多了。西汉时期，笔画上出现了装饰和美化，人们已不能满足线条的一致粗细，对线条的形体粗细、姿态变化的关注明显加强。到隋代智永创"永字八法"，标志着书法家们实现了对线条多样性的审美追求。

线条具有力度美。历代书法家都讲究线条的力量，将有无骨力作为书法审美的标准。最早的书法家蔡邕认为书法"藏头护尾，力在字中，下笔有力，肌肤之丽"，是说线条起笔藏锋，收笔回锋，就能表现出力量来，只有下笔显力，线条才能像人的肌肉皮肤一样，显示出生命的光泽。杜甫形容自己的外甥、书法家李潮的小篆"快剑长戟森相向"，夸线条如快剑、长戟一样强健有力。古人常用"骨力"来指书法的力量，字的线条产生骨架，才有力的美感。张怀瓘在《书断》中区分书法艺术的高下为神品、妙品、能品，其判断标准就看有无骨力。

线条具有动态美。大小篆立足于实用，其线条是朴质的。至汉、晋、隋唐，线条开始丰富多变，动感逐渐增强，行草在楷书的基础上精简笔画，自由用锋，将骨力通过锋尖施展于线条的始末，使静态的字体活动起来，显露出动态之美。晋代卫夫人比喻线条为"一如千里阵云，隐隐然其实有型。点如高峰坠石，磕磕然实如崩也"，以自然现象或物的活动来概括线条所隐含的运动姿态，这是线条的动态美在书法中的审美表现。

（二）内在的意境美

书法的线条是清晰的，略有一般欣赏能力的人一眼便可察知。书法的意境则深了一层，它隐晦含蓄，潜伏于物质外壳之下。正如张怀瓘在《书断》中所言："幽思入于豪间，逸气弥于宇内。"书法的意境之美往往玄奥难辨，书法家自身都难以说清表达了怎样的境界，因此往往用比喻来表述自己对书法的感受，不说是什么，而说像什么。如张怀瓘在《书断》中说秦相李斯的书法如"江海森漫，山岳巍巍，长风万里，鸾凤于飞"。李嗣真在《书后品》中说王羲之的楷书"如清风出袖，明月为怀"。也有人以诗风人格来做比拟，如黄庭坚《山谷题跋》中说："余尝以右军父子草书比之文章，右军似左氏，大令似庄周也。"刘熙载在《艺概》中评颜真卿的书法，"颜鲁公书，书之汲黯也。阿世如公孙宏，舞智如张汤，无一可与并立"，意思是西汉时汲黯敢说真话直话，用来比拟颜真卿书法的忠义之气比较合适，公孙宏挟私报复，张汤玩弄权术，当然不能与之相比。书法的线条之美很明显，意境之美则需要整体把握、细细品味才能领略，正所谓"弹虽在指声在意，听不以耳而以心"。《祭侄文稿》是颜真卿祭奠侄儿颜季明的一篇祭文。唐天宝十四年，安禄山叛乱，颜真卿与从兄常山太守颜杲卿分别起兵讨伐，侄儿颜季明担任他们之间的联络，次年常山失陷，颜杲卿父子被杀，这篇祭文即为颜真卿手捧侄儿头骨所作。开始时竭力沉着冷静，行笔缓慢，但字里行间哀思连绵，不可抑制，至写出侄儿的名字后，更是激情奔涌，行笔快捷，最后几行多处涂改，几乎难以辨认。整篇祭文的意境可用慷慨激昂四字来概括，本意只是为了倾吐家国悲痛，却无意中为后世留下了一篇千古不朽的墨迹。

（三）结构的和谐美

汉字的基本笔画并不多，若按"永"字八法来划分，基本笔画只有八种。即侧（点）、勒（横）、努（竖）、趯（钩）、策（提）、掠（撇）、啄（短撇）、磔（捺）。这几个基本笔画上下左右交叉重叠的排列，组合出各式各样的字。有正三角形，如上、立；有倒三角形，如下、丁；有高长方形，如日、园；有偏长方形，如四、西；有菱形，如十、辛；有左右排列二分、三分结构，如姓、树；有上下排列的二分、三分结构，如旱、算。有人将古人的书法作了宽高的比例，毛公鼎铭的大篆为5：8，张旭的《古诗四帖》为5.8：8，泰山刻石为5.9：8，都等于或接近黄金分割。说汉字是方块字，是就印刷字所占据的空间而言。在书法创作中，有的字高长，有的字扁平，笔法变化多端，至于行草，更是打破常规，肆意宣泄。孙过庭提出书法要"违而不犯，和而不同"。违是变化，犯是不合法度，和指和谐，同即雷同。古代名家们在追求形态变化的同时，总是保持整体格调的一致，实践证明，也只有在极尽变化中达成统一，才能给人一种和谐自然、浑然天成的美感。

古人的书法。一求平正。平正是书法结体的一个基本法则。西晋书法家卫恒在《四体书势》中指出，隶书要"修短相副，异体同势"。平正并不仅指隶书，对于笔法自由的行草，也要求书法家在追求流美的同时，不失平正之美，即使某一个字因势飞动，也要在其他字或整体上求得平正。所谓救正，即为补足平正之势。二求匀称。汉字的笔画有多有少，有疏有密，书写时要排列均匀，不失其度。笔画比较多的字，要细笔紧布、自在安适，笔画比较少的字，要丰厚粗壮、布满全局。所谓大者既大，妙于攒笔，小者虽小，贵在丰严。有的字左多右少、宽窄不等，则须轻重平衡，如佛、儒；有的字地角不圆、轻重不一，则须调盈济要、以求均匀，如六、少；有的字形态扁平，则须收敛笔画不再横溢，如四、血；有的字形态高长，则须放宽笔画不再向高处发展，如身、月。三求参差。书法的平正、匀称与参差之间看起来是矛盾的，实际上是构成结体和谐美的不同侧面。平正匀称是常，是结体的基本要求，参差是变，是灵活奇巧之源。书法唯有在平正、匀称之上求参差，方能体现出结体的和谐之美。如彤字有三撇，应当使三撇长短及角度各异。参差也指一个字多种书写方法，即王羲之所说"作一字须数种意"。如《兰亭序》中有20个之字，7个一字，6个以字，都形态各异。这是将一幅书法作为一个整体来处理，常中求变、参差之中求和谐所取得的审美效果。

三、书法作品审美鉴赏

（一）王羲之的《兰亭序》

王羲之（303—361），字逸少，史称书圣，祖居琅琊临沂，后迁居会稽。其父王旷做过淮南、丹阳等地的太守，参与朝廷大计，是奠定东晋基业的决策者之一。从师承上说，王羲之得力于隶书，从贡献上来说，则在于分解隶体，推陈出新，开辟了一块新天地。

《兰亭序》作于东晋穆帝永和九年三月，当时王羲之与朋友聚于会稽兰亭，作诗饮酒，王羲之作《兰亭序》以抒情怀，因笔法、章法俱美，被誉为天下第一行书。《兰亭序》总计324字，共28行，整帖点画方圆，笔力劲健，节奏鲜明，不急不缓。第一个永字，点如坠石，竖如立柱，撇如犀角，捺如金刀，挑画与末笔捺左右平衡。全文字体大小参差，错落有致，因字生姿，因姿生势，因势而利导，前后映带，首尾一体，气脉贯注，给人以酣畅淋漓之感。在单个字体上，也极尽变化，如有20个之字，7个不字，5个怀字，3个盛字，都在不同的情况下做了不同的处理，做到违而不犯，和而不同，于变化中求和谐。梁武帝评之为"龙跳天门，虎卧凤阁"。

《兰亭序》的真本一直存于王氏子孙手中，后为唐太宗所得，唐太宗令人摹拓了一些副本，真本陪葬于昭陵。在众多副本中，冯承素摹的形态最接近原作。

（二）颜真卿的《勤礼碑》

颜真卿（709—785），字清正，唐代开元中进士，历任平原太守、吏部尚书、太子太师，封鲁郡开国公，故称颜鲁公。安史之乱时在平原太守任上起兵抗贼。颜真卿为人刚正不阿，被宰相卢杞所怀恨。后来李希烈反叛，卢杞为报私怨，派颜真卿劝降，颜不幸被害。颜真卿出身于世代书香之家，曾两次向书法大家张旭讨教笔法。他打破了书贵瘦硬的传统书风，开创了颜体，被誉为"自羲、献以来，未有如公者也"。

颜真卿传世的书迹很多，其中《祭侄季明文稿》被后人誉为是《兰亭序》之后的天下第二行书。《勤礼碑》为其晚年作品，是他为曾祖父颜勤礼所书神道碑，现存于西安碑林，也是他雄秀浑厚的书风成熟的标志。《勤礼碑》的总体风格是以篆隶笔意写楷书，点如坠石，圆润饱满；钩似屈金，笔力加重；横画起笔多斜角，收笔处重按回锋；竖笔如立金戟，横轻而竖重；撇画行笔迅猛，内含骨力，捺画沉笔粗重，收笔处呈燕尾状；折画提笔暗过，不露圭角；笔力雄浑苍劲，给人以筋健骨强的质感。在结体上宽博端正、内疏外紧，章法上行距较小、疏朗茂密，整体上显得雄秀刚毅，庄严肃穆，如金刚落座，给人以凛然不可侵犯的忠烈之气。颜对后世的影响远远超过了王羲之。王的书法贵族化，而颜的书法平民化，平民化是弘扬书法的要道。颜的书法对五代、宋朝的书风有直接影响，至明清，学颜字而有成就者更多，如李东阳、刘镛、赵之谦、何绍基等。

（三）怀素的《自叙帖》

怀素（725—785），唐代书法家，字藏真，俗姓钱，湖南长沙人，曾在家中种了很多芭蕉，常"取叶代纸而书"。怀素好酒，兴酣时在墙壁、器皿、衣裳上随意书写，因此被称为醉僧。怀素草书得张旭真传，并在张旭的大草上有所革新，故称癫张狂素、以狂继癫。其草书千变万化，虽率意癫狂，而不失法度，晚年书风趋于平淡，笔老而意新。

《自叙帖》是怀素的代表作，笔力最为狂纵，全作纵横奔放，一气呵成，其势如长江大河，奔泻千里。《自叙帖》最大的特点是参差变化。每行多数是六字，也有八字者，行行字数不同，疏密不一，全靠手心相应的节奏而定。第15行首次出现四字一行"焉颜刑部"，"焉"为此段文字的末尾一字。"颜刑部"为下段开头，所以字体较大，着墨较多。显然怀素于此处略作停顿，蘸墨再书。第35行再次出现四字一行"卷轴夫草"，"卷轴"二字为上段文字结尾，"夫草"二字为下段文字开头。这四字前后连贯，没有停顿。第705行出现最高潮，以三行的篇幅仅写下"戴公"二字，且"戴"字占三行篇幅的80%，这两个字是引述御史戴公的赠诗后心情激荡的神来之笔。诗云"心手相师势转奇，诡形怪状翻合宜；人人欲问此中妙，怀素自言初不知"。自此后，多次出现两字、三字一行的情形，满壁纵横却和谐适宜，笔法牵丝映带、纵横盘纡，却极富层次感、节奏感，于参差变化中得匀称，给人以巧夺天工、奇趣天成之感。

任务二　绘画艺术

所谓绘画艺术，是一门在二维空间内（即平面），运用色彩、线条和块面等手段，创作个性化形象以反映现实图景，表达人的审美情感的艺术形式。绘画和雕塑同为造型艺术，二者有诸多不同之处：雕塑存在于三维空间之中，绘画存在于二维空间之中；雕塑可触摸材质，具有可感性，绘画具有色彩的鲜明性；雕塑不便于直接刻画生活实况，绘画能再现人物的具体背景；雕塑以人体、动物为主要对象，绘画则取材广泛，人类的生活场景、大自然的山水景观皆可入画。

绘画的分类，从大的方面可分为中国画和西洋画。中国画从画法上分，有工笔、写意、以工兼写；从内容上分，有山水画、花鸟画、人物画；从形式上分，有写实画、抽象画。西洋画流派纷呈，主要有学院派、新古典主义、写实主义、巴洛克、抽象派、印象派、现代派等。

一、绘画艺术的发展与成熟

（一）中国画的发展与成熟

中国画的历史源远流长，如果从那些描绘在山洞石壁和露天山岩上的岩画算起，距今已有一万年的历史。据史传，中国古代的绘画注重形象的描绘，多绘在服饰上，起装饰作用。到西周时期，装饰图案有了进一步的发展。西周人不仅在衣服上、旗帜上绘有花纹、禽兽之形，还在器皿上描绘虫鸟、禽兽和花木的图样，以作点缀。春秋战国时期，人们开始在布帛上画彩色画，湖南长沙楚墓和马王堆汉墓中发现的两幅战国丝织物画，生动地说明了这一点。

自汉至六朝是中国绘画大发展时期。汉初的绘画以壁画为主，壁画的题材极为广泛，有人物、鸟兽、自然风景。宫殿壁画主要是古代烈士贤人，如孔子庙壁画，描绘的是孔子与72名弟子。汉朝提倡厚葬，墓室壁画昌盛，多刻画神话、历史传说。魏晋南北朝盛行石窟壁画，集中在甘肃敦煌石窟、新疆克孜尔石窟。另有帛画、漆画，帛画在西汉时达到鼎盛，现存汉代帛画20幅，以湖南长沙马王堆、山东金雀山出土的3幅汉初帛画的艺术价值为最高。中国绘画在大发展时期产生了不少优秀的画家，如蔡邕、顾恺之等。顾恺之是我国历史上最早以绘画为职业的文人画家，作品有《女史箴图》《列女仁智图》《洛神赋图》等。他提出了"以形写神""传神阿睹"等艺术主张，对中国绘画的发展起着极其重要的作用。

隋唐结束了六朝的混战局面。中国的文化艺术取得了巨大的成就，特别是盛唐时期，绘画艺术达到了前所未有的繁荣。隋代艺术起过渡作用，山水、人物画家很多，但少有作品传世，只有展子虔的《游春图》现存于中国故宫博物院。唐初的画风细润艳丽，由于唐高祖李渊、唐太宗李世民及王室宗亲李元婴等善书画，绘画题材多描写统治阶级的生活场景，山水花鸟不被艺术家们重视。盛唐画风变得清新雄健，人物画、山水画、花鸟画名家辈出。画人物的有吴道子、张萱，画山水的有李思训父子、王维，画花鸟的有李隆基、郑虔，画马牛的有韩干、韦偃。晚唐国力衰落，社会经济遭到破坏，艺术受到一定的影响，许多画家专攻一技，向专业化发展。五代画风承大唐余韵，虽然时间较短，山水画、花鸟画却有所发展。

宋元社会内部矛盾尖锐。宋代保守派与改革派的斗争贯穿始终，反映在艺术上，一部分人强调以理为文，企图梳理二者关系，一部分人强调抒发主观意愿，借此发泄情感，这两种情绪促使了皇家画院画和文人画的兴起。皇家画院名家有赵佶、崔白。文人画名家众多，画人物的有李公麟、梁楷，画山水的有范宽、李成。绘画在元代进入了文学化时期，由于社会的特殊性，文人学士耻为亡国奴，多寄情山水，借笔墨以抒愤，所以山水画成就最高，此外，以"四君子"为题材的作品成就也较高。

明清统治者对社会思想的控制很严密，明朝设特务机构，文人学子稍有不慎就会招来杀身之祸。在这种文化专制主义控制之下，画家的笔触很少去表现现实，多去模拟古风，或者体验笔墨趣味。明中期社会环境相对宽松，元代文人画传统得到恢复，产生了浙派、吴门派。清代重视美术的辅教作用，凡有绘画才能者，能悉数用之。据李斗《扬州画舫录》记载，仅扬州一地就有知名画家近百人。足见清代画家之众。清朝设文字狱，许多艺术家只能俯首听命。但是更多的艺术家、画家敢于突破乾隆帝提出的"从来诗画要法古"的主张，敢于面对现实生活，强调抒发个性，如扬州八怪等。

近现代我国产生许多绘画大师，如齐白石、黄宾虹、徐悲鸿等。

（二）西洋画的发展与成熟

古希腊的绘画主要是瓶画，出现了三种风格：东方风格、黑绘风格、红绘风格。东方风格有兽面人身像、植物纹样；黑绘风格把主体人物涂成黑色，背景保持陶土的赭色，主体形象轮廓突出；红绘风格则将背景涂成黑色，主体人物为赭色，人物细部用线来描绘。瓶画多以神话和日常生活为题材，线条流畅秀丽，情态细腻生动。古罗马的绘画主要有镶嵌画、壁画，用来装饰公共场所和住宅，叙事性强。

中世纪绘画受基督教的影响，多为教堂内部的镶嵌画，人物的表情肃穆庄严，透着几分神秘感。文艺复兴时期首发绘画之声的是乔托。乔托的主要创作形式是壁画，他第一次按照自然法则拉开了人物和人物之间、人物和背景之间的距离，对文艺复兴的艺术发展产生了深远的影响。达·芬奇是一位伟大的现实主义画家，其艺术实践和艺术理论都是人类文化史上最珍贵的遗产。15世纪兴起了威尼斯画派，他们对色彩特别敏感，向往诗意的境界，形成了享乐主义风格。画派创始人乔万尼·贝利尼注重风景的描绘，作品宁静而淡雅。其学生乔尔乔纳继承和发扬老师的风格，讴歌人生理想，赞美大自然，作品有《沉睡的维纳斯》《田园的合奏》。他虽然英年早逝，却开创了一代画风，对18、19世纪法国绘画的影响尤深。

17、18世纪欧洲的绘画艺术获得了更大的自由，在不同的国度里，艺术家们追寻着不同的理想。意大利有学院派、巴洛克艺术，西班牙有佛兰德斯画派，荷兰有以哈尔斯、伦勃朗、纳米尔为代表的荷兰画派，法国有以华丽为特点的洛可可艺术。19世纪法国的绘画艺术成就辉煌，取得了压倒一切的地位。人们不断尝试，大胆创新，形成了流派林立、各放异彩的繁荣局面。法国新古典主义推崇理性，重视素描，主张运用古代法则并具类型化的描绘，代表人物有大卫、安格尔。而浪漫主义绘画追求个性化，运用强烈的色彩语言，追求热情、奔放的自由表现，代表人物有德拉克洛瓦和籍里柯。19世纪的法国画坛是现实主义艺术大放异彩的时代，人们对进步充满坚定的信念，渴望对客观现实进行认真的批判。现实主义画家库尔贝是这个时期的代表。印象主义在19世纪六七十年代以创新的姿态登上法国画坛。印象主义之后又出现了新印象主义、后印象主义。新印象主义又被称作分割主义，代表人物有修拉、西涅克；后印象主义以凡·高、高更为代表。

20世纪的艺术流派繁杂多变、纷呈异彩。现代主义绘画提倡为艺术而艺术，强调摆脱绘画对文学、历史的依赖，保持其独立性。抽象主义创始人是俄国画家康定斯基，认为"越是抽象的语言，越接近他内在的精神"。野兽派运用夸张的变形和强烈的色彩语言表达各自的内在精神，同期出现的表现主义主张艺术是自我精神的表现，强调各自主观感情的抒发。野兽派之后的立体主义以毕加索为代表，主张对物象进行分解，把物体的各方面同时集中于画上，有点像孩子设想的绘画方法。这种全新的作画方式扩展了艺术的视觉领域，开创了艺术史的新局面。

二、绘画艺术的审美特征

（一）中国画的审美特征

1. 以形写神的含蓄美。

绘画中形与神的关系，很早就为人们所关注。传统的西洋画，尤其是油画，往往要求一丝不苟地再现对象的原貌，从而产生逼真的艺术效果。中国画则不然，中国画反对刻意地追求形象描绘，而是在泼墨、积墨的过程中，通过运笔的快、慢、转，使墨水在宣纸上自然变化，出现干、湿、浓、淡等墨迹，创造出简约、传神的艺术效果。

早在魏晋南北朝时期，顾恺之就提出了"以形写神""传神阿睹"的艺术主张。他在绘画实践中重视画眼睛，对刻画眼睛十分在意，常几年不点睛，他认为"四体妍蚩，本无关于妙处，传神写照，正在阿睹中"。顾恺之重神写意的艺术理论对后世的影响很大。如阎立本的作品《历代帝王图》所刻画的十三位帝王中，隋文帝杨坚虽是开国之君，但是性格寡淡，选择皇储失误，结果误国。阎立本根据隋文帝杨坚的性格弱点，将其眼神处理为左顾右盼、流转不定。一个患得患失、工于心计的帝王形象跃然纸上。诗人兼画家苏东坡认为"论画以形似，见于儿童邻"，所以他曾经以朱红画竹，不求形似，只为描拟出竹的意气。但是，中国画并非放弃对刻画对象形貌的描绘，而是不仅仅满足于对形象的描摹，更重视对本质的追求，通过对形象的取舍，以简练的笔墨，摄取对象的神韵，以求达到不似之似。北宋梁楷性格狂放不羁，人称梁疯子，他发展了石恪以来的写意画法，行笔时而潇洒如行云，时而枯涩如干柴，开辟了写意的新天地，其作品人称"减笔"。《六祖伐竹图》寥寥几笔，生动传神地刻描了六祖慧能伐竹、撕经等场面。

2. 融情于景的意境美。

通过一件优秀的绘画作品，欣赏者不仅看到了外在的景物。而且感觉到它景外有景，有限的画面中传递出博大、隽永的思想内涵，这样的艺术境界，我们称之为意境。

意境是心与物、情与景、意与境的交融结合。境是基础，意是主导，情意物化，景物人化。具体景物融进了艺术家的感情和意图而构成一种新颖独特的景象。宋代李迪善画花鸟，作品《雏鸡待饲图》背景不着一笔，精心刻画两只肉乎乎、毛茸茸的雏鸡，一只叫着奔向画外，可能是见到了母鸡，也可能是见到了主人，另一只雏鸡回头张嘴待饲，或是见主人送来了食物，或是见到母鸡叼来了小虫。两只雏鸡的情态把欣赏者引向画外，弦外有音、画外有画，使有限的画面豁然开朗，言有尽而意无穷。明代徐渭擅写意花鸟，《墨葡萄图》画葡萄一枝，水墨淋漓，叶不勾脉，题诗云：半生落魄已成翁，独立书斋啸晚风，笔底明珠无处卖，闲抛闲置野藤中。抒发怀才不遇的激愤。

触目横斜千万朵，赏心只有二三枝。一幅优秀的绘画作品画面撷取的也许只有这二三枝，甚至更少，然而透过这一枝一叶反映出来的却是大千世界，寥寥几笔但意境高远而幽旷。元代四家之一的倪瓒删尽繁缚，只取清淳，将景物高度精简、净化，最后只剩下不能再减的三段式结构艺术，体现在作品《渔庄秋弄图》中，近景是土丘上长几棵高矮不一的枯树，远景则是山岭绵延，中景是大片空白以做水面，没有船只，没有飞鸟，没有人迹，有的只是空旷、寂静，烘托出一幅萧瑟、荒寒的意境。

（二）西洋画的审美特征

1. 运用焦点透视，立体感强。

绘画形象呈现于二维空间之中，缺乏三维空间的实体性。东西方的艺术观念不同，形成的空间处理办法也不一样。中国画中的一切景物的大小、高低、远近处理，都不受视觉限制，一幅作品中四季花卉丛生，四时山水共存，也可以把室内外、行旅、作战与农垦等情节错落有致地描绘在一起。西方绘画则不同，它是典型的视觉艺术，非常注意立体空间的艺术处理。他们提出了一个透视法则：一幅作品中所有景物的远近高低，都要依据该画中的一个视线中的焦点为转移，即所谓焦点透视。西方绘画采用写实的手法来处理画面空间，将所观察的物象如实地描绘下来，达到照相般的准确真实，并善于利用光影的明暗，产生比较明显的立体感，取得画面向深处伸展的视觉效果。这种物象的立体感，这种具有宽度、高度和深度的三维效果，使观赏者产生一种身临其境的视觉感受，显示出艺术的感染力。

2. 讲究科学法则、强调写实再现。

西方绘画讲究真实地再现眼前的物象。他们运用空气透视、色彩透视等原理，通过投影的延伸、色彩的冷暖明暗，体现出空间效果，使画面的形象真实可信。文艺复兴以前，人们比较注重研究物象本身的色彩，如冷色调、暖色调等。冷色调多由胡蓝、钴蓝、普蓝、钛青蓝等色彩组成，通过间色、复色的调配，作品给人以宁静、平和、稳重之感。暖色调多由淡黄、中黄、朱红、赭石、生褐等构成，经过调配后，所刻画的作品色彩和谐，给人以亲切温暖、奔放之感。文艺复兴以后，人们在绘画艺术中充分利用自然科学的成就，将光学原理应用到色彩中来，通过色光即光源色、固有色、环境色的表达，使作品准确地表现出时间、地点、方位等。比如，夏季阳光刺眼，地面上反光强烈，秋季光线柔和，色彩斑斓；白日阳光多呈橙黄色，夜晚月光晦暗，带青蓝色。人们对绘画色彩的科学认识，使油画能逼真地再现生活中的真实物象。

三、绘画作品审美鉴赏

（一）唐、五代人物画

自东晋顾恺之的《女史箴图》《洛神赋图》以来，人物画至唐、五代时期达到了第一个艺术高峰。其特点是：其一，人物面圆体腴，雍容华贵，情态休闲自若。其二，表现手法丰富。顾恺之的"游丝描"、吴道子的"兰叶描"、阎立本的"铁线描"、周文矩的"战笔描"等表现手法，适合于表现衣饰的光洁华丽，增强了肌肤的质感。其三，内容多描绘帝王将相、宫廷宴会和贵族妇女的赏花、拍蝶、戏犬等悠闲生活。其四，设色艳丽，常使用朱红、石青、翠绿或纯白等多种色彩，着色浓重，色泽强弱和谐。唐、五代人物画名家辈出，唐以阎立本、周昉为代表。五代以顾闳中为代表。

阎立本善于描写当时重大的历史事件，曾奉诏画凌烟阁功臣二十四人像、外国图等,《历代帝王图》为其代表作。《历代帝王图》为绢本,现藏于美国波士顿美术馆。《历代帝王图》刻画了从西汉昭帝到隋炀帝13位帝王的肖像,画家根据每个帝王的经历和个性,按照自己对每个帝王的态度,在精神面貌上予以不同的表现。开国之君多表现其胸怀博大、气宇非凡,如晋武帝司马炎,目视前方,八字胡微翘,须髯飘洒,面带严厉,颇具开国君主的威仪。对末代皇帝多表现其不学无术、懦弱无能,如陈后主陈叔宝,身材臃肿矮小,身后只有一个男侍,一副孤家寡人模样,亡国之像显而易见。

周昉是晚唐杰出的人物画家,以善画宫廷妇女而深受唐德宗的赏识,当时被推为第一。他画人物不仅注重外表,还注意揭示人物的内心世界。《挥扇仕女图》为其代表作品。《挥扇仕女图》以长卷形式描绘宫中妃嫔生活的哀怨。按情节可分为四组:第一组为独坐,一位头戴花冠的妇女懒洋洋地坐在椅子上,旁边侍女为其摇扇纳凉,身后的一位宫女手执浴巾,另两位宫女正在解开琴套,以备主人梳洗之后弄琴解闷。第二组为对镜,一位侍者手持大镜,一位贵妇认真地对镜梳妆。第三组为刺绣,三人绕绣床而坐,一人倚床沉思,另二人刺绣,其中一人似在询问。第四组为依桐,一人右手执扇,坐在椅子上,另一人双手抚摸梧桐树,侧头与之交谈。此作体现出作者"衣裳劲简,彩色柔丽"的特点。作品为绢本,现藏于辽宁省博物馆。

五代人物画家影响最大的是顾闳中。顾闳中擅长人物肖像,曾为后主李煜画过像,作品仅存《韩熙载夜宴图》。韩熙载胸怀大志,才识过人,后主想任用韩熙载为宰相,但韩熙载此时已对南唐失望,一意放纵,想逃避李煜的任用。李煜派顾闳中深入了解韩熙载的生活状况。此画即为顾闳中探韩府回来后凭记忆所作。《韩熙载夜宴图》以长卷形式分成五节:第一节为夜宴,描写夜宴场景,一个女子弹琵琶,主人韩熙载神志闲散,心态平和,另外三位客人专心听女子弹奏琵琶。第二节为观舞,舞女翩翩起舞,韩熙载击鼓助兴,佛门弟子不敢正视,情态略显尴尬。第三节为间息,侍女送水到韩熙载面前,韩熙载边洗手边与众歌伎闲聊。第四节为赏乐,韩熙载听五位歌伎吹奏,五歌伎情态各异。第五节为宴散,各位宾客余兴未尽,一幅宾客酣畅的场景。全局构思巧妙,人物疏密有度、富于变化,是一幅充分体现中国传统人物画特点的经典之作。

(二)宋元山水画

中国山水画出现于六朝,隋唐时期独立发展,至两宋时期走向了全面成熟,风格众多,笔法墨法齐备。北宋以李成、关同、范宽三家为代表,构图或为平远寒林,或为全景式大山大川。南宋时审美趣味发生了变化,以秀美代壮美,边角式代替全景式。元代中国山水画达到鼎盛。

北宋初,关、李、范三大家的山水画题材多选择北方山川,画面雄壮、宏伟,给人以震撼人心的感受。关同画山水气势雄伟,山峰险峻,树木有干无枝,显示出北方阔叶树特有的粗放,人称关家景致,代表作品有《山溪待渡图》《关山行旅图》。李成先世为唐宗室,后隐居于山东营丘,故人称李营丘。他作画笔势锋利,喜用淡墨,有惜墨如金之称。作品《读碑窠石图》描绘一座古坟,石碑高大矗立、考究精细,坟前枯树残枝,一位长者正在研读碑文,似是在推测亡者生前显贵,感叹如今的败落。《读碑窠石图》用山水画来表现社会的变迁、人生的荣辱变幻,扩大了山水画的审美领域。范宽师法李成，画树枝如丁香，枝干粗壮，画山石石体坚凝、顿挫有力。作品《雪景寒林图》高193.5厘米，宽160.3厘米，是一幅描写北方雪山壮美景色的佳作。北宋末米芾及其子米友仁共创米点山水技法，画山水不求工整，用笔墨点染，运笔草草，同时运用朦胧云、无根树等手法，宜于表现江南烟雨朦胧的山水景色。

元代山水画达到了中国山水画的最高峰，元四家的创作集中体现元代山水画所达到的艺术高度。元四家为黄公望、吴镇、倪瓒、王蒙，四人都属于文人型画家，他们将诗、书、画结合起来，强调艺术的个性表现。元四家之中，吴镇很少与达官贵人来往，其画风与另外三家明显不同，在构图上追求奇险，或取高远，或取平远，作品多湿笔，质朴浑厚，画树尤为传神。其代表作品有《双桧平远图》，画平坡上的两棵老树，造型遒劲，气势挺拔。古代画树的笔法颇多，或千曲百折，或长劲瘦直，或盘根错节，或直角转折。至黄公望，画树变为平直舒展。而吴镇画树不拘一格，以浓墨勾画，有的挺拔，有的扭曲，千姿百态，各具情状，可谓集众家之长。

（三）米勒的《晚钟》

在19世纪30~70年代，法国有个闻名于世的小镇，这就是枫丹白露的小镇——巴比松。巴比松幽静的原始森林吸引了许多画家来这里聚会和作画，形成了描绘森林、沼泽、阳光的巴比松画派。米勒是其中杰出的代表。

米勒是位淳朴的农民画家，他热爱大自然，认为大地的壮美是最朴实、最内在的美。米勒一直执着地表现身边的生活，一次次地把作品送到巴黎沙龙参展，却被讥讽为乡下佬、土豆画家、森林中的野人，作品《簸谷者》被说成是"夸大事实"，《扶锄者》被指责为"不是绘画，而是宣言"。米勒对此予以驳斥，他对农民的艰辛深有体会，自己带着妻子、儿女在巴比松森林边的小屋里，边种地边画画，维持着基本的生活。面对命运的折磨，米勒表现得沉默寡言，更多的是用笔触去感悟生命的脉搏。其代表作《晚钟》表现出的正是这种对生命虔诚肃穆的体验。作品《晚钟》画面祥和，秋阳即将落山的时候，两位农夫刚干完一天的活儿，几袋土豆堆放在一辆手推车上，暮霭悄悄地罩上田野，远处地平线上有一个村庄，教堂的尖塔和几家农舍的屋顶在朦胧的暮色中依稀可见，蓦然间，远方传来晚钟的乐典，音乐在宁静的空中回荡。画面上，两个人站在那里默然无语动也不动，完全沉浸在虔诚的默祷之中。男人光着头，粗大的手里拿着帽子，神态非常淳朴真挚，女人崇敬地握着双手，两人都低着头。《晚钟》的主题不单是对命运的谦恭和柔顺，而更重要的是人们缅怀在那大地上辛勤劳动，流尽汗水以养育众生的农民。米勒在法国绘画中确立了真实地反映农民日常生活和艰苦劳动的新型风俗画，《晚钟》即是这一主题的佳作。事实证明，米勒的《晚钟》已成为世界上流传最广泛的艺术作品之一。

补充阅读

晚钟的回归

《晚钟》的命运也和米勒其他作品的命运一样，有着戏剧性。在做《晚钟》的那一年，米勒的家里只剩下两三天的口粮了，偏巧他的妻子又要生孩子。他的一个朋友给他送了点救命钱，看见他正饿着肚子枯坐在箱子上，束手无策。《晚钟》还没画完的时候，米勒自信这将是一幅杰作。他狠了狠心，希望能卖出2000法郎，虽然在当时这是一个很可怜的要价。可是等《晚钟》完成以后，竟然没有一个人赏识，更没有谁肯为这幅画破费。在沙龙展出时，一个比利时人用72英镑买了下来，这个价位大大低于了米勒的期望值。

十几年间几经辗转后，《晚钟》又被法国人史克利达买回，这时价格已经升到12000英镑。后来史克利达家族用公开拍卖的方式将这幅画卖了出去。那次拍卖会在巴黎如期举行，吸引了世界许多大收藏家和博物馆。这幅画的叫价一再攀升，当喊价升到45.1万法郎时，只剩下法国的官方代表和一个美国人。法国人是决心要让这幅画留在本土的，美国人也决心把这幅画带走。一直到56万法郎，美国人放弃了，《晚钟》归属于法国。当场就有人激动地高呼："法国万岁！"但是法国政府却拿不出钱来，它还是被美国人带走了。《晚钟》在美国展出了半年，引起了极大的轰动，后来卢浮宫商店的拥有者乔治以3.2万英镑的价格买了该画，这相当于80.7万法郎。乔治把它带回法国后捐赠给卢浮宫。直到这时，《晚钟》才终于回到了米勒的祖国。

（四）籍里柯的《梅杜萨之筏》

19世纪法国浪漫主义画家籍里柯一生短暂，却贡献巨大，他曾遍游各大博物馆，吸收各个画派的绘画精髓。其作品的可贵之处在于凝聚着时代的激情，充满了运动、幻想和苦楚。《梅杜萨之筏》便是体现其浪漫主义特点的扛鼎之作。

《梅杜萨之筏》取材于现实生活中的事件。1816年，法国梅杜萨号战舰驶往美国申尼卡，由于指挥者无能，梅杜萨号在海上触礁沉没，舰上军官乘救生艇逃命，并对试图登艇的士兵开枪。油画《梅杜萨之筏》表现的正是木筏在颠簸与艰难中进行，生存的希望与死亡的恐怖共同在海水中浸泡的瞬间情景。《梅杜萨之筏》的人物构图采用金字塔式，分为三个部分：右下角是已被浸泡得变色的尸体；左下角是一位老水手，抱着儿子的尸体；正上方是十多位求生的幸存者，最高处一位黑人正拼命冲着海平面上的一点帆影挥舞衣衫求救。

为了真实地反映历史画面，籍里柯亲自到医院观察病人的苦痛，并让人按原型做成木筏放在画室里，以求获得骇浪击身的逼真感。《梅杜萨之筏》在英国沙龙首次展出后，被视为浪漫主义的伟大宣言。浪漫主义艺术的另一代表德拉克洛瓦深受感染，其作品《但丁与维吉尔》即是受《梅杜萨之筏》的感召而作。由此可见《梅杜萨之筏》感人的艺术力量。

任务三 雕塑艺术

用雕、琢、刻、磨、塑等手段制作出具有实在体积的各种艺术形态，总称为雕塑，它是造型艺术的主要类型之一。雕、塑两个要素深刻地表现出雕塑制作过程中两种技法的特点。雕，只能是减，把木石等硬质材料通过削减，凿出一个实际存在的立体形象。塑，主要是加，通过添加泥等可塑性强的材料，塑造一个实际存在的立体形象。因此，雕塑都是坚硬的立体形体，而且是人造的立体形体。它具有审美的价值，否则不能称之为雕塑。一块石条是人造的，但并不是雕塑，石条的价值在于实用，它也可能有一定的审美价值，但起决定性作用的是使用价值。雕塑必须带有人的思想情感。可以说，人的思想情感是赋予雕塑作品的生命内核。艺术家把自己对生活的深刻认识和感受，通过塑造美的立体形象加以再现。因此，一件优秀的雕塑作品，不仅表现了人类的聪明才智和追求，也有益于人类精神的健康发展。

一、雕塑艺术的发展与成熟

（一）中国雕塑艺术的产生与成熟

中国雕塑艺术最初起源于对石器的雕削磨制和陶器的捏塑烧制。在陶器上附加人物或动物的形象以作装饰，从而使以实用为目的的陶器具有了雕塑性质。商周时代，古代雕塑的塑造、翻铸技术，随着青铜器的产生和发展而大大提高，出现了题材广泛、形式多样的人物和动物的玉、石、陶、骨器雕刻作品。战国时期发明了焊接技术，制作了许多青铜器及其他工艺品，丰富了古代的雕塑艺术。

秦代由于中央集权国家的建立，雕塑艺术迎来了前所未有的发展盛况。统治阶级大建宫室、陵墓，大型鎏金铜像、巨型石雕以及陶塑大量出现。如秦咸阳宫铸十二金人，是宫殿前放置乐器的支柱，属大型装饰性圆雕，后被董卓等毁灭。汉代雕刻以陵墓石刻为主，咸阳霍去病墓前的石刻为其代表作品，这些卧马、跃马、猛虎吃羊等石刻已有2000多年的历史，其中马踏匈奴最为著名。此雕塑用寓意手法，以一匹气宇轩昂、傲然挺立的战马来象征这位将军的英勇，以战马把匈奴踏翻在地的情节，来赞颂这位将军的战功，堪称西汉雕塑的经典之作。

六朝、隋、唐、五代是我国宗教雕塑艺术大发展时期。魏晋南北朝时期，印度佛教在中国兴盛，石窟艺术得到大力发展。著名的石窟有甘肃敦煌的莫高窟、天水的麦积山石窟、山西大同的云冈石窟、河南洛阳的龙门石窟，还有炳灵寺石窟、响堂山石窟、天龙山石窟等。其中影响最深远的是敦煌的莫高窟。莫高窟共有492个洞窟，洞窟内主要是彩塑和绘画。由于敦煌石质不宜雕刻，所以塑像都是泥雕涂彩。在2400余件彩塑中，北魏雕塑318件，主要是佛和菩萨，其形体高大，额部宽广，鼻梁高隆细直，眉眼细长，嘴唇软薄，衣着质感强烈，受印度宗教造像的影响明显。隋唐五代的雕塑艺术仍以佛教造像为主流。隋代石窟彩塑在题材上有两个新的特点：一是出现了力士、天王像；二是在一窟中造三尊高大立像。唐代的石窟雕刻艺术以洛阳龙门奉先寺为代表。五代雕刻以山西平遥镇国寺万佛殿的彩塑为代表，佛像和菩萨雍容清秀、神态端庄，讲究形体比例和整体效果。隋唐另有陶俑、墓雕传世。隋代陶俑以乐舞俑、女侍俑为优，姿态变化多样，反映了贵族们奢侈豪华的生活。唐代陶俑技艺精湛，出现了在形体表面施加橙、黄、绿三种彩釉的人物、动物陶俑，简称唐三彩。唐代的陵墓雕刻规模宏大、胜过六朝，石刻群气魄雄伟、苍劲有力。纪念性雕刻有《昭陵六骏》。

宋代雕塑艺术承唐之余绪，宗教造像活动仍很兴盛，但已转向了南方，广元、大足、巴中、杭州、赣州等地是当时造像较集中的地方，保留下来的雕塑作品主要有两大类：一是石窟，如四川大足、通江、南京栖霞山、浙江杭州等地，都有两宋石窟遗迹；二是泥塑，存于各寺庙建筑物中，如山东长清县灵岩寺中保存有40尊罗汉塑像。元代统治者对汉民族持不信任态度，对宗教文化却很尊重。元代统治者信奉喇嘛教，对传统的佛教、道教、伊斯兰教能采取兼容的态度，因此元代的佛教造像出现汉式和梵式并立的局面。杭州飞来峰造像是元代佛教造像的代表之一，共有68龛，第36龛是最惹人喜欢的弥勒佛像。弥勒佛像高约2米，斜依布袋，表情悠然自得，头部已被游客摸得锃亮，可见其大受欢迎。

明清时代的雕塑产生了两种倾向，一是仿古，二是追求精巧、细致。宗教雕塑到明清已走向没落，除在寺院中少数造像颇具特色外，一般的水平都不高。但是明清陵墓雕刻、建筑装饰雕刻比宗教雕塑有生气。如南京明孝陵墓前的石刻群很有名，造型简洁明快，气势威武。再如北京天安门华表上的雕刻，故宫宫殿石阶上的浮雕，以及九龙壁浮雕，都极富想象力，造型生动、工艺精湛。这一时期民间雕塑小品风靡一时，材料有所扩大，泥、石、木、象牙、水晶、树根等，都被用来制作小型雕塑品，如广东潮州的木雕，大至屏风、衣柜，小至床头摆设，形式丰富多样。但总体而言，中国雕塑艺术到明清时代，已处于衰落时期，已经无法再见到雄伟博大的汉唐风格。

（二）西方雕塑艺术的发展与成熟

古埃及的雕塑艺术大约始于公元前4000年。受古代神话和宗教信仰的支配，雕塑艺术在创作中严格遵守正面律。古埃及人相信人死后能在另一个世界里继续生存，但必须保存好人的尸体，为此，统治者不惜倾尽国力建造金字塔，同时制作与人酷似的雕像。这在客观上促进了古埃及雕刻艺术的发展。

补充阅读

古埃及雕塑

古埃及雕塑主要作为建筑附属物存在，其程式在古王国就已经形成并沿袭下去，主要表现为：直立姿势，双臂紧靠躯体，正面直对观众；着重刻画人物头部，其他部位刻画得较为简略；面部轮廓写实，表情庄严；根据人物地位的高低确定比例的大小；雕像着色，眼睛中往往镶嵌水晶、石英等物。

著名的作品有：《狮身人面像》（哈夫拉金字塔），埃及最大最古老的室外雕刻巨像之一，身长约57米，面部长达5米，为法老的面像。《拉霍特普王子与其妻》（坐像），线条柔和舒展，表现了王子的性格特征以及王子妃的端庄美丽。雕像保持了原来的着色，人物眼珠由黑檀木做成。其他著名的作品还有《门考拉及其妻》《书吏凯伊》《村长像》（实际上是王子卡帕尔雕像）等。

古希腊雕塑的题材主要取材于神话和体育竞技，所表现的形象多是美化了的人体。

古希腊人认为人体的美不在于衣着或装饰品，而在于自身的健美。因此，古希腊的运动员可以毫不介意地裸体参赛，比赛中的优胜者，往往是身体最健壮、形体最健美的人。雕塑家也喜欢表现运动中的各种姿态，如米隆的作品《掷铁饼者》成功地表现了运动员弯腰转身用力掷出铁饼前的瞬间。公元前 2 世纪，希腊沦落为罗马属地，大批的希腊艺术品被运到罗马，同时许多希腊艺术家被召到罗马，为帝国贵族复制古典时期的雕像杰作。这在一方面扼杀了艺术家的创造力，另一方面却使古希腊的艺术珍品得以保存下来。代表罗马雕塑成就的是肖像雕刻。罗马肖像雕刻注重人物个性的刻画，早期为贵族所垄断，雕刻了不少罗马皇帝的形象。公元 2 世纪下半叶，罗马开始盛行情绪肖像。情绪肖像加强了表情的生动性，着力表现人物的内在感情和心理状态。除此之外，罗马人还在建筑、广场、纪念柱等上面雕刻了许多圆雕和浮雕。

欧洲中世纪的雕塑主要是为基督教服务，雕塑作品充满了迷信荒诞的宗教内容，许多优秀雕刻家从事教堂建筑的装饰雕塑和室内圆雕工作，真正属于人民大众的好作品较少。文艺复兴时期西方的雕塑艺术领域人才辈出，主要集中在佛罗伦萨。首发雕刻之声的是多那太罗。多那太罗是文艺复兴早期杰出的现实主义雕刻大师，他善于从古典雕塑中汲取营养，早期作品带有哥特式痕迹，雕塑创作缺乏个性，后来他突破传统，成为雕塑领域的革新者，代表作是《大卫》（第二件）《加太梅拉达》。米开朗基罗是文艺复兴时期伟大的雕刻家，他的出现标志着文艺复兴时期的雕刻艺术达到了最高峰，代表作有《哀悼基督》《大卫》《摩西》《被缚的奴隶》《垂死的奴隶》。之后的雕刻家让·古戎和贝尼尼，皆有杰出的成就。

18、19 世纪，法国成为欧洲艺术发展的中心，涌现了一大批伟大的雕刻家，创作了许多不朽的作品。杰出代表有乌东、吕德、罗丹。乌东善于刻画眼睛和瞳孔，乌东对眼睛的表现手法多种多样，或挖一个小孔，或在瞳孔中央挖一个深洞，或在眼洞中留一点底料以造成闪动的效果，代表作品有《莫里哀像》《卢梭像》《伏尔泰像》。吕德出生于市民家庭，是一位浪漫主义雕塑家，代表作品有《玩乌龟的那不勒斯渔童》《马赛曲》。《马赛曲》被安置在巴黎明星广场的大凯旋门上，成为法国人民爱好自由的象征。声誉最高、影响最大的是罗丹，代表作有《思想者》《思》《巴尔扎克像》。

20 世纪世界雕塑艺术流派纷呈，归纳起来可分为两大体系：现实主义和现代主义（现代派）。现实主义雕塑不再是古代雕塑的模仿，从内容、形式到表现手法都有所改变，代表人物有穆希娜、夏达尔、符切基奇。现代主义雕塑表现形式多种多样，有的是各类材料的不规则堆积，有的通过夸张变形表现自我，有的以几何体构成，共同的特点是：反具象、反写实，否定内容对形式的决定作用，代表雕塑家是亨利·摩尔。20 世纪60 年代后，抽象雕塑遍及欧美国家的广场、公园、十字街头。

二、雕塑艺术的审美特征

（一）雕塑的材质美

雕塑使用的材料很多，主要有石膏、木材、石料、金属等。为作品选择适于表现的材料，是雕塑家在创作前首先要处理好的问题。不同的材料有不同的特点，石膏便于翻制，木材可细凿，石料简洁明快，而青铜的浇铸能表现细微的形体变化。雕塑家应根据创作的主题及构思来选择材料。

石膏是最常用的雕塑材料，其质地细密，雕塑家可以在石膏像上进行修补加工，也可以根据自己的爱好着色，做成仿石或仿铜的雕塑。木材的质地细韧，可以用各种刀具进行加工，能粗能细，此外，木材较轻，便于搬运，漆干后能长期保存。历史上有不少古老的木质雕塑流传于世，如古埃及木雕《王子卡阿培尔》、墨西哥木雕《图拉城的男像柱》等。雕塑常用的石材有花岗石和大理石。花岗石坚固耐久，含有大颗粒晶体，制造小型雕塑作品容易破碎，故宜于制成大型的粗糙的雕塑作品。古埃及人常用花岗石进行雕塑创作，如《拉姆捷斯二世法老的巨像》《卡娜克蒙雷神庙》等法老雕像，造型粗糙，体形高大，都用整块的花岗石雕成。大理石质地细密，光滑亮泽，适于制作小型团块状雕塑。由于易碎，大理石雕塑往往与支撑物连为一个整体。古希腊、古罗马的雕塑多是大理石作品，如《米罗的维纳斯》《赫米斯》《贝尔维德雷的阿波罗》《奥古斯都》等。罗丹的《吻》是用大理石创作的雕塑杰作，作者充分利用大理石材料的特性，把人体雕刻得光滑精细，充分表现肌肤的滋润，底座较为粗糙，反衬出人体之美。青铜是最早用于雕塑的金属，青铜可以准确地浇制塑像，可以具备复杂、微妙的外形。青铜很坚固，浇铸的作品不像大理石需要底座支撑物，如东汉时期的《踏燕奔马》，小巧而精细，奔马三足腾空，一足踏在飞燕背上，象征以飞燕的速度在奔驰。在现代派雕塑中，雕塑的材料更为广泛，泥土、纸张、木条、合金，俱可用于雕塑。如布伦库西的《永无休止之柱》由合金铸成，高30米，象征人类的不断进取。

（二）雕塑的形式美

形式美是艺术美的重要因素。雕塑的形式美是由体积、面和线条共同完成的。雕塑的首要特点是占有一定体积的形体。古往今来的雕塑，无论是古埃及的狮身人面像、法老巨雕，古希腊、古罗马的人体雕塑、肖像雕刻，还是现代派的反写实表现，都需要以体积的表现力取胜。雕塑的体积增加了雕塑表现的丰富性。观众可以从不同的角度欣赏同一个雕塑作品的不同方面。不同的方面既给人不同的观感，又有统一的基调，雕塑家在创作时应进行多角度的考虑。如《被缚的奴隶》，从正面和侧面都可以感受到奴隶正在为解放而奋斗。起伏的面是雕塑的重要表现手段。人的体表都是接近圆或平面的起伏不定的面，雕塑过程中面的设计既不能简单划一，否则会违背人体解剖原理，也不能任意夸张，以免造成人物个性特征的损害。雕塑形象不是简单的几何体，它由运动中的肌肉、骨骼构成，处于和谐的统一体之中。正如安格尔所说，美的形体是圆周式的布局。生命力强盛的物体，总是由内部向外部扩张，物体的生命越旺盛，形体受到的压力越大。雕塑正是通过起伏的面这一媒介，把雕像的生命力表现出来。米开朗基罗的《被缚的奴隶》，双臂反绑，左肩膀向前挣扎，头部略向后侧扬，使人感受到形体正承受着某种压力，每组肌肉向外突起，形成块状，体现出强烈的生命意志正冲破压力向外膨胀。巴利的《雄狮斗蛇》，通过饱满的肌肤体现了力的张扬，雄狮的怒吼仿佛从每一块肌肉中挤压出来，让人体验到向外迸发的力量。雕塑中的线条是从各个角度看作品的外部轮廓在光影下形成的长条曲线。中国传统雕塑很注意线条的运用。线条的表现力和面的表现力是结合在一起的，它们相辅相成，面的表现以线条为基础，而线条则是面的表现结果。

（三）雕塑的象征性

雕塑艺术讲究以少胜多，以形传神，以静止的体积传递涌动的生命意志，这就使雕塑作品具有了象征性。我们绝不能自然而然地将现实与艺术一一对照。比如西汉名将霍去病墓前的《马踏匈奴》，原雕并没有表现霍去病本人的形象，而是以傲然而立、气宇轩昂的战马象征霍去病英勇善战、横扫千军的精神风貌。再如敦煌莫高窟第 158 窟西壁的释迦牟尼涅槃像，本是一个悲剧题材，雕塑家让其双目微闭，衣饰柔韧轻滑，从而剔除痛苦，创造了一个静谧极乐的境界。一尊雕塑，往往象征着某种思想、某种精神和某种情绪。比如米开朗基罗的作品《大卫》表面描述的是基督神话中一个名叫大卫的牧羊人用石子战胜巨人的情景，实际上，米开朗基罗将大卫处理成裸体就具有丰富的象征性，因为大卫既不能穿有钱人的衣服，也不能穿牧羊人的衣服，只有裸体才能不具有身份，代表全体市民。再如作品《被缚的奴隶》和《垂死的奴隶》，原计划是放在朱理二世陵墓上，用奴隶作为艺术的象征，暗示这个专横跋扈的教皇生前对艺术家的压迫和欺凌。夏达尔的《圆石块——无产阶级的武器》，康宁柯夫的《尼卡·萨莫弗拉斯基卡娅》都是雕塑的象征性的典范。现代派雕塑更是广泛地运用雕塑的象征性，比如布伦库西的《永无休止之柱》象征人类的不断进取，马修·M. 费德里克斯果的《永恒的生命之泉》，上部的圆球象征地球，下部的四个面象征东南西北四方的文明。

三、雕塑作品审美鉴赏

（一）秦始皇陵兵马俑

秦朝是我国历史上第一个封建王朝。它对中国社会起着承前启后的作用。秦始皇靠武力起家，深知军队的作用，因而在死后也要用兵马俑保护他的亡灵。秦始皇陵兵马俑于 1974 年 3 月在陕西省临潼县宴寨公社西杨村的农田下被发现，这是一支阵容浩大的地下大军，见过秦始皇陵兵马俑的人，无不为它的磅礴气势所震撼。新加坡前总理李光耀赞叹说：这是世界的奇迹，民族的骄傲。法国前任总理希拉克说：世界上有七大奇迹，现在要加上秦俑。不看金字塔，不算真正到过埃及；不看秦俑坑，不算真正到过中国。

秦始皇陵兵马俑的特点，其一是规模宏大，共有 3 个坑，面积达 2 万多平方米，挖掘出的陶制兵马俑共 7000 余件，还有战车、一大批剑、矛等实战武器。1 号坑以步兵为主，战车杂列，前有前锋，后有后卫；2 号坑由战车、步兵、骑兵混编而成；3 号坑陈列的是统帅 1 号、2 号坑的指挥队。2 号坑在 1 号坑的东端北侧，3 号坑在 1 号坑的西端北侧，3 个坑按阵形编列，再现了当时"吞二周而亡诸侯"的政治内容和时代特征。其二是形态各异，虽有数千件兵马俑，却并非千篇一律，而是个个传神、队队生动。比如士兵俑的雕刻，厚唇、宽额、阔腮的是关中秦卒；薄眼皮、宽耳轮、高颧骨的是陇东士兵；尖下巴、圆脸蛋的小个子兵则明显来自巴蜀。再如将军俑，有的面型修长、眉宇凝聚，有的目光炯炯、镇定自若。其三是精巧传神，兵马俑的服饰都酷似实物，甚至连甲片的连缀都非常具体、清晰。就个体而言，形体是静止的，而衣角的飘动、发带的飞卷、昂扬的斗志是动态的；就整体而言，队伍是静态的，而战士跃跃欲试的神态是动态的。这静中有动、动中有静的对应统一，增强了兵马俑的艺术感染力。

（二）《昭陵六骏》

唐王朝是我国封建社会的灿烂时期，统治者拥有雄厚的经济基础，为了显示地位，统治者不惜耗费大量钱财修建陵墓。唐王朝共有 21 位皇帝，除昭宗陵在河南渑池、哀帝陵在山东菏泽外，其余帝王的陵墓都在关中一带，每个陵墓占据一个山头，又因高宗李治与武则天合葬于乾陵，故称为关中十八陵。十八陵东起蒲城，西迄乾县，绵延三百里，其中以唐太宗李世民的昭陵最为宏伟。昭陵的地址由唐太宗亲自选定，布局由著名画家阎立德、阎立本精心设计，墓前石刻选用优秀工匠雕刻而成，其中《昭陵六骏》闻名中外。

《昭陵六骏》雕刻的是李世民夺取天下过程中乘坐过的六匹骏马。这六匹骏马在战争中立下了赫赫功勋，分别名为什伐赤、青骓、白蹄乌、特勒骠、飒露紫、拳毛騧。雕刻刀法简洁明快，形体圆润浑厚，刻工精细，形象逼真，富有立体感。前三匹呈奔跑状，马头前伸，四蹄飞扬，再现了沙场驰骋的雄姿，后三匹呈站立状，各具情态。其中飒露紫刻画了一个真实的历史故事。据《唐书》记载，李世民在洛阳征讨王世充的时候，带小队人马前去探测敌军虚实，结果被发现，小队人马被冲散，飒露紫中箭，一时间情况紧急万分。邱行恭立即给李世民让马，并回身射退敌军，趁这个机会给飒露紫拔箭。作品中的飒露紫失去了战斗中的剽悍骁勇，后腿微曲，仿佛全身都因疼痛而发抖。人的专注和马的体态，营造了一种紧张的气氛，十分传神。

《昭陵六骏》是我国雕刻史上的艺术瑰宝，可惜的是飒露紫、拳毛騧被盗往国外，现存于美国费城宾夕法尼亚大学博物馆。剩下的四骏也曾被盗，但被陕西人民拦截下来，现存于陕西省博物馆。

（三）罗丹的《巴尔扎克像》

罗丹是 19 世纪最伟大的雕塑家，他以其卓著的艺术成就成为世界美术史上继米开朗基罗之后的又一巨匠。他忠于生活，勇于打破传统，以惊人的胆略和毅力迅猛地劈开了禁锢已久的雕塑旧观念，从第一件作品《塌鼻人》，到早期的《青铜时代》，到晚年一大堆无头脚、缺胳膊的作品，他屡受世俗力量的责难，尤其是代表作《巴尔扎克像》，备受社会的关注。

巴尔扎克是 19 世纪批判现实主义文学大师，受世界各国人民的敬仰。为了做好他的肖像雕塑，罗丹集中精力，下了大功夫。他阅读巴尔扎克的作品，深入巴尔扎克的故乡，访问了给巴尔扎克做过衣服的裁缝师傅，拟定了多个小稿，最终选定其中一个造型。结果罗丹发现学生布德尔对造型的手非常感兴趣，就问布德尔：你不满意这双手吗？布德尔说：不，老师，我满意，它们太引人注目了。罗丹觉察出问题，毫不犹豫地砍去了雕像的双手，于是，一个全新的塑像出现了。巴尔扎克昂着头颅，头发蓬松，身体略向后倾，没有手、没有脚，睡袍宽大垂地。罗丹很满意这件作品，他说："这件作品是我全部生活的成果。这是我美学观点的基本枢纽。从我考虑到这个作品的时候起，我就成为另外一个人了，它对我的进展是有决定意义的。"

然而，这件雕塑作品却引起了美术界的激烈争论。罗丹的崇拜者认为《巴尔扎克像》是一件优秀的作品，是稀世杰作。反对派却把作品看成是"大麻袋"，是"装在口袋里的癞蛤蟆"，是"拳头与大腿捏成一团的一堆石膏"。一时间《巴尔扎克像》的创作成了街头笑料和众矢之的。面对围攻，罗丹将作品运回自己的住处，并预言《巴尔扎克像》将取得最终的胜利。在罗丹逝世 22 年之后，人们终于认识到这件作品的艺术价值，将其铸成青铜像，安放在巴黎蒙巴纳斯街和拉斯巴依街口上。

任务四　音乐、舞蹈艺术

远古时代的音乐、舞蹈是结合在一起的。由于当时没有文字，对于音乐、舞蹈起源的认识，散见于周代以后的文献中。有的人认为，音乐、舞蹈的产生是古人与大自然作斗争的结果，其依据是阴康氏部族曾编制一种乐舞，鼓舞人们与涝害作斗争；也有人认为音乐、舞蹈产生于对自然的模仿，古代哲学家多主张这一学说，如《吕氏春秋》载："帝尧应，乃命质（音乐家）为乐，质乃效山村溪谷之音以歌……"

近代中西方学者对此进行了探讨，有的学者认为音乐、舞蹈源于原始民族的巫术活动，如王国维说："歌舞之兴，其始于巫乎？"影响最大的是劳动起源说，将音乐、舞蹈的起源归结为人类的集体劳动。这一观点也为马克思所引用。马克思主义者认为音乐、舞蹈产生于劳动生产，人们在集体活动中，为了协调运作，为了减少劳动中的疲劳，而发出某种呼声，模拟某种动作、造型，这便是早期的音乐、舞蹈，是人类劳动生活的精彩再现。

一、音乐、舞蹈艺术的发展与成熟

（一）中国音乐、舞蹈艺术的发展与成熟

在先秦时期，音乐、舞蹈已注入了阶级意识。统治者认为礼可以区分社会等级，因而制定了一套礼乐制度，以此来巩固封建统治。礼乐严格规定：不同身份地位的人，在不同的场合使用不同的礼仪，配以不同的音乐。秦灭六国后，设奉常掌管宗庙祭祀礼仪及雅乐，又设乐府管理乐舞、演唱教习。秦始皇仿建六国宫室，将"所得诸侯美人、钟鼓以充入之"，客观上却使京都成为全国乐舞艺术汇集中心。

汉初，先朝的宫廷音乐已烟消云散，刘邦派人吸取三秦民族歌舞的猛锐，成就了《巴渝舞》。公元前 112 年，汉武帝改建掌管宫廷音乐的机构，乐府扩大了编制，主要从事民歌的改编及新曲的创作。汉乐府音乐有鼓吹乐、相和歌、散乐（百戏）。其中散乐是指先秦以来的民间乐舞杂技，如角抵、杂技、魔术、说唱、杂戏等，汉代多用百戏一词。济南无影山出土的汉乐舞杂技俑群，非常生动地展现了钟鼓竽瑟伴奏的互戏场景。

魏晋南北朝时期，政治局势动荡不安，人们思想活跃，易于兼容异己思想，士人学民曲一时蔚然成风。相和歌在六朝时更加成熟，与太湖流域的吴声和长江中上游的西曲相融合，称为清商乐。清商乐是汉魏六朝时期在汉民族中流行的一种传统音乐舞蹈。其中有一个舞叫《白纻舞》，不少诗人写诗反映《白纻舞》演出的情形，长袖"质如转云

色如银"，姿态"体如轻风动流波"，舞步"如推若引留且行"。

魏晋南北朝时期民族的大融合、艺术的大交流，为隋唐音乐舞蹈艺术的大发展奠定了基础。唐初设十部乐，到唐高宗时，仿先秦以来雅乐堂上乐、堂下乐之分，设立了坐部伎和立部伎，专门演奏唐代帝王的宴乐性乐舞。坐部伎坐在台上演奏，以小型歌舞为主，立部伎站在台上演奏，主要是伴奏大型的歌舞杂技。坐、立两部的水平、待遇不一样。白居易在《立部伎》诗中说："立部贱，坐部贵，坐部退为立部伎，击鼓吹笙和杂戏。立部又退何所任？始就乐悬操雅音。雅音替坏一至此，长令尔辈调宫徵。"唐代管理俗乐的机构是教坊。唐太宗设左、右教坊及梨园，派乐工子弟及宫女学习音乐歌舞。由于左右教坊及梨园的创立，唐代宫廷燕乐进一步繁荣。

宋元时期，宫廷乐舞逐渐衰退，规模和水平已不能与盛唐相比，其表演形式趋于多样化、小型化。民间乐舞百戏逐渐兴盛起来，民间音乐舞蹈艺术成为时代艺术的主要代表。为适应城市人民文化需要而兴起的戏曲、曲艺等市民艺术得到了迅速的发展。在汴梁、临安等大城市里，除茶楼、酒肆等经常有歌伎卖唱外，还有许多供游乐的固定场所，称为瓦子。在瓦子中有用栏杆或巨幕隔成的表演各种戏曲曲艺的场地，叫勾栏。北宋都城汴梁的几个瓦子里有勾栏 50 多座，大者可容纳几千观众，南宋勾栏更多，都城临安的瓦子多达 25 处，其中仅北瓦就有勾栏 13 座。这些勾栏里，主要上演各种音乐歌舞和戏曲节目，如音乐表演有小唱、唱赚；歌舞有舞旋、舞剑；说唱有鼓子调、诸宫调；戏剧有傀儡、皮影、杂剧、南戏；还有武术、杂技等。

明代中叶，国内外贸易发达，音乐舞蹈艺术得到迅速发展，北杂剧已经衰落，出现了以昆曲为代表的传奇剧。传奇剧是一门唱、做、念、打综合性的表演艺术，它把文章、戏剧、音乐、舞蹈等多种艺术样式巧妙地结合起来，以表现丰富的社会生活，音乐、舞蹈此时成为戏曲表演的一个重要的组成部分。由于戏曲艺术的高度发展，明清宫廷不重视歌舞，民间歌舞却丰富多样，有花灯、采茶、秧歌、花鼓、龙灯、跑旱船等，通常在春节期间表演。少数民族歌舞也很丰富，如傣族的孔雀舞，苗族的芦笙舞，壮族的扁担舞等，风格各异。

"五四"运动揭开了中国现代音乐、舞蹈艺术发展的新篇章，出现了专门的音乐教育机构，培养了一大批音乐人才。如萧友梅、贺绿汀、周小燕、丁善德等，创作了一些反映时代精神的歌曲。同时涌现了一大批歌舞剧，如黎锦晖作于 1926 年的《最后的胜利》，直接歌颂北伐军胜利，比较鲜明地宣传了反对帝国主义侵略的思想。"九·一八"事变以后，以上海为中心的救亡音乐团体，写出了一批抗日救亡歌曲。抗战胜利后，解放区掀起了秧歌活动，还创作了大型新歌剧《白毛女》，获得了极大的成功，其后有《刘胡兰》《赤叶河》等歌剧问世。

（二）西方音乐、舞蹈艺术的发展与成熟

古代西方音乐、舞蹈艺术以古希腊为代表。古希腊的音乐、舞蹈艺术，有一部分保存于悲喜剧中。悲剧一词原意是山羊之歌，起源于祭祀酒神狄奥尼索斯的酒神颂唱，由合唱、独语、对话交替组合，内容大多是家族之间的复仇和残杀。古希腊喜剧起源于祭祀酒神庆典结束前列队狂舞、纵情欢歌的场面。古希腊的悲喜剧是唱、说、舞共存的，如埃斯库罗斯的作品《俄狄浦斯王》，唱演结合，载歌载舞。

在中世纪，宗教音乐占据了统治地位，格里戈利圣咏成为中世纪宗教音乐的一座丰碑。与此同时，世俗音乐获得了大力发展，西方社会出现了宫廷舞。宫廷舞源于中世纪早期的一种名叫卡罗尔的舞蹈，卡罗尔舞蹈完全按照农村习惯来设计，男女跳跃、转圈，把女伴抛向空中。在搬到宫廷舞会上时，贵族们对卡罗尔舞蹈进行了适合宫廷风格的改造。17、18 世纪，宫廷舞的舞步和节奏越来越复杂，产生了小步舞和号笛舞等多种形式的舞蹈。后来经过法国大革命和拿破仑战争的催化，宫廷舞逐步向舞厅舞方向转变。

文艺复兴时期为音乐新风格创立时期，音乐从贵族化转向大众化，从宗教感情转向追求人性、强调人的情意。复调音乐迎来了它的黄金时代，出现了三大乐派：尼德兰乐派、罗马乐派、威尼斯乐派。16 世纪德国人马丁·路德领导的宗教改革运动，不仅改革了宗教，也改革了宗教音乐，从而促进了宗教音乐的通俗化、民众化。16 世纪世俗音乐进一步发展，题材范围极广，内容常与爱情、自然和田园有关，在歌曲体裁中，常见的有意大利牧歌、法国尚格和德国利德等。文艺复兴后的 150 年被称为巴洛克音乐时期，出现了歌剧、清唱歌、康塔塔、协奏曲、奏鸣曲等音乐体裁。

西方芭蕾舞诞生于 15 世纪意大利和法国的宫廷。贵族们为了享乐，在举行晚宴的同时，总是穿插豪华的舞蹈进行娱乐。开始时是贵族们自己跳，后来在各大贵族家宴中出现了许多专职的抒情诗人和舞蹈师，他们把诗歌、音乐、舞蹈和宴会结合起来，创造出具有连贯情节的舞蹈节目，这就是早期的芭蕾舞萌芽。芭蕾舞真正形成是在太阳王路易十四时期。路易十四对芭蕾的贡献不仅在于亲自参与，更重要的是建立了皇家舞蹈研究院，开始培养专业舞蹈演员，使芭蕾摆脱了帝王贵族们演出时的傲慢拘束、装腔作势。18 世纪，芭蕾语汇体系基本形成，舞蹈学院对演员进行的专门训练不再限于名门望族，开始吸纳来自贫寒之家的学生。

19 世纪初，欧洲音乐紧随浪漫主义文学潮流形成浪漫风格，崇尚自由和激情，注重情感的表现，对大自然的题材越来越关注，对民间的内容情趣越来越重视。音乐家纷纷从民间挖掘创作素材，广泛引用民间传说、民族史诗来表达自己的理想和愿望，出现了舒伯特、李斯特、肖邦等音乐大师。这一时期的芭蕾舞进一步程式化，屈、伸、托、举、跳跃、旋转等，组成了一套完整的芭蕾语汇。主角开始让位于仙女精灵，男演员居于陪衬位置，女主角逐渐成为全场的灵魂、核心。19 世纪中期，芭蕾舞在自己的诞生地日渐衰落，许多名噪一时的芭蕾舞编导和演员来到俄国彼得堡。其中法国舞蹈演员马里乌斯·彼季帕在彼得堡演出并定居 50 年之久，由他编导、柴可夫斯基作曲的《天鹅湖》《睡美人》《胡桃夹子》等作品举世闻名。

20 世纪的西方音乐，得到了更为广泛、深远的发展，各种风格流派并立，如表现主义音乐、新古典主义音乐、电子音乐、偶然音乐等。不同个性的作曲家突破了传统的审美模式，探索新的音乐创作手段，构成了古典与现代并蓄、专业与民间相融的音乐生活总貌。在舞蹈领域，美国兴起了反程式、反规范、主张自由抒情的现代舞。现代舞的第一代代表人物是伊莎多拉·邓肯。邓肯认为，古典芭蕾舞违反人体的自然美，造成人体的畸形发展。她以无与伦比的勇气、丰富的想象和发自心灵的激情在舞台上引发了一场革命，当之无愧地被誉为现代舞之母。

二、音乐、舞蹈艺术的审美特征

（一）音乐艺术的审美特征

1. 音乐形象的空灵性。

声音的高低、强弱、长短、音色四大性质，决定了声音是缺乏空间状态的。由于音乐材质缺乏空间状态的特性，使音乐产生了一个区别于其他艺术类别的重要特征，即缺乏具体形象。

现实生活中，人们运用视、听、触、嗅、味等多种感觉来感受现实。音乐是时间的艺术，人们只能运用听觉来感受音乐作品所提供的艺术信息。正是这种限制，使音乐获得了表现客观世界的特殊手段。音乐可以对能发出固定音高的事物进行声音的直接模拟，如杜鹃的鸣叫、牧人的竹笛或猎人的号角等，也可以对某些发出不固定音高的事物进行声音的近似模拟，如风声、雨声或流水声。贝多芬在《田园交响曲》中，就大量采用乐音模拟乡村田园的流水声，夜莺、鹌鹑、杜鹃的鸣叫声以及田野里传来的牧笛声。对于大量不发声的事物，音乐用其特有的旋律对它们进行象征暗示：如用清脆的鸟语暗示黎明的到来，用呜咽代表伤感。作曲家也可以用解释性的标题来帮助听众唤起特定的形象感，如德彪西的三首夜曲中的第一首取名为《云》，引导听众运用关于云的知识去理解音乐的变化。当然，无论是直接的模仿、近似的模拟，还是象征、暗示的引导，音乐虽然能不同程度地唤起人的视觉形象感，但是由于音乐旋律与视觉形象之间不存在直接的反映关系，往往会出现这种情况：听众各有各的形象感，不同的听众在同一首曲子中获得了不同的形象感受。这是音乐形象的空灵性所决定的，也唯其空灵，才造就了音乐意境的千姿百态。

2. 音乐情感的客观性和相对性。

音乐是最富情感的一间艺术。黑格尔在《美学》中指出，在音乐中，外在的客观性消失了，作品与欣赏者的分离也消失了，音乐作品于是透入人心与主体合而为一。零距离的合而为一使音乐作品所传递的特定情感难以得到明确的表达，但我们绝不能因此而抹杀音乐作品情感内容的客观性。人的情绪状态实际上就是一种特殊的调子和节奏，或悲哀，或欢乐，或低缓，或急躁。一首表现特定情感内容的音乐作品，创造之初就已为欣赏者定下了欣赏基调，听了催眠曲人们只会昏昏欲睡，听了《葬礼进行曲》谁也不会欣喜若狂。贝多芬完成了《E大调弦乐四重奏》第二乐章之后，在钢琴上弹给朋友阿孟达听。阿孟达说，你的音乐使我想起了一对情人的依依惜别。贝多芬听后说：是啊，我正是想象着罗密欧与朱丽叶在坟墓那一场而写下这段音乐的。正因为音乐情感的客观性，才使贝多芬的情感抒发与阿孟达的感受不谋而合。

音乐尽管有特定的内容，但是声音本身不具备任何概念含义，它不能像绘画那样直观可感，也不能像文学作品那样清楚明晰，所以音乐的情感又具有很大的相对性。从贝多芬创作《第三交响曲》的事例可以看出这一点。贝多芬崇拜拿破仑，特意创作了《第三交响曲》准备献给拿破仑。拿破仑称帝后，贝多芬将其改为"为一伟人而作的"《英雄交响曲》于次年出版。正是音乐情感的相对性，才使原本献给特定英雄的乐章转向献给普遍意义上的英雄成为可能。音乐情感的相对性也表现为欣赏者可以依据自身的独特经历，感受音乐所携带的情感因素。比如，不同的欣赏者经历了柴可夫斯基第六交响曲"悲怆"悲剧情感的体验，每个人都会把这种体验同自己所熟悉的东西联系起来。同一旋律在不同欣赏者的感情世界所激起的情感感受，有时达到了相去甚远的地步，其他类型的艺术审美活动都未能达到如此的程度，这一方面与欣赏者的主观差异性有关，另一方面也源于音乐形象空灵性这一基本特征。

（二）舞蹈艺术的审美特征

1. 人体的动作性。

舞蹈是一种视觉形象艺术，她以人体作为艺术表现的工具，借助人体做出各种动作、姿态来表现作品的思想感情。由于舞蹈必须直接展现在观众的面前，可以说，在构成舞蹈的诸多要素中，动作是居于首要地位的。每一个舞蹈，说到底就是一连串人体动作的有机组合，但这些动作并非一般意义上的人体姿态，而是经过选择、加工、提炼而成的具有形象含义的舞蹈语言。比如：中国古典舞中的单山膀、顺风旗、燕子穿林等，我们能从长袖折腰的柔美动作中，领略到古代女子"体如轻风动流波"的美妙舞姿。

由于动作性是舞蹈艺术最基本的审美特征，所以在创作舞蹈作品时，无论是人物形象的塑造、人物内心感情的表现，还是人物性格的刻画，都要充分考虑动作性的要素，都要根据内容的需要，提炼和组织一定的舞蹈动作，通过对比、反复和展开等表现手法，塑造完美的舞蹈形象。即使最缺乏动作性的情节内容也要创作一系列的舞台动作加以表现。例如，芭蕾舞剧《灰姑娘》中，仙女送灰姑娘去皇宫参加舞会时对她说：你一定要在 12 点钟以前回来。舞剧为此单独安排了一场戏，以直观的动作性加以表现。对于不可实拟的故事情节，舞蹈艺术往往以象征性的动作来体现。在我国戏曲舞蹈中，象征性的舞蹈动作不仅能表现出各种不同的生活内容，而且连环境、气氛都能得到体现。一根马鞭，一会儿表现出战马飞奔、四蹄腾空，一会儿表现为信马由缰、缓缓而行。手握一柄船桨，不但能体现出是在行船，而且能表明是逆水还是顺水。

2. 体态的抒情性。

舞蹈作为人体动作艺术，不同于体操或杂技之类人体技艺的主要区别，在于它是人类感情最集中、最激动的表现形式。只有内心情感达到了用文字语言都难以充分表达的程度，人们才会情不自禁地通过舞蹈来直接抒发。18 世纪法国舞蹈理论家诺维尔也说过，人类的感情到了语言不足以表达的程度，舞蹈就会大大奏效。一个舞步，一个身段，一个动作，能够表达出任何其他手段都不能表达的东西。舞蹈作为人们表达感情的特殊形式，是心与身的高度结合，情由心生，身由情动，以动作传达感情，从而给人以强烈的视觉感染力。

舞蹈以抒情为主，但并不完全排斥叙事情节。舞蹈中的叙事情节不是为了再现某一事件，而是作为舞蹈抒情的某种背景或补充，叙事情节的安排始终服从于表现人物感情的需要。即使是根据话剧、歌剧改编的舞剧，也体现出"在叙事与抒情相结合中突出抒情性"这一原则。如蒙古族大型民族舞蹈《森吉德玛》，一方面精心设置情节、制造波澜，一方面着力于抒情，从一对恋人钟情、定情到最后殉情，一幕幕深化，一步步展示，把主人公的思想感情表现得淋漓尽致。相反，太多的故事情节会成为舞蹈的累赘。比如苏联卫国战争胜利后，出现过两部表现游击队女英雄与德国法西斯作斗争的舞剧，二者都有一段女英雄受审的情节。其中一部舞剧偏重叙事，舞剧中电话、墨水瓶、钢笔、盖世太保们的叫嚣、女英雄的被打，一应俱全，舞蹈效果却不佳。另一部舞剧紧扣舞蹈艺术抒情性这一特性，受审中的女英雄在舞台中央表演一段精彩的独舞，黑暗中一束追光打在她身上，四周是背对观众的盖世太保的黑影。这一表现虽然与现实相去甚远，但由于舞蹈艺术表现形式的特殊性，观众不但没感到不真实，反而得到了感情的满足和艺术美的享受。

补充阅读

芭蕾舞

芭蕾舞（意大利语：balletto；法语、英语：ballet），是一种欧洲古典舞蹈，孕育于意大利文艺复兴时期，17世纪后半叶开始在法国发展流行并逐渐职业化，在不断革新中风靡世界。

芭蕾舞最重要的一个特征即女演员表演时以脚尖点地，故又称脚尖舞。其代表作品有《天鹅湖》《仙女》《胡桃夹子》等。芭蕾舞是用音乐、舞蹈手法来表演戏剧情节。芭蕾艺术孕育在意大利，降生在17世纪后期路易十四的法国宫廷，18世纪在法国日臻完美，到19世纪末期，在俄罗斯进入最繁荣的时代。芭蕾在近四百年的持久历史成长过程中，对世界各国影响很大，传布极广，至今已成为世界各国都全力成长的一种艺术形式了。

三、音乐、舞蹈作品审美鉴赏

（一）《义勇军进行曲》

《义勇军进行曲》原为影片《风云儿女》主题歌，是聂耳最杰出的作品。《风云儿女》是由田汉作故事、夏衍写台本的影片，表现20世纪30年代的知识分子冲破旧生活的障碍奔赴前线的主题，《义勇军进行曲》在片头片尾演唱。聂耳因为受反动派的迫害即将前往日本，本来未接此曲，后受夏衍委托，答应试一试。到日本后，聂耳被歌词深深地吸引，带着极大的热忱投入到创作中去，不久将歌谱完成并寄回。歌曲一经灌制，即以其慷慨激昂的热情、铿锵有力的节奏，受到全国人民的欢迎。由于歌词是自由体新诗，句子参差不一，最后一句有14字之多，聂耳创造性地将整曲谱成由六个长短不一的乐句组成的自由体乐段，整曲首尾一致，激昂振奋的精神贯穿其中。以军号作为前奏，首句急切呐喊"起来！不愿做奴隶的人们"，当唱到"中华民族到了最危险的时候"时，作者用了突然的休止，造成一种喷薄欲出的紧迫感，突出强调"最危险的时候"，理所当然引出了被迫发出的吼声："起来！起来！起来！"革命的激情一浪高过一浪。然后号角再现，像战场中冲锋号一般，激励着人们冲锋陷阵，结尾三重"前进"，如战车般不可遏制。《义勇军进行曲》鼓舞着千百万英雄儿女拿起武器，为自由解放而战。新中国成立后《义勇军进行曲》以其不朽的生命力被定为《中华人民共和国国歌》。

（二）贝多芬《第三交响曲》

贝多芬是世界音乐史上最伟大的作曲家之一，小时候父亲强迫他学习弹奏钢琴，决心将其培养成莫扎特第二。后来贝多芬以非凡的天分与勤奋努力，与海顿、莫扎特并称"维也纳三杰"，被尊为乐圣。《第三交响曲》完成于1804年4月，最初是准备献给英雄拿破仑的，后来拿破仑称帝，贝多芬异常愤怒，他撕碎乐谱扉页，怒斥道："也不过是一个凡夫俗子罢了，为了个人的野心就要高居于所有人之上而变成暴君了！"他在扉页上改题为"为纪念一位伟大的人物而作"。从此这部交响曲就叫《英雄交响曲》。《英雄交响曲》共分四个乐章：第一乐章表现英雄为人类幸福而战的顽强精神，中间一段音乐表现经过血战后的英雄已经筋疲力尽，但听到代表人民的慰藉音调之后，又投入战斗，直到流尽最后一滴血英勇牺牲。第二乐章是一首宏伟而肃穆的葬礼进行曲。罗曼·罗兰曾说，这是"全人类抬着英雄的棺材"。乐章用哭泣般的音调和沉重的步伐构成送葬主题，挽歌变成了赞颂英雄的光辉史诗。第三章充满了生活情趣，象征着美好光明的未来。人们的悲伤情绪被欢乐、威武的锐气所淹没，似乎在叙说英雄倒下了，而千百万人民正继承他的业绩站了起来。第四乐章主要表现人民群众欢庆胜利的狂欢场面。旋律越来越宏伟雄壮，最后在一片欢乐声中结束。这是第一个以社会性、革命性的题材来表现英雄主义的音乐创作，反映了法国大革命时代知识分子换取自由、平等，争取光明未来的坚强意志，讴歌了英雄为人类的未来而献身的崇高精神。

（三）傣族舞《水》

傣族主要聚居在我国西南地区的云南省西双版纳和德宏自治州。由于天气湿热，又生活于田园之中，傣族人民不喜欢激烈的活动，舞蹈多仪态安详，较为平稳，跳跃动作较少，腿部多半保持半蹲状态，重拍向下，双膝在弯曲中屈伸，带动身体颤动和左右轻摆，脚多为后踢，踢起时快而有力，落地时轻而稳健，这种模拟孔雀行走的步态，具有一种含蓄稳健的力量美。

水是傣族舞蹈的传统题材。傣族有这样的谚语：大象跟着森林走，傣族跟着清水走。傣族先民自古以来临水而居，许多文化风情、传说故事都与水有关。每年的泼水节，傣族人以泼水来纪念那位牺牲自己杀死恶魔的姑娘。水是傣族人物质生活的必需品，同时也是他们精神生活的源泉。20世纪80年代由刀美兰表演的舞蹈《水》充分体现了这一点。

在舞蹈《水》中，一位美丽的傣族少女挑着水罐劳动归来。少女从江水中看到自己秀丽的身影，于是展开秀发，让流水冲刷一天的疲劳。随着音乐的发展，少女高兴地跳起了傣族舞蹈，轻盈的舞步洋溢着对生活的热爱。接着音乐转入欢快的节奏，少女在河边戏水，双脚在水面击打水花，如鱼儿般嬉戏、畅游。最后日落西山，少女踏着孔雀步，在晚霞中担罐归去。编导以敏锐的观察力，以傣族少女日常生活中的担水、戏水这一片段作为素材，通过一个仅有五分钟的独舞，展现了傣族的生活形态和舞蹈之美。全舞由"汲水、洗发、归去"三部分组成。洗发是舞蹈的重点，又分为"解、洗、甩、晒"等几个环节，通过一系列的舞蹈动作，表达傣族少女的纯洁和对生活的钟爱。傣族舞蹈家刀美兰的表演纯真含蓄，柔美灵巧，舞蹈中特有的三道弯和典雅的孔雀步，具有浓郁的傣族风格。

本章小结

本章主要介绍了书法艺术，绘画艺术，雕塑艺术，音乐、舞蹈艺术四种旅游艺术形式。任务一是书法艺术，内容主要包括书法艺术的体式类型、书法艺术的审美特征和作品审美鉴赏。任务二是绘画艺术，主要包括绘画艺术的发展与成熟、绘画艺术的审美特征和作品审美鉴赏。任务三是雕塑艺术，主要包括雕塑艺术的概念、雕塑艺术的发展与成熟、雕塑艺术的审美特征和作品审美鉴赏。任务四是音乐、舞蹈艺术，主要包括音乐、舞蹈艺术的发展与成熟，音乐、舞蹈艺术的审美特征，作品审美鉴赏等。

综合实训

一、单项选择题

1. 人们在实践中总结出汉字的六书法则，其中用字法是：
   A. 象形、会意　　B. 形声、指事　　C. 转注、假借

2. 以下书法体式的类型中，哪一项是现今文字的开始：
   A. 篆书　　　　　B. 隶书　　　　　C. 楷书

3. 绘画艺术发展到元代，成就最高的是：
   A. 山水画　　　　B. 人物画　　　　C. 花鸟画

4. "以形写神""传神阿睹"的艺术主张是由哪一位画家提出来的：
   A. 王羲之　　　　B. 顾恺之　　　　C. 周昉　　　　　D. 李成

5. 对于音乐、舞蹈的起源，很多学者进行了科学探讨，提出了各种看法，其中影响最大的是：
   A. 模仿说　　　　B. 劳动起源说　　C. 巫术说

二、多项选择题

1. 中国历史上书法名家众多，以下书法家之中，倾情于草书的有：
   A. 王羲之　　　　B. 王献之　　　　C. 张芝　　　　　D. 黄庭坚

2. 以下属于元四家的是：
   A. 黄公望　　　　B. 周昉　　　　　C. 吴镇　　　　　D. 范成大

3. 下列雕塑家属于18、19世纪的是：
   A. 罗丹　　　　　B. 米开朗基罗　　C. 多那太罗　　　D. 乌东

4. 雕塑艺术的审美特征有：

    A. 材质美　　　　B. 形式美　　　　C. 线条美　　　　D. 象征美

5. 汉乐府音乐包括以下内容：

    A. 鼓吹乐　　　　B. 杂戏　　　　　C. 相合歌　　　　D. 百戏

三、简述题

1. 简述中国书法艺术的审美特征。

2. 联系实际，谈谈自己喜欢的一种音乐或舞蹈艺术。

参考答案

项目一

一、单项选择题：C D B D B

二、多项选择题：ACD ABCD ABD ABCD ABC

项目二

一、单项选择题：C B D A A

二、多项选择题：ABD BD ABCD ACD BCD

项目三

一、单项选择题：C B B C B

二、多项选择题：ABCDE ABD BC AB

项目四

一、单项选择题：B C D A D

二、多项选择题：ABC ACD ABCD BC BC

项目五

一、单项选择题：B B D B A

二、多项选择题：ACD ACD ABCD AB ABC

项目六

一、单项选择题：A C B D C

二、多项选择题：ACD ABD ABD BCD AD

项目七

一、单项选择题：A C C C B

二、多项选择题：ABCD ACD ABD ABD BD

项目八

一、单项选择题：C B B C

二、多项选择题：ACD BD ACD

项目九

一、单项选择题：C B A B B

二、多项选择题：CD AC AD ABD ACD

参考文献

1. 孙迎春，张嘉惠．中外民俗［M］．北京：中国财政经济出版社，2016.
2. 范文澜．中国通史［M］．北京：人民出版社，1978.
3. 翦伯赞，郑天挺．中国通史参考资料（古代部分）［M］．北京：中华书局，1978.
4. 徐铁生．《百家姓》新解［M］．北京：中华书局，2017.
5. 沈祖祥．旅游宗教文化［M］．北京：旅游教育出版社，2013.
6. 刘天华．华夏园林［M］．上海：上海古籍出版社，2011.
7. 章采烈．中国建筑特色旅游［M］．北京：对外经济贸易大学出版社，2008.
8. 贾青，陈伟钢，蔡录昌．金融应用文写作［M］．北京：中国财政经济出版社，2014.
9. 沈从文．中国服饰史［M］．西安：陕西师范大学出版社，2014.
10. 冯泽民，齐志家．服饰发展史教程［M］．北京：中国纺织出版社，2001.
11. 陈治．中国馔食文化［M］．上海：上海古籍出版社，2001.
12. 王仁湘．饮食与中国文化［M］．北京：人民出版社，1993.
13. 尚善源．中华茶文化［M］．北京：中华书局，2012.
14. 林新乃．中华风俗大观［M］．上海：上海文艺出版社，2011.
15. 王宁．中国文化概论［M］．长沙：湖南师范大学出版社，2011.
16. 王兴斌．中国旅游客源国/地区概况［M］．北京：旅游教育出版社，2012.
17. 郭预衡．中国古代文学史［M］．上海：上海古籍出版社，2008.
18. 卫晓波．旅游文学作品欣赏［M］．北京：高等教育出版社，2011.
19. 王平．笔墨传神韵［M］．杭州：浙江人民美术出版社，1999.
20. 高听丹．光与色的交响［M］．杭州：浙江人民美术出版社，2012.
21. 全国导游人员资格考试教材编写组．导游基础知识［M］．北京：旅游教育出版社，2017.
22. 孙宝玉，等．世界旅游名胜词典［M］．北京：中国旅游出版社，1999.